D1093151

ENSAYO

SOBRE

EL PRINCIPIO DE LA POBLACION.

POR

T. R. MALTHUS.

ENSAYO

SOBRE

EL PRINCIPIO DE LA POBLACION,

POR

Tomás Roberto Malthus.

TRADUCCION DE LOS SEÑORES

D. JOSÉ MARIA NOGUERA Y D. JOAQUIN MIQUEL.

BAJO LA DIRECCION DEL DOCTOR

DON EUSEBIO MARÍA DEL VALLE,

Catedrático de Economía Política en la Universidad de Madrid.

MADRID.—1846.

Establecimiento Literario y Tipográfico de D. Lucas Gonzalez y Compañía
Callejon de San Marcos , núm. 6.

INTRODUCCION.

Pocos libros habrá, cuya aparicion haya suscitado tantos debates como el Ensayo sobre el principio de la poblacion de Malthus. Este ilustre escritor se vió rodeado al mismo tiempo de encarnizados adversarios y de fanáticos admiradores. Le acusaban los primeros de haber ultrajado á la vez á la humanidad y á la razon, y de haber despreciado lós principios de la moral y de economía política. Los segundos al contrario, saludaron la aparicion de su Ensayo como un bien para el mundo y una gloria nueva del espíritu humano, como *una revelacion* (decia Hegewisch, traductor aleman de Malthus) *de las leyes del órden moral comparable al descubrimiento de las leyes del órden físico del universo por Newton*. No contentos los primeros con rechazar fuertemente todo consejo de prudencia dirigido á las familias, toda idea de *repugnancia moral* (1), sostenian que

---

(1) *No hemos encontrado en español una palabra que esplique completamente la idea que concibe Malthus y que espresa con la palabra* (moral restraint). *En tal conflicto hemos traducido* repugnancia moral, *que es el temor, oposicion ó dificultad que se presenta al hombre en contraer matrimonio cuando sabe que no ha de poder mantener á su familia.*
(Nota de los Traductores).

en todo pais la riqueza y el bienestar no podian aumentar sino por la poblacion, y que donde no se verificára esta ley económica era preciso acusar las instituciones humanas, la mala distribucion de los bienes, los vicios y la avaricia de los ricos y poderosos. Los segundos en el arrebato de su celo restrictivo, iban mas allá de lo que Malthus habia podido imaginar; pasaban de la *repugnancia moral al retraimiento físico*, y no temian proponer medios preventivos que rechazan igualmente el buen sentido y la ciencia.

¿Quién se admirará de esto? ¿Quién no sabe cuán fácil es á estraviarse el espíritu del hombre en el estudio de esas cuestiones morales y políticas, en esas cuestiones tan complexas, donde no puede llegarse á la verdad sino siguiendo el resultado de diversos principios ingeniosamente combinados; y donde por la naturaleza misma de las investigaciones el sentimiento viene á mezclarse con la razon y á turbar su pureza? ¡No se les disimula bastante á los hombres que cultivan las ciencias morales y políticas estas dificultades y estos peligros que no encuentran los geómetras que, «estando acostumbrados, dice Pascal, á los principios puros y sólidos de geometria, y á no razonar sino despues de haber visto bien y manejado sus principios, se pierden en las cosas sutiles, cuyos principios no se dejan manejar de este modo.»

La cuestion de la poblacion está enlazada con la moral y la política, la economía nacional y la economía doméstica. El estado, la familia, el individuo, estan tambien interesados, en el presente y en el porvenir, por su fuerza como por su felicidad. Asi, qué de aspectos diversos no presenta! Qué de puntos de vista diferentes no se ofrecen al atento observador!

Los adversarios de Malthus nos dicen en nombre de la moral que el matrimonio es la satisfaccion legítima de una inclinacion natural é imperiosa, en tanto que el celibato prolongado es á veces causa de desorden é inmoralidad: y afirman en nombre de la política que la poblacion es el nervio y la fuerza de los Estados. Las familias, añaden, no se conservan ni se aumentan sino cuando generaciones numerosas las enriquecen con su trabajo y las perpetuan con sus matrimonios. Mirad las familias nobles; se estinguen rápidamente porque los cálculos del orgullo contrarian en ellas los votos de la naturaleza, y no se quiere mas que un hijo para dejar un rico heredero. Si por último oís á muchos economistas, os dirán claramente que cuantos mas trabajadores haya, mas trabajo obtienen y por consiguiente mas productos: que todo obrero produciendo mas de lo que consume, lejos de temer el hambre y la miseria, debe ver en el aumento de la poblacion un medio de abundancia y manantial de riquezas. Siendo el hombre á la vez productor y consumidor, como la poblacion podrá ser á la vez causa de abundancia ó de miseria? Hay cosa mas ridícula que tener los límites inmensos de la produccion alimenticia, cuando solo una pequeña parte del globo está consagrada á esta produccion, y nadie sabe qué recursos puede encontrar el genio del hombre en las fuerzas de la naturaleza para aumentar la masa de subsistencia? Por otra parte ¿á qué esas alarmas y esos medios preventivos, y esos anatemas contra los matrimonios precoces y las familias numerosas? ¡Cómo si necesitasen esfuerzos para impedir que la poblacion no pase los medios de subsistencia, y la vida no se prolongue mas allá de lo que es imposible! ¡Estableced teorías para probar que las plantas no deben nacer mas allá de 80º de latitud!

Se oponen á estas proposiciones, proposiciones contrarias que presentan tambien todas las apariencias de la verdad. ¿Hay, se dice, cosa mas inmoral é inhumana que dar la vida á niños que no se pueden alimentar ni educar, y que despues de algunos años de lágrimas y sufrimientos tienen una muerte dolorosa? Tiene el hombre derecho de rodearse de víctimas y de cadáveres para procurarse algunos placeres fugitivos, algunas satisfacciones sensuales? Si los ricos solo por orgullo contrarian el voto de la naturaleza, es esta razon para escitar á los pobres á dar al mundo hijos que no pueden educar? Una poblacion robusta y sátisfecha, da al Estado mas fuerzas y seguridad que una poblacion mucho mas numerosa, pero pobre, enfermiza y descontenta. ¿Qué hombre de estado no preferiria hoy dos millones de suizos á seis millones de irlandeses? La Francia con 34 millones de habitantes podria presentar en caso de necesidad ejércitos tan numerosos como la Rusia con 50 ó 60 millones, de los que una gran parte no llegan á 18 años. La fuerza de los estados en lo que concierne á la población no se mide solo por el número de hombres: se mide tambien por la vida media y la vida probable. Los niños no son fuerza sino carga para la sociedad.

Bajo el punto de vista económico, se dice que los productos no se proporcionan de ningun modo por el número de trabajadores que se presentan en el mercado, sino por el trabajo efectivo. La demanda de trabajo no se determina por la poblacion, sino por el capital. Satisfecha una vez esta demanda, toda oferta ulterior de trabajo no produce sino una baja de salarios, útil sin duda á los empresarios, funesta á los trabajadores, peligrosa al Estado, lo que prueba al mismo tiempo, dicen, que es quimérico contar sobre un consumo siempre proporcionado á la poblacion: como si para consumir bastase tener aquí una vida de privaciones y de miseria. Dos mil trabajadores no ganando cada uno sino diez sueldos diarios, no consumen mas que mil, cuyo salario seria un franco: consumen menos que quinientos, cuyo salario seria tres francos. Añadamos que los últimos quinientos serian felices, sanos, lo pasarian bien: seguros en el presente, podrán hacer algunas economías para el porvenir y casarse con la esperanza fundada de poder educar su familia. Los dos mil obreros á diez sueldos por dia, al contrario, serian pobres, sin cesar necesitados y no se decidirian á tener una compañera ni á fundar una familia sino por un instinto material y la imprevision de los brutos. Seguramente que la poblacion ella misma proporciona siempre los medios de subsistencia: bien sabemos que no es posible á los filántropos hacer milagros, ni prolongar la vida del hombre mas allá de donde es imposible. ¿Pero cómo se mantendrá el nivel entre la poblacion y los medios de subsistencia? Esto es la cuestion. Los filantropos ¡cosa estraña! dejan el cuidado de mante-nerle al hambre, á los padecimientos, á la muerte: nosotros, nosotros preferimos encargarlo á la razon y á la prudencia humana.

¿Qué nos dicen los vicios de nuestras instituciones, de la escesiva desigualdad de condiciones, de la fecundidad inagotable del suelo, de los inmensos vacíos que quedan en la superficie del globo y que pueden llenar las emigraciones? Es bien cierto que todo esto no interesa al fondo de la cuestion: porque despues que hayamos hecho sobre estos puntos las mayores concesiones, ¿qué resultará? Esto solamente: que en mas de un pais otras causas de padecimientos y desgracias vendrán á unirse á la culpable imprevision de los padres de familia, y que las poblaciones escesivas hubiesen podido encontrar un alivio temporal bajo un gobierno mejor, en una organizacion social mas equitativa, en un comercio mas activo y libre, ó en un largo sistema de emigraciones. ¿Es menos cierto que si el instinto de la reproduccion no hubiese sido jamás refrenado por la prudencia, una moralidad grande y dificil, todos estos recursos al fin se hubieran agotado, y entonces el mal seria tanto mas sensible, cuanto que no habia remedios temporales para curarle, ni paliativos que le aliviasen?

Hombres de mediana reflexion no pueden comparar la fecundidad de la tierra con la de la especie humana, y sostener que la una sea igual á la otra. La tierra tiene sus límites, y nadie puede ignorar que aplicando al mismo campo una segunda, una tercera, una cuarta, una quinta porcion de capital y de trabajo, no se obtendria indefinidamente un aumento proporcional de productos. ¿Qué importan los términos exactos de las dos progresiones indicadas de Malthus? Basta para justificar sus doctrinas, que la una de las progresiones, la que representa la propagacion de nuestra especie sea mas rápida que la otra: resultado inevitable, si el hombre, como el bruto, no escucha mas que sus instintos, y se imagina que la familia es un hecho que no debe caer bajo el imperio de la razon.

Tal es el resúmen de las dos doctrinas tomando de ambas lo que tienen de útil y digno de atencion. Porque ideas bien singulares no han faltado por una y otra parte.

Si un consejero-sajon y despues de él un escritor célebre, han llegado á proponer un medio preventivo y mecánico pero demasiado ridículo, un economista adversario suyo ha tomado con gravedad la tarea de demostrar que una poblacion permanece estacionaria cuando está bien alimentada. Para él, el instinto de la propagacion y el principio regenerador no encuentran energía sino cuando disminuye el alimento. Esto es, dice, una ley general de la naturaleza orgánica. ¿Asi el mundo se encuentra muy provisto de alimentos? no hay que temer un aumento; pero tampoco una disminucion de la poblacion. ¿Una parte del pueblo carece de alimentos y va á morirse de hambre? Admirad las leyes de la naturaleza. Estos hombres débiles por esto mismo, sienten animarse sus instintos de propagacion, y antes de morir salvan á la especie humana multiplicándose.

Es digno de observarse que esta teoría, que no es mas que un abuso del argumento de analogía, haya nacido en Inglaterra donde las clases ricas, gracias al derecho que tienen de *hacer un hijo*, es decir, darlo todo al primogénito, siendo los segundos carga para el Estado, no se imponen ordinariamente la menor violencia conyugal, y tenemos familias de 6, 7, 8 ó 10 hijos. Sin embargo nadie dirá que estos ingleses no tengan un alimento abundante y sólido.

Si examinamos de cerca las doctrinas que acabamos de reasumir, veremos que el espíritu de sistema anima á los dos partidos. Cada uno se apoya en hechos irrecusables: y por una atrevida generalizacion, cada uno ha sacado consecuencias escesivas. Asi que en un estudio en que era preciso tener una cuenta exacta de las circunstancias, y no marchar sino de distincion en distincion, ha sucedido necesariamente que por una y otra parte se ha llegado á generalidades que no son mas que abstracciones tan desprovistas de razon como inhumanas. Por todas partes se encuentran errores, por todas se descubre algo de verdad: jamás el eclecticismo fue mas tópico y mas oportuno.

Que la especie humana pueda propagarse con una admirable rapidez, es un hecho cierto que ningun hombre sensato puede contrariar. La poblacion de la América del Norte se ha aumentado mas del doble en menos de 25 años: ciertamente que lo que ha sucedido en América puede suceder en todas partes: mas la organizacion física y los instintos del hombre no estan profundamente modificados por el grado de latitud. En América, pais nuevo, rico en tierras incultas, que solo faltan brazos, ánimo y un pequeño capital para formar una masa sobreabundante de subsistencias, este rápido aumento fortificaria el estado y enriqueceria la familia. Sucederia lo mismo en las sociedades antiguas, en las que el territorio hace mucho está ocupado por una poblacion muy numerosa? Esta es la cuestion. Si como la América del Norte la Europa puede bastar á las necesidades de una poblacion doble, triple, cuadrúpla, décupla, los consejos de la escuela de Malthus son inútiles: la moral y el interés tambien á la vez los rechazan. En efecto, ¿á qué retardar los matrimonios y prolongar los peligros del célibato y cercenar al hombre las delicias de la paternidad, si puede verse rodeado de niños gozosos y felices y educar para la sociedad trabajadores robustos y útiles ciudadanos? Si por el contrario llega un dia para las antiguas sociedades, en que no teniendo espacio los recien venidos no pudiesen vivir y alimentarse sino á espensas de la antigua poblacion, y cayendo con ella en la miseria; si sucede en estas sociedades lo que en las familias, que felices mientras no cuentan mas que dos ó tres individuos caen en la indigencia el dia en que ocho ó diez se reunen á la mesa: quien en este caso querria rehusar los consejos de la prudencia y no permitir á las sociedades el lenguage que todo hombre sensato aconseja al que tiene derecho sobre él? ¿Cuántas veces un padre, un tutor, un amigo no aparta del matrimonio á un jóven que en el ardor de sus pasiones no calcula sus consecuencias ni prevee sus desgracias? ¿Cuántas veces no se ha representado á los jóvenes lo que hay de inmoral y de odioso en una ligereza que proporciona una familia que no puede alimentar, rodearse de hijos que no puede enjugar sus lágrimas, y que en su desesperacion tal vez les desea la muerte? Nadie se ha atrevido hasta aqui á censurar estas ideas ni tacharlas de locas é inhumanas.

Ahora bien, toda la cuestion se reduce á saber si el instinto de la reproduccion de la especie humana abandonado á sí mismo, podrá ser en los Estados *un esceso*, como sucede en una familia. Si el hecho es cierto podrán criticarse algunas aplicaciones y consecuencias estremas de la doctrina de Malthus; pero no rechazar la teoría misma, porque en el fondo esta cuestion se reduce á esto : El ciego instinto de la reproduccion pudiendo conducir á resultados exorbitantes y desproporcionados con los medios de subsistencia, el hombre debe colocar este instinto como todas sus inclinaciones bajo el imperio de la razon.

Colocándonos, pues, en el terreno de la cuestion, y en el punto de vista de los adversarios de Malthus, confesaremos voluntariamente que nadie conoce los justos límites de las fuerzas naturales que sirven á la produccion, ó que ayudan á la distribucion de las riquezas. Un economista contemporáneo de Aristóteles ó de Ciceron, no hubiera podido calcular con las patatas para alimento de los hombres, ni para sus desalojamientos y emigraciones con los medios de transporte que estan en el dia á nuestra disposicion. No presumian que un mundo nuevo ofreciese algun dia tierras fértiles á millones de europeos y que los franceses comiesen azúcar de las Antillas y arroz de la Carolina. Mas tarde una quinta parte del mundo ha venido á unirse á América, y quizá nuestros nietos puedan transportarse á la Nueva Zelanda tan fácilmente como podemos hoy ir del Havre á la Nueva Orleans. ¿Quién puede afirmar que no se han de descubrir nuevas sustancias alimenticias, que en la misma estension de terreno los productos puedan bastar al alimento de una poblacion doble ó triple de la que pueden alimentar los productos actuales?

Tambien puede ser que la produccion de la riqueza sea mas activa, y que la distribucion sea mas equitativa y mas fácil, á medida que por efecto de una civilizacion siempre en aumento cesen los obstáculos que aun oponen leyes inperfectas y costumbres perniciosas. En efecto, á la vista de los progresos actuales quién desespera de los venideros? El sistema hipotecario indispensable al crédito de las propiedades raices es muy incompleto: asi vemos alejarse con temor los capitales que podrian fecundar nuestro suelo. Verdad es ; pero no olvidemos que ayer la tierra no solo se encontraba envuelta entre los lazos de las hipotecas ocultas, sino tambien en las cadenas de la feudalidad, de los fideicomisos y amortizaciones. Las aduanas que hubieran debido ser un orígen abundante de renta para el tesoro, no tienen por objeto principal sino la proteccion de algunas empresas particulares que usurpan el nombre del trabajo nacional, como si los trabajadores tuviesen mas interés en producir un género que otro, y en hacer la fortuna de un fabricante de medias ó de cuchillos mas bien que la de un constructor de relojes ó de zapatos. Esta queja es fundada; pero cuando pensamos en los progresos que se han hecho de un siglo á esta parte, desde el dia en que en la misma nacion las aduanas interiores encadenaban las comunicaciones de una provincia con otra y en que á pocos pasos de distancia se veía á los de una misma nacion á unos carecer de lo mas necesario, y á otros por falta de cambios empobrecer en el seno de una abundancia estéril. Las relaciones de los trabajadores con los capitalistas no se arreglan ciertamente con la equidad y prudencia necesarias; aqui el obrero, alli el capitalista se encuentra á merced de un movimiento de humor, de un capricho, de una maquinacion: sin querer recordar la época de los gremios y quitar á la industria su mas bella conquista, la libertad, siempre es tal, que el legislador no puede dejar enteramente á las generalidades del derecho comun las relaciones del obrero con el capitalista: despues de haber arreglado tan minuciosamente el alquiler de las cosas, porque no podria fijar hoy su atencion en el alquiler tan importante del trabajo, no para suprimir la libertad y dictar las condiciones, sino para fijar las garantías, apartar los abusos, simplificar las contestaciones á que da orígen y confiar la decision á una jurisdiccion pronta, económica, paternal? Convengamos en que es preciso no abandonar estas observaciones; pero quién podrá quitarnos un justo sentimiento de orgullo al comparar nuestra época con las pasadas? En el dia se han ocupado detenidamente de la condicion de los trabajadores, de su suerte, de su porvenir; y se han propuesto toda clase de medios para asegurar la felicidad de las clases laboriosas. Esta preocupacion general, signo de nuestro tiempo, ha dado orígen entre nosotros á las salas de asilo, á las cajas de ahorros, á las sociedades de socorros y á numerosas instituciones benéficas. En el dia, el gobierno secunda los esfuerzos de los particulares, estendiendo los instituciones de los prohombres contando á los obreros entre los electores árbitros y jurados, asociándolos entre los capitalistas en prueba de justicia y proteccion mútua: ha rendido homenage á la dignidad del trabajo é iniciado á los obreros en el cuidado de la vida pública. Aplaudimos estas medidas y deseamos vivamente que se propaguen. Pero quisiéramos, suponiendo que fuese justo en nuestra época, recordar lo que eran á los ojos de nuestros antepasados esos proletarios que nos representan tan desgraciados en el dia: apenas eran mirados como hombres: no habia para ellos justicia ni piedad. La miseria los impelia al motin? pues se los perseguia como á bestias feroces, y se les imponian los suplicios mas horrendos, sin que la sociedad se alarmase, como sucederia en el dia, con penas mas suaves.

De cualquier modo admitamos pues: 1.° Que no conocemos los últimos límites de las fuerzas productivas de la tierra. 2.° Que estos productos pueden aun aumentarse y bastar á mayor número de hombres, cuando se hayan mejorado nuestras instituciones y nuestras leyes y no se opongan otros obstáculos al pleno desarrollo de las fuerzas productivas y de la buena distribucion de los productos.

Desde luego debemos convenir en que no hay razon alguna para alarmarse del aumento de la poblacion, si se considera la especie humana como una sola familia, como una familia patriarcal que nadie la turba ni divide, y nuestro globo entero como un solo dominio en el que una gran familia puede establecerse, y distribuirse igualmente sin obstáculo alguno. La familia puede, pues, aumentarse ó disminuirse : no le falta espacio, tiene tierras inmensas que aun no estan ocupadas, y las que ya lo estan pueden con mayor cultivo y con la perfeccion de las instituciones sociales bastar á mayor número de habitantes que los que alimentan en el dia. Aplazamos, se nos dirá, á algunos millares de años estos tristes debates sobre el aumento de la poblacion. La Providencia no ha entregado la tierra á la especie humana para que la mayor parte permanezca inculta ó mal cultivada. Si para en adelante se siente el desarrollo de nuestra especie, ¿quién querrá penetrar en esos desiertos donde solo han resonado los aullidos de las bestias ó los gritos de algun salvage? La especie humana no se propaga sino bajo el imperio de la necesidad : los que se encuentran bien en una parte no van á buscar fortuna á otra.

No nos remontemos á la historia del mundo antiguo, veamos solo las colonias del Nuevo Mundo. Hubieran abandonado las montañas de la Suiza, las orillas del Rhin, las playas de Irlanda, esos paises tan queridos, tan amargamente llorados; hubieran sufrido una larga navegacion, las fatigas del desmonte, las embestidas de los salvages, los peligros de un clima desconocido, de una tierra inhabitada, si no hubiesen sido impulsados por el hambre, si un esceso de poblacion no los hubiese arojado fuera de su pais natal? No contrariemos con nuestras teorías los decretos de la Providencia que prescriben al hombre crecer y multiplicarse. Cuando la tierra esté cubierta de habitantes, cuando la antorcha de la razon humana esparza su luz por todo el globo, y por todos los puntos de los dos emisferios puedan elevarse hácia el Criador del universo himnos de reconocimiento, entonces scrá llegado el momento de investigar si este instinto de la propagacion debe contenerse, debe reprimirse.

Ahora veamos lo que los adversarios de Malthus han dicho ó han podido decir mas acertado.

Pero, ¿en qué descansa su sistema? Es realmente en dos abstracciones. Primera abstracion; la tierra puede considerarse como un solo y gran dominio abierto igualmente á todos los hombres. Segunda abstraccion; la especie humana no forma sino una gran familia, una familia patriarcal.

Estas dos proposiciones son conformes á los hechos generales de la humanidad, autorizados por la historia? No lo son, ni lo serán por mucho tiempo.

Pero dicen: si esto no es cierto, lo será aquello: Sea. Será cierto necesariamente algun dia: Concedo: Pero, cuándo? En diez siglos, en veinte, en cincuenta? Consuelo singular, como una risueña utopia, un idilio, una profecía para los hombres que tienen hambre, para sus hijos que les piden pan!

En el dia la tierra está dividida en muchas porciones que ponen cada una mil obstáculos á los que quieren ocuparlas y establecerse en ellas.

Allí obstáculos naturales, enormes distancias, climas mortíferos, un suelo árido que exigiria inmensos trabajos de nivelacion, de abonos, antes de entregar al hombre sus tesoros : aqui casi imposibilidad absoluta de medios de comunicacion y de transporte: qué preparaciones, qué trabajo, qué ciencia y ánimo no se necesita para establecerse con fruto en una tierra nueva? Véase sino lo que pasa cerca de nosotros en Argelia. ¡Qué historia mas triste que la de los numerosos colonos que en diversos puntos del globo han perecido miserablemente víctimas de su valor ó su temeridad!

Por otra parte, los obstáculos de las instituciones humanas, colonias hostiles y feroces, gobiernos bárbaros y pérfidos, leyes prohibitivas de toda clase, idiomas desconocidos, religiones fanáticas, antipatías de raza y de color.

Esta es la verdad, la historia, la historia antigua y la historia contemporánea.

A la vista de estos hechos le ocurre una reflexion al que no está preocupado por miras esclusivas de un sistema decantado. Se pregunta: ¿cómo es que la doctrina *dejad hacer, dejad pasar*, en la poblacion la haya profesado hasta el mas absoluto de los que la rechazan cuando se trata de la produccion propiamente dicha? Proponedles aumentar indefinidamente los productos, estimularse mútuamente aun de nacion á nacion por el aguijon de la libre concurrencia. Para ellos son estas diabólicas invenciones, sofismas de hombres inhumanos, teorías crueles que deshonran lo que llaman muy graciosamente economía política inglesa. Asi algun valor se necesita en el dia para no desertar su puesto, y defender los principios de la ciencia del incesante fuego de ataques enconados y pertinaces: enconados como el egoismo, pertinaces como la ignorancia. Preguntad á ciertos hombres sobre la introduccion de los nuevos productos, de las relaciones comerciales mas fáciles, decidles que deseais mas libertad, y los vereis fruncir el ceño, palidecer de cólera y contestaros secamente acusandoos de falta de patriotismo é ilustracion. Decidles al contrario, que es preciso que el pueblo se case, que tenga muchos hijos, que esto es muy útil y moral, que no hay bastantes trabajadores en el pais, y os admirareis de su buena acogida, vereis la alegría en su rostro y agotar su retórica todas las formas laudatorias del lenguage.

Quizá encontreis dificultad en poner acordes opiniones tan diversas. En vuestra sencillez direis ¿qué es esto? Por una parte no vemos que los belgas, los suecos, nos traigan sus hornagueras, sus carbones, sus hierros, sus máquinas, en fin su capital: y por otra es admirable ver á los trabajadores multiplicarse, y no contento con estimular por todas partes la poblacion indígena, se abre de par en par las puertas del reino á los trabajadores estrangeros. ¿ Qué dirán en efecto los que proponian prohibir la entrada de la Francia, aplicar el sistema prohibitivo á los numerosos obreros belgas, ingleses, alemanes, suizos, italianos, que vienen á consumir con los obreros franceses? Con qué desden rechazarian esta proposicion! La Francia, dirian, ha sido siempre hospitalaria; el obrero francés no teme la concurrencia; y por otra parte, ¿querrais esponeros á las crueles represalias de los valerosos franceses que han llevado su actividad hasta los puntos mas lejanos del globo? No quiera Dios que os dejen de convencer estos argumentos. Sin embargo, aun no estais satisfechos: aun os preguntais ¿por qué no se quiere una cantidad indefinida de capital, puesto que se desea una cantidad indefinida de trabajo ofrecido? ¿Por qué rehusar las máquinas, los útiles, las primeras materias del estrangero y al mismo tiempo acoger á los operarios? Y si es han dicho que quieren que los obreros franceses sean recibidos en el estrangero, contestad que quieren tambien máquinas francesas. Sin embargo, se responde por los dichos enormes de las máquinas estrangeras. No os admira un himno en honor de la Alsacia porque proporcionaba máquinas á la Alemania? La Alemania, se ha dicho, es tributaria de la Alsacia. Tributaria es la palabra de moda, porque en la apariencia los alemanes han llevado sus escudos á los alsacienses sin sacar valores correspondientes. De cualquier modo no direis que es una contradiccion? Y si lo es, ¿cómo esplicarla?

La esplicacion es fácil. Entre los hombres unos son sencillos otros muy diestros.

Los primeros no comprenden ni comprenderán jamás la cuestion. La economía social es para ellos un enigma. No conocen en este asunto mas que los vivos amores de la juventud y el peligro que de estas pasiones reprimidas no resulte algun desórden. Decidles que la moral nos aconseja, que la religion nos manda contener nuestros apetitos cuando no pudiésemos satisfacerlos sino á espensas de lo bueno y de lo justo: decidles que los niños tiemblan de frio, que lloran de hambre, no solo son un espectáculo lastimoso, sino una temible tentacion para los padres que muchas veces no salen del afrentoso combate que pasa en su alma, sino impulsados al crímen ó lo que es aun mas horrible con el corazon petrificado por la desesperacion que ahoga los sentimientos naturales y hace que los hijos no tengan padre ni madre. Os responderán tranquilamente que es preciso no desconfiar del porvenir, que ante todo se debe evitar por el matrimonio la corrupcion de costumbres y que la caridad viene en socorro de los infortunados. ¿Quién no conoce estos lugares comunes, y cómo se discute con hombres que repiten siempre las mismas cosas y sobre los que no hacen mella los razonamientos y los hechos?

Por el contrario, los mas diestros conocen el fondo de las cosas: estos lugares comunes no son para ellos la espresion, sino el disfraz de la verdad. Aplauden el lenguage de los mas sencillos y se rien á su costa. Saben que cuanto mas trabajadores hay, siendo por otra parte iguales todas las cosas, los salarios bajan y suben los productos. Todo se esplica por esta fórmula, y en particular el pacto de alianza entre los mas diestros y los mas sencillos. Son del mismo dictámen, porque los unos no ven nada y los otros conocen demasiado el fondo de la cuestion. ¿Quereis que el padre de familias en vez de cinco ó seis hijos no tenga mas que dos ó tres? Pues es preciso entonces subir el jornal de los obreros jóvenes y despues el de los adultos; y si no queremos ver disminuir el número de compradores, ¿dónde encontraremos este aumento de salarios sino en la baja relativa de los productos? Vuestros consejos de prudencia se volverán en un fuerte impuesto contra nosotros. Hoy podemos ganar un millon en diez años y en vuestro sistema necesitariamos la vida de un hombre para lograr el mismo resultado. Dejad, dejad multiplicarse á los trabajadores: es el único medio de hacer á los capitalistas dueños del mercado. Este razonamiento es incontestable en lógica. ¿Nos admiraremos de que mientras se rehusa la concurrencia de los útiles, de las máquinas del estrangero, se encuentre muy sencillo favorecer la de los operarios? Si los capitalistas pudieran fabricar y vender obreros como venden máquinas y útiles, nadie duda que á voz en grito hubiesen pedido leyes prohibitivas contra los operarios estrangeros: los hubieran rechazado como hacen en el dia con los bueyes y caballos de la Suiza y Alemania.

En cuanto á nosotros quisiéramos poder persuadir á los obreros, á los jóvenes que no poseen otra riqueza que su inteligencia y sus brazos, que deben guardarse de los consejos que les prodigan por un lado los egoistas y por otro los espíritus quiméricos. Quisiéramos poderles decir: la cuestion de la poblacion á vosotros solos y esclusivamente interesa. En nuestras discusiones para nada entran los ricos. Por un lado el principio aristocrático, siempre poderoso los contiene é inspira una prudencia casi escesiva: por otro lado ¿qué importa que sus familias sean numerosas? ¿Vemos á sus hijos miserables y sin pan? Aun los imprudentes encuentran recursos entre los parientes, en las uniones, en las profesiones liberales, en las carreras públicas: sus padres han podido darles una educacion distinguida, y de aqui que tengan la aptitud y esperanzas que vosotros no teneis. Esto es un hecho necesario y legítimo: las funciones que exigen muchos años de preparacion, adelantos considerables, no serán jamás patrimonio del mayor número, y bueno es que no lo sean: porque la sociedad se degrada cuando el cultivo del talento no es un medio de influencia y una distincion.

Pero vosotros cuyas familias no han ocupado aun los altos destinos de la sociedad, en vez de dirigir miradas envidiosas y formar votos impotentes hácia su cima, mirad donde estais y prestadnos atencion. No quere-

XVIII

mos traeros aqui teorías, generalidades, cálculos estadísticos que por
lo menos son inútiles para vosotros. Solo os pedimos un poco de atencion
y de buen sentido aplicado no al mundo entero sino á cada uno de vosotros. Que penetre la prudencia en vuestros hogares y presida el establecimiento de cada familia, y no habrá que inquietarse por la suerte dè
la humanidad. Porque, qué veis á vuestro lado? Un pais vasto, inculto,
poco poblado, pero sano, fértil, donde nada se opone á la esplotacion,
donde la tierra no necesita para producir sino capitales y brazos? Casaos
á vuestro antojo, nada tenemos que deciros, si por otra parte las favorables condiciones del suelo y del clima no son vanas por las instituciones
y las leyes. Si asi fuese, sed prudentes. No os lisongeeis ligeramente con
reformas que no llegarán quizá en un siglo, mientras que vuestros hijos os pedirán pan dentro de cuatro ó cinco años.

Hay mas: las malas leyes son menos funestas que las costumbres
perniciosas. Aquí podriamos citar hechos y ejemplos. ¡Triste espectáculo el de un pueblo sumergido en la abyeccion y la miseria, únicamente porque no quiere salir de él, porque prefiere la abyeccion á un esfuerzo, la miseria al trabajo! Por eso no mireis solo al esterior, mirad
tambien vuestra conciencia. En rigor podriamos reconocer en el indiví-
duo el derecho, el derecho legal, por supuesto, de estar ocioso, pero
solo por él y para él solo: que no quiera vivir á costa agena, que renun-
cie á ser padre y marido, y si quiere que viva con andrajos y muera sobre un ponton de paja. Pero pensar en el matrimonio, dar vida á sus
hijos y no trabajar! Yo no conozco tirano mas odioso que un padre y
un marido sano y robusto que solo emplea sus fuerzas en ahogar los so-
llozos de su muger y de sus hijos: y admiro la sangre fria de un juez
que solo condena á algunos dias de prision al ocioso que despues de entregarse á los placeres brutales de la taberna, trata á su familia con violencias y golpes.

Pero dejemos este punto que á la verdad no pertenece á la economía política. Es muy cierto que alli donde no faltasen las subsistencias
aunque la poblacion no quisiese con su trabajo sacarlas de una tierra fértil que les ofrece, es mas bien la reforma de las leyes y costumbres, que
es preciso proclamar, que no las doctrinas de Malthus. Conocemos hu-
mildemente que no es el economista con sus cálculos el que puede convertir á una vida activa y buena á una poblacion salvage ó depravada.
El interés puede contribuir á retener en el camino del bien á aquel que
por mas altas inspiraciones le sigue ya: pero no conduce á él al que ha
roto todas las barreras de las afecciones naturales, del honor, de la religion, de las leyes; y si el interés tuviese tanto poder, el mundo seria un Paraiso: y qué cosa mas fácil que demostrar con hechos lo perjudicial del vicio!

A los obreros, y en particular á los proletarios de los paises há mucho tiempo habitados y esplotados, quisiéramos dirigirnos: de ellos se
trata esencialmente en las cuestiones que conciernen á la poblacion: y

tambien de la juventud laboriosa, de los obreros honrados, de que cuida el economista y que puede ilustrar.

Nosotros quisiéramos preguntarles: ¿qué pais habitais? ¿Es un pais puramente agrícola y cuya industria consista en vender el esceso de los productos? No creais por esto que vuestra posicion será mas sencilla y mas segura. Examinémoslo.

¿Quién sois en ese pais? ¿Sois pequeños propietarios ó quinteros ó colonos dueños de vuestros útiles y de vuestros arriendos? Estoy seguro que no solo sereis honrados, sino que tendreis dignidad, respeto hácia vosotros mismos y vuestras familias. Vuestros matrimonios no serán precoces, imprudentes: muchas veces solo se casará el hijo primogénito: los demas serán pocos, permanecerán en la familia á la vez como propietarios y trabajadores y tratarán de entrar en la iglesia, en el ejército ó emplearán sus trabajos en las grandes empresas agrícolas. Si viene á sorprenderos una carestía ó una desgracia, reemplazareis en vuestra mesa el pan con las patatas, vendereis vuestro cerdo y vuestras aves para comprar trigo, no comprareis vestidos nuevos, ni hareis gastos estraordinarios: en fin, hareis frente á la tempestad aumentando actividad y valor. Ya os veo felices como los aldeanos inteligentes y laboriosos de mas de un canton de la Francia, de la Suiza, de la Italia. Las malas cosechas os servirán de instruccion y de advertencia. Entonces direis: qué nos hubiera sucedido ¡gran Dios! si nuestra familia hubiese sido dos ó tres veces mas numerosa? ¿Qué os hubiera sucedido? ¿No teneis que ir muy lejos para aprender, y si no los teneis á vuestras puertas: abrid el libro de Malthus, esa vasta coleccion de hechos, y vereis lo que sucede bajo la plaga de una carestía á esas poblaciones imprevisoras, que en los tiempos normales se encuentran reducidas á lo estrictamente necesario.

Por el contrario, ¿habitais un pais puramente agrícola pero todo lleno de grandes propiedades y cultivo, y no sois mas que jornaleros? Vuestra posicion tan sencilla en la apariencia se complica y exige vuestra atencion. Aquel dominio á que dedicais vuestro trabajo no es en realidad sino una manufactura. Despues de haber arreglado sus condiciones con el propietario que le alquila la máquina, el arrendatario debe asegurarse que podrá recobrar sus adelentos y pagar el arriendo y naturalmente querrá sacar el mayor provecho posible de su empresa. ¿Cómo os ha de ofrecer un salario elevado si os presentais en tropel á su puerta? ¿Qué sucederá en caso de mala cosecha? Puede que el arrendatario la sufra tambien, y puede que la subida del precio le compense los pocos productos: esto depende de muchas circunstancias inútiles de enumerar aqui. ¿Pues qué podreis esperar si por el escesivo número de obreros que se presentan en concurrencia, el arrendatario dicta la ley del mercado? Obligados por el hambre sereis felices con conservar el mismo jornal en dinero, que nunca representará el jornal natural; y si por las circunstancias los obreros se encuentran abatidos por la miseria bajarán vuestros jornales en dinero, porque seguramente el empresario sabiendo que teneis necesidad de él, mas que él de vosotros, no querrá hacer el papel del leon de la fábula. No olvideis que en un pais asi constituido si la concurrencia puede animar la oferta del trabajo, jamás anima la demanda. No se multiplican fácilmente estas grandes manufacturas agrícolas. Las familias proletarias pueden aumentarse en las ciudades; pero no se aumenta el número de grandes propietarios y arrendatarios: la estension del terreno es la misma, y si el cultivo puede mejorarlas sucesivamente, éstas mejoras son casi siempre lentas, y muchas veces no se realizan sino por las máquinas que disminuyen temporalmente ó para siempre el trabajo humano. En este pais si la poblacion es escesiva, es temible un dia de carestía: se ven hombres macilentos, descarnados, vacilantes vagar por la campiña y disputar á los animales el alimento mas inmundo.

Los paises puramente agrícolas, sin comercio, sin industria, en dias desgraciados no tienen disponibles ni los socorros de las grandes capitales, ni los recursos y el atrevimiento del espíritu mercantil: no hay mas que sufrir y morir. Es admirable su silencio y resignacion.

Mas en la sociedad no es esto solo lo mas peligroso y complicado para las clases laboriosas. Dirigid entre tanto vuestras miradas á los paises esencialmente industriosos y manufactureros, alli donde la agricultura no es mas que una ocupacion secundaria, donde el capital, tomando las formas mas diversas, se dedica á satisfacer aqui todas las necesidades generales de un pueblo civilizado, alli los caprichos de la moda y los gustos refinados de la opulencia. Seguid esta produccion en sus diversas formas, en sus complicados fenómenos. Estas primeras materias tan numerosas, tan várias, es preciso sacarlas de las cuatro partes del mundo: sus mezclas no son siempre las mismas, sus dibujos es preciso renovarlos todos los años. La concurrencia vela sin cesar con su mirada sutil y penetrante. Desgraciado el que se detiene un instante! es atropellado por la turba que sigue su carrera. Reunirse el que os precede arrollarle á los pies y pasar otro es el esfuerzo incesante de la industria: es su ley y su vida. Hay mas: todos los que han estudiado profundamente estas grandes cuestiones sociales os dirán que la libertad regular y pacífica, cuando los individuos obligados á conformarse con las indicaciones de la naturaleza, trabajan acordes con ella, y aprovechan sus fuerzas en vez de contrariarlas, es reñida, tiránica y desordenada, el dia en que los gobiernos han querido hacer mas que la Providencia y dar al norte las industrias del mediodia, ó al contrario. La concurrencia de los individuos es entonces concurrencia de los Estados y se forma en el dominio de la industria una mezcla singular de libertad y esclavitud. Las leyes naturales de la economía pública no son complicadas como las leyes positivas de cada nacion, leyes variables como los intereses de la política, crueles como el interés personal en pugna con los intereses generales: leyes que para la libertad tan pronto son armas como trabas, que producen las represalias y el contrabando, los odios nacionales, y las crisis comerciales, en fin, leyes de guerra y de desórden.

En medio de este caos, qué harán los obreros, los que sólo viven con su jornal y que en caso de desgracia, no tienen economías que consumir, ni una cabaña para abrigarse, ni un rincon de tierra que cultivar? ¿Pueden comprender las cuestiones tan complicadas de que ellos mismos son elemento, esas cuestiones que solo un pequeño número de economistas comprende? Ay! No es solo la cruel esperiencia la que hace conocer al obrero lo que hay de incierto y de precario en sus relaciones con esa industria artificial tan variable, tan incierta, tan caprichosa en sí misma. Hoy viene á alegrarnos un subido jornal: teneis asegurada la felicidad de vuestra familia: animais á que se case vuestro hijo, que trabaja en vuestra misma manufactura. Imprudente! quizá no sabeis que vuestro empresario recibe sus alimentos de los Estados-Unidos, de Alemania, de Rusia, y que quizá mañana el espíritu de represalias cerrará las fronteras de esos Estados á sus productos ó no los admitirá sino con grandes impuestos: no habeis considerado que los efectos que fabricais no son sino un objeto de moda, un capricho, y que muy buscados y pagados enormemente hoy, se abandonarán mañana por otra novedad que no sabreis fabricar. Vosotros que contais en la destreza de vuestras manos y en la sagacidad de vuestra vista para obtener el jornal de un hábil obrero, no dudeis del golpe que vais á tener, del trastorno que producirá en vuestra industria, un hombre, un solo hombre: y cómo? con una idea. Porque esta idea produce una máquina mas poderosa que vosotros, mas regular en sus trabajos, mas exacta en sus productos. A su lado qué sois vosotros? lo que el andarin mas vigoroso y activo al lado de un carruage de vapor.

Entonces buscais otra ocupacion, otro trabajo. Mas de qué proviene que vuestra destreza no es la misma, y vuestra habilidad dudosa? En que la division del trabajo ha desenvuelto una de vuestras facultades y embotado las demas. La division del trabajo, cuyos efectos económicos son tan maravillosos, en resultado general tiene muchos inconvenientes entre los individuos, y añade las dificultades de su situacion á las vicisitudes de la industria.

Por último, quién os asegura que la guerra no vendrá de repente á estinguir el comercio y paralizar la produccion de vuestro pais? Quereis saber la verdad? Decid mas bien que no hay dia en que pueda dispertarnos el ruido siniestro de una noticia que ocasionará la ruina de vuestra industria. Porque uno de los fenómenos más complicados de toda sociedad civil, es seguramente la produccion industrial, de tal modo que origina las rivalidades nacionales, si quiere tenerse en cuenta los elementos necesarios, las influencias que la dominan y las vicisitudes á que está espuesta. En este fenómeno tan complexo y tan variado se encuentra, por decirlo asi, apremiado el obrero: figura, es parte, es un elemento esencial que no puede pasar ni aislarse de los demas elementos del mismo hecho. Obra con ellos y anmenta la reaccion. Lo que hay de variable é incierto en el uno se une á lo que hay de incierto y de variable en los otros. Trabajo, importe del capital fijo, del capital circulante, forma y poder de uno y otro capital, concurrencia de los productores, de los consumidores, leyes económicas, relaciones de estado á estado, nada es cierto, permanente, inmutable, y uno solo de estos elementos no puede modificarse sin modificar mas ó menos, bien ó mal todos los demas.

¿Quiénes son los mas espuestos de los que tienen el valor de aventurarse en un terreno tan movible, donde á cada paso puede abrirse un abismo? Son los capitalistas? De ningun modo. El capitalista á no ser por una loca impudencia jamás le coge desprevenido: si sufre pérdidas, salva una parte de su fortuna: si no percibe productos este año, puede esperarlos al año siguiente : sus economías y su crédito le sirven de mucho: á veces ni aun tiene que suprimir sus gastos de lujo para restablecer el equilibrio de su presupuesto doméstico : por último, si obligado á plegar velas y dejar sus asuntos se retirase sin ningunos medios de existencia puede encontrar en su retiro *otium cum dignitate*. Nada de esto sucede al trabajador que solo vive el dia que trabaja. Le acomete la desgracia antes de verla venir. ¿Qué recursos le quedan? La caridad pública ó particular? La emigracion? Entrar en el ejército?

La caridad ciertamente que es un manantial que no se ha agotado. La caridad particular actual es á la vez ingeniosa y liberal. Socorre la desgracia respetándola, consuela sin envilecer : todos los infortunios la conmueven : para todos es activa, inteligente : lo mismo penetra en la choza del indigente que en el encierro del criminal. Para todos tiene consuelos y socorros ; hasta tal punto, que la crítica la ha tachado de ciega indulgencia y debilidad. No encuéntra límites sino en sus descos, ó al menos en su poder. Sus medios no son infinitos, asi que disminuyen á medida que aumentan el número de los desgraciados. Si tiene un pan os lo ofrece de corazon ; pero si todos los que la piden le presentan al mismo tiempo, una muger y muchos niños que alimentar, qué puede la caridad entre esta turba de indigentes? A todos dará algo, pero no podrá darles lo necesario : y á pesar de sus nobles esfuerzos, verá esta poblacion imprudente devorada por los sufrimientos, las enfermedades y la muerte.

Contad ademas la caridad pública legal, esa caridad material que los unos siempre dan con indiferencia, muchas veces con crueldad, y que los otros reciben sin reconocimiento, porque unos la miran como un motivo de orgullo, otros como un derecho, esa caridad necesariamente sin pudor ni reserva, y que con sus registros oficiales os degrada llamandoos *socorrido*. Asi se llama del otro lado de la Mancha la cuota de los pobres. Tratad de saber si la historia de esta cuota es honrosa para la especie humana : qué sentimientos escita, qué relaciones establece entre los pobres y los ricos. Preguntad si los cinco millones de francos que la Ingla-

terra gasta en socorros en el espacio de treinta años han sido un alivio
siempre para la miseria, y si han hecho desaparecer el *pauperismo*. La
poblacion de Inglaterra propiamente dicha, que no es mas que la mitad
de la poblacion de la Francia, acrece anualmente mas que la poblacion
francesa. No hay cuota ni socorros que pueda prevenir los padecimientos
de una poblacion que crece escesivamente.

Lo que he dicho de la insuficiencia de la caridad es aun mas verdadero de la emigracion, de la entrada en el ejército, en fin, de todo
desalojamiento. Estos recursos, estos medios de escapar á la miseria,
pueden concebirse por el hombre que está soltero y en la flor de su edad;
pero un marido, un padre de familias rodeado de niños pequeños, no
serán para ellos medios crueles que condenan la humanidad y la moral?
Qué hareis? abandonareis á la caridad pública, espondreis á las tentaciones de la miseria á vuestra muger, vuestra hija, vuestros hijos para escapar solo del peligro? Este el objeto del matrimonio para vosotros? Son
estas sus obligaciones? Si por el contrario desnudos como estais de recursos, os acompaña en esta peregrinacion de miseria y de tristeza vuestra familia, creeis que podrá sufrir las angustias, las privaciones, las
fatigas? La historia os lo dice, el camino de esta emigracion está sembrado de cadáveres. Es esto para vosotros objeto de la mision conyugal? Os
han impelido al matrimonio la moralidad de estos consejos? ¡Será bueno y justo satisfacer una inclinacion sin tener en cuenta sus consecuencias y resultados!

Ahora podreis comprender las teorías de Malthus. Es preciso repetir-
las, porque á vosotros especialmente interesa. Podeis aun dudar que todo
matrimonio precoz no sea para vosstros muchas veces una temeridad culpable? ¿Qué os ha dicho desde un principio Malthus? Si cerrando los ojos
á las consecuencias, dijo, no escuchais sino vuestras inclinaciones, su-
frireis las consecuencias de vuestra imprudencia. La poblacion será con-
ducida á su nivel por los obstáculos represivos, es decir, por el hambre,
los padecimientos y la muerte.

No son estas vanas declamaciones, es una verdad fundada en hechos
irrecusables, en la esperiencia de todos los dias.

La conclusion es evidente. *Si los obstáculos* represivos son un supli-
cio para la humanidad y una vergüenza para la razon humana apartadlos
por el único medio que podais. No establezcais con ligereza nuevas familias; imitad aquel patriota que al casarse no queria dar salario á la tiranía; tampoco le deis á la miseria caereis fatalmente en poder de ese
horrible demonio el dia que celebreis un matrimonio imprudente.

Nadie os dice que no os caseis, sino que espereis hacerlo como hombres razonables.

Nadie os quiere quitar los goces de la paternidad pero no por la impaciencia de un dia los trasforméis en horribles angustias.

En fin, á los obstáculos represivos sustituir lo que llama Malthus *obstáculos preventivos*, es decir, un trabajo incesante, órden y economía, una inalterable prudencia, y una gran moralidad.

Hé aquí su sistema, contra el que tantas vanas y culpables declamaciones se han levantado.

Si otros os dicen que os entregueis sin pensar á ciegas inclinaciones, nosotros al contrario, os aconsejamos que los dirijais y contengais con las luces de la razon y las leyes de la moral y la prudencia.

Si otros tratan de consolaros y de aseguraros con la perspectiva de no sé qué reforma que tendria la sociedad y daria á la historia un solemne mentís. Os requeríremos que estas son quimeras, sistemas arbitrarios mil voces refutados; y que ya es tiempo que por honor de la razon humana no se hable mas de ellos. En último resultado todos los sistemas sociales se reasumen en una ú otra de estas palabras: servidumbre y libertad: La historia nos presenta á la vez al hombre máquina y al hombre dueño de sí mismo. Escoged: somos una sociedad de hombres libres, y estos reformadores querian bajo una ú otra forma conduciros á la servidumbre. ¡Y se han de creer posibles estos sueños en el siglo XIX! Si al menos estas utopias reduciendo á la nada la libertad y la resposabilidad individual, asegurasen á las clases laboriosas un bienestar positivo. Y no seria bastante cierto para compensar la pérdida de la libertad garantirnos la racion de un monge. Pero esto no es mas que una ilusion: porque si la poblacion no se contiene con prudencia, con la repugnancia *moral* recomendada por Malthus, se estralimitaria en las sociedades industriales aun mas que en las sociedades libres: y qué prudencia, qué temor podria esperarse de hombres, cuyo ser colectivo hubiese absorvido toda la responsabilidad moral y casi aniquilado la libertad? Añadamos que nada seria mas afrentoso que una escasez en un pais de igualdad absoluta de fortunas, y donde nadie tiene algo supérfluo.

En tiempos de desgracias, los ricos propietarios, los grandes capitalistas, son la Providencia para los pobres. Es el único remedio de socorros, y para pedirles trabajo, los unos por caridad, los otros por cálculo. Así nada mas estúpido que esas declamaciones que tienen por objeto inspirar á los pobres odio contra los ricos, y representarles toda acumulucion de capitales como un robo, toda gran casa como una intolerable oligarquía. Tanto como se declama contra esos grandes rios que son la fuerza, la riqueza, el ornamento de los Estados: ¿ seria prudente desear que esas masas imponentes que llevan magestuosamente sobre sus olas las riquezas del pais y dan brazos infatigables á la industria, rutas económicas al comercio, se trasformasen en pequeños arroyuelos que ninguno podria sostener una barca ni hacer mover una máquina? Entre los ricos hay hombres crueles, ambiciosos, egoistas: efectivamente, como entre los pobres borrachos, h olgazanes y ladrones. El odio y la envidia, podrian aumentar á las clases laboriosas su poder y su dignidad, para dividir algun dia con los capitalistas el imperio del mercado? Porque alli solo pueden conducirlos el trabajo, la moralidad y la prudencia.

Ya he esplicado en otra parte (1) cuáles son las verdaderas relaciones de los trabajadores con el capitalista, y cuál es el salario propiamente dicho. He tratado de hacer comprender al mismo tiempo los servicios que traen al trabajo los grandes capitales y los peligros que amenazan á los pequeños: en fin, he tratado de indicar los medios naturales, practicables, legítimos que hacian escapar de tales peligros aprovechando estos servicios. Yo no puedo insistir aqui en tan importante cuestion; pero conozco la necesidad de repetir que si llega el momento en que los capitales no bastan á las necesidades de los obreros, la falta no es de los capitales, sino de los trabajadores mismos, que sin tener en cuenta las vicisitudes del mercado, han multiplicado y estendido por su número toda demanda posible de trabajo. Añádase que aun suponiendo que los capitalistas quisiesen sufrir solos la pena de la imprudencia de los operarios, ya pidiendo un trabajo que no necesitasen, ya asignando á otro útil un jornal superior al determinado por las circunstancias del mercado, este sacrificio tan poco probable tan poco natural seria solo una ruina para todos, sin provecho durable para nadie. Y digo sin provecho durable, porque no deteniéndose el movimiento ascendente de la poblacion, al cabo de pocos años el alivio temporal que hubiese resultado en el consumo improductivo de todo capital acumulado, no se encontraria sino cuando ocurriese un nuevo desastre á los obreros.

En fin, persuádanse las clases laboriosas que su porvenir está en sus manos, y que nadie puede realizar imposibles. Siempre que el número de obreros esceda habitualmente á las fuerzas del capital disponible, es inevitable la baja de los jornales. Que estos bajen quedando los mismos los productos ó subiendo, ó que los jornales no suban sino bajando los productos: que caigan los obreros en la miseria con la ruina de los capitalistas, ó que caigan los capitalistas conservando sus riquezas, y viendo aumentarse sus economías, lo cierto es que no puede asegurarse la suerte de los operarios sino con la prudencia y la moralidad entre las relaciones de los dos sexos, y un aumento de la poblacion proporcionado á los medios de subsistencia con que los trabajadores pueden contar legitimamente y segun todas las probabilidades.

Entonces podrán elevarse gradualmente las clases laboriosas, si saben al mismo tiempo usar con inteligencia de sus fuerzas y de sus medios. He manifestado en mi *Curso de economia*, como cada familia de obreros podria mejorar su condicion por un sistema equitativo de socorros mútuos y de gastos comunes: es cuanto hay que pedir de razonable al espíritu de asociacion y de confraternidad. En estos limites puede proponerse el ejemplo de las comunidades religiosas y de los monasterios. Porque aisladamente es funesto á los que pueden gastar poco, á los que no pueden hacer adelantos, comprar sus provisiones por mayor y en tiempo

_____

(1) *Curso de economia política.*

útil , consagrar mucho espacio y cuidado á la economía doméstica. La multiplicidad de muebles para los pobres es inútil : y sin soñar una vida comun , que no conviene á hombres que tienen muger é hijos , y que destruiria el espíritu de familia, es una comunidad parcial, una comunion de compras, de provisiones , de leñas, de socorros que no tiene nada de imposible ni de inmoral, y que no escede por sus combinaciones á la inteligencia de las clases laboriosas. Si en vez de prestar oidos á los sueños de hombres sistemáticos , tomasen consejo de la equidad y del buen sentido , podrian multiplicar y estender sin trabajo los ensayos ya realizados sobre esto mismo. Esto no es ruidoso, ni brillante , ni se necesita para hacerlo de un Josué que detenga el curso de la sociedad ; pero tampoco son medios que conduzcan á la *cour d'Assises* ni á Charenton. Asociaciones voluntarias , temporales de cinco, seis ó diez familias mas ó menos, para unir, no su trabajo, no su vida entera, no lo que hay de mas personal en el hombre y mas íntimo en la familia, sino una parte de sus ganancias, de sus gastos, de sus consumos , de su vida doméstica material y esterior, bajo el aspecto de socorros mútuos, no seria solo para los trabajadores un medio de bienestar, sino un medio de educacion y moralidad. Quizá viésemos un dia al rededor de esos hogares domésticos una parte por lo menos de esos imprudentes y egoistas que pueblan en el dia las tabernas y engruesan la bolsa del ambicioso comerciante que los envenena. Esto es lo que el hombre puede hacer con el espíritu de asociacion. Es preciso no abdicar jamás su libertad personal, y aun menos debe exigirse en su propio interés el sacrificio de la libertad de otro.

Todo en las opiniones y en las costumbres de nuestra época llama á las clases laboriosas á un porvenir mas feliz y mas digno. Nuestro movimiento social no puede hacerse por partes aisladas, porque no se cumple ni bajo las inspiraciones esclusivas del privilegio, ni bajo la ley brutal é inicua de la igualdad material, sino en nombre de la libertad y de la igualdad civil y de los mas nobles principios de nuestra naturaleza. Hay provecho, elevacion para todos : para nadie degradacion.

Las clases superiores han perdido odiosos privilegios pero han ganado la libertad. Si les está prohibido maltratar á los plebeyos, tampoco pueden temer las cartas-órdenes del rey. La elevacion del derecho de vecindad, es el hecho mas notorio de nuestra civilización y al que nadie puede contestar. Sentirian y envidiarian esta elevacion las clases laboriosas? Seria una temeridad. El derecho de vecindad procede del trabajo y no se recluta sino por el trabajo. Es una aristocracia siempre movible, siempre abierta y de las mas legítimas, porque es hija de sus propias obras. Seguramente el derecho de vecindad de ningun modo está dispuesto á dejarse quitar las riquezas que ha ganado con el sudor de su rostro. Las defenderia con el mismo ardor y perseverancia que las ha adquirido : y tambien conocemos que se encuentra entre la clase media mas de un cruel egoista. Pero al considerar esta clase en general, quién desconoce-

rá sin injusticia sus simpatías por las clases laboriosas, y la rapidez
con que va á contribuir siempre á su bienestar y adelantos?

Este adelanto es comun á todas las clases: es el resultado de un sentimiento general, una señal de nuestra civilizacion. Bajo este punto de vista, todos estos sistemas, todos estos proyectos, producto de nuestros dias y que pueden reasumirse bajo el nombre de *organizacion del trabajo*, toda esta política *socialista* en la que á talentos eminentes se ha visto hacer escursiones rápidas y fugitivas son un hecho digno de atencion. Es entonces una espresion á la verdad exagerada del sentimiento general que anima á la sociedad. Todo movimiento social, político, económico, literario, cualquiera que sea, es precedido por algunos precursores, niños aventureros que no sabén lo que proclaman ni todo lo que les sigue, y dejan siempre tras sí hombres torpes y engañados que podrán compararse con los pescados que las olas abandonan en la orilla, á no ser que se hagan notables por sus impoténtes griterías. Unos y otros, los primeros por su furia, los segundos por su desesperacion atestiguan igualmente que el movimiento es real. La sociedad al progresar no espera dejar tan atrás á las clases laboriosas que no quiera confiarlas su direccion y someterse á sus consecuencias.

Lo principal es que los obreros comprendan sus intereses y su verdadera situacion. El trabajo es libre y nadie puéde sujetarle. En vez de quejarse el operario debe confiar, porque sin libertad no seria como el obrero de las Antillas, sino una bestia, una de las cabezas de un rebaño. Pero la libertad con sus ventajas y su dignidad, tiene tambien sus angustias y sus peligros. Eleva y sostiene las almas puras y los espíritus previsores: aparta de sí las almas corrompidas y los espíritus débiles y temerarios. Mirad esos vecinos que nos parecen hoy tan felices, tan ricos, tan poderosos: cómo se han formado? ¡Cuántas luchas han tenido que sostener! Trabajaban como los obreros de nuestros dias en una sociedad amiga, bienhechora, generosa? Tenian las simpatías universales y el espíritu de su siglo? Estaban rodeados de enemigos: debian crecer y engrandecerse en medio de una casta que los tenia á sus piés, con el corazon de hierro y el palo y la espada siempre en la mano. Y sin embargo, donde está hoy esa terrible feudalidad que los despreciaba y que como el patricio romano, mirándose *tamquam è cœlo demissa*, no veia en la union de las dos razas sino la pareja monstruosa del hombre con el bruto?

Tales han sido los resultados del trabajo, del órden de una perseverancia contínua y sufrida, de una inalterable prudencia; de esas cualidades y virtudes que Malthus y sus discípulos recomiendan hoy á los obreros.

Se dirá quizá que los trabajadores tenian entonces medios artificiales, tales como las corporaciones, los gremios, los aprendizages. Sin duda que entonces estos medios eran una necesidad, pero una necesidad política: era preciso una proteccion particular cuando los poderes públicos eran impotentes y no ofrecian seguridad á nadie. Quereis poner en el dia todas esas trabas? Volvednos al mismo tiempo el sistema feudal. La bandera de las corporaciones no puede desplegarse sino contra la bandera del privilegio armado. Será preciso organizar una defensa y preparar las cargas cuando no hay ataque alguno?

Los gremios y aprendizages no eran una institucion general. Aun donde existieron, no abrazaban tódos los oficios y todas las profesiones. Al contrario, el progreso ha sido general, y si se examina con atencion se conocerá que ha sido mas rápido alli donde las instituciones no han puesto trabas á los obreros.

No necesita la libertad socorros artificiales. Solo pide al hombre para que progrese el empleo de las nobles facultades que le ha concedido la Providencia. Ser libre quiere decir ser razonable. El bruto no tiene libertad, y el hombre que en los actos importantes de su vida se entrega ciegamente á sus apetitos é imita al bruto, abdica al momento su dignidad y su independencia.

Rossi.

PREFACIO DEL AUTOR.

Prefacio puesto á la cabeza de la décima edicion.

La primera edicion de esta obra salió á luz en 1798. Me hizo tomar la pluma un escrito de M. Godwin, como ya lo he anunciado desde un principio en mi prefacio. Seguí el primer impulso y empleé los materiales que tenia á mi disposicion en el campo, donde entonces vivia. Hume, Wallace, Adam, Smith, Price, me sirvieron de guias: y sus obras han sido las únicas que me han podido ayudar á esplanar este principio. Mi objeto era aplicarle para desenvolver ciertos sistemas relativos á la pefectibilidad del hombre y de la sociedad que entonces llamaban la atencion pública.

Durante esta discusion tuve que examinar cuales han sido los efectos de este mismo principio en el estado de la sociedad tal como existia realmente. Me pareció que en todo pais podia en gran parte atribuirse á esta causa la miseria y las desgracias de las clases ínfimas del pueblo, así como lo inútil que han sido los esfuerzos de las clases superiores para aliviar sus padecimientos. Cuanto mas consideraba este asunto bajo este aspecto, mas importancia adquiría para mí. Este sentimiento unido al aprecio que el público habia hecho de mi Ensayo, me obligó á hacer algunas indagaciones históricas para conocer la influencia del principio de la poblacion en el estado pasado y presente de la sociedad. Así arrojando mas claridad en el asunto que habia abrazado, considerándole en toda su estension , y tomando á la esperiencia por guia en mis apliraciones , me lisonjeaba de obtener resultados mas útiles en la práctica y hacer mas duradera la impresion que pudiesen producir semejantes verdades.

Al dedicarme á estas investigaciones , conocí que se habia trabajado mas de lo que yo me pensaba en la época en que publiqué la primera edicion de mi Ensayo. La miseria y la desgracia que habian causado un aumento rápido de poblacion habian sido bien conocidas: y se habian indicado violentos remedios á estos males desde los tiempos de Platon. y Aristóteles. Recientemente este aumento ha sido tratado por algunos economistas franceses : por Montesquieu especialmente , y entre los escritores ingleses por Franklin , Sir J. Steuart, M. Arthur Joung y M. Townsond. Estos autores han hablado tan claramente que es de estrañar no se haya llamado la atencion sobre este objeto.

Aun quedaba mucho por hacer. Independientemente de la comparacion entre el aumento de la poblacion y el del alimento, que quizá no se habia espuesto con bastante fuerza y precision: algunas partes de este asunto, casi las mas interesantes y curiosas, habian sido del todo abandonadas ó tratadas muy superficialmente. Con bastante claridad se habia establecido, que la poblacion debia mantenerse al nivel de las subsistencias ; pero se habian ocupado muy poco de los diferentes medios para mantener este nivel. Ademas no se dedicaron á seguir en detalle las consecuencias del principio, y en particular los resultados prácticos que pueden sacarse cuando se examina atentamente la influencia que tiene sobre la existencia social.

Sobre estos puntos me he detenido con mas especialidad en este Ensayo. La forma que le he dado le hace aparecer como una nueva obra : y como tal la hubiera publicado quitando los pocos capítulos de la primera edicion que se encuentran testualmente repetidos, si no hubiese querido que contuviese todos mis razonamientos y que se pudiese leer este segundo escrito sin recurrir incesantemente al primero.

Los que conozcan hace tiempo este aumento ó hayan leido con cuidado la primera edicion de este Ensayo, encontrarán quizá que he entrado en muchos detalles en algunos puntos , y que he hecho repeticiones inútiles. He cometido faltas de este género , parte porque no he podido evitarlas, parte porque no he querido. Caundo he considerado el estado de la sociedad en diferentes paises , y de aqui he deducido consecuencias semejantes, es muy dificil que las haya anunciado sin cometer repeticiones. Y en las investigaciones á que me han conducido resultados que se apartan mucho del modo de pensar comun y habitual he creido que para que obre la conviccion, ó al menos para concebir la mas lijera esperanza, era indispensable presentar estos resultados á mis lectores bajo diferentes aspectos, reproduciéndolos siempre que he tenido ocasion. En cuanto á la forma de la composicion, renuncio voluntariamente toda pretension de autor. Sacrifico sin temor esta ventaja á la esperanza de causar alguna impresion en el ánimo de muchos de mis lectores.

El principio general que he espuesto es tan incontestable, que si hubiera tenido que presentarlo de una manera abstracta y esponer algunas consideraciones muy rápidas, me hubiera colocado en una fortaleza inespugnable, y bajo este aspecto mi obra tendria una aparicion respetuosa. Pero aunque las consideraciones generales sean útiles al descubrimiento de la verdad; rara vez tienen mucha influencia sobre la práctica. He creido que no podia tratar bien este asunto siguiendo las consecuencias de mis principios y deduçiéndolos claramente cualquiera que puedan ser. No dejo de conocer que este método abre la puerta á las objeciones y me espone á la critica; pero me consuela el pensar que los errores en que haya incurrido serán mas útiles divulgándose, por la refutacion de que serán objeto en un asunto tan intimamente ligado á la felicidad del género humano.

· En esta nueva edicion he admitido un obstáculo á la poblacion que no puede comprenderse bajo el nombre de vicio y desgracia y he puesto algunos tratados de la primera por razones que me han parecido justas y sólidas. En cuanto á lo que he dicho de los progresos futuros de la sociedad, espero que no me desmentirá la esperiencia. Si algunos creen todavia que todo obstáculo á la poblacion es un mal peor que los males que quieren remediarse, sin duda que adoptarán en toda su fuerza las consecuencias que he deducido en la primera publicacion de este Ensayo. Cuando se abraza esta opinion, preciso es considerar la miseria y la desgracia de que son blanco las clases ínfimas del pueblo, como males irremediables.

He evitado con cuidado los errores de hechos y de cálculo. Si se me ha escapado alguno no será de tal naturaleza que afecte esencialmente el fondo de mis razonamientos.

En la abundancia de materiales que he tenido al formar la primera parte de mi obra, no me lisonjeo haber elegido siempre los mejores, ni haber seguido el órden mas claro. Yo espero que los lectores para quienes tengan algun interés las cuestiones morales y políticas, perdonarán la imperfeccion de la obra en gracia de la novedad é importancia del asunto.

ENSAYO

SOBRE EL PRINCIPIO DE LA POBLACION.

LIBRO PRIMERO.

OBSTÁCULOS QUE SE HAN OPUESTO AL AUMENTO DE LA PO-
BLACION EN LAS PARTES MENOS CIVILIZADAS DEL MUN-
DO, Y EN LOS TIEMPOS ANTIGUOS.

CAPITULO I.

Esposicion del asunto. Relacion entre el aumento de la poblacion
y las subsistencias.

Si deseáramos examinar cuáles serán los progresos futuros de la sociedad, naturalmente se ofrecerian dos cuestiones.

1.ª ¿Qué causas han impedido hasta ahora la propagacion del género
humano y su mayor felicidad?

2.ª ¿Qué probabilidad hay de evitar estas causas, ya en todo, ya en
parte?

Este exámen es muy vasto para que un individuo solo pueda em-
prenderle con buen éxito. El objeto de este ensayo es principalmente
examinar los efectos de una gran causa, ligada íntimamente con la naturaleza humana, que ha obrado constante y poderosamente desde el orí-

TOMO I.   3

gén de las sociedades, y sin embargo ha llamado poco la atencion de los que se han dedicado á este asunto. Es verdad que se han reconocido y justificado los hechos que demuestran la accion de esta causa; pero no se ha visto la union natural y necesaria que existe entre esta y algunos de sus notables efectos, aunque en el número de estos haya que contar probablemente los vicios, las desgracias y la mala distribucion de los bienes de la naturaleza, que siempre han deseado corregir los hombres ilustrados y benéficos.

Esta causa, creo yo, que es la tendencia constante que se manifiesta en todos los séres vivientes á multiplicar su especie, aunque no lo permitan los alimentos con que cuenta.

Es una observacion del doctor Franklin que no hay límite alguno en la facultad productiva de las plantas y los animales, sino que al aumentar su número se quitan mútuamente la subsistencia. Si en la superficie de la tierra, dice, existiese con esclusion de toda planta, una sola especie, por ejemplo, el hinojo, bastaria para cubrirla de verdor. Y si no hubiese otros habitantes, una sola nacion, por ejemplo, la inglesa, la hubiera poblado en pocos siglos.

Esto es incontestable. La naturaleza ha prodigado con mano liberal los gérmenes de la vida en los dos reinos; pero ha sido mas parca en cuanto á territorio y alimento. Sin esta reserva en algunos millares de años la tierra hubiera fecundado millones de mundos; pero una imperiosa necesidad reprime esta poblacion exorbitante; y el hombre ha de someterse á su ley como todos los séres vivientes.

Las plantas y los animales siguen su instinto, sin que los detenga el reparo de las necesidades que sufrirá su prole. La falta de sitio y alimentos destruyen en estos dos reinos lo que nace mas allá de los límites asignados á cada especie.

Mas en el hombre los efectos de este obstáculo son muy complicados; guiado por el mismo instinto, le detiene la voz de la razon que le inspira el temor de ver á sus hijos con necesidades que no podrá satisfacer. Si cede á este justo temor, es muchas veces por virtud. Si por el contrario le arrastra su instinto, la poblacion crece mas que los medios de subsistencia, bien que llegando á este término es preciso que disminuya. Asi que la dificultad de alimentarse es siempre un obstáculo al aumento de la poblacion humana: el que se nota en cualquier parte que los hombres estan reunidos, presentándose bajo las variadas formas de la miseria ó su justo temor.

Para convencernos que la poblacion tiene esta tendencia constante á pasar mas allá de los medios de subsistencia, y que lo ha impedido este obstáculo, recorramos bajo este punto de vista los diferentes periodos de la existencia social. Pero antes de emprender este trabajo, y para mayor claridad, determinemos por una parte cuál seria el aumento natural de la poblacion, si ningun impedimento lo estorbase; y por otra cuál puede ser el aumento de los productos de la tierra en las circunstancias mas favorables á la industria agrícola.

Nadie podrá negar, que no hay pais conocido en que los medios de subsistencia sean tan abundantes, y sus costumbres tan sencillas y puras, que jamás la dificultad de proveer á las necesidades de una familia, no haya impedido, ó al menos retardado los matrimonios: y que los vicios de las grandes ciudades, los oficios mal sanos, ó el esceso del trabajo no hayan acortado la vida: no conociendo nosotros pais alguno en que la poblacion haya podido crecer sin obstáculo.

Podrá decirse que ademas de las leyes que establecen el matrimonio, la naturaleza y la virtud prescriben al hombre unirse en época oportuna á una sola muger; y que si ningun obstáculo se opusiera á la union permanente que seria su consecuencia natural, ó si no existieran las causas que impiden el desarrollo de la poblacion, llegaria esta mas allá de los límites designados.

En los Estados del Norte de América, donde no faltan los medios de subsistencia, donde las costumbres son puras y en donde los matrimonios precoces son mas fáciles que en Europa, se ha observado que durante mas de un siglo y medio se habia duplicado la poblacion antes de cada perio- do de 25 años. Y sin embargo, durante este intérvalo de tiempo, en al- gunas ciudades el número de muertos habia escedido al de los nacidos (1). de modo que era preciso que el resto del pais les proporcionase constante- mente con que reemplazar su poblacion, lo cual indica que el aumento era mas rápido que el medio término general.

En los establecimientos del interior, donde la agricultura era la única ocupacion de los colonos, y donde no se conocian los vicios, ni los tra- bajos mal sanos de las ciudades, resultó que la poblacion doblaba en 15 años (2). Este aumento, por grande que sea, podia ser muy ventajoso si la poblacion no esperimentase obstáculos. Para desmontar un pais in- culto es necesario un trabajo escesivo; y tales desmontes no son siem-

(1) *Pric' s observ. on Revers.*
(2) *Pric' s observ. on Revers.*

pre saludables; por otra parte los salvajes indígenas turbaban algunas
veces estas empresas con incursiones que disminuian el producto del
industrioso cultivador, y á veces costaba la vida á individuos de su familia.

Segun una tabla de Euler calculada por una mortandad de 1 á 36 si
los nacimientos son á los muertos como de 3 á 1, el periodo de aumento será de 12 años y 4/5 solamente. Y esto no es una suposicion si
que se ha realizado muchas veces en cortos intérvalos de tiempo.
Sir W. Petty cree posible con ciertas circunstancias particulares que
la poblacion doble en diez años (1).

Mas para huir de toda exageracion tomemos por base de nuestro razonamiento el aumento menos rápido: acreditado con muchos testimonios, y que es cierto proviene solo de los nacimientos.

Podemos, pues, sentar como cierto que cuando no lo impide ningun
obstáculo, la poblacion va doblando cada 25 años, creciendo de periodo
en periodo en una progresion geométrica.

No es tan fácil determinar la medida del aumento de las producciones de la tierra; pero al menos estamos seguros que es muy diferente de la que es aplicable al aumento de la poblacion. Un número
de mil millones de hombres debe doblar en 20 años por el único principio de la poblacion, tanto como un número de mil hombres. Pero no se
obtendrá con la misma facilidad el alimento necesario para alimentar á
mayor número, pues el hombre solo tiene un espacio limitado. Cuando una
fanega de tierra se una á otra fanega, cuando en fin, toda la tierra fértil
esté ocupada, el aumento de alimento depende de la mejora de los terrenos ya cultivados, la cual por la naturaleza de toda especie de
terreno, no hará grandes progresos, antes al contrario, los que haga serán cada vez menos considerables: en tanto que la poblacion mientras
encuentra con que subsistir no reconoce límites, y sus progresos son una
causa activa de nuevos aumentos.

Todo lo que se nos dice de la China y del Japon hace dudar que los
esfuerzos de la industria humana puedan alli doblar el producto de la
tierra, aun tomando el periodo mas largo. A la verdad que nuestro globo ofrece muchas tierras sin cultivo y casi sin habitantes; pero es
disputable el derecho de esterminar estas razas esparcidas, ú obligarlas
á retirarse á una parte de sus tierras insuficiente á sus necesidades. Si

(1) *Polit. Arthm.*

se trata de civilizarlas y dirigir su industria, seria preciso emplear mucho tiempo: y como entretanto el aumento de la poblacion se determinaria por el alimento, sucederia que una gran estension de tierras abandonadas y fértiles seria cultivada por naciones civilizadas ó industriosas. Y cuando esto acaeciese, como sucede con el establecimiento de nuestras colonias, esta poblacion creciendo rápidamente y en progresion geométrica, bien pronto se impondria límites á ella misma. Si la América, como no se puede dudar, continúa creciendo en poblacion, aunque con menos rapidez que en el primer período de sus establecimientos, los indígenas serán rechazados al interior de las tierras hasta que llegue á estinguirse su raza.

Estas observaciones hasta cierto punto son aplicables á todas partes del mundo en que el pais no está del todo cultivado. No se puede concebir ni por un momento la destruccion y esterminio de la mayor parte de los habitantes del Asia y del Africa. Civilizar las diversas tribus de los tártaros y negros y dirigir su industria, seria sin duda una empresa larga y difícil y de un éxito tal vez dudoso.

La Europa no está tan poblada como pudiera estarlo, y por eso puede esperarse que la industria sea mejor dirigida. En Inglaterra y Escocia se han dedicado mucho al estudio de la agricultura; y sin embargo, en este pais hay muchas tierras incultas. Examinemos hasta qué punto el producto de esta isla seria susceptible de aumento en las circunstancias mas favorables que pueden suponerse.

Si admitimos que con la mejor administracion y el mayor estímulo para los cultivadores el producto de las tierras pueda doblar en los primeros 25 años, es probable que iremos mas allá de la verosimilitud y esta suposicion sin duda escederá de los límites que razonablemente pueden asignarse á tal aumento de producto.

En los 25 años siguientes es imposible que siga la misma ley y que al cabo de este segundo período, el producto actual se encuentre cuadruplicado; pues esto seria contrario á las nociones que tenemos sobre la fecundidad de la tierra. La mejora de terrenos estériles no puede ser efecto sino del trabajo y del tiempo: y es evidente aun para los que conocen ligeramente este asunto, que á medida que se estiende el cultivo, las adiciones anuales que puede hacer el producto medio van disminuyendo continuamente con una especie de regularidad. Para comparar entre tanto el aumento de la poblacion con el del alimento, hagamos una suposicion que por inesacta que sea, será mucho mas favorable á la produccion de la tierra que lo que acredita la esperiencia.

Supongamos que las adiciones anuales que pudieran hacerse al producto medio no decrecieran, y permaneciendo constantemente las mismas, se añadiese cada 25 años al producto ánuo de la Gran Bretaña, una cantidad igual á su producto actual. Seguramente que el especulador mas iluso no podrá suponer mas; porque esto bastaria para convertir en pocos siglos todo el terreno de la isla en un jardin.

Hagamos aplicacion de este supuesto á toda la tierra: de suerte que al fin de cada periodo de 25 años todo el alimento que rinde en la actualidad al hombre la superficie entera del globo, se añada al que pueda proporcionar al principio del mismo periodo, lo cual es sin duda todo cuanto puede esperarse de los esfuerzos mejor dirigidos de la industria humana.

Podemos, pues, afirmar partiendo del estado presente de la tierra habitada, *que los medios de subsistencia en las circunstancias mas favorables á la industria, no se aumentan sino en una progresion aritmética* (1).

---

(1) Creemos que este será el lugar mas oportuno para presentar las opiniones de algunos economistas célebres sobre esta teoría. Segun Droz, la obra de Malthus está llena de descripciones poéticas y aun de novela, componiéndose de cuentos que parecen forjados para asustar á los niños. Say que adopta en gran parte la doctrina de Malthus despues de convenir de que ni por las guerras, pestes, ni otras plagas de las que han afligido á la humanidad, ha dejado de haber semilla para multiplicar la poblacion: dice que lo único que se opone al desarrollo de esta, son la reflexion del hombre, los vicios y sobre todo la falta de subsistencia. En donde hay productos hay aumento de poblacion; asi es que por falta de ellos es por lo que el hombre no se decide muchas veces á contraer matrimonio.

Uno de los autores que mas han analizado é impugnado las razones de Malthus es Sismondi, el cual dice en sus nuevos principios de economía política, que Malthus se ha entregado en este punto á una cavilosidad; entra de lleno en una abstraccion, y del mundo de la posibilidad pasa al mundo positivo, y cambia de escena á cada momento. Su opinion seria exacta considerada en abstracto; es decir, que podria suceder que si se llegase á cultivar todo el globo, aun no diese subsistencias suficientes para toda la poblacion que pudiese haber, mas esto no es el mundo positivo, porque en todas partes faltan personas y sobra terreno. Tambien observa Sismondi que es falsa la proporcion establecida por Malthus entre la propagacion de la especie y la multiplicacion de las subsistencias, aun cuando se consideren entrambas en abstracto, pues vemos pueden multiplicarse con mas facilidad que el hombre los vegetales y animales. Un grano de trigo produce 20 el primer año, 400 el segundo, 8,000 el tercero; de modo que el hombre siempre tiene un sobrante: tambien es innegable en cuanto á los animales que puede crecer su multiplicacion estraordinariamente: por lo tanto vemos que el hombre por todas partes parece que es superado en la posibilidad de reproducirse ó

La consecuencia incontestable de la comparacion de estas dos leyes de aumento, se conoce á primera vista. Supongamos de once millones la poblacion de la Gran Bretaña, y que el producto actual de sus campos basta para mantener esta poblacion. Al cabo de 25 años la poblacion será de veinte y dos millones: y doblando tambien el alimento bastará á su manutencion. Despues de un segundo periodo de 25 años, la poblacion llegará á cuarenta y cuatro millones y los medios de subsistencia no podrán sostener sino á treinta y tres. En el periodo siguiente la poblacion llegará á ochenta y cuatro millones, no habiendo subsistencias sino para la mitad. Al fin del primer siglo la poblacion será ciento sesenta y seis millones, y las subsistencias no llegarán á cincuenta y cinco millones: de modo que una poblacion de ciento veinte y un millones de habitantes tendria que morir de hambre.

Sustituyamos á esta ley que nos ha servido de egemplo, la superficie de la tierra: y desde luego se conocerá que no es posible para evitar el hambre recurrir á la emigracion. Supongamos de mil millones el número de habitantes de la tierra: la raza humana creceria como los números 1, 2, 4, 8, 16, 32, 64, 128, 256, en tanto que las subsistencias

que toda la naturaleza marcha en su multiplicacion tanto ó mas que la especie humana.

Critica Luis Say la doctrina de Malthus porque dice que ha dado lugar á consecuencias desastrosas para los pueblos. De ella se infiere que es una plaga para un pueblo la misma beneficencia; pues si se confiesa que la poblacion ha de esceder siempre á las subsistencias, se declamará inmediatamente contra los establecimientos de ella, tambien contra el alto precio de los salarios que estimula al matrimonio, y casi llegará á proponerse su baja como remedio conveniente. Quitar el cebo á los matrimonios, será un bien segun su doctrina y cuando trata un gobierno de promoverlos compromete la existencia de los hijos porque puede ser esta precaria. Esplicando Say las razones de Sismondi, dice como este que Malthus ha trasladado sus ideas de un mundo imaginario al positivo; y para mayor corroboracion de lo espuesto, añade lo siguiente: es posible que se trastorne el órden de la naturaleza porque el autor de ella es árbitro de hacerlo ó no; pero sin embargo, á nadie le ha ocurrido que esto suceda, pues de la posibilidad de que el hombre se multiplique de modo que esceda á lo que se produzca en todo el mundo, no se deduce que en efecto esceda ni haya escedido.

Al hablar de la poblacion observa el conde Destut de Tracy que no deben confundirse los medios de existencia con los medios de subsistencia. El hombre no se contenta precisamente con comer una planta, la quiere sazonada de cierto modo: no se contenta con un vestido sencillo, quiere uno elegante: no le satiface un albergue, quiere un palacio si le es posible, y todas estas causas influyen para que no contraiga matrimonio mientras no tenga asegurados los goces que apetece. Asi que cual-

como estos : 4, 2, 3, 4, 5, 6, 7, 8, 9. Al cabo de dos siglos la poblacion seria á los medios de subsistencia como 256 es á 9 : al cabo de tres como 4,096 es á 13 y despues de dos mil años la diferencia seria inmensa, incalculable.

Se vé, pues, que en nuestras suposiciones no hemos asignado límite alguno á los productos de la tierra. Los hemos concebido como susceptibles de un aumento indefinido, como queriendo sobrepasar todo límite por muy grande que fuese el que se le designase. En esta misma suposicion el principio de la poblacion de periodo en periodo, es tan superior al principio productivo de las subsistencias, que para mantenerse al nivel, para que la poblacion existente encuentre alimentos proporcionados, es preciso que á cada instante impida este progreso una ley superior: que la dura necesidad la someta á su imperio: en una palabra, que uno de los dos principios contrarios cuya accion es tan preponderante, esté contenido en ciertos límites.

---

quier hombre previsor no pasa de un estado en que él solo puede vivir con alguna comodidad, á otro en que unido á una compañera no puede sostenerse con ella y sus hijos en el rango que ocuparia sin estas obligaciones. Tiene, pues, la especie humana en su multiplicacion ciertas trabas que dependen de diferentes causas, y véase aqui por qué no se verifica el desarrollo de la poblacion del modo que dice Malthus.

El distinguido autor D. Eusebio María del Valle en su curso de economía política, despues de presentar las anteriores opiniones de los economistas estrangeros, dice: resulta de toda la doctrina establecida por Malthus que los legisladores que en todos los tiempos se han ocupado directamente de la multiplicacion de la especie humana, han cometido un error, porque es natural al hombre propagarse sin necesidad de preceptos; y mas bien han debido ocuparse en multiplicar los medios de subsistencia. Basta observar que cuando han concedido privilegios con ese fin, es cuando la poblacion se ha disminuido. Tambien exige alguna modificacion todo cuanto se ha predicado aisladamente contra el celibato porque no hubiera tenido la influencia que ha tenido en la poblacion, si no se hubiera obstruido el desarrollo de esta por otros medios, creo que podemos estar convencidos de que son varias las causas que impiden el progreso de la poblacion, que es exagerado el principio de Malthus y peligrosas al mismo tiempo varias consecuencias que se han deducido de él, y que por lo mismo debe templarse con las observaciones que hemos presentado deducidas de los hechos.

Amantes de la imparcialidad, hemos creido un deber manifestar á nuestros lectores las diversas opiniones con que ha sido combatida la anterior doctrina de Malthus. (*Nota de los Traductores.*)

CAPITULO II.

Obstáculos generales que se oponen al aumento de la poblacion, y modo con que obran.

De lo dicho hasta aqui puede deducirse, que en el último resultado el gran obstáculo á la poblacion es la falta de alimentos, á causa de la diferencia entre las relaciones de las dos cantidades en sus aumentos respectivos, y este grande y último obstáculo, al que vienen á parar los otros, no obra de una manera inmediata sino en caso de que el hambre egerza sus estragos.

Se componen los obstáculos inmediatos de las costumbres y enfermedades á que puede dar origen la falta de los medios de subsistencia unidas con las causas físicas y morales independientes de esta escasez que tienden á quitar la vida prematuramente. Estos obstáculos á la poblacion que obran constantemente con mas ó menos fuerza en todas las sociedades humanas, y que mantienen el número de individuos al nivel de sus medios de subsistencia, pueden ser colocados en dos clases distintas. Los unos obran precaviendo el aumento de la poblacion, y los otros le destruyen, á medida que se forma la suma de los primeros compone lo que se puede llamar *obstáculo privativo*, y la de los segundos *obstáculo destructivo*.

Mientras es voluntario el obstáculo privativo, es propio de la especie humana y resulta de la facultad que le distingue de los demas animales, á saber: de la capacidad de preveer y apreciar las consecuencias futuras. Los obstáculos que se oponen al aumento indefinido de las plantas y de los animales privados de razon, son de una naturaleza destructiva, ó si son privativos nada tienen de voluntarios. Pero al hombre al tender la vista á su alrededor, no puede menos de conmoverle el espectáculo que le ofrecen muchas veces las familias numerosas, y comparando sus medios de subsistencia que son quizá los meramente necesarios con los individuos con quien tendria que dividirlos, que acaso podrian ser 7 ú 8, teme con razon, no poder alimentar á sus hijos. Tal debe ser el motivo de su inquietud en una sociedad fundada sobre un sistema de igualdad, si semejante estado pudiera existir. En la actualidad se presentan otras consideraciones. ¿No se espone á perder su rango, y tener que renunciar á sus predilectas costumbres? ¿No tendrá que dedicarse á un trabajo mas penoso ó arrojarse á empresas mas difíciles de lo que exige su situacion presente? ¿Podrá acaso procurar á sus hijos la educacion que él ha tenido? ¿Está seguro si se aumenta su número, que sus fuerzas bastarán para ponerles al abrigo de la miseria y del desprecio que ella lleva consigo? ¿No tendrá por último remedio que renunciar á su independencia y buscar recursos en las dádivas siempre insuficientes de la caridad?

Tales reflexiones se han hecho para impedir, como en efecto asi sucede, en toda sociedad civilizada muchos establecimientos siendo obstáculo á muchos matrimonios precoces, y en este concepto se oponen á la inclinacion de la naturaleza.

Si de ello no resultan vicios es este el menor de los males que produce el principio de la poblacion; pues que es una violencia impuesta á nuestras inclinaciones, y sobre todo á una de las mas imperiosas, produce sin duda momentáneamente un sentimiento penoso. Pero este mal es muy leve, si se compara con los demas inconvenientes que detienen la poblacion: es una privacion como tantas otras que debe prescribirse un agente moral.

Cuando esta violencia engendra el vicio, los males que de aqui se siguen son bien manifiestos y el desarreglo de costumbres llevado hasta el estremo de impedir el nacimiento de los hijos, envilece la naturaleza humana, y la quita su dignidad. Si produce este efecto entre los hombres, aun mas degrada el caracter de las mugeres, borrando los rasgos amables que constituyen su naturaleza, añadiéndose á esto que de todas las personas desgraciadas, las que padecen mayores males y sufren mas miseria, son las víctimas deplorables de la prostitucion que tanto abundan en las grandes ciudades.

Cuando la corrupcion general se estiende por todas las clases de la sociedad, su efecto inevitable es emponzoñar el manantial de la felicidad doméstica: debilitar los lazos de mútuo afecto que unen á los esposos entre sí, y á los padres con los hijos que les dieron el sér: perjudicando en fin, los cuidados de la educacion, siendo estas sin duda las causas activas que tienden á disminuir la felicidad en la sociedad y atentar contra la virtud. Estos males son el resultado de los artificios que exige el llevar á cabo una intriga y los medios empleados para ocultar sus consecuencias; porque no hay clase de vicios á donde no arrastren semejantes prácticas.

Los obstáculos destructivos que se oponen á la poblacion son de una naturaleza muy varia, comprendiendo todas las causas que tienden de cualquier modo á menguar la duracion natural de la vida humana por el vicio ó por la miseria. Así pueden contarse en esta clase las ocupaciones mal sanas, los trabajos penosos ó escesivos que esponen á la inclemencia de las estaciones, la estremada pobreza, el mal alimento de los hijos, la insalubridad de las grandes poblaciones, todo género de escesos, de enfermedades y epidemias, la guerra, el hambre, la peste.

Si se examinan los obstáculos al aumento de la poblacion que he colocado bajo estas dos clases generales, y que he llamado privativos y destructivos, se verá que pueden reducirse á las tres siguientes: la violencia moral, el vicio y los padecimientos.

Entre los obstáculos privativos, la abstinencia del matrimonio unida á la castidad, es lo que yo llamo repugnancia moral (moral restraint) (1).

El libertinage, las pasiones contrarias al voto de la naturaleza, la violacion del lecho conyugal, con todos los artificios empleados para ocultar las consecuencias de uniones criminales ó irregulares, son obstáculos privativos que pertenecen manifiestamente á la clase de los vicios.

Entre los obstáculos destructivos, los que son una consecuencia inevitable de las leyes de la naturaleza, componen esclusivamente esta clase que designo con la palabra miseria (misery) (2). Por el contrario los que nacen de nosotros mismos, como las guerras, todo género de escesos, y otros males inevitables, son de una naturaleza mista que suscita el vicio é inducen en seguida á la desgracia.

---

(1) Empleo aqui la palabra moral en un sentido limitado entendiendo por violencia moral, la que se impone un hombre respecto del matrimonio por un motivo de prudencia, mientras su conducta en este tiempo es estrictamente moral. En toda la obra he tratado de no apartárme jamás de este sentido. Cuando he tenido ocasion de hablar del freno que se impone el hombre á la vista del matrimonio, sin considerar las consecuencias de semejante violencia, la he llamado ya una repugnancia prudente, ya una parte del obstáculo privativo de que es sin contradiccion, su rama principal.

Se ha dicho que cuando he recorrido los diferentes periodos de la sociedad, no he dado bastante importancia al efeccto privativo de la repugnancia moral, ni á la influencia de esta disposicion para precaver el aumento de la poblacion, atendiendo al sentido limitado que acabo de indicar, quizá se verá que no sin razon, he considerado la accion de esta causa menos activa de lo que debiera; y en esto me alegraria mucho haberme engañado. (*Nota del Autor.*)

(2) Como la desgracia es consecuencia general del vicio, y como, precisamente á causa de esta consecuencia una accion particular y determinada, se denomina vicio, podria creerse que la palabra desgracia es aqui suficiente y es inútil añadir la otra. Pero suprimiendo la palabra vicio, introducimos una gran confusion en el lenguage y en las ideas. Necesi-

La suma de obstáculos privativos y destructivos, forma lo que se llama *obstáculo inmediato* á la poblacion. En un país en que la poblacion no puede crecer indefinidamente, el obstáculo privativo y el destructivo deben estar en razon inversa uno de otro; es decir, que en los países mal sanos ó sujetos á una gran mortandad por cualquiera causa que sea el obstáculo privativo tendrá poca influencia. Al contrario, en aquellos que gocen de mucha salud y en que el obstáculo privativo obre con fuerza, el obstáculo destructivo será muy débil y la mortandad muy escasa.

En todo país, los obstáculos que hemos enumerado obrarán con mas ó menos fuerza, aunque siempre de una manera constante: y á pesar de la influencia de esta accion permanente, hay pocos países donde no se observe un contínuo esfuerzo de la poblacion á crecer mas que los medios de subsistencia. Este esfuerzo perene en su accion, tiende constantemente á sumergir en la afliccion á las clases inferiores de la sociedad impidiendo toda especie de mejora en su estado.

El modo con que obran estos obstáculos en el estado actual de la sociedad, merece por nuestra parte alguna atencion. Supongamos un país en que los medios de subsistencias sean los meramente suficientes al número de sus habitantes. El estímulo constante que tiende á fomentar la poblacion y que aun en las sociedades mas viciosas no cesa de tener efecto, no deja de aumentar el número de individuos mas rápidamente que las subsistencias: el alimento que bastaba á once millones de hombres, por ejemplo, deberá entonces repartirse entre once millones y medio. Al momento el pobre vivirá con mas dificultad, y muchos se verán reducidos al último estremo: creciendo el número de obreros en una proporcion mayor que la cantidad de trabajo ofrecido, el precio de este disminuirá: y subiendo al mismo tiempo el de las subsistencias, sucede-

---

tamos una palabra que distinga esta clase de accion, cuya tendencia general es producir la desgracia, y que en su efecto inmediato tiene á veces un resultado contrario: satisfacer sus pasiones, es en cuanto al efecto inmediato, procurarse la felicidad y no la desgracia. Y aun en ciertos casos las consecuencias futuras de semejante conducta no son fatales para el hombre, al menos en esta vida. Muy probable es que haya comercios ilícitos que contribuyan á la felicidad presente de entrambos y que en el mundo no tengan consecuencias funestas: semejantes acciones individuales no pueden colocarse bajo la palabra desgracia. Pero en realidad son viciosas porque asi se llama una accion cuya tendencia general es producir la desgracia cualquiera que sea el efecto individual que pueda tener en estas ocasiones particulares. Porque nadie podrá negar que la tendencia general de las uniones ilícitas no sea disminuir la felicidad humana. (*Nota del Autor.*)

rá necesariamente que el obrero para vivir como antes tendrá que trabajar mas. Durante este periodo de afliccion los matrimonios decaen y
las dificultades de las familias se aumentan de tal modo que la poblacion se detiene y permanece estacionaria. Al mismo tiempo el bajo precio de los jornales, la abundancia de operarios, y la obligacion en que estan
de aumentar su actividad, animarán á los cultivadores á emplear en la
tierra una cantidad de trabajo mayor que antes, á demostrar terrenos
incultos: á fecundar y mejorar con mas cuidado los que esten cultivando, hasta que en fin, los medios de subsistencia lleguen al punto en
que estaban en la época que nos ha servido de partida. Entonces volviendo á ser la situacion del obrero menos penosa, el obstáculo á la
poblacion cesará al momento: y tras un corto periodo, no dejarán de
repetirse las mismas marchas retrógradas y progresivas.

Esta especie de oscilacion no se manifestará probablemente á la vista de un observador vulgar y será muy dificil aun con mucha atencion
calcular sus periodos y su regreso. Sin embargo, considerando cuidadosamente este asunto, puede asegurarse que en todos los pueblos antiguos hay algo parecido á estas alternativas de comodidades y desgracias,
aunque á decir verdad de un modo mucho menos marcado y menos regular de lo que aqui se ha descrito.

Una de las principales causas porque no se han observado estas mutaciones, es porque los historiadores no se ocupan mas que de las
clases elevadas de la sociedad: no hay una obra en que los usos y modo
de vivir de las clases ínfimas se retrate fielmente; y en estas clases es
donde se conocen tales oscilaciones. Para hacer bajo este punto de vista una
historia completa de un pueblo durante un periodo determinado, seria preciso que muchos se dedicasen con una atencion sostenida y minuciosa á
hacer observaciones tanto generales como particulares y locales, sobre el
estado de las clases ínfimas y sus causas de bienestar ó de desgracias. Y
en seguida, para sacar de semejantes observaciones consecuencias seguras
y aplicables á nuestro asunto, seria preciso una série de historias escritas
bajo estos principios y que abrazará muchos siglos. Se ha comenzado no há
mucho en algun pais á cultivar el estudio de la estadística (1) y estas cons-

_____

(1) Las cuestiones judiciales que el caballero J. Sinclair ha propuesto en Escocia, y los hechos que ha reunido en esta parte de la Gran Bretaña, hacen mucho honor á su celo y á su talento. Su obra ademas es un
monumento que atestigua el saber y el juicio del clero de aquel pais;
siendo lástima que no haya reunido las parroquias contiguas, porque hubiera ayudado mucho á tener una idea clara del estado de cada distrito y

tantes investigaciones derramarán sin duda mucha mas luz sobre la estructura del cuerpo social. Pero bajo este aspecto puede decirse que la ciencia está aun en la infancia: y hay muchas cuestiones importantes en las que carecemos de datos, ó si los tenemos son muy imperfectos. ¿Cuál es el número de matrimonios comparados con los adultos? ¿Hasta qué punto la dificultad de casarse favorece al vicio? ¿Cuál es la relacion entre la muerte de los niños pobres y la de los ricos? Determinar las variaciones del precio real del trabajo: observar en los diferentes periodos el grado de comodidad y bienestar de que gozan las clases ínfimas de la sociedad: tener, en fin, registros exactos de los nacimientos, defunciones y matrimonios: particularmente este último dato en el asunto que tratamos, es de la mayor importancia.

Una historia fiel del género humano en que se encontraran resueltas estas cuestiones daria mucha luz sobre el modo con que obra el obstáculo constante que detiene la poblacion. Es muy probable que se conociesen entonces estos movimientos retrógrados y progresivos de que he hablado; aunque la duracion de estas oscilaciones no sea regular por la influencia de diversas causas las cuales son muy variadas: tal es el establecimiento ó caida de algunas manufacturas, el ardor ó la indiferencia para las empresas de agricultura, los años de abundancia ó de escasez, de guerras, de enfermedades, de leyes relativas á los pobres, emigraciones y otras muchas.

Mas una causa que ha encubierto estas alternativas, es la diferencia entre el precio real del trabajo y el precio nominal. Este rara vez baja á un tiempo en todas partes; pero se sabe siempre que es el mismo mientras el precio nominal de las subsistencias sube gradualmente. Esto tendria lugar por lo general, si el comercio y las manufacturas recibiesen bastante aumento para atender al empleo de los nuevos jornaleros presentados en el mercado, y para precaver el aumento de oferta que debe ocasionar la baja del precio en dinero. (1) Pero un aumento del número

---

á facilitar la memoria: en cuanto á las repeticiones y contradicciones que contiene, nada importan y á veces sirven para inspirar mas confianza al lector. Tal como está ó con muy pocos cambios, si contuviese registros exactos y completos de los 150 últimos años, esta coleccion seria de un precio inestimable y ofreceria un cuadro mucho mas fácil del estado interior del pais, que ninguno de los escritos publicados hasta ahora sobre este asunto. Mas para conseguir esto no basta la mas activa diligencia.
                                                                (Nota del autor.)

(1) Si los nuevos operarios que cada año se presentan al mercado no pudiesen encontrar acomodo en la agricultura, sus demandas haciéndose

de obreros que reciben los mismos salarios en dinero, debe necesariamente producir por efecto de la concurrencia de demandas una subida
en el precio del trigo: que es en efecto una baja real del precio del trabajo.
Mientras dura esta baja gradual de subsistencias, el estado de las clases inferiores empeora á proporcion: al contrario los comerciantes de
granos y capitalistas se enriquecen por el ínfimo precio del trabajo: sus capitales crecen y estan en estado de emplear mayor número de hombres.
Sobre lo que es preciso observar que la dificultad de sostener una familia crecida, ha debido producir perjuicios á la poblacion. Llegará, pues,
cierto tiempo en que la demanda del trabajo estará en gran proporcion
de la oferta; por consiguiente el precio real del trabajo crece, si nada
impide que se ponga á su nivel. Por eso los jornales y la condicion de
las clases inferiores, esperimentan bajas y altas de los movimientos retrógrados y progresivos, aunque no baje el precio nominal del trabajo.

Los salvajes entre los que el trabajo no tiene un precio fijo estan tambien espuestos á las mismas oscilaciones. Cuando su poblacion se eleva
al nivel que no puede pasar, los obstáculos que impiden el aumento
y los que le destruyen, obran con mas fuerza. Las costumbres viciosas
se aumentan, la esposicion de los hijos es mas comun, la guerra y las
epidemias son mas frecuentes y mortíferas: obrando sin duda estas causas hasta que la poblacion esté reducida al nivel de los medios de subsistencia. En esta época el regreso de una especie de abundancia relativa, producirá de nuevo el aumento de la poblacion; y al cabo de cierto tiempo este acrecentamiento será detenido por la accion de las mismas causas que acabo de enumerar. (1)

Voy ahora á seguir en diferentes paises estos movimientos retrógrados y progresivos; para esto será preciso que la historia nos proporcione datos muy detallados sobre objetos abandonados hasta aqui: por lo
demas fácil es ver que los mismos progresos de la civilizacion tienden

---

mútuamente concurrencia podrian hacer bajar de tal modo al precio del
trabajo en dinero, que el aumento de la poblacion no produciria ninguna
nueva demanda efectiva de trigo. En otros términos, si los propietarios
de tierras y arrendadores no pudiesen obtener sino una cantidad adicional de trabajo agrícola en cambio del producto adicional que produjesen, no se verian obligados á aumentar el cultivo. (*Nota del Autor.*)

(1) James Hervart compara el poder productivo á un resorte cargado con un peso variable. (Econom. pol. tit. 1. lib. 1. cap. 4.) De donde
resultarian las mismas oscilaciones que acabo de pintar. Este autor ha
tratado en su Economía política de muchos asuntos de poblacion, de la
manera mas satisfactoria. (*Nota del Autor.*)

naturalmente hacer menos sensibles estos movimientos. Me limitaré, pues, á establecer las siguiente proposiciónes.

1.ª La poblacion está limitada necesariamente por los medios de subsistencia.

2.ª La poblacion crece invariablemente siempre que crecen los medios de subsistencia, á menos que no le impidan obstáculos poderosos y manifiestos (1).

3.ª Estos obstáculos particulares y todos los que deteniendo el poder preponderante, obliguen á la poblacion á reducirse al nivel de los medios de subsistencia, pueden comprenderse en tres clases principales, la repugnancia moral, el vicio y la miseria.

No creo que la primera de estas proposiciones necesite demostracion. Las dos últimas resultarán del exámen qué vamos á emprender del estado de los pueblos antiguos y modernos considerados bajo este aspecto, y este será el objeto de los siguientes capítulos (2).

---

(1) Me esplico aqui con una especie de reserva porque yo creo que hay muy pocos casos, tales como el de los negros de las Indias Occidentales y uno ó dos mas en que la poblacion no se eleve al nivel de los medios de subsistencias. Pero estos son escepciones y casos estremos: hablando en general pueden sentarse estas proposiciones y decir:

Que la poblacion aumenta siempre que aumentan los medios de subsistencias.

Que los obstáculos que reprimen el poder preponderante y obligan asi á la poblacion á reducirse al nivel de los medios de subsistencia, pueden colocarse en estas tres clases, la repugnancia moral, el vicio y la miseria. (*Nota del Autor.*)

(2) Esta proposicion está desmentida por los mismos ejemplos que cita Malthus en los capítulos siguientes: si consultamos la historia veremos que á no ser en casos muy raros, como el de los Estados-Unidos que presenta por ejemplo el autor, en todos tiempos y en todos los paises han existido obstáculos á la poblacion; de modo que no pueden temerse los males que él describe. Estos obstáculos dependen unas veces del hombre, otras de la legislacion. Del hombre, cuando vive confiado en la mendicidad ó no puede trabajar ó se entrega á los vicios: de parte de las instituciones, cuando privilegios injustos y odiosos no le dejan la remuneracion conveniente al trabajo ó cuando se ponen trabas al desarrollo de sus facultades y al progreso de la industria.

Resulta siempre que no solo la falta de subsistencias, sino tambien otros muchos obstáculos, han impedido el que no se verifique la teoría de Malthus en abstracto. Nosotros creemos que las proposiciones que sienta el autor en este capítulo, tienen solo una verdad relativa y no absoluta como han creido algunos de sus fanáticos defensores.

(*Nota de los Traductores.*)

CAPITULO III.

Obstáculos que se oponen al desarrollo de la poblacion en los estados ínfimos de la sociedad humana.

Todos los viageros de comun acuerdo suponen á los habitantes de la tierra de fuego, en el grado mas abyecto de la existencia social (1), á pesar de que sus costumbres y hábitos domésticos no son casi desconocidos. La estéril comarca en donde habitan y el estado miserable á que se encuentran reducidos, nos han impedido entablar con ellos relaciones mercantiles que hubieran proporcionado las noticias necesarias sobre su situacion y su modo de vivir. Por lo demas no es difícil calcular cuáles son los obstáculos que impiden el aumento de la poblacion en una raza de salvages cuya miseria se presenta ante todo; y que muertos de frie y de hambre, y cubiertos de andrajos, habitan en el clima mas destemplado, sin haber sabido hallar medio alguno de templar sus rigores (2).

Casi en el mismo estado miserable se encuentran los naturales del pais de Van-Diemen á quienes nos pintan tambien los viageros como desprovistos de todo recurso (3), y en una situacion mas deplorable que la de todos los anteriores se hallan los de las islas de Andaman situadas mas al Este. Sabemos por algunas relaciones modernas que emplean todo el tiempo en buscarse el sustento: no ofreciendo sus bosques sino muy poca caza y vegetales de que puedan hacer uso, se ven obligados á trepar por los peñascos ó á vagar por la orilla del mar á ver si la casualidad les depara algun pescado arrojado en la costa, recurso en verdad siempre precario y del que estan absolutamente privados durante el tiempo de borrasca. Su estatura no pasa de cinco pies, son de vientre abultado, cargados de espaldas, de cabeza desproporcionada y de débiles miembros. Su aspecto hace patente la degradacion en que se encuentran y la mezcla mas espantosa de ferocidad y de miseria. Muchos han sido encontrados en la playa luchando con los horrores del hambre y en el último periodo de esta lastimosa existencia.

El estado de los habitantes de la Nueva-Holanda es algo superior al de los pueblos de que acabamos de hablar: conocemos una parte al menos de estos salvages por la descripcion de un viagero que ha residido

---

(1) Cook primer viage.
(2) Cook segundo viage.
(3) Viage de Vancouver.

largo tiempo en Port-Jackson y que menciona los hechos de que ha sido testigo ocular. El redactor del primer viage de Cook, despues de indicar cuán escaso era el número de naturales que se veian en la costa oriental de la Nueva-Holanda y de atribuir esta falta de poblacion á la esterilidad de aquel suelo, añade : «No es fácil decir la razon de ser el número »de habitantes tan corto en comparacion de los que puede mantener este »pais. Puede ser que en los viages sucesivos averigüemos si sus natu- »rales se destruyen mútuamente peleando por su sustento como los de la »Nueva-Holanda, si perecen de hambre ó si alguna otra causa se opone »entre ellos á la multiplicacion de la especie» (1).

Lo que M. Collins nos dice acerca de tales salvages, basta á mi parecer para dar una solucion satisfactoria á estas cuestiones. En sentir suyo no son ni altos ni bien formados, tienen los brazos y las partes inferiores del cuerpo muy delgados, atribuyéndose esto á la falta de alimento. Los que habitan en las costas se sustentan con pescado y alguna vez que otra con un gran gusano ó larva que encuentran en los enanos árboles de la goma: los bosques estan casi desprovistos de animales siendo tan dificil cazarlos que los que viven en el interior no disfrutan de esta comodidad ; de modo que pasan el tiempo subiéndose á los árboles mas elevados para encontrar alli miel ó pequeños cuadrúpedos como la ardilla ó el didelfo. Cuando el tronco de estos árboles es muy elevado y desnudo de ramas, lo cual es frecuente en las florestas espesas, esta especie de caza es muy incómoda ; pues es necesario entonces que con sus hachas ó azuelas de piedra abran una muesca ó escalon para colocar sucesivamente cada pie, teniendo que estar al mismo tiempo fuertemente cogidos del árbol con el brazo izquierdo. Se encuentran árboles agugereados asi hasta la altura de 90 pies, altura á la cual ha tenido que llegar el hambriento salvage antes de haber podido alcanzar la primer rama y de encontrar la mas mínima recompensa de sus afanes.

Poco es lo que suministran los bosques, á mas de este corto número de animales solo algunas bayas, las batatas las raices del helecho y las flores de diferentes especies de Bankia son los únicos vegetales que producen.

Habiendo sido sorprendido un indígena que llevaba consigo á un jóven, por algunos colonos en la ribera del Haukesbury; se arrojó á su canoa abandonando en su precipitada huida la comida que tenia preparada y con

_____

(1) Cook primer viage.

la cual se iba á regalar. Consistia esta en un gran gusano ya empezado á comer, y que acababa de sacar de un pedazo de madera húmeda y carcomida, siendo insoportable ciertamente el hedor que despedian tanto el gusano como el lugar de donde habia salido. Llámase á este gusano en la lengua del pais *ca–bro:* tomando por esto el nombre de cabrogal una tribu que habita en el interior de estas tierras y que hace de este desagradable manjar su principal alimento. Los habitantes de los bosques amasan con la raiz del helecho mezclada con algunas hormigas grandes y pequeñas una torta alimenticia á la cual añaden cuando es la sazon, los huevos ó ninfas de estos insectos.

En los paises donde los hombres se ven obligados á recurrir á tales medios de subsistencia, en donde el alimento tanto animal como vegetal es muy escaso, y en donde el trabajo para obtenerlo es tan penoso, es evidente que la poblacion debe ser escasa y estar dispersa. No pueden dejar de ser muy reducidos sus límites. Aun mas, si tomamos en consideracion las costumbres estravagantes y bárbaras de estos pueblos, el cruel trato que dan á las mugeres y la dificultad por la situacion en que se encuentran de educar á los hijos; bien lejos de sorprendernos de que la poblacion no traspase los límites actuales, deduciremos, que los medios de subsistencia que ofrece dicho pais, por mezquinos que sean, deben esceder á las necesidades del corto número de habitantes que logra escapar de tantas causas de destruccion de que estan rodeados.

El amor se manifiesta en estos pueblos con actos de violencia y ferocidad. Entre las mugeres de una tribu enemiga es en donde el jóven salvage hace su eleccion; y espiando cuidadosamente el instante en que el objeto de su deseo está sola y privada de sus protectores naturales, se aproxima sin ser apercibido, la aturde á fuerza de palos con su espada de madera dura, la hiere en la cabeza, en el espinazo y en las espaldas tan fuertemente que cada golpe la hace correr gotas de sangre. La arrastra en seguida de un brazo al través de los bosques, sin cuidarse de las piedras ni de las astillas de madera de que está sembrado el camino, ansioso de conducir su presa al lugar en donde habita su tribu. Alli á mas de otros actos de barbarie, esta muger es reconocida como propiedad suya, sustrayéndose rara vez á la potestad de su dueño. Los parientes de la muger regularmente no vengan este ultrage, á no ser en el caso que usando de represalias roben á su vez las mugeres á sus enemigos.

La union de los dos sexos es demasiado precoz, habiendo visto los mismos colonos ejemplos vergonzosos de violencia ejercida por algunos salvages contra jóvenes muy tiernas. La conducta de los maridos con sus mugeres es adecuada al modo con que en un principio manifiestan su cariño: llevando todas en su cabeza signos bien inequívocos de la ferocidad de sus tiranos. Y como los matrimonios son precoces, se puede decir que sus maridos las golpean tan luego como sus fuerzas se lo permiten; y no es estraño ver á algunas de estas desgraciadas tener la cabeza hundida y señalada con tantas cicatrices que era imposible contarlas. M. Collins llevado por un movimiento de sensibilidad dice con este motivo: «La condicion á que se encuentran reducidas las mugeres es »tal, que muchas veces cuando veia á una niña en los brazos de su ma- »dre, pronosticando su pórvenir y considerando las desgracias á que es- »taba destinada, juzgaba que quizá seria un acto de humanidad privarla »inmediatamente de una vida tan lastimosa.» Y en otra parte hablando de Bennilong dice: «encuentro en mi diario que Bennilong no sé con »qué motivo habia golpeado cruelmente á su muger un momento antes «de su alumbramiento.»

Una conducta tan brutal debe ser causa de abortos frecuentes; y la union precoz á la par que prematura de los dos sexos, perjudica probablemente á la fecundidad. Generalmente son mas los salvages que tienen muchas mugeres que los que tienen una sola; pero lo mas singular, es que M. Collins no se acuerda de haber visto que ningun hombre tuviese hijos de mas de una de sus mugeres. El oyó decir á algunos del pais que la primera muger reclamaba como un derecho esclusivo el amor de su esposo, y que la segunda era una especie de esclava destinada á servir al marido y á su primera esposa.

Difícil se hace creer que tal derecho sea absolutamente esclusivo; quizá lo que sueeda sea no permitir á la segunda muger criar sus hijos. Mas sea lo que fuere, si el hecho es cierto, prueba que hay un gran número de mugeres sin hijos. Este fenómeno solo puede esplicarse por los duros tratamientos de que son víctimas ó por alguna costumbre particular escapada á la observacion de M. Collins.

Si durante la lactancia del hijo muere su madre, el padre coloca sobre este cuerpo muerto al niño vivo aun, y deja caer sobre él una gran piedra; en seguida los amigos acaban de cerrarle la tumba. Esta ceremonia horrorosa fue practicada por Co-le-bé, indígena conocido de los colonos; y cuando se le reconvenia sobre esto, trataba de justificarse diciendo que no pudiendo encontrar muger alguna que reemplazára á la madre en calidad de nodriza, era por consiguiente abreviar los sufrimientos del niño el quitarle la vida de un solo golpe. M. Collins observa que esta práctica muy admitida en estas comarcas, puede en cierta manera ser causa de la escasez de poblacion.

Aunque quizá ésta costumbre no ejerza toda la influencia que se le supone, sin embargo sirve al menos para pintarnos de una manera sensible la dificultad de criar los hijos en el estado en que se encuentran dichos salvages. Las mugeres cuyo género de vida las obliga á mudar continuamente de lugar y que se encuentran sometidas á escesivos y continuos trabajos, raras veces pueden criar á la vez muchos hijos que se lleven poco en edad. Si nace uno antes que el anterior esté en disposicion de bastarse á sí mismo y de caminar al lado de su madre, es casi seguro que uno ú otro ha de perecer por falta de cuidado. La tarea de criar un solo hijo en la vida errante y penosa que llevan, es tan incómoda y difícil que no debe admirarnos no pueda encontrarse muger alguna que quiera encargarse de ello, mientras no se vea obligada por el irresistible instinto de la maternidad.

A estas causas, que se oponen á la generacion naciente, es necesario añadir aquellas que la destruyen á medida que se forma. Tales son las guerras frecuentes á que se dedican estos pueblos y sus eternas enemistades, el espíritu de venganza que continuamente los arrastra al homicidio; la suciedad de sus habitaciones, el malísimo alimento y las enfermedades que de esto dimanan, particularmente las de la piel y una especie de viruela que hace grandes estragos entre ellos (1).

Esta epidemia se manifestó en 1789. Difícil es formarse una idea del estado á que reduce las poblaciones: no se encontraba ningun viviente en las bahías y ensenadas tan pobladas antes, ni huella humana sobre la arena. Los naturales habian abandonado algunos muertos por enterrar á otros. Los huecos de las rocas se encontraban llenos de cadáveres en estado de putrefaccion y en muchos parages cubiertos los caminos de esqueletos.

M. Collins supo que la tribu de Co-le-bé, el que antes nombramos, había sido reducida por el azote destructor á tres personas que para sustraerse de la muerte fueron á reunirse á otra tribu.

Vista la influencia de tantas causas de despoblacion, deberiamos naturalmente creer que los productos de la tierra tanto animales como vegetales unidos á los pescados encontrados en las orillas del mar, podrian

(1) Véase el apéndice de M. Collins. Descripcion de la colonia inglesa en la N. Galles meridional. .

ser mas que suficientes para la conservacion de algunos restos de naciones diversas que ocupan tan vasta estension de terreno. Aparece por el contrario que en general la poblacion llega tan esactamente al nivel del producto medio de las subsistencias, que el mas pequeño déficit en ellas que resulte de una mala cosecha ó de cualquiera otra causa, sumerge á estos pueblos en la mas cruel angustia. Las narraciones de los viageros confirman que son frecuentes estos tiempos de calamidad, durante los cuales se encuentran los naturales del pais tan estenuados que se asemejan á verdaderos esqueletos próximos á morirse de hambre.

CAPITULO IV.

Obstáculos que se oponen al desarrollo de la poblacion en las naciones indígenas de América.

Dirijamos ahora nuestras miradas hácia las diferentes comarcas de América. En la época de su descubrimiento la mayor parte de este vasto continente estaba habitado por pequeñas tribus salvages, independientes unas de otras, viviendo como las de la Nueva-Holanda, de las producciones naturales de la tierra. En los bosques que cubrian el pais no se encontraba, como en las islas del mar del Sur, gran abundancia de frutos y vegetales alimenticios, aumentándose muy poco con el pequeño cultivo que ejercian algunas tribus cazadoras los medios de subsistencia. Los habitantes de esta parte del mundo se sostenian pues, principalmente, de los productos de la caza ó de la pesca (1), cuyos recursos sobre ser limitados son siempre precarios. La pesca solo puede alimentar á los que se encuentran establecidos en las inmediaciones de los lagos, de los rios ó de la mar. La ignorancia, la indolencia de los salvages y la imprevision que los caracteriza, les privan muchas veces de la ventaja de guardar para lo sucesivo las provisiones que esceden á las necesidades del momento. Desde muy antiguo se ha observado que un pueblo cazador debe estender mucho los límites de su territorio para poder encontrar de que alimentarse (2). Si se compara el número de animales salvages que alli subsisten con el de los que pueden mantenerse empleando los medios conocidos y usados, se verá que es imposible que los hombres se multipliquen alli mucho porque los pueblos cazadores, semejantes á los

(1) Roberston, Hist. de América.
(2) Franklin, Miscelaneas.

animales feroces por el modo con que proveen á su subsistencia, no pueden estar muy unidos. Sus tribus se hallan esparcidas sobre la superficie de la tierra; precisamente para evitar contiendas han de huir unas de otras, y esto no obstante las vemos en guerras continuas. (1)

Asi la escasa poblacion de América, estendida sobre un vasto territorio, es el ejemplo evidente de esta verdad, que los hombres solo pueden multiplicarse en proporcion de los medios de subsistencia. Pero la parte mas interesante, la investigacion que nos ocupa y hácia la cual deseo dirigir la atencion del lector, es el exámen de los medios por los cuales la poblacion se sostiene al nivel de los cortos recursos que estan á su alcance. Frecuentemente se ve que la escasez de los medios de subsistencia en un pueblo no consiste solo en el hambre sino que proviene de causas mas permanentes, que son otras tantas calamidades ó azotes destructores introduciendo costumbres que muchas veces perjudican mas al desarrollo de la poblacion naciente que no á su conservacion, cuando ha llegado á formarse.

Generalmente se ha notado que las mugeres americanas eran poco fecundas (2), atribuyándose esta especie de esterilidad al desvio de los hombres respecto á ellas, siendo esto un rasgo notable del caracter de los salvages de América, aunque no peculiar y esclusivo á dicha raza. Todos los pueblos salvages manifiestan poco mas ó menos la misma indiferencia, al menos todos aquellos que no tienen medios suficientes de subsistencia, y que fluctuan sin cesar entre el temor del enemigo y del hambre. No se ha escapado esta observacion á Bruce en la pintura que hizo de los Gallas y Shangallas, naciones salvages de las fronteras de Abisinia, (3) y Le-Vaillant considera el temperamento flemático de los Hotentotes como la causa principal de la escasez de su poblacion, (4) atribuyendo esto, en su concepto, á los peligros y fatigas de la vida salvage. Semejante vida absorve toda su atencion y no admite pasiones dulces y tiernas. Sin duda es esta la verdadera razon de la frialdad de los americanos que seria un agravio achacarla á vicio alguno de su organizacion; pues á medida

---

(1) Roberston. Lib. 4.
(2) Roberston, lib. 4, Burke's América, Charlevoix, historia de la Nueva Francia, Lafitau, costumbres salvages. En el resto de este capítulo hago frecuentemente las mismas citas que ha hecho Roberston, mas nunca sin dejar de haberlas evacuado y examinado. Cuando no he podido hacerlo me he limitado á citar dicho autor.
(3) Viajes á las fuentes del Nilo.
(4) Viajes por el interior de Africa.

que cesan las penas y los trabajos, recobra en seguida en ellos el amor su justo imperio, lo cual se observa en las comarcas fértiles y en las que los habitantes estan menos espuestos á los horrores de la vida salvage. Algunas tribus situadas en las orillas de rios abundantes en pesca, en sitios llenos de caza ó en tierras muy fructíferas, no participan de la insensibilidad general, siendo sus costumbres por no conocer freno alguno en sus pasiones hasta disolutas (1).

Siendo cierto que esta apatia de los americanos no es un defecto orgánico sino efecto de su género de vida que propende á que los estímulos del amor sean menos frecuentes, lejos de atribuir á la primera causa la infecundidad de los matrimonios, debemos al contrario imputarlo al modo con que viven las mugeres y á las costumbres entre ellos establecidas. «Se ha preguntado algunas veces si las artes y la civilizacion »han mejorado el estado de los hombres, y en la vanidad de sus dispu- »tas, los filósofos han presentado dudas sobre este objeto. Mas que la »civilizacion ha acrecentado el bienestar de las mugeres, es una verdad »que no admite género alguno de duda» (2). Asi se espresa Roberston y esta observacion se ve confirmada por la historia de todos los pueblos salvages. El desprecio y degradacion de las mugeres, es uno de los rasgos que caracterizan mas completamente esta época de la existencia social (3). La suerte de este desgraciado sexo es tal en algunas tribus de América, que la palabra servidumbre aun no espresa perfectamente su abyeccion y su miseria. La muger, propiamente hablando, solo es considerada como una bestia de carga; y mientras que los hombres pasan la vida entre la pereza y los placeres, su muger está condenada á los trabajos mas ásperos que se suceden unos á otros sin ningun descanso, asignándoseles tarea, sin consideracion á su debilidad y sin el menor reconocimiento ni remuneracion por sus servicios (4). En algunos distritos es tal la degradacion en que se hallan sumidas, que muchas madres llenas de horror de su situacion, matan á sus hijas recien-nacidas para librarlas desde luego de tal desgracia (5).

---

(1) Roberston, lib. 4. Cartas edificantes. Charlevoix, hist. de la Nueva Francia. Hennepin, costumbres de los salvages.
(2) Roberston, lib. 4
(3) Roberston, lib. 4. Cartas edificantes, Charlevoix, viaje de La Perouse.
(4) Roberston, lib. 4. Cartas edificantes. Roger, América sept. Creuxii Hist. Cand.
(5) Roberston, lib. 4. Raynal Hist. de las Indias.

Tanto abatimiento y la sujecion á un trabajo forzado, unido á la cruel-dad de la vida salvage, son muy desfavorables á la preñez de las muge-res casadas (1) asi como la disolucion á que se entregan antes de esta época, y los medios que emplean para abortar, perjudican sobremanera á su fecundidad (2). Un misionero, hablando de la costumbre de variar de muger establecida entre los Natchez, nota fundarse esta en que las mu-geres no dan hijos á sus maridos: es decir, que en general los matri-monios son infecundos á consecuencia de la vida desarreglada de las mu-geres antes del matrimonio, como describe este mismo autor (3).

Las causas á que Charlevoix atribuye la esterilidad de las americanas son el largo tiempo que crian, durante el cual viven separadas de sus maridos, y es ordinariamente muchos años, sus trabajos escesivos que nunca cesan, sea cual fuere el estado en que se encuentren, y en fin, la costumbre de muchas tribus que antes del matrimonio permiten la prostitucion, agregándose á todo esto la gran miseria á que estos pueblos estan reducidos que amortigua en ellos el anhelo de tener hijos (4). En-tre las hordas mas degradadas es una máxima el que ninguna muger debe encargarse de criar mas de dos hijos (5). Si nacen dos mellizos, ordinaria-mente se abandona uno, porque la madre no puede alimentar á los dos. Desesperándose poder conservar el niño cuya madre muere criándolo se le sepulta con ella segun se practica en la Nueva Holanda (6).

Abrumados algunas veces los padres de necesidad, siéndoles inso-portable sufrir á sus hijos, los abandonan ó les quitan la vida (7). En ge-neral se esponen los niños deformes, y en algunas poblaciones del Sur sufren la misma suerte los hijos cuyas madres no soportan bien las inco-modidades de la preñez y los dolores del parto, por temor de que here-den la debilidad de su madre (8).

A semejantes causas debe atribuirse la de no encontrar entre los sal-vages de América personas deformes. Aun cuando una madre pueda criar á todos sus hijos sin detrimento, la muerte arrebata un gran número por el trato cruel que se les da, que hace casi imposible á los que son de

(1) Roberston, lib. 4. Creuxii Canad, Lafitau.
(2) Roberston, lib. 4. Ellis viage. Burke ' s América.
(3) Cartas edificantes.
(4) Charlevoix N. Fr.
(5) Roberston lib. 4. Cartas edificantes.
(6) Roberston, lib. 4. Cartas edificantes.
(7) Roberston, lib. 4.
(8) Lafitau, costumbres de los salvages.

una organizacion delicada llegar á la edad viril (1). En las colonias españolas, en donde la vida de los indígenas es menos penosa, y no se les permite deshacerse de sus hijos, se ven muchos hombres contrahechos, pequeños, mutilados, ciegos y sordos (2).

La poligamia ha estado en todo tiempo permitida á los salvages americanos, mas solamente sus gefes ó caciques se prevalian de esta libertad, viéndose tambien á veces ejemplos entre los simples particulares en algunas de las ricas provincias del Sur, donde las subsistencias son mas abundantes. La díficultad de mantenerse obligaba en general á las clases pobres á contentarse con una sola muger (3), y á que los padres antes de dar sus hijas en matrimonio, exijiesen de los pretendientes pruebas inequívocas de su destreza en la caza, y de la suficiencia de los medios con que contaba para alimentar á una familia (4). Las mugeres en América no se casaban muy jóvenes (5), lo cual provenia de la manera licenciosa con que se las permitia vivir antes del matrimonio (6).

Tales costumbres, efecto del temor de verse cargados de familia, y la muerte á que estaban espuestos los niños por los trabajos de la vida salvage (7), no podian menos de influir poderosamente en paralizar el aumento de la poblacion naciente.

Cuando el joven se ha salvado de todos los peligros de la infancia, otros nuevos escollos amenazan su edad madura. Las enfermedades á esta época de la existencia social, son mas raras, pero tambien mas destructoras. Siendo estremada la imprevision de los salvages, y tan precarios sus medios de subsistencia segun la suérte que tienen en las cacerías ó el producto mayor de las cosechas, pasan de repente de los horrores de la escasez á los escesos consiguientes á la abundancia (8). Su voracidad compensa entonces el rigor de su abstinencia, estremos igualmente dañosos (9). Oríginanse de esto máles que diezman la juventud sujeta á la consuncion, á la pulmonía, al asma y á la parálisis; enfermedades ocasionadas, tanto por las fatigas de la guerra y de la caza,

---

(1) Charlevoix, Raynal. Hist. de las indias.
(2) Roberston, lib. 4. Viage de Ulloa.
(3) Roberston, lib. 4. Cartas edificantes.
(4) Roberston, lib. 4. Cartas edificantes.
(5) Roberston, lib. 4.
(6) Cartas edificantes, viages de Ulloa. Burk's América, Charlevoix.
(7) Cruneius dice que á penas de treinta llega uno á la edad viril: Hist. del Canadá, pág. 57; pero esto es sin duda una gran exageracion.
(8) Roberston, lib. 4.
(9) Charlevoix.

como de la inclemencia de las estaciones, contra las que sin cesar combaten (1).

Los misioneros nos cuentan las continuas enfermedades á que estan sujetos los indígenas de la América Meridional para las cuales no conocen ningun remedio (2) y que de otras perecen tambien muchos por ignorar las recetas mas simples y no resolverse á cambiar su comida grosera y mal sana.

El jesuita Fauque refiere que en sus repetidas escursiones apenas encontró un viejo (3). Roberston piensa que la duracion de la vida es mas corta entre los salvages que entre los pueblos civilizados. Casi lo mismo dice Raynal, respecto los indígenas del Canadá, á pesar de su entusiasmo por tales naciones, confirmando esta opinion las observaciones de Cook y de La Perouse entre los salvages de la costa N. O. de América (4).

En las vastas llanuras del Sur el sol abrasador, que despues de la estacion lluviosa lanza sus rayos sobre las tierras inundadas, produce epidemias funestas, y los misioneros hacen mencion de continuas pestes entre los indígenas que causan en sus poblaciones una mortandad espantosa (5). Las viruelas, en particular, hacen allí grandes estragos, y bien sea por la falta de cuidados ó sea por la estrechez de las habitaciones en donde se hacina á los enfermos, muy pocos son los que sanan de este contagio (6). A pesar de los esfuerzos de los jesuitas los indígenas del Paraguay estaban continuamente espuestos á esta causa de aniquilamiento. Las viruelas y las fiebres malignas que se llaman peste en dichas regiones, destruian las misiones mas florecientes, á cuyo motivo atribuye Ulloa la lentitud en sus progresos á pesar de gozar de una paz profunda.

Ni se crea que estas epidemias perdonan á los pueblos del Norte, al contrario son allí bastante frecuentes (7) y las noticias del capitan Vancouver nos ofrecen una prueba evidente. Despues de New-Dungeness hácia el N. O. de América en una linea de 150 millas de costas, no vió 150 habitantes; pero sí muchos pueblos enteramente desiertos que cada uno de ellos hubiese podido contener cómodamente á todos los individuos que se

---

(1) Roberston lib. 4, Charlevoix. Lafitau.
(2) Cartas edificantes.
(3) Id.
(4) Cook, viage tercero, viage de La Perouse.
(5) Cartas edificantes.
(6) Viage de Ulloa.
(7) Cartas edificantes.

ofrecieron á su vista en toda la estension del tránsito. En sus incursiones al interior, sobre todo hácia Port–Discovery encontró esqueletos humanos por una y otra parte, no obstante de que los cuerpos de los indígenas vivos no presentaban cicatriz alguna ni manifestaban temor ni recelo. El viagero por consecuencia solo pudo conjeturar haber habido alguna epidemia á resultas de la viruela, que habiendo aparecido sobre dicha costa habia dejado huellas de su tránsito en el rostro de los indígenas, de cuya enfermedad habian algunos perdido un ojo.

Los salvages á causa de su ignorancia y de su falta de policía (1) pierden la ventaja que para prevenir el contajio les da su corta y diseminada poblacion. En algunos cantones de América se edifican casas con el objeto de hospedar á muchas familias y se ven á 80 ó 100 personas habitar bajo el mismo techo. En donde las familias viven separadas las chozas son muy pequeñas, cerradas, miserables, sin ventanas y con puertas tan bajas, que solo arrastrando es posible entrar por ellas (2). Son por el contrario en el N. O. las casas muy grandes: Meares describe una que pertenecia á un gefe del distrito de Noctka en la cual vivian, comian y se acostaban 800 personas (3). Los viageros aseguran unánimemente que nada iguala á la suciedad de tales habitaciones y á la falta de aseo de las personas que alli habitan (4). El capitan Cook las pinta llenas de miseria, de la cual cazan y comen (5), y que su hedor es insoportable, asi como el ruido y cenfusion que alli reinan, asegurando La Perouse que ninguna caverna de animales salvages es capaz de afectar tan desagradablemente el olfato.

Fácil es de inferir cuál será el estrago de una epidemia cuando se manifieste en algunas de estas habitaciones. Y quizá la misma falta de aseo puede engendrar tales enfermedades; porque no hay poblacion donde puede estar mas inficionado el aire. Cuando escapa á la mortandad de su infancia y á los estragos de las enfermedades, el salvage está espuesto á todos los peligros de la guerra, la cual á pesar de la gran prudencia con que los americanos dirigen sus empresas militares, como es casi incesante, ocasiona bajas muy considerables (6). Tales naciones, aun

(1) Con energía se espresa Charlevoix acerca de esto: «no se puede entrar en las cabañas sin inficionarse.» «Es tal la suciedad de sus manjares, continúa, que os causaria horror.»
(2) Roberston, lib. 4.
(3) Viage de Meares, cap. 12.
(4) Meares, cap. 12. Vancouver, lib. 6.
(5) Tercer viage.
(6) Charlevoix, hist. de la N. Francia.

las mas salvages, conocen muy bien el derecho de propiedad sobre el terreno que ocupan (1), y siendo para ellas de gran importancia no tolerar que otros se apoderen de su caza, la guardan con estremado afan, lo cual es orígen de innumerables quejas. Son contínuas las hostilidades entre las naciones vecinas (2), pues el mero acrecentamiento de una tribu es considerado por las otras como una verdadera agresion, por suponerla necesario un aumento de territorio. Una guerra promovida de tal causa no puede concluir sino cuando despues de multiplicadas pérdidas se encuentra restablecido el equilibrio de la poblacion, ó cuando la parte mas débil ha sido esterminada. Una irrupcion hostil y que devasta sus cosechas ó que les obliga á abandonar su territorio de caza, los reduce á la última estremidad, porque dificilmente tienen especie alguna de provision susceptible de ser trasportada. Muchas veces sucede que los habitantes del pais invadido buscan un refugio en los bosques y en las montañas, donde la mayor parte perecen por falta de subsistencia (3). En tales ocasiones no procura cada uno mas que su seguridad personal, sepáranse los hijos de los padres sin que estos lo sientan, disuélvense todos los lazos sociales hasta el estremo de vender un padre á su hijo por un cuchillo ó un hacha (4). El hambre y toda especie de males acaban con los que ha perdonado la guerra, no siendo raro el ver estinguirse de esta suerte tribus enteras (5).

Tal estado de cosas contribuye á fomentar la ferocidad guerrera que se nota entre los salvages, y sobre todo en los de América, que no combaten por conquistar, sino para destruir (6), ni consideran segura su vida sino con la muerte del enemigo. Al ver el encarnizamiento con que se le persigue y la atrocidad con que se egerce la venganza, se creeria que el vencedor hace pruebas de los tormentos á que estaba él mismo destinado. Los Iroqueses espresan la resolucion que han tomado de hacer la guerra por estas pocas palabras: «*Vamos á comernos á esta nacion;*» y cuando invocan el ausilio de un aliado le convidan á beber de un caldo

---

(1) Roberston, lib. 4.
(2) Cartas edificantes, y en otra parte tercer viage de Cook. Viages de Meares.
(3) Roberston, lib. 4. Charlevoix.
(4) Cartas edificantes.
(5) Roberston, lib. 4. Account of. N. América by Major Rogers.
(6) Roberston lib. 4.

hecho con la carne de sus enemigos (1). Entre los Abénakis existe la costumbre de dividirse en diferentes partidas un cuerpo de guerreros cuando invade un pais enemigo, y el gefe dice á cada una de ellas. «A vosotros os doy para comer esta aldea, á vosotros este pueblo etc.,» (2) cuyo lenguage se observa aun en algunas tribus que han renunciado al uso de comerse los prisioneros. Semejante costumbre ha estado efectivamente establecida entre muchos pueblos de aquel continente (3), y conceptúo contra el sentir de Roberston que ha nacido de la conviccion de su necesidad, aunque despues razones de otra naturaleza la hayan podido conservar ó renovarla. Es á mi parecer juzgar poco favorablemente de la naturaleza humana, y en particular del hombre en el estado salvage, imputar una costumbre tan odiosa á pasiones perversas, mas bien que á la influencia imperiosa de la necesidad que lo mismo que en los pueblos civilizados ha subyugado muchas veces á otros sentimientos. Cuando una vez ha estado fundada la costumbre por este motivo, el temor de llegar á ser presa de un enemigo voraz, ha podido animar en el salvage un resentimiento tal, que esta pasion sola, independiente del hambre, ha bastado despues para hacer devorar los prisioneros que han tenido la desgracia de caer en sus manos.

Nos hacen mencion los misioneros de muchas naciones que se alimentan de carne humana siempre que pueden procurársela (4), y aunque puede que haya alguna exageracion en sus narraciones, sin embargo aparecen confirmadas por los viages modernos al N. O. de América, y por la descripcion que hace Cook de la isla austral de la Nueva-Zelanda (5). Los pueblos del estrecho de Nootka parece que tambien son antropófagos; y leemos que el gefe del distrito de Maquinna gusta tanto de estos horrorosos banquetes que mata cada luna á un esclavo para satisfacer su apetito desnaturalizado (6).

---

(1)   Roberston, lib. 4.
(2)   Cartas edificantes.
(3)   Roberston, lib. 4.
(4)   Cartas edificantes.
(5)   Por muy comedido que sea este viagero en todos sus asertos, sin embargo en su segundo viage se espresa asi con respecto á estos isleños: «es demasiado cierto que gustan mucho de esta especie de alimento;» y en el último, hablando de sus hostilidades perpétuas, dice: «quizá la esperanza de un buen banquete contribuya mucho á provocar sus ataques.»
(6)   Viage de Meares.

- El amor á la vida se une en el corazon del salvage al de la comunidad de que es miembro: la seguridad y el poder de su tribu son los únicos garantes de su existencia y recíprocamente él considera su bienestar como ligado con el de todos. Este sentimiento que le domina escluye ciertas ideas de honor y de arrojo familiares á los pueblos civilizados. Huir ante un enemigo dispuesto á hacer frente á su ataque, evitar un combate en donde peligraria su vida, forma parte de las leyes de honor á que obedece el salvage amaricano. Para resolverse á atacar á un enemigo que se defiende, es necesario tener casi certeza de vencerle, y aun entonces todos temen ser los primeros en avanzar (1). El segundo objeto que debe tener presente un guerrero es el de debilitar ó destruir las tribus enemigas, causando á la suya la menor pérdida posible y procurar obtener este resultado por la astucia, la sorpresa y todas las estratagemas que puede suministrarle su ingenio, considerándose una locura atacar á su enemigo con fuerzas iguales. Morir en el combate, lejos de ser glorioso, es una mancha que oscurece la reputacion de un guerrero, porque le espone á la nota de precipitacion y temeridad (2): al contrario, aguardar sosegadamente á su presa, escoger el momento en que está confiada ó incapaz de resistir, arrojarse sobre ella durante la oscuridad de la noche, incendiar las chozas del enemigo, asesinar á los habitantes desnudos, desarmados y sin defensa (3), son hazañas honoríficas cuya memoria se perpetúa, conservándose con esmero en cada tribu como un recuerdo glorioso.

Fácilmente se ve que esta manera de hacer la guerra debe su orígen á la dificultad de educar en medio de los peligros de la vida salvage ciudadanos capaces de defender la sociedad. Estas causas de destruccion pueden obrar en ciertos momentos con tanta atividad, que la poblacion aparezca en un grado inferior respecto á las subsistencias. Mas el temor que tienen los americanos de ver debilitada su poblacion, el deseo de aumentarla que sin cesar les domina, prueban tambien que el caso contrario es muy frecuente. Es probable que si el deseo de acrecentamiento llegára á ser satisfecho, el pais no podria sostenerlo. Una tribu que crece en fuerza, cuenta con la debilidad de sus adversarios, y destruyéndolos es como asegura su conservacion. Asimismo la disminucion del nú-

---

(1) Cartas edificantes.
(2) Charlevoix N. Francia.
(3) Roberston, lib. 4. Cartas edificantes.

mero de habitantes lejos de dejar mas descargados á los que quedan, los espone á las irrupciones de sus vecinos, y por lo tanto á la devastacion y á la miseria.

Los Chiriguanos no eran en su origen sino una pequeña parte de los Guaranos, hasta que dejaron el Paraguay, que era su pais natal para establecerse en los montes del Perú. Habiendo encontrado alli medios suficientes de subsistencia, se acrecentaron rápidamente, atacaron á sus vecinos; y ora por el valor, ora por la fortuna, llegaron á esterminarlos; se apoderaron de sus tierras y se esparcieron en un estenso territorio. En pocos años su número creció de tres ó cuatro mil, á treinta mil (1), mientras que las tribus que les rodeaban disminuyeron unas tras otras por el hambre y por la guerra.

Estos ejemplos manifiestan cuán rápido es aun entre los mismos salvages de América el acrecentamiento de la poblacion, por poco que la favorezcan las circunstancias, esplicándose con ellos bastante el temor que reina en cada tribu de ver disminuir el número de sus miembros y el deseo de acrecentarla que se observa con frecuencia (2), sin que sea necesario acudir á la suposicion de una superabundancia de alimentos.

Se puede asegurar que las causas (3) que dañan á la poblacion en América y que acabo de recorrer, dependen de la abundancia ó escasez de las subsistencias. Esto claramente lo prueba el mayor número de tribus como de individuos que la componen, donde quiera que por la proximidad á lagos ó á rios, la fertilidad del suelo ó la mejora del cultivo se encuentra el alimento mas abundante. En el interior, en las provincias situadas á las márgenes del rio Orinoco, se puede atravesar el pais en diferentes direcciones y caminar muchas leguas sin encontrar una choza ni la huella de criatura humana. Aun son de mayor estension los desiertos en algunos parages de la América Septentrional en donde es mas rigoroso el clima y el terreno menos fértil, atravesándose á veces muchos

---

(1) Cartas edificantes.
(2) Lafitau.
(3) Estas causas parecerian mas que suficientes para mantener la poblacion al nivel de las subsistencias. Y esto tendria lugar en efecto, si lo que se dice de la esterilidad de las mugeres indígenas fuera cierto, universal ó al menos generalmente. Sin duda hay exageraciones en algunos hechos que con este objeto se mencionan, mas es dificil decidir cuál son ó no los verdaderos. Pero aun eliminando todo lo que puede ser exagerado, no es posible desconocer que quedan suficientes datos probados para establecer la asercion general de una manera indudable.

centenares de leguas de llanuras y bosques absolutamente deshabita-
dos (1). Nos hablan los misioneros de viages de doce jornadas, hechos sin
encontrar alma viviente (2) y de dilatados paises en donde habia solo esparcidas tres ó cuatro aldeas (3). Algunos de estos desiertos como no pro-
porcionaban caza estaban enteramente abandonados (4). Otros menos
desprovistos solo los recorrian en ciertas épocas diferentes partidas que
acampaban alli deteniéndose mas ó menos tiempo, segun la cacería; de
modo que aquellas comarcas estaban solo habitadas en razon de la cantidad de subsistencias que podian proporcionar (5).

Otros distritos hay en América que nos los representan como muy
poblados en comparacion de los que acabo de indicar. Tales son las playas de los grandes lagos del Norte y las riberas del Mississipí, la Luisiana
y muchas provincias de la América Meridional. Allí se encuentran poblaciones en las cuales su estension y cercanía eran proporcionados á la
gran cantidad de caza y de pesca que podia ofrecer su territorio, y á los
progresos de sus habitantes en el arte de utilizar el terreno (6). Los indígenas de los dos vastos y populosos imperios de Mégico y del Perú, traian
su origen del mismo tronco que las naciones salvages vecinas, habiendo vivido como ellas primitivamente. Mas desde que por un concurso feliz de circunstancias llegaron á hacer progresos en la agricultura,
su poblacion creció rápidamente á pesar de la continencia de los hombres y los vicios destructivos de las mugeres. Sin duda se corrigieron
por el cambio que sobrevino en el estado de estos pueblos, siendo natural que una vida mas dulce y mas sedentaria aumentára su fecundidad y
permitiera criar una familia mas numerosa.

En general el continente de América, refiriéndonos á lo que dicen todos los que han escrito su historia, ofrece por todas partes el cuadro de
una poblacion esparcida sobre su superficie, en proporcion á la cantidad
de alimento que pueden proporcionarse los que la habitan, segun el estado de su industria, llegando en todas partes, con cortas escepciones,
al limite de que no se puede tráspasar. Esto comprueban las repeticiones
frecuentes de hambres ó sumas carestias en las diferentes comarcas de
esta parte del globo.

Ejemplos bien notables, segun Roberston, de esta especie de calamidades se encuentran entre las naciones salvages. Este historiador cita
con este objeto, entre otros, el testimonio de Alvar-Nuñez, Cabeza de

(1) Roberston, lib. 4. (2) Cartas edificantes. (3) Idem.
(4) Idem. (5) Idem. (6) Idem. Roberston, lib. 4.

Vaca, viagero español, que residió cerca de nueve años entre los salvages de La Florida. No conociendo especie alguna de agricultura, comen la raiz de algunas plantas que les cuesta mucho trabajo procurárselas, cogen de cuando en cuando pescado, y matan alguna caza, pero en tan pequeña cantidad que se ven frecuentemente atormentados del hambre hasta el punto de satisfacerla comiendo arañas, huevos de hormigas, lagartos, serpientes y algunas veces una especie de tierra grasienta, añadiendo dicho viagero, «estoy persuadido que si su terreno presentase piedras se las comerian.» Separan y conservan las espinas de los pescados y los esqueletos de las serpientes que muelen y se las comen y el único tiempo del año en que no sufren el hambre es en el que se encuentra una especie de higos chumbos que tienen precision de ir á buscar á gran distancia de su morada ordinaria, y este autor observa en otro lugar que dichos pueblos se ven frecuentemente reducidos á pasar dos ó tres dias sin alimento (1).

Ellis en su viage á la bahia de Hudson describe lastimosamente los sufrimientos á que la escasez espone á los indigenas. Despues de hablar del rigor del clima, dice: «por graves que sean los males que padecen á causa del frio, se puede asegurar que son menos crueles que los que producen la escasez de víveres y la dificultad en que se encuentran de proporcionárselos. Un hecho de verdad comprobada que es sabido en las factorías, podrá demostrar cuál es su angustia inspirando al lector sensible la mas justa compasion.» Pasa en seguida á contar la vida de un desgraciado indigena y de su muger, que en ocasion de faltar la caza se comieron todas las pieles de sus mismos vestidos, habiéndose visto al fin reducidos á tan cruel estremidad que formaron el horrible proyecto de comer la carne de sus propios hijos, y lo verificaron devorando dos de ellos. En otra parte dice: «Sucede á veces que los indigenas que vienen en verano á comerciar con las factorías por haberles faltado los que debian suministrarles los víveres, se veían obligados á pelar algunos millares de pieles de castor y comerse el cuero.»

El abate Raynal, que en sus cotejos de la vida salvage con la civilizada, siempre raciocina de la manera mas inconsecuente, considera en algunos de los salvages como teniendo la certidumbre moral de encontrar á su alcance medios suficientes de subsistencia; y en la pintura que hace de los pueblos del Canadá, dice: «que aunque establecidos en un pais abundante en caza y pesca, se ven privados de este recurso en ciertas esta-

_____

(1) Roberston.

ciones, y á veces durante años enteros, causando entonces el hambre grandes estragos en estas naciones aisladas y harto distantes las unas de las otros para socorrerse mútuamente» (1).

Haciéndose cargo Charlevoix de las dificultades y trabajos de los misioneros, observa que todas estas molestias, por penosas que fuesen, no equivalían á otro mal mas cruel, en comparacion del cual los otros nada eran. Este mal es el hambre, de la que dice ser cierto que los salvages pueden soportarla con tanta paciencia, como negligencia ó imprevision, manifiestan para evitarla, sin que por eso dejen algunas veces de verse reducidos al estremo de no poder resistirla.

Es una costumbre general entre las naciones americanas, sin esceptuar las que han progresado algo en la agricultura, dispersarse por los bosques en ciertas estaciones del año y vivir durante algunos meses del producto de su caza, que es para ellos una parte importante de sus medios ó rentas anuales (2). Permaneciendo en las poblaciones se espoñian inevitablemente al hambre (3), sin que por entrar en los bosques aseguren evitar este azote. Algunas veces los cazadores mas hábiles no consiguen cazar aun cuando no falta caza en los bosques (4). Privados de este recurso el cazador ó el viagero se halla espuesto á todas las angustias del hambre (5), ylos indígenas durante sus cacerías se ven reducidos á pasar tres ó cuatro dias sin tomar alimento (6).

Un misionero refiere de algunos Iroqueses que en cierta ocasion de esta especie, despues de haberse sostenido algun tiempo comiendo las pieles con que se cubrian, su calzado, la corteza de los árboles, y que al fin reducidos á la desesperacion determinaron sacrificar algunos de entre ellos mismos para salvar los otros. De once que eran solo escaparon cinco (7).

Los indígenas de la América Meridional viven oprimidos por la necesidad y son muchas veces destruidos por el hambre (8). Las islas de América, por ricas que pareciesen, no producian aun lo que exigia su poblacion; un corto número de españoles que llegaron á una comarca sufrieron tambien la carestía (9). El imperio floreciente de Mégico no estaba mejor provisto, y Cortés probó muchas veces cuán dificil era mantener alli su

---

(1) Raynal hist. de las Indias, lib. XV.   (2) Cartas edificantes.
(3) Cartas edificantes.
(4) Charlevoix, N. Francia. Heunepin, costumbres de los salvages.
(5) Cartas edificantes. (6) Idem. (7) Idem. (8) Idem.
(9) Roberston, lib. 4. Burke' s América.

escasa tropa (1). Las misiones mismas del Paraguay, no obstante la administracion previsora de los jesuitas, y á pesar de las epidemias que disminuian frecuentemente su poblacion no siempre se vieron exentas de necesidad. Se cita la mision de San Miguel, en la cual el número de indígenas habia aumentado de tal modo, que las tierras cultivables no producian ni la mitad de los granos necesarios para su conservacion (2). Frecuentemente largas sequias hacian perecer el ganado y perderse la cosecha (3), en cuyas circunstancias se vieron algunas misiones reducidas á la mayor miseria; y hubieran sido infaliblemente víctimas del hambre si las otras vecinas no las hubieran socorrido (4). Los últimos viages á la costa N. O. de América confirman estas antiguas relaciones demostrando especialmente que en particular la pesca que parece ofrecer los recursos mas inagotables es muchas veces muy precaria. Aunque el mar de la costa de Nootka no está casi nunca cuajado por los hielos, se puede juzgar por el cuidado con que guardan las provisiones, que el invierno no es muy propicio para la pesca, y que sin duda entonces sufren la escasez mas cruel (5). Esto es lo que sucedió en el invierno de 1786 á 1787, durante la permanencia de M. Mackay. Sufriose alli una verdadera hambre causada por lo largo y riguroso de esta estacion. El almacen de pescado seco estaba agotado, y no habiendo alli medio alguno de procurarse provisiones frescas, se puso á racion á todos los habitantes. Los gefes distribuian á los ingleses cada dia aquello que les tocaba y que consistia en siete cabezas de arenques secos. El relato de estos padecimientos consignados en el diario de Meares, estremece á la humanidad.

El capitan Vancouver cuenta que algunas poblaciones del Norte de Nootka viven miserablemente de mariscos y de una torta formada con la corteza interior del pinabete, y que cierto dia algunos hombres de su tripulacion encontraron en una de sus escursiones una cuadrilla de indígenas que llevaban platijas, mas no pudieron lograr el que se las cedieran á precio ninguno. El viagero, de esta especie de resistencia á todo ofrecimiento, sin ejemplo entre los salvages, deduce cuán rara y dificil es una provision de esta especie. En 1794, segun noticia de este mismo navegante, el pescado estaba tan escaso en el estrecho de Nootka que se vendia á un precio exorbitante, habiendo faltado las provisiones de invierno á causa de alguna negligencia ó porque la estacion habia sido muy rigorosa.

---

(1) Roberston, lib. 8. (2) Cartas edificantes. (3) Idem.
(4) Idem. (5) Viage de Meares.

La Perouse nos pinta á los indígenas de las cercanías de Port-Français viviendo en el verano en la abundancia debida á la pesca, y espuestos en el invierno á morirse de hambre.

No se puede, pues, creer con Lord Kaimes (1) que las tribus americanas no sean aun bastante numerosas para sentir la necesidad de la vida pastoril ó agrícola, y es indudable que otra causa les ha impedido adoptar plenamente estos medios de procurarse recursos abundantes, y por consecuencia el aumento de su poblacion. Si el hambre solo hubiera inducido á los salvages de América á cambiar su género de vida, no podria concebir cómo hubiera quedado en su continente una sola nacion de cazadores ó pescadores.

Pero es claro que son necesarios otros mas poderosos estímulos y un conjunto de circunstancias favorables para operar tal cambio, siendo muy probable que el arte de procurarse alimentos cultivando la tierra se inventó y perfeccionó desde luego en los países que son propicios á la agricultura y cuya situacion y fertilidad permiten á los hombres reunirse en gran número, porque este es el medio de desarrollar sus facultades ingeniosas.

En algunas naciones de América no se conoce la desigualdad de clases, de suerte que todas las calamidades de la vida salvage se sienten con igualdad, y particularmente la del hambre. Pero en algunas naciones mas meridionales, como en Bogotá (2), entre los Natchez (3), y sobre todo en Mégico y en el Perú la distincion de clases estaba establecida. Por consecuencia cuando llegaban á faltar los alimentos, las clases bajas reducidas á un estado de servidumbre absoluta (4), sufrian esclusivamente y sobre ellas descargaba con especialidad el azote destructor.

La prodigiosa despoblacion que se ha manifestado en las naciones indígenas de América despues de su descubrimiento, quizá aparezca á primera vista como un argumento contra lo que hemos dicho mas arriba sobre la energía del principio de la poblacion. Mas se verá si se reflexiona sobre ello, que este fenómeno depende de las tres grandes causas que hemos manifestado. Los obstáculos que se oponen á la poblacion, ya sean destruyéndola, ya precaviendo su aumento, pueden obrar con tanta fuerza que la impriman una marcha retrógrada.

---

(1) Bosquejo de la hist. del hombre en inglés.
(2) Robesrton, lib. 4.
(3) Cartas edificantes, Roberston, lib. 4.
(4) Roberston, lib. 4.

La pasion de tales pueblos por los licores espirituosos (1) que Charlevoix llama un furor inaudito, debe considerarse como un vicio capaz de producir por sí solo la despoblacion que se observa, obrando á manera de veneno que los enerva y los mata, ataca directamente las fuentes de la generacion y promueve pendencias y altercados que casi siempre terminan desdichadamente. Es necesario tambien añadir que en casi todas partes las relaciones de los europeos con los indígenas han abatido su valor; y dando á su industria una mala direccion han disminuido por lo mismo sus recursos y subsistencias. En Santo Domingo los indígenas descuidaban á propósito el cultivo de las tierras, á fin de molestar con el hambre á sus crueles opresores. En el Perú y en Chile se obligaba á los naturales á penetrar en las entrañas de la tierra en lugar de fecundizar su superficie. En los pueblos del Norte la pasion por el aguardiente les inducia á buscar pieles (2), lo que les impedia prestar su atencion á los medios de aumentar sus subsistencias y los obligaba á destruir rápidamente su caza. En efecto, es probable que en todas las partes de América en que han penetrado los europeos, las especies de animales salvages se han disminuido por lo menos tanto como ha aumentado la raza humana (3). En todas partes, el gusto por la agricultura ha disminuido en lugar de aumentarse, á pesar de que los lazos formados entre los salvages y los pueblos cultivadores parece que debieran haber producido el efecto contrario. En ninguna parte de América, ya en el Norte, ya en el Sur, se oye decir que por la disminucion del número de habitantes, la vida haya llegado á ser mas desahogada y los recursos mas abundantes. Se puede, pues, concluir con alguna seguridad del cuadro que acabamos de presentar, que á pesar de tantas causas de destruccion como agovian á este vasto continente, la poblacion de las diversas naciones que le habitan, está con pocas escepciones al nivel de los medios de subsistencia que puedan adquirir, segun el estado actual de su industria.

(1) Major Roger's Account of Nortte América.
(2) Charlevoix.
(3) El uso de las armas de fuego entre los indígenas ha contribuido probablemente mucho á disminuir el número de animales salvages en América.

CAPITULO V.

Obstáculos á la poblacion en las islas del mar del Sur.

El abate Raynal, al hablar del antiguo estado de las islas Británicas y de los isleños en general, se esplica asi: «en su seno han nacido esa multitud de instituciones estrañas que ponen obstáculos á la poblacion: la antropofagia, la castracion de los varones, la infibulacion de las hembras, los matrimonios tardíos, la consagracion de la virginidad, el aprecio del celibato, y los castigos contra las hijas que se apresuraban á ser madres» (1).

De aqui, segun este autor, que estas costumbres efecto de una poblacion escesiva, han pasado á los continentes y en nuestros dias aun se ocupan los filósofos de investigar su orígen, sin conocer que una tribu salvage del continente americano rodeada de naciones enemigas, ó un pueblo civilizado y populoso cercado enteramente por otras naciones, se encuentran bajo diversos aspectos, en una situacion parecida á la de los insulares. El no ser tan visibles y determinados los obstáculos que impiden el aumento de la poblacion, y la dificultad de observarlos con que en el continente mas que en las islas se tropieza, no disminuye ni su realidad ni su importancia. Un hombre que obligado por la necesidad deja la nacion continental á que pertenece, no está seguro de encontrar en otra mas recursos. En cuanto á las islas no hay ninguna cuyos productos no puedan aumentarse: esto es precisamente lo que puede decirse de todo el mundo; y tanto las islas como el resto de la tierra, contienen precisamente tantos habitantes como su producto actual puede alimentar. Pero como en las islas, sobre todo en las muy pequeñas, el número de habitantes es muy limitado, y no puede menos de conocerse, habrá alguna ventaja para buscar los obstáculos que detienen la poblacion, tomando por ejemplo aquellas acerca de las cuales tenemos relaciones claras y auténticas. En el primer viage de Cook, se encuentra esta pregunta relativa á las pocas familias de salvages de la Nueva-Holanda. ¿Cómo es que los habitantes de esta comarca se han reducido solo al número que puede ella alimentar? Con el mismo derecho puede preguntarse lo mis-

(1) Raynal, historia de las Indias.

mo sobre las islas populosas del mar del Sur y sobre los paises mas poblados de la Europa y del Asia. Esta cuestion en su generalidad me parece muy curiosa, y puede proporcionar mucha claridad sobre algunas circunstancias tan interesantes como oscuras de la historia social; y para resolverla acertadamente presentamos las investigaciones históricas contenidas en la primera parte de esta obra.

Son poco conocidas las grandes islas de la Nueva-Guinea, de la Nueva-Bretaña, de la Nueva-Caledonia y de las Nuevas-Hebridas. Es probable que estos pueblos, parecidos á las naciones salvages de América, esten habitados por diferentes tribus guerreras. Sus gefes tienen poco poder; y como la propiedad no está bien asegurada, son escasas sus provisiones (1). No es mas conocida la gran isla de la Nueva-Zelanda; lo que de ella sabemos no es suficiente para darnos una idea ventajosa de su estado social. El cuadro que presenta Cook de sus tres diferentes viages, está cargado de negros colores. El estado perpetuo de hostilidad en que viven las tribus esparcidas en aquella isla, tiene algo mas de feroz que las guerras de los salvages americanos. La costumbre de estos pueblos de comer carne humana, y la aficion que tienen á este atroz alimento, está manifestado con las pruebas mas incontestables. Cook, que nunca exagera los vicios de las naciones salvages, dice al hablar de los naturales del estrecho de la Reina-Carlota: «si hubiese escuchado los consejos de nuestros pretendidos amigos, hubiera esterminado la raza entera de estos isleños, por que cada villa, cada aldea, venia á pedirme que destrozase la aldea vecina. Jamás hubiera creido que el ódio que anima á estos pueblos se pudiese manifestar tan claramente.» Y en el mismo capítulo añade: «con mis propias observaciones, y con los informes que me ha dado Taweiharooa, me inclino á creer que los habitantes de la Nueva-Zelanda, viven en un temor perpetuo de ser esterminados por sus vecinos. Apenas hay tribu que no crea haber recibido algun ultrage ó alguna injusticia de parte de otra, y acuda incesantemente á la venganza. Quizá la esperanza de un buen banquete anima este sentimiento. El modo de ejecutar sus negros proyectos es siempre el mismo: velan por la noche á su enemigo: si le sorprenden indefenso (lo que creo no es muy fácil) matan á todos sin distincion de sexo ni edad. Concluida la mortandad celebran su victoria

---

(1) Véase acerca de la Nueva-Guinea y la Nueva-Bretaña, la historia de las navegaciones á las tierras australes; y respecto la Nueva-Caledonia y Nuevas-Hebridas, el primer viage de Cook, vol. 2, lib. 3.º

en el campo de batalla, donde se sacian con los alimentos que tienen en abundancia : á veces tambien se llevan los cadáveres de los que han asesinado, para devorarlos á su placer en sus propias moradas, con actos de ferocidad brutal, que la pluma resiste describirlos. Dar cuartel ó recibir prisioneros son prácticas estrañas á su código militar: la fuga es el único recurso de los vencidos. Este estado perpétuo de guerra y el modo destructivo de hacerla, producen en estos pueblos una costumbre tal de circunspeccion que de dia y de noche todos estan alerta.»

Estas observaciones estan consignadas en el tercer viage de Cook, donde han debido corregirse los errores de los anteriores, y ellas prueban que la guerra en la Nueva-Zelanda es el óvice principal de la poblacion. Ignoramos si entre las mugeres existen costumbres con la misma tendencia. Porque si hay tales usos establecidos, es probable que sea cuando la necesidad del alimento acose mucho; pues cada tribu debe necesariamente desear acrecentar el número de sus individuos para aumentar sus medios de ataque y de defensa. Solo puede decirse que la vida errante de los individuos de estas islas australes, y el contínuo estado de alarma en que viven, el cual les obliga á viajar y trabajar con las armas en la mano (1); son circunstancias desfavorables á la propagacion y que impiden que las familias sean dilatadas.

Mas por poderosas que sean estas causas que se oponen al desarrollo de la poblacion, los frecuentes cambios de escasez, hacen ver que no bastan para mantener el número de habitantes bajo el nivel de las subsistencias. «Lo que sucede en tiempo de escasez, dice Cook, nos lo han hecho conocer nuestras observaciones de un modo indudable» (2). El pescado es su principal alimento; y como solo á la orilla del mar y en ciertas ocasiones pueden cogerlo (3), es claro que para ellos es un recurso precario. En la contínua alarma que viven debe ser muy dificil secar y conservar el pescado, sobre todo si las bahías y ensenadas mas abundantes son, como debe suponerse, el objeto comun de sus querellas; y si al disputarse su posesion lo hacen con el encarnizamiento que caracteriza todas las empresas de un pueblo siempre ocupado en buscar medios de vivir (4). Los vegetales con que se alimentan son la raiz del pinabete, las batatas, los *clams* y las patatas (5). Estas tres últimas las cultivan y no se encuentran en las islas de este Occeano meridional, don-

---

(1) Cook, segundo viage. (2) Cook, primer viage. (3) Idem.
(4) Cook, tercer viage. (5) Cook, segundo viage.

de casi se ignora la agricultura (1). Cuando por una cosecha desgraciada les faltan estos débiles recursos, fácil es imaginar en qué triste afliccion se verán estos pueblos. En semejantes circunstancias es muy probable que la necesidad de saciar su hambre añada mucha fuerza á su deseo habitual de venganza, y se les pueda quizá sorprender: «ocupados sin cesar en destruirse como su único recurso contra el hambre, y la muerte» (2).

Si de las costas desiertas de la Nueva-Zelanda dirigimos la vista á las playas populosas de Otahiti y de las islas de la Sociedad, una escena nueva se presenta á nuestra vista, en la que desaparecen todos los temores de la escasez. Los viageros, cuando tratan de estas comarcas, parece que nos describen el jardin de las Hesperides, segun ponderan su asombrosa fertilidad. Pero bien pronto esta primera idea desaparece tras un momento de reflexion. La abundancia y la felicidad han sido siempre consideradas como las causas mas eficaces para aumentar la poblacion. En un clima delicioso, donde hay pocas enfermedades, donde las mugeres no tienen trabajos escesivos, ¿cómo no habian de obrar estas causas con mas energía que en los paises menos favorecidos? ¿Y siendo asi, cómo la poblacion circunscrita á estrechos límites podria tener espacio necesario? Cook se admiró al ver que en Otahiti, que no tiene mas que cuerenta leguas de estension, hubiera, segun su cálculo, mas de doscientos mil habitantes (3). ¿Cómo podria contener mas de tres millones, número á que llegaria la poblacion solo al cabo de un siglo, suponiendo que doblase en cada periodo de veinte y cinco años? (4) Estas cuestiones son tambien aplicables á todas las islas del mismo archipiélago. Pasar de una á otra seria cambiar de lugar sin mejorar de situacion. La naturaleza de estas islas y el estado imperfecto de su navegacion, escluye toda emigracion eficaz y toda importacion de subsistencias verdaderamente útil.

Aqui se demuestra la dificultad en pequeña escala: tan clara, tan pre-

---

(1) Cook, primer viage. (2) Idem. (3) Cook., segundo viage.
(4) Yo no dudo que el periodo de aumento fuese mas corto, suponiendo que se supriman los obstáculos que turban el órden natural. Si Otahiti con sus productos anuales no contuviera mas que cien personas, en igual número de ambos sexos, y que el matrimonio de un solo hombre con una sola muger se estableciese de una manera constante, yo creo que cinco ó seis periodos sucesivos aumentarian la poblacion mas de lo observado hasta aqui, y que doblaria en menos de quince años.
(Nota del autor).

cisa, tan sencilla, que á nadie puede ocultarse ; y sin haber lugar á res-
ponder como se hace comunmente con ideas vagas y atrevidas de emigracion ó de mejora del cultivo, pues la una es imposible, la otra insuficiente. Estamos plenamente convencidos que en este grupo de islas es
imposible que la poblacion vaya doblando cada veinte y cinco años. Y
antes de haber investigado á qué estado ha llegado la sociedad, estamos
seguros que á no ser un milagro que haga á las mugeres estériles, des-
cubriremos en el modo de vivir de estos pueblos algunos obstáculos poderosos al aumento de su poblacion.

Las narraciones sucesivas que tenemos de la isla de Otahiti y de las
que la rodean, atestiguan la existencia de algunas sociedades conocidas
bajo el nombre de Earee (1), que han escitado una gran sorpresa entre
las naciones civilizadas. Estas sociedades han sido tan descritas que bastará recordar aqui que el infanticidio y la prostitucion son sus leyes fundamentales. Se componen esclusivamente de personas de las clases mas
elevadas, y segun M. Anderson (2), «esta vida licenciosa es tan conforme
con sus gustos y principios, que en los dos sexos los mas notables por
su belleza pasan asi su juventud, cometiendo sin pudor acciones que cu-
bririan de oprobio á las naciones mas salvages. Cuando una muger Earee
da á luz un hijo se le aplica á la nariz un pedazo de lienzo mojado que le
ahoga al momento» (3). Sobre lo que observa el capitan Cook: «que es
cierto que estas sociedades contribuyen mucho á evitar entre las clases
superiores del pueblo el aumento de la poblacion» (4). La exactitud de
esta observacion es indudable.

Entre las clases inferiores no se observan instituciones semejantes;
pero los vicios autorizados por los grandes, se difunden generalmente
entre el pueblo. El infanticidio no es esclusivo de los Earees: está permitido á todos igualmente; y como la opinion de las primeras clases ha
borrado la vergüenza, ya en lo que concierne al crimen, ya con relacion
á la declaracion de pobreza, es una costumbre á la que se recurre mas
bien por conformarse con el uso, que por el temor de la necesidad, es-

(1) Véanse los tres viages de Cook y el apéndice del de los misioneros.
(2) Anderson hizo el último viage de Cook en calidad de cirujano y
naturalista. Cook y todos los oficiales de la espedicion tenian la mas alta
opinion de sus talentos y de su exactitud, de suerte que su opinion debe
ser considerada de gran peso.
(3) Cook tercer viage. (4) Cook segundo viage.

tando establecido en estas islas de una manera general, sin reserva alguna, como una costumbre comun y familiar.

Con mucha oportunidad ha observado Hume (1) que generalmente el permiso del infanticidio contribuye á aumentar la poblacion en los paises donde se verifica. Alejando el temor de una numerosa familia anima al matrimonio, y el imperio de la ternura maternal hace recurrir solamente en el último apuro á este triste remedio. El establecimiento de las sociedades de Earees en Otahiti y las islas vecinas, es una escepcion á esta regla y quizá tiene una tendencia contraria.

Entre las clases ínfimas del pueblo reinan la prostitucion y los desórdenes; y aunque bajo este aspecto haya alguna exageracion en las narraciones de los viageros, no puede enteramente desecharse este testimonio. Cook tratando de escusar á las mugeres de Otahiti y restringir la imputacion demasiado general que se les hace de tener una vida licenciosa, conoce al mismo tiempo que son muchas las que tienen esta vida. Y con este motivo hace una gran observacion á saber: que las mugeres que se portan mal no pierden su rango en la sociedad y viven sin deshonra entre las mugeres virtuosas.

Por lo comun los matrimonios se hacen en Otahiti sin mas ceremonia que un presente ó regalo que ofrece el novio á los parientes de la esposa. De parte de estos es una especie de mercado en el que conceden el permiso de empezar una union con sus hijas, mas bien que un verdadero contrato de matrimonio. Si el padre cree que su hija no está bastante pagada, no tiene escrúpulo alguno en quitarla su primer marido para entregarla á otro mas generoso. El mismo cónyuge tiene libertad de hacer una nueva eleccion: si su muger llega á ser madre, puede matar al hijo y continuar viviendo con ella ó dejarla á su voluntad. Solo cuando se ha adoptado al hijo y se ha consentido en dejarle vivir, es cuando los contratantes se consideran ligados por los nudos del matrimonio. Y aun entonces puede el marido tomar otra esposa mas jóven que la primera. Y el separarse ó mudar de muger es entre ellos un acontecimiento tan natural que no les produce sensacion alguna (2). El libertinage anterior al matrimonio tampoco le perjudica en nada.

Semejantes costumbres serian un obstáculo á la poblacion, suficiente para compensar el efecto del clima mas delicioso y del suelo mas fértil. Pero aun hay otros obstáculos: la guerra, y aun á veces las discordias

(1) Ensayos. (2) Cook, primer viage.

civiles reinan entre los habitantes de las diferentes islas; y unas y otras son bastante destructoras (1). Ademas de los estragos en el campo de batalla, es preciso contar el saqueo que hace el vencedor en el territorio del enemigo. Coge los cerdos y las aves y les quita los medios de subsistencia. En 1767 y 1768 la isla de Otahiti abundaba en cerdos y en aves; en 1779 estos animales eran tan escasos que los que los tenian no se resolvian á venderlos. Cook atribuye esta escasez á las guerras que despues de la primera época habian asolado el pais (2). Cuando Vancouver volvió á Otahiti en 1791, muchos de los amigos que habia dejado en 1777 habian ya muerto. En este intervalo habian sobrevenido muchas guerras: los gefes de los distritos de Oeste se habian unido al enemigo: el rey habia sido depuesto y asolados sus estados. La mayor parte de los animales, de las plantas y pastos que el capitan Cook habia dejado, habian sido destruidos en estos robos.

Los sacrificios humanos usados en Otahiti, manifiestan claramente el estado de su barbarie, pero probablemente no son tan numerosos que disminuyan sensiblemente la poblacion. Las enfermedades que tenian estos pueblos antes que los europeos les visitasen eran muy benignas por lo general; y aun despues que el comercio de los europeos los ha entregado á males mas crueles, esta causa de destruccion no ha obrado con mucha violencia (3).

Los principales obstáculos que entre ellos detienen el aumento de la poblacion son al parecer, los vicios de la prostitucion, el infaticidio y la guerra: y cada uno de estos obstáculos obra con una fuerza irresistible. Sin embargo, cualquiera que sea la energía de estas causas para evitar la poblacion ó destruirla, no han bastado para mantenerla al nivel de las subsistencias. «A pesar de la fertilidad de esta isla, dice M. Anderson, sobreviene muchas veces un hambre, que segun se afirma, es causa de muchas muertes. Si esto es efecto de las guerras, de las malas estaciones, ó de un esceso inevitable de poblacion, es lo que no he podido determinar. Pero la parsimonia con que aun en tiempo de abundancia usan estos pueblos de los alimentos, atestigua la verdad de este hecho (4).» «En una comida con el gefe de Ulictea, dice Cook, que en el

_____

(1) Bougainville, viage al rededor del mundo, cap. 3.º. Cook primer viage. Viages de los misioneros.
(2) Cook, tercer viage.
(3) Cook, tercer viage.
(4) Cook, tercer viage.

momento que se levantaron los convidados, mucha gente del pueblo se
precipitó para coger las migajas que habían caido al suelo, y las busca-
ban entre las hojas con el mayor cuidado. Iban diariamente á los buques
personas que ofrecian sus servicios á los carniceros para que les diesen
las tripas de los cerdos muertos: y por lo general no hacian mejores comidas.» «Es preciso convenir, añade Cook, que tienen un particular cuidado con toda especie de provisiones de boca: y que no desperdician nada que pueda servirles de alimento, sobre todo la carne y el pescado» (1).

Segun la narracion de M. Anderson, la clase inferior del pueblo come
pocos animales, á no ser pescados, osos marinos, ó algunas otras producciones del Occéano: porque el cerdo le usan rara vez. Solo el rey ó el
gefe principal de la isla puede tenerle todos los dias en la mesa, porque
es un verdadero lujo. Las clases inferiores segun su riqueza, lo comen
una vez á la semana, cada quince dias, ó cada mes (2). Cuando escasean
los cerdos y las aves por efecto de la guerra ó de un gran consumo, se
prohibe usar estos alimentos: esta prohibicion dura algunos meses, á veces uno ó dos años, y en este tiempo se multiplican y hacen abundantes
estos animales (3). Las nueve décimas partes (4) de los Earees, es decir,
de los principales de la isla, se alimentan con vegetales, Pues como es
tan marcada la distincion de los rangos, y la vida y las propiedades de
las clases inferiores están en poder de los gefes, fácil será comprender
el que á veces estos esten en la abundancia mientras sus vasallos perecen de hambre.

Por las últimas descripciones sobre Otahiti, *del viage de los misione-*
ros, parece que despues del último viage de Cook, las causas de despoblacion ya enumeradas, han obrado estraordinariamente. Vanconver, que
ha visitado esta isla en una época intermedia, habla de una rápida sucesion de guerras destructoras. Los misioneros han observado que el número de mugeres es muy corto, (5) lo que hace creer que se han muerto mas niñas que anteriormente. No ha podido menos esta circunstancia de aumentar la prostitucion, que unida á las plagas de las enfermedades de Europa, ha atacado la poblacion en su origen (6). Es probable que Cook haya ponderado mucho el número de habitantes, y que los

(1) Cook, segundo viage. (2) Cook, tercer viage. (3) Idem.
(4) Idem. (5) Viage de los misioneros. (6) Idem, apéndice.

misioneros le hayan disminuido (1): pero yo creo que ha habido una disminucion real y considerable entre estas dos épocas de observacion: lo
que se prueba con la diferencia en las costumbres de estos pueblos relativamente á la economía de los comestibles. Cook y Anderson convienen en que tienen una gran parsimonia en toda clase de víveres: y M. Anderson, que ha hecho muchas observaciones sobre este punto, nos habla
muchas veces de hambres contínuas. Al contrario los misioneros, admirados de la angustia que por esto esperimentan las islas de los Amigos
y las Marquesas, hablan de Otahiti como gozando de la mayor abundancia: y observan que á pesar de la profusion de festines que hay en la sociedad de Earees, se siente mas la necesidad en esta isla.

De aquí puede concluirse, que en la época actual, la poblacion de Otahiti está bajo el nivel de las subsistencias: aunque no debe creerse que
permanezca asi por mucho tiempo. Los cambios que Cook ha observado
en esta isla, en sus diferentes visitas, prueban que su prosperidad y su
poblacion están sujetas á notables oscilaciones (2). Y esto es precisamente lo que debe manifestarnos la teoría. En ninguna época la poblacion de
estas islas ha debido estar estacionaria, ó crecer lentamente en una série
regular; pues ha debido esperimentar grandes mutaciones. Siempre el esceso de poblacion, sostiene entre los salvages, la aficion á guerra. Las
agresiones suscitan los ódios, de donde nacen las desvastaciones que duran y se propagan aun despues que ha cesado la causa primera que las
produjo (3). La aflicion causada por una ó dos malas cosechas, obrando
sobre una poblacion hacinada y reducida á una escesiva economía, y haciendo sentir con dureza la mayor necesidad, ha debido producir el in-
fanticio y la prostitucion en una sociedad imperfecta (4). Y estas causas
de despoblacion debieron de obrar con mayor fuerza aun despues de la
calamidad que las habia producido una mudanza de costumbres conforme al cambio gradual de circunstancias debería naturalmente restablecer muy pronto la poblacion á su antiguo nivel, de suerte que no

(1) Viage de los misioneros, apéndice.
(2) Cook, segundo viage.
(3) Viage de los misioneros.
(4) Al indicar las causas que han podido naturalmente limitar una
poblacion superabundante, creo que no se tergiversarán mis intenciones,
ni se supondrá que pretendo justificar en lo mas mínimo tales acciones,
porque haga notar sus efectos. Una causa cualquiera puede muy bien evitar un mal particular, y ser quizá sin comparacion peor que el mal
que sana. (*Nota del autor*).

pudiese reprimirse sino con mucha dificultad, y aun por medios violentos. ¿Hasta qué punto debieron producir este efecto las relaciones de Otahiti con los europeos? Solo la esperiencia nos lo podrá enseñar. Si por resultado final viésemos que estos lazos contenian á la poblacion en sus justos límites, estoy persuadido que examinando como obraban para reprimirla, se conocería que era por medio de un aumento de vicio y de miseria.

Menos conocidas son las otras islas del mar Pacífico; pero por lo que sabemos, es cierto que el estado social de los principales grupos de islas es muy parecido al que se observa en Otahiti. En las islas de los Amigos y Sandwich, se encuentra el mismo sistema feudal, las mismas turbulencias, el mismo despotismo de los gefes, la misma degradacion de los súbditos, y casi las mismas costumbres de libertinage y prostitucion.

En el archipiélago de los Amigos, aunque el rey ejerza al parecer un poder absoluto, aunque se dice que la vida y la propiedad de sus súbditos están á su disposicion, sin embargo, los gefes superiores proceden como soberanos, contrarian los designios del rey, y le dan frecuentes motivos de quejas. «Pero, dice Cook, cualquiera que sea la independencia de los grandes, tenemos bastantes pruebas de las servidumbres del pueblo, y es muy cierto que las clases inferiores no tienen mas propiedad ni seguridad, que la que á cada individuo quiere conceder su gefe» (1). Este trata al pueblo sin compasion (2): cuando se les sorprende cometiendo un robo en las naves, sus dueños, en vez de interceder por ellos, aconsejaban que los maten (3). Porque como los mismos gefes no escrupulizan mucho el hurto, se infiere que tampoco deben dar mucho aprecio á la vida de sus súbditos.

Cook en su primer viage á las islas Sandwich creyó, y con razon, que las guerras esteriores y las conmociones intestinas eran muy frecuentes (4). Vancouver que las ha visitado mas recientemente, ha visto los vestigios de las devastaciones producidas por estas causas. Las discordias civiles habian trastornado los gobiernos que existian en la época del viage de Cook. De todos los gefes que habia este conocido solo vivia uno: y los informes que tomó Vancouver le manifestaron que muy pocos habian perecido de muerte natural: la mayor parte habian

(1) Cook, tercer viage. (2) Idem. (3) Idem. (4) Idem.

sido presa de sus funestas disensiones. El poder de los gefes sobre las clases inferiores del pueblo en las islas Sandwich es absoluto: el pueblo les obedece servilmente, y este estado de degradacion influye mucho en su espíritu y en su cuerpo (1). Las diferencias del rango son aun mas marcadas que en las otras islas: y los gefes superiores tratan á los inferiores del modo mas altanero y opresivo (2).

No se sabe si en el archipiélago de los Amigos y en las islas Sandwich está en práctica el infanticidio, ni si existen sociedades parecidas á los Earees de Otahiti: pero hay pruebas indudables de la prostitucion de las mugeres del pueblo (3), y esto solo es un gran obstáculo á la poblacion. Es muy probable que de los *Toutous* ó siervos que emplean la mayor parte de su vida en seguir á sus gefes (4) se casen pocos. Y la poligamia permitida á las clases elevadas no puede menos de animar y aumentar la prostitucion en las inferiores.

Supongamos fuese cierto que en las islas mas fértiles de este Océano se sienta poco la necesidad. Como razonablemente no puede creerse que reine entre estos salvages, sobre todo en estos climas, el freno moral y virtuoso, la naturaleza de las cosas nos obligaria á creer que el vicio y la guerra bastaba para reprimir la poblacion. Todas las narraciones confirman esto mismo: en los tres principales grupos de las islas que acabamos de mencionar, el vicio es el obstáculo dominante. En la isla de las Pascuas, se ha observado una gran desproporcion en el número de habitantes de los dos sexos (5). Esto manifiesta sin otras pruebas, la existencia del infanticidio. La Perouse cree que las mugeres pertenecen en comun al distrito que habitan: bien que el número de niños contradice esta opinion. La poblacion de esta isla debe haber sufrido grandes oscilaciones desde la época de su descubrimiento por Roggewyn en 1722, aunque no hayan podido influir mucho sus uniones con los europeos. Cuando la visitó La Perouse, ya parece que se reanimaba su poblacion, que se habia debilitado mucho, ya por las sequías, ya por las guerras intestinas, ya por el infanticidio y la prostitucion. Cook en su segundo viage no la graduaba sino de seis á setecientas almas; La Perouse la hizo subir hasta dos mil: y por los muchos niños que vió, como por las casas que se construian, juzgó que la poblacion se aumentaba.

(1) Cook, tercer viage. (2) Idem.
(3) Idem viage de los misioneros. (4) Idem.
(5) Cook, segundo viage de La Perouse.

En las islas Marianas, segun el P. Gobien, una infinidad de jóvenes no se casan, viven como los individuos de las sociedades Earees de Otahiti, y se distinguen con un nombre muy semejante. Se dice que en la isla Formosa no se permite que las mugeres sean madres antes de los treinta y cinco años. Si están en cinta antes de esta época, las hace abortar la sacerdotisa; y hasta que el marido llega á los cuarenta años, su muger continúa viviendo con sus padres, y no puede verla sino á hurtadillas (1).

Las visitas muy de corrida hechas en otras islas, y las narraciones imperfectas que nos han trasmitido, no nos permiten entrar en grandes detalles sobre sus costumbres. Pero la conformidad de las ya observadas hace ver que aunque no haya habido ocasion de notar los mismos crímenes, á la guerra y á los vicios relativos al comercio entre los dos sexos, es preciso atribuir principalmente la disminucion de la poblacion que impide la multiplicacion indefinida de la especie.

Tambien conviene añadir, que debe desconfiarse un poco de esos cuadros risueños de la felicidad y de la abundancia que imaginamos reina en todas las islas del mar del Sur. En la misma Otahiti es muy comun la escasez: ya lo habia observado Cook en su último viage: y recientemente los misioneros afirman, que en ciertas épocas del año en que no hay frutos, es muy grande y sensible la necesidad. En Oheltaboo, una de las islas Marquesas, le necesidad se convertia en hambre y se estendia hasta á los animales: en Tongataboo, la isla mas considerable del archipiélago de los Amigos, los gefes, para mantener la abundancia, cambian de do-

(1) Hami s Collection es voyages. Esta relacion es de J. Albert de Mandesloe, viagero aleman, que pasa por muy verídico: pero en este particular, presumo que habla por los escritos holandeses citados por Montesquieu (Esp. de las leyes, lib. 23, cap. 17). Esta autoridad no es suficiente para admitir como cierto una costumbre tan estraña: confieso sin embargo, que no encuentro el hecho absolutamente imposible. Por la misma narracion se ve que entre estos pueblos no se conoce la desigualdad de condiciones, y que las guerras son tan poco sangrientes, que basta para terminarlas la muerte de una persona. En un clima muy saludable, donde las costumbres son favorables á la poblacion, y donde está establecida la comunion de bienes, no teniendo nadie la pobreza personal que arruina muchas veces á una familia numerosa, se ha visto el gobierno obligado á ocuparse en contener directamente la poblacion por una ley espresa. Como esta es sin duda la violacion mas repugnante de los sentimientos naturales, podrian de aqui deducirse poderosos argumentos contra la comunion de bienes.

micilio y se retiran á otras islas (1). Los naturales sufren muchas veces la escasez de subsistencia (2): las islas Sandwich padecen muchas sequías (3): escasean mucho los cerdos y las batatas, y los viageros (4) son recibidos con mucha frialdad, bien distinto por cierto de la hospitalidad de los Otahitienses. En la Nueva Caledonia sus habitantes se alimentan con arañas (5): y á veces tienen que comer pedazos de *galoxia* (6) para apaciguar el hambre que los devora (7).

Estos hechos prueban tambien que por mucha que sea la abundancia que reina en estas islas en algunas épocas, y por mas obstáculos que la guerra, la ignorancia y otras causas opongan á su poblacion, esta, en general, se nivela mucho con los medios de subsistencia. En un estado de sociedad en que la vida de los súbditos nada es para sus gefes, nos esponemos á cometer grandes errores en el juicio que formemos de la abundancia en que viven. Los propietarios pueden entregar sus cerdos y vegetales á los comerciantes de Europa, aun cuando sus vasallos y esclavos perezcan de necesidad.

No quiero concluir esto sin observar que la vida salvage no tiene en realidad mas ventaja sobre la vida civilizada que la de estar el pueblo mas ocioso. Hay menos que hacer, y por consiguiente se trabaja menos. Cuando se reflexiona la tarea penosa á que están condenados en una sociedad civilizada las clases ínfimas del pueblo, es preciso conocer que bajo este aspecto no pueden quejarse los salvages; pero esta ventaja está compensada con otros goces que tienen los pueblos civilizados. Donde abundan las subsistencias, reina en sus hordas una desigualdad tiránica. Los ataques y violaciones de la propiedad son cosas comunes y establecidas por un uso que tiene fuerza de ley. Las clases ínfimas están en un estado de degradacion, que no hay con que compararle entre los pueblos civilizados. Si viven en una perfecta igualdad, la dificultad de procurarse alimento, y las fatigas contínuas de la guerra, someten al hombre á trabajos no menos penosos, aunque no repartidos con tanta desigualdad, que los que sufren las últimas clases de la sociedad en las naciones civilizadas.

Pero si en algo se asemejan sus trabajos, no sucede lo mismo con sus privaciones y sufrimientos. Nada manifiesta mas esta verdad, que la

(1) Viage de los misioneros. Apéndice. (2) Idem. (3) Vancouver. (4) Idem. (5) La Perouse. (6) Especie de greda que disuelta en agua forma espuma como el jabon. (*Nota de los Traductores*). (7) La Perouse.

educacion de los salvages americanos. Alli se emplea todo lo que puede inspirar la paciencia en los tormentos, endurecer el corazon y ahogar la compasion. Al contrario, el hombre civilizado se dedica á adquirir desde la infancia la fuerza necesaria para sobrellevar los males que de tiempo en tiempo nos afligen, pero no exige que los sufra toda su vida: tiene que unir otras virtudes á esta especie de valor y de fuerza de alma. Si sienten los males que los demas sufren, si los comparte aun con su enemigo, da vuelo á todas las afecciones sociales, y estiende la esfera de los sentimientos y emociones agradables. Puede deducirse de estos dos géneros de educacion, opuestos por su objeto y por los medios empleados para conseguirlo, que el hombre civilizado tiene esperanza de gozar, y el salvage únicamente de sufrir.

El sistema de disciplina adoptado por los Lacedemonios, ese olvido de los sentimientos naturales, que ha sido objeto muchas veces de una vana admiracion, no ha podido existir sino en un pueblo espuesto sin cesar á las privaciones que impone la guerra; y amenazado continuamente de crueles desgracias. Esta disposicion no creo que indique mucha fuerza de alma natural ó de verdadero patriotismo. Prueba solo un estado de miseria ó de costumbres salvages, como presentaria Esparta y toda la antigua Grecia, no habiendo llegado al mas alto grado de civilizacion. Las virtudes salvages, como las mercaderías de comercio, vienen en mayor abundancia, alli donde hay mas necesidad ó mayor demanda. Cuando con tanto ardor se recomienda al sufrimiento, la indiferencia á los trabajos y privaciones y los sacrificios mas estravagantes, hay que augurar mal de la dicha de un pueblo, y de la seguridad del Estado.

CAPITULO VI.

Obstáculos á la poblacion entre los antiguos habitantes del Norte de Europa.

La historia de las primeras emigraciones, y de las primeras sociedades de los hombres, asi como los motivos que las han producido, arrojará mucha claridad en este asunto, y hará ver de un modo sorprendente esta tendencia contínua de nuestra especie á aumentarse mas que los medios de subsistencia. Sin la influencia de esta ley, no podria comprenderse que se hubiera poblado la tierra: el estado natural del hombre, no es un estado de actividad, sino de pereza y de reposo. Se ha necesitado para hacerle salir de él nada menos que el aguijon de la necesidad: aunque despues la costumbre y las asociaciones de ideas hayan mantenido el espíritu de empresa, y le hayan aficionado á los combates y á la pasion de la gloria.

Sabemos que Abraham y Lot tenian tantos rebaños, que la tierra en donde vivian no podia mantenerlos. Suscitáronse disputas entre los pastores: Abraham propuso á Lot separarse, y le dijo: ¿No está á tu disposicion todo el pais? Si quieres ir hácia la izquierda, yo tomaré la derecha: si eliges la derecha, yo iré á la izquierda (1).

Esta simple propuesta es un ejemplo bien claro de la accion de este principio que tiende á esparcir la poblacion por toda la superficie de la tierra, y que en la série de los tiempos ha obligado á buscar á los mas infelices de estos habitantes en los desiertos calorosos del Asia y Africa, ó en las frias regiones de la Siberia y del Norte de América, los débiles medios de subsistencia que les faltan. Los primeros emigrados no encontrarian otros obstáculos que los que podian nacer de la naturaleza del pais que iban á habitar: pero cuando la tierra estuviese en gran parte poblada, aunque esta poblacion fuese imperfecta, los poseedores de cada distrito no la abandonarian impunemente á los recien venidos, y los que ocupaban las partes del centro se verian obligados á desalojarlos á viva fuerza ó á impedirles el paso: origen de discordias, de guerras siempre continuas.

Parece que las latitudes medias de Europa y Asia, han estado de muy antiguo ocupadas por pueblos pastores. Y segun la opinion de Tucídides, en aquel tiempo los estados civilizados de Europa no hubieran podido resistir á las fuerzas reunidas de los Scytas. Sin embargo, es imposible que un pais inculto alimentase tantos habitantes como si las tierras estuviesen cultivadas. Una de las cosas que hacen tan temibles á los pueblos pastores, es la facilidad de moverse en masa, y que se ven precisados á practicar para mudar de pastos: porque una tribu, rica en rebaños, abunda en subsistencias, y puede en caso de necesidad comer ademas de las crias, las reses, que son su capital. Y como las mugeres en estas naciones viven mejor que en los pueblos cazadores, son por consiguiente mas fecundas. Los hombres, confiados en sus fuerzas y en la facilidad de proveer á sus necesidades renovando sus pastos, temen poco la carga de una familia, y todas estas causas reunidas no pueden menos de producir un gran aumento de poblacion. Sobre todo, en los pueblos pastores debe sentirse mucho la necesidad de salir de los límites del

_____

(1) Génesis, cap. 13, vers. 9.

país, y que las emigraciones sean muy frecuentes. Ocupan un vasto territorio: los que se ven molestados por el hambre forman colonias nuevas y pueblan insensiblemente las regiones desiertas mas cercanas: y muy pronto animados de un nuevo ardor atacan y desalojan á los pueblos pacíficos. Impulsados por el estado penoso á que los reduce una poblacion escesiva, llenos de esperanzas, ávidos de fortuna, estos belicosos aventureros, deben sembrar el espanto entre las naciones dedicadas al cultivo; y que fijas en sus moradas han adquirido gustos y costumbres enteramente opuestos. O si chocan entre sí para desposeerse mútuamente de los lugares que habitan, pues es cuestion de vida ó muerte, esta lucha se cambia en una guerra de esterminio.

De este modo han sido destruidas varias tribus: aunque tambien muchas han perecido por el hambre ó por los males que llevan consigo estas empresas. Otras mas felices han logrado formar nuevos establecimientos, que han sido despues centro de otros enjambres. Sin duda que estas colonias estarán algun tiempo fieles á su metrópoli; pero despues se debilitarán sus lazos, y segun sus intereses ó circunstancias, así formarán naciones amigas ó enemigas.

La inmensa pérdida de hombres que producia esta lucha, nacida de la necesidad de lugar y alimento, estaba mas que compensada por la fuerza del principio de la poblacion, que en medio de esta costumbre constante de emigracion, podia ejercer libremente su influencia. La esperanza de mejorar su estado, la perspectiva del pillage, la facultad en último recurso de vender sus hijos como esclavos, se unian á la indolencia natural de los pueblos casi salvages, para aumentar la poblacion que la guerra y el hambre en seguida venian á reducir á sus justos límites.

Las tribus que tenian un suelo fértil, aunque no pudiesen ocuparle y mantenerse sino á fuerza de combates, no dejaban de multiplicarse en proporcion de sus medios de subsistencia: de tal modo que toda la parte del globo que se estiende desde los últimos confines de la China hasta las riberas del mar Báltico, ha estado poblada por esa raza de bárbaros, valientes, robustos, emprendedores, acostumbrados á los trabajos mas duros, y que la guerra era sus delicias (1). Por esto, despues

(1) Las diversas ramificaciones, las divisiones, y las guerras de esta gran nacion tártara, estan sábiamente descritas en la historia genealógica de los tártaros, por el Can Abul Ghazzi. Pero en esta historia como en las otras se hallan bien espuestas y algunas veces demasiado en detalle las causas de algunos príncipes ó gefes en sus proyectos ambiciosos; y desgraciadamente no se encuentran aquellas que han obligado á tantos hombres á seguirlos y á alistarse voluntariamente bajo sus banderas.

que los diversos gobiernos estables en Europa y Asia han sido capaces
por su número y destreza de oponer una barrera á esas hordas destructoras, se han visto condenadas á consumir en sus mútuas discordias la
poblacion escedente. Pero cuando la debilidad de los gobiernos estables
ó la fuerza de algunas hordas errantes y muy unidas, cambió estas relaciones, la tempestad descargó sobre las provincias mas bellas del universo. La China, la Persia, el Egipto y la Italia, han estado en diferentes épocas sumergidas por este diluvio de bárbaros.

La caida del imperio Romano es un ejemplo bien conocido que confirma y esclarece lo que acabamos de referir. Por mucho tiempo los pueblos pastores de la Europa Septentrional fueron contenidos por la fuerza
de las armas y el terror del nombre romano. La formidable irrupcion de
los cimbros, señalada con la destruccion de cinco ejércitos consulares,
fue detenida en fin, en su victoriosa carrera por Mario; y los bárbaros se
vieron obligados por el completo esterminio de esta poderosa colonia á
poner freno á su temeridad (1). Los nombres de Julio César, de Druso,
de Tiberio y de Germánico, grabados en su memoria con caracteres de
sangre, mantuvieron entre ellos el temor de pasar el límite del territorio
del imperio: pero Roma triunfó de ellos sin vencerlos (2). Sus ejércitos
fueron destrozados, sus colonias destruidas ú obligadas á replegarse á sus
domicilios; pero no por eso se abatió el vigor de los germanos: y esta
nacion indomable estuvo siempre dispuesta á emprender nuevas guerras.
La debilidad de los reinados de Décio, Galo, Emilio, Valeriano y Galeno,
abrió el imperio á los bárbaros. Los godos, que segun se cree en pocos
años se habian estendido desde la Escandinavia á las orillas del Ponto-
Euxino, seducidos por el atractivo de un tributo anual, consintieron en
retirar sus tropas victoriosas. Mas apenas se conoció el secreto de la debilidad y riquezas de los romanos, cuando nuevos enjambres salidos del
Norte vinieron á ejercer sus rapiñas en las fronteras del imperio, y llevaron el terror hasta las puertas de Roma (3). Los francos, los alemanes, los godos, y otras tribus menos considerables comprendidas bajo
esta denominacion, se arrojaron como un torrente y dirigieron sus ataques
á diversos puntos. Sus latrocinios y rapiñas destruyeron las cosechas y
los medios de preparar las del año siguiente. Una hambre general que
duró mucho tiempo, siguió á una peste que por espacio de quince años

---

(1) Tácito, de moribus germanorum.
(2) Tácito, de moribus germanorum.
(3) Gibbon, historia de la decadencia y caida del imperio Romano.

despobló las ciudades y provincias romanas. Si se juzga por algunas pérdidas locales, puede decirse con razon que la mitad de la especie humana pereció por los tres azotes reunidos de la peste, la guerra, y el hambre (1). Entre tanto, oleadas de bárbaros continuaron esparciéndose por estas desiertas provincias, y los valientes sucesores de los débiles emperadores que he nombrado, tuvieron que sostener trabajos (comparables con los de Hércules) para resistir el choque de esas hordas impetuosas y retardar la caida del Imperio. En el año 250 y siguientes, los godos renovaron sus desolaciones por mar y tierra, con éxitos varios, y acabaron por perder casi todos sus ejércitos aventureros (2), pero esto no impidió que en el año 269 dejára salir de su seno un pueblo inmenso de emigrados: hombres, mugeres y niños, buscando un sitio donde establecerse (3). Este cuerpo formidable, compuesto en un principio de trescientos veinte mil (4) bárbaros fue por último destruido y dispersado por la prudencia y vigor de Claudio: su sucesor Aurelio detuvo y batió nuevas tropas de la misma especie que salian de la Ukrania: estableciendo la paz con la condicion, de retirarse los ejércitos romanos de la Dacia y ceder esta gran provincia á los godos y á los vándalos (5). Poco despues una nueva invasion de los alemanes amenazó la capital del universo, necesitando conseguir Aurelio tres grandes y sangrientas victorias para libertar á Italia y esterminar aquellos bárbaros (6).

La firmeza de Aurelio contrarió por todas partes esta clase de empresas, que si bien despues de su muerte parecian renacer con un nuevo furor, encontraron un fuerte obstáculo en la actividad de Probo. Solo para librar la Galia de los germanos que la habian invadido, fue preciso, segun se asegura, sacrificar unos cuatro cientos mil bárbaros (7). Aprovechándose de estas ventajas el emperador victorioso, penetró en la germania: los gefes de esta comarca atemorizados con su presencia, desanimados y abatidos por el mal éxito de la emigracion que habian intentado, se sometieron á las condiciones que Probo quiso imponerles (8). Este emperador y despues Diocleciano (9), adoptaron el sistema de volver á poblar las provincias asoladas del Imperio, cediendo sus tierras á los bárbaros prisioneros ó fugitivos, colocando de este modo esta poblacion escesiva donde no pudiese hacer daño; pero estas colonias no fueron

(1) Gibbon, historia de la decadencia y caida del imperio romano.
(2) Idem. (3) Idem. (4) Idem. (5) Idem año 270. (6) Idem.
(7) Idem. (8) Idem año 277. (9) Idem año 296.

suficientes para servir de asilo á la población superabundante del Norte.
La fogosidad de los bárbaros, siempre indómitos, sacudió mas de una vez
el yugo y no consintió en someterse á los trabajos tranquilos de la agricultura (1). El reinado fuerte de Diocleciano contuvo entretanto á estos
pueblos y los obligó á respetar las fronteras del Imperio. Encerrados en
sus propios límites, los godos, los vándalos, los borgoñones y los alemanes, volvieron contra ellos su actividad, y se batieron constantemente entre sí, dejando gozar á las provincias romanas de una paz duradera, y ofreciéndolas un sangriento espectáculo, cuyo éxito, cualquiera
que fuere, los deshacia de un terrible enemigo (2).

Bajo el reinado de Constantino, empezaron los godos á hacerse temer. Una larga paz habia renovado sus fuerzas y la nueva generacion
habia olvidado ya los desastres que habia sufrido la anterior (3). Un
gran número pereció en dos guerras sucesivas; y vencidos por todas
partes se refugiaron á las montañas; habiendo segun se cree, en una
sola campaña perecido mas de cien mil de frio y de hambre (4). Constantino siguió el plan que Probo y sus sucesores habian adoptado: con-
cedió tierras á los bárbaros que arrojados de su propio pais vinieron hu-
mildemente á pedírselas. Al fin de su reinado asignó en las provincias
de Pannonia, de Thracia, Macedonia é Italia, lo necesario para el establecimiento y subsistencia de un cuerpo de trescientos mil Sármatas (5).

El valor de Juliano tuvo aun que luchar contra nuevos ejércitos de
francos y alemanes. Estos pueblos á favor de las guerras civiles que tur-
baron el reinado de Constantino, salieron de los bosques de la Germania,
para esparcirse por la Galia, donde sus devastaciones fueron mucho mas
allá que sus conquistas (6); pero derrotados y repelidos por todas partes,
fueron perseguidos hasta su patria en cinco campañas sucesivas (7). Juliano no tuvo mas que presentarse para vencer; y aun en la Germania,
en el seno de esa colmena, cuyos numerosos enjambres habian sido por
tanto tiempo el terror del universo, los mayores obstáculos que encontró
fueron los caminos impracticables y las vastas selvas desiertas (8).

Subyugada asi y abatida por las armas victoriosas de Juliano, esta
hidra presentó en pocos años nuevas cabezas. Fue preciso nada menos
que el génio de Valentiniano, su valor y vigilancia, para proteger á los

---

(1) Gibbon, historia de la decadencia y caida del imperio romano.
(2) Idem. (3) Idem año 332. (4) Idem año 332. (5) Idem.
(6) Idem año 356. (7) Idem del año 357 al 359. (8) Idem.

pueblos sometidos á su dominación contra las diversas irrupciones de los alemanes, borgoñones, sajones, godos, y sármatas (1).

Por último, se decidió la suerte de Roma por una irresistible emigracion de hunos, que viniendo del Este y del Norte, precipitó sobre el imperio la masa entera de los godos (2). Oprimiendo este peso enorme las naciones de la Germania, las obligó, segun se cree, á ceder sus selvas y sus tierras pantanosas á los fugitivos de la Sarmacia, ó al menos á esparcir su poblacion escedente por las provincias romanas (3). Cuatrocientos mil emigrados salieron de las mismas costas del Báltico, que en tiempo de la República habian mantenido aquellas innumerables armadas de cimbros y de teutones, y que costó tanto resistirlas (4). A esta tropa emprendedora, destruida por la guerra y el hambre, le sucedieron otras: los suevos, los vándalos, los alanos, los borgoñones, pasaron por última vez el Rhin (5): los primeros conquistadores fueron echados ó destruidos por los que les sucedieron; pero acumulándose nubes de bárbaros en la parte Septentrional de nuestro hemisferio, y derramando el terror y el espanto, se esparcieron por el bello cielo de la Italia, sumergiendo al Occidente en la mayor oscuridad.

Dos siglos despues que los godos pasaron el Danubio, se habian apoderado de la Tracia, la Pannonia, la Galia, la Bretaña, la España, Africa é Italia, los bárbaros de diferentes nombres (6). A sus rápidas conquistas acompañaron horribles devastaciones é increible destruccion de la especie humana, y el hambre y la peste, consecuencia de estas guerras furiosas, asolaron la Europa entera. Los historiadores de aquel tiempo, testigos de estas escenas de desolacion, no encuentran espresiones para describirlas; pero á falta de voces, los hechos y los trastornos ocurridos en esta parte del mundo, pueden dárnoslo á concebir (7). Tantas catástrofes, esos males tan largos y profundamente sentidos en los paises mas hermosos de la tierra, esos trastornos, esos grandes fenómenos que nos sorprenden y maravillan, pueden atribuirse á una causa muy sencilla, el esceso de la poblacion sobre los medios de subsistencias.

Asi lo indica Maquiavelo al principio de su Historia de Florencia. «Los pueblos que habitan la parte Septentrional entre el Rhin y el Danubio, viviendo en un clima sano y favorable á la multiplicacion de la especie,

---

(1) Gibbon, historia de la decadencia y caida del imperio romano, años 364—345. (2) Idem año 376. (3) Idem. (4) Idem año 406. (5) Gibbon. (6) Robertson, historia de Carlos V. (7) Idem.

se aumentan á veces hasta el punto de verse precisados á dejar á bandadas numerosas su pais natal, para buscar nuevas habitaciones. Hé aquí lo que se hace en estas provincias cuando estan muy pobladas y quieren aliviarse de la carga que las oprime. Empiezan por dividir la nacion entera en tres porciones, entre las que se reparte igualmente la nobleza y el pueblo, los pobres y los ricos. En seguida echan suertes y la que le toca, sale del pais para buscar fortuna, dejando á las otras dos mas anchas y en libertad de poder vivir cómodamente. Estas emigraciones causaron la caida del Imperio Romano» (1). Gibbon supone que Maquiavelo representó estas espediciones organizadas mas regularmente (2) de lo que en realidad eran; pero me parece que esta descripcion es bastante fiel; siendo de presumir que á consecuencia de estas disposiciones preventivas habian prohibido los germanos por una ley espresa, de que hacen mencion César y Tácito, que las tierras cultivadas las poseyesen mas de un año los mismos propietarios (3). Las razones que en esta ley alega César al parecer son insuficientes; pero si á esto se añade la perspectiva de una emigracion bien ordenada, segun las formas descritas por Maquiavelo, la ley aparece justificada plenamente, adquiriendo una de las razones dadas por César, mucha mayor fuerza. Esta razon es el temor que tenian estos pueblos de que algunos de sus moradores, viviendo mucho tiempo en el mismo suelo, acabasen por trocar los trabajos de la guerra con los de la agricultura (4).

Gibbon acorde en esto con Hume y Roberston, rechaza fundadamente la suposicion tan poco probable de que los habitantes del Norte de Europa fuesen en dicha época mas numerosos que en el dia (5); pero al mismo tiempo niega la gran tendencia de aumentarse en estas naciones septentrionales; como si estos dos hechos estuviesen necesariamente ligados. Sin embargo, es menester hacer siempre la distincion que hay entre una poblacion escesiva y una gran poblacion. Las montañas de Escocia no estan probablemente menos sobrecargadas de un esceso de poblacion que el resto de la Gran Bretaña. Seria ciertamente un absurdo manifiesto sostener que el Norte de Europa, cubierto en otro tiempo de selvas y habitado por una raza de pastores que vivian principal-

---

(1) Maquiavelo, hist. de Florencia.
(2) Gibbon.
(3) De Bello Gallico VI. De moribus germanorum.
(4) De Bello Gallico VI.
(5) Gibbon.

mente del producto de sus rebaños (1), estuviese entonces mas poblada que lo está en la actualidad. Por los hechos que en la historia de la decadencia del Imperio Romano se refieren circunstanciadamente, y el simple bosquejo que acabo de trazar, reconocemos sin dificultad entre estos pueblos la tendencia manifiesta á aumentarse y una gran facilidad en reparar las pérdidas que esperimentaba su poblacion.

Desde la primera irrupcion de los cimbros, hasta la ruina final del Imperio de Occidente, no cesaron jamás los esfuerzos de las naciones germanas para fundar colonias y ejercer el pillage á su alrededor (2). El número de los que perecieron durante este periodo por la guerra y el hambre, es casi incalculable, de manera que no puede concebirse cómo una nacion tan poco poblada haya sufrido tales pérdidas, á no ser que las hubiera reparado un poder superior.

Describiendo Gibbon los esfuerzos de Valentiniano para asegurar la frontera de la Galia contra las irrupciones de los bárbaros, dice: «Los germanos eran un enemigo cuyas fuerzas se renovaban constantemente por el agregado de intrépidos voluntarios que salian de las regiones mas recónditas del Norte (3). Una fácil adopcion de estrangeros era probablemente, añadia, el método empleado por algunas naciones de la Germania para reponerse en breve despues de sangrientas derrotas (4). Pero con esta esplicacion no hace mas que aplazar la dificultad: colocando sobre la tierra una tortuga sin decirnos sobre qué descansa. ¿Cuál era esa inagotable reserva del Norte, de donde salian sin cesar esas turbas de intrépidos guerreros? Conceptúo tambien inadmisible la solucion que da Montesquieu á este gran problema. «Estos enjambres de bárbaros que salieron en otro tiempo del Norte, no existen en el dia. Las violencias de los romanos habian hecho retirar los pueblos del Mediodia al Norte: mientras subsistió la fuerza que los contenia, permanecieron allí: cuando esta se debilitó se esparcieron por todas partes.»

»Lo mismo sucedió algunos siglos despues. Las conquistas de Carlomagno y sus tiranías obligaron á replegarse por segunda vez los pueblos del Mediodía al Norte: en el momento que decayó este imperio, volvieron otra vez del Norte al Mediodía. Y si en la actualidad cometiese

(1) Tácito, *de moribus germanorum*, César, *de Bello Gallico*.
(2) César encontró en la Galia una colonia formidable, cuyo gefe era Ariovisto, y manifestó tambien el temor general de ver en pocos años pasar el Rhin á todos los germanos. *De Bello Gallico*. (*Nota del autor*.)
(3) Gibbon. (4) Idem.

un príncipe en Europa semejantes violencias, las naciones rechazadas al Norte, *apoyadas en los límites del universo*, estarían seguras hasta el momento que inundasen y conquistasen la Europa por tercera vez.» En una nota manifiesta el autor á qué se reduce la famosa cuestion. *¿Por qué el Norte no está tan poblado como en otro tiempo?»* (1)

La solucion que se da á esta pregunta se funda en un verdadero milagro. Porque á no suponerse algun medio sobrenatural de subsistencias. ¿cómo estas naciones acumuladas en regiones estériles han podido vivir tanto cuanto duró el imperio Romano? Esto no es fácil de concebir, y si imposible dejar de reirse al considerar esas nubes de hombres deteniéndose valerosamente en los límites del universo, y viviendo (sin duda de aire y hielo) por muchos siglos, hasta poder regresar á sus paises para encontrar un alimento mas sustancioso.

Toda la dificultad desaparece, si aplicamos á las naciones de la antigua Germania un hecho observado en América y conocido generalmente; quiero decir, si suponemos que cuando no lo impiden la guerra y el hambre, crece la poblacion hasta el punto de doblar en 25 ó 30 años. La conveniencia ó necesidad de esta aplicacion resulta de los cuadros de costumbres germanas trazados por Tácito. Dícenos que estos pueblos no moraban en las ciudades, y que sus casas estaban aisladas (2), cuya precaucion no solo les ponia al abrigo de los incendios, sino que les libraba de la plaga de las epidemias. Solamente tenia cada hombre una muger: costumbre bastante general, siendo los lazos del matrimonio muy respetados, y en este particular sus costumbres puras y dignas de elogio (3). La castidad de que se precian no está espuesta á las seducciones de los espectáculos y los festines: el adulterio es muy raro, la prostitucion no se tolera: la hermosura, la juventud, ni la fortuna la disculpan, porque allí no se lisongea el vicio, ni el arte de seducir es de gran tono.

El infanticidio y la esposicion de los niños son acciones infames; siendo mas fuertes en estos pueblos las costumbres, que las leyes en otras partes (4); cada madre cria á sus hijos, y no los entrega á nodrizas ó esclavas; los jóvenes de ambos sexos no son afeminados, ni gustan de vergonzosos placeres. Casándose á la edad permitida, sus hijos son como ellos fuertes y robustos: cuanto mas estensa es la familia, mas feliz es la ancianidad y no hay que temer que carezcan de sucesion (5).

---

(1) Poder y decadencia de los romanos.
(2) Tácito, *de moribus germanorum.*
(3) Idem. (4) Idem. (5) Idem.

Costumbres tan favorables á la poblacion, unidas á ese espíritu aventurero y de emigracion tan propios para desviar el temor de la necesidad, presentan la imágen de una sociedad dotada de un principio de acrecentamiento irresistible. Y hé aqui el orígen inagotable de esos ejércitos y esas colonias cuyo choque tuvo que sostener el Imperio Romano, y bajo el que sucumbió. Muy probable es que en algun tiempo la poblacion de la Germania haya tenido dos periodos seguidos de doble aumento, ó solo uno en 25 años. Las guerras continuas de estos pueblos, el estado atrasado de su agricultura, sobre todo, la costumbre adoptada por muchas tribus de rodearse de desiertos (1), se oponian absolutamente á semejante aumento. Debió de haber época en que el pais estuviese poco poblado, aunque muchas veces se halló sobrecargado de poblacion. Sus inmensas selvas reservábanse para la caza, casi todas sus tierras para pastos, y solo una pequeña parte estaba muy mal cultivada. Cuando el hambre les hacia conocer la insuficiencia de sus medios de subsistencia, acusaban á la esterilidad de su pais, que se negaba á alimentar tantos habitantes (2). Mas en vez de dedicarse á roturar sus selvas, desecar los pantanos, hacer que el terreno pudiese sustentar una poblacion creciente, era mas conforme con sus costumbres marciales y su génio impaciente ir á otros climas á buscar víveres, pillage y gloria (3). Ora estas hordas aventureras penetraban espada en mano en un pais incapaz de resistencia y fijaban alli sus domicilios, ora eran destruidas por fuerzas superiores: á veces los romanos las incorporaban á sus legiones ó las distribuian en su territorio: á veces tambien despues de haber aliviado á su pais con una larga ausencia, volvian cargados de botin, dispuestos á reunirse para intentar nuevas empresas. La sucesion de las generaciones debia ser muy rápida en estos pueblos, porque apenas desaparecia una parte, por haberse fundado una colonia, ó sido diezmada por la guerra y el hambre, cuando al momento salian para reemplazarla nuevos vástagos.

Sentado esto, es imposible que el Norte estuviese jamás exhausto de habitantes. Cuando dice Roberston, al describir las calamidades producidas por estas invasiones, que duraron sin interrupcion hasta que el Norte, á fuerza de enviar nuevos enjambres, se vió sin hombres y no pudo proporcionar mas instrumentos de destruccion (4); fácil es conocer que incurre precisamente en el mismo error que antes ha querido refu-

----

(1) Cesar, *de Bello Gallico*. (2) Gibbon. (3) Idem.
(4) Roberston, historia de Carlos V.

tar: quiero decir, que habla de las comarcas **septentrionales** como habiendo estado realmente muy pobladas. En efecto, ¿cómo se ha de juzgar sino que en alguna época determinada el número de sus habitantes ha bastado, no solo á todos los estragos de la guerra, sino á **poblar** con sus colonias la Thracia, la Pannonia, la Galia, España, Africa, Italia, é Inglaterra de tal modo, que apenas hay huellas de algunos de los primeros habitantes de estas comarcas? Mas el mismo historiador supone que estos diversos paises han sido poblados en el espacio de dos siglos (1): y es bien cierto que en este intervalo de tiempo se levantaron nuevas generaciones suficientes para reparar las pérdidas ocasionadas por estas frecuentes emigraciones.

La verdadera causa que los detuvo fue la imposibilidad en que se encontraban de penetrar en los lugares donde tenian designio de establecerse. Entonces los mejores paises de Europa estaban ocupados por los descendientes de las tribus mas valientes y emprendedoras de los germanos. Y no es muy probable que en una época tan cercana á su partida, hubiese degenerado de tal modo el esfuerzo de sus antepasados que se dejaran dominar por hordas menos numerosas y mas ignorantes en el arte de la guerra, aunque tal vez mas temerarias y feroces.

Imposibilitados asi por el valor y la misma pobreza de sus vecinos, los habitantes de la Scandinavia volvieron á las espediciones marítimas, que abrieron una nueva carrera al espíritu aventurero y un nuevo medio de desembarazarse de una poblacion escesiva. Antes del reinado de Carlomagno, estos pueblos eran muy temibles, y solo con mucho trabajo pudo este príncipe contenerlos. Despues que se dividió su imperio entre sus débiles sucesores, estos mismos pueblos, semejantes á una llama devoradora, se esparcieron por la baja Sajonia, la Frisa, Holanda, Flandes y toda la orilla del Rhin, hasta Mayenza.

Despues de haber asolado sus costas, penetraron en el corazon de la Francia, saquearon é incendiaron sus mejores ciudades, impusieron enormes tributos á sus reyes y obtuvieron en fin, por concesion espresa, una de sus mas hermosas provincias. Se hicieron temer hasta en España, Italia y Grecia, y por todas partes llevaron la desolacion, sin dejar por eso de tiempo en tiempo, de volver estos pueblos sus armas unas contra otros y destruirse mútuamente.

Otras veces poblaron tambien colonias en lugares desconocidos é in-

---

(1) Roberston, historia de Carlos V.

habitados, para reparar por un lado las pérdidas de los hombres, que por otro causaban sus horribles devastaciones y contínuos latrocinios (1).

Las guerras civiles y la mala administracion de los reyes sajones en Inglaterra, tuvieron el mismo efecto que la debilidad de los reyes de Francia (2): y por doscientos años las islas Británicas fueron asoladas, y muchas veces subyugadas por las legiones del Norte. Durante los siglos VIII, IX y X, sus naves cubrieron el mar desde un estremo á otro de Europa, (3), y las naciones reputadas hoy mas poderosas por sus armas é industria, fueron entregadas cobardemente á sus constantes pillages. Por último, estas aumentaron su fuerza llegando á quitar á los pueblos del Norte toda esperanza de éxito en sus futuras invasiones (4). Estos cedieron lentamente y con repugnancia á la necesidad y tuvieron que encerrarse en sus propios límites. Trocaron poco á poco su vida pastoril, asi como el gusto del pillage y la costumbre de las emigraciones por los trabajos sufridos del comercio y la agricultura, que acostumbrándolos á ganancias mas lentas, cambiaron imperceptiblemente sus costumbres y caracter.

Entre los antiguos scandinavos, durante sus guerras y emigraciones perpétuas, nadie se abstenia de casarse por el temor de no poder subvenir á las necesidades de su familia. No sucede asi entre los modernos: este temor fundado es como en otras partes un obstáculo continuo á la frecuencia de los matrimonios. En este caso se encuentra la Noruega, como observaremos en otro lugar, bien que en toda Europa se muestra muy activa esta causa, pues felizmente el estado tranquilo del mundo moderno no exige que las generaciones se sucedan con tanta rapidez.

Mallet en el escelente compendio de la historia de los pueblos del Norte, puesto á la cabeza de su *Historia de Dinamarca*, observa que nadie prueba que la falta de espacio en su propio pais hubiese sido causa de sus emigraciones (5). Y entre otras razones se apoya en que despues de ellas, el pais ha estado mucho tiempo desierto é inhabitado (6). Asi habrá sucedido sin duda; pero yo creo que solo ha

---

(1) Mayer, introd. á la historia de Dinamarca.   (2) Idem.
(3) Idem.
(4) Quizá las naciones civilizadas no se creyeron enteramente al abrigo de una nueva inundacion de los pueblos del Norte y de Oriente, hasta la época en que se obró en el arte de la guerra un cambio total, con la introduccion de la pólvora y las armas de fuego, que dieron á la habilidad y al talento una ventaja grande sobre la fuerza física.
(Nota del autor.)

(5) Hist. de Dinamarca.   (6) Idem.

sido en casos muy raros. El espíritu emprendedor y de emigracion ha podido hacer salir á un pueblo de su país en busca de otro mejor; y sin duda en este caso ha tenido que dejar un territorio vacante que por algun tiempo habrá estado inhabitado. Y si su terreno ó su situacion tenia alguna desventaja, lo que al parecer manifiesta esta resolucion, se comprende bien que las tribus que le rodeaban debieron preferir conquistar nuevas tierras con la punta de la espada, en vez de apoderarse de los terrenos abandonados. Esto parece muy conforme con el génio de los pueblos bárbaros : estas emigraciones en masa, prueban que la sociedad no quería dividirse, y de ningun modo que no se encontrase en la estrechez y necesidad.

La otra razon que da Mallet es que en Sajónia, lo mismo que en Scandinavia, vastas estensiones de terrenos estan incultas y en su estado primitivo, sin haber sido jamás desmontadas ni cultivadas : y que por las descripciones que tenemos del estado de Dinamarca, en los tiempos antiguos, parece que solo las costas estaban pobladas, mientras el interior era una vasta selva (1). Bien se conoce que aqui el historiador incurre en el error comun y confunde un esceso de poblacion con una poblacion grande. Las costumbres de los pueblos pastores, el hábito de la guerra y el espíritu aventurero, los impide entregarse al desmonte y cultivo de las tierras (2); y aun estas mismas selvas de que estaban rodeados, encerrando en reducidos límites el manantial de sus subsistencias, contribuian á producir entre ellos un esceso de poblacion, es decir : que establecian una relacion desproporcionada entre su número siempre creciente y los cortos medios con que contaban.

Otra causa hay, desestimada generalmente, que obliga á los paises pobres, frios y poco poblados á que tiendan en general á producir un esceso de poblacion, y hágan emigrar á los pueblos. En los paises cálidos y poco populosos, sobre todo en aquellos donde hay muchas ciudades y manufacturas, es muy raro que el hambre, por poco que dure, no produzca epidemias, ya bajo la forma de un contagio furioso y pestilente, ya bajo

---

(1) Hist. de Dinamarca.

(2) «Nec arare terram aut expectare annum tam facile persuaseris quam vocare hostes et vulnera moreri : pigrum quim imo et iners videtur sudore acquirere quod possis sanguine parare.» *Taciti de mor. Germanorum.* No hay en efecto cosa mas evidente que la gran dificultad de cambiar los hábitos de una nacion ; asi es, que el deducir de que un pueblo que no beneficia sus terrenos incultos no esté acosado de la necesidad, es la consecuencia mas absurda.

diferentes nombres de enfermedades menos violentas, pero que obran con mas constancia. Al contrario, en los paises pobres y frios, donde la poblacion está dispersa, sucede por la cualidad antiséptica del aire, que la miseria causada por el hambre ó mal alimento, puede durar mucho sin producir estas consecuencias: y por tanto en estas comarcas se nota con mayor fuerza, por períodos mas largos la necesidad de la emigracion (1).

Tampoco quiero yo decir que todas las espediciones del Norte fuesen por falta de sitio y alimento. Mallet afirma positivamente que era costumbre en estos pueblos tener todas las primaveras una asamblea para decidir á donde se habia de hacer la guerra (2). Un pueblo tan aficionado á los combates y que tiene el derecho del mas fuerte por un derecho divino, no podrá menos de encontrar ocasiones de satisfacer su pasion. Ademas de ese gusto puro y desinteresado por la guerra y las empresas, las disensiones intestinas, las investigaciones de un enemigo superior, el deseo de un clima mas dulce, y otras causas tambien pudieron dar lugar á las emigraciones. Mas considerando esto bajo un punto de vista general, no puede menos de reconocerse en el período de la historia que recorremos, un ejemplo muy á propósito para ilustrarnos sobre el principio de la poblacion. Este principio me parece haber dado el primer impulso, haber proporcionado recursos y sugerido pretestos á estas embestidas y emigraciones que acarrearon la caida del imperio Romano, y que saliendo de las regiones poco pobladas de la Noruega y Dinamaca, asolaron por dos siglos la mayor parte de la Europa. Como no se suponga en estos pueblos una tendencia á aumentarse casi igual á la que se observa en América, no hay medio alguno de esplicar estos hechos. Por el contrario, concediendo este supuesto, fácilmente se indican los obstáculos que entre ellos han detenido la poblacion. Para esto basta leer las circunstancias escandalosas de sus continuas guerras y detener un momen-

---

(1) Las epidemias tienen épocas de regreso, mas ó menos frecuentes segun la naturaleza del terreno, del aire, de la situacion etc. De aqui resulta que en algunos paises, como en Egipto y Constantinopla son anuales, en otros cada cuatro ó cinco años; por ejemplo, en las cercanías de Alepo y de Trípoli, en algunos parages apenas una vez cada diez, doce ó treinta años como en Inglaterra, y aun en otros, lo mismo que en Noruega y los costas del Norte, nunca mas tarde que de veinte en veinte años. Short, History, of air, seasons etc.
(2) Hist. de Dinamarca.

to el pensamiento en la facilidad con que se prodigaba la vida en aquellos siglos de barbarie.

Otras causas obrarian sin duda, pero podemos atrevernos á asegurar, que entre los pueblos pastores del Norte de Europa, la guerra y el hambre fueron los principales obstáculos que mantuvieron la poblacion al nivel de sus precarios medios de subsistencia.

CAPÍTULO VII.

Obstáculos á la poblacion en los pueblos pastores de la actualidad.

Acostumbradas las diferentes tribus de los pueblos pastores del Asia á vivir bajo tiendas ó chozas movibles, y no en habitaciones fijas, tienen menos apego á los lugares que ocupan, que los antiguos pastores del Norte de Europa. El campo y no el suelo es la patria del tártaro: de manera que cuando estan agotados los pastos de una comarca, la tribu se dirige á buscarlos á otra parte. En verano avanza al Norte, en invierno se vuelve al Sur, adquiriendo asi enmedio de la paz mas profunda la práctica y conocimiento usual de una de las operaciones mas difíciles de la guerra. Tales hábitos tienden fuertemente á infundir entre estos pueblos nómadas el espíritu de conquista y de emigracion. La codicia del botin, el temor de un vecino poderoso, ó solo el inconveniente de tener pastos poco abundantes, han bastado en todo tiempo para inducir á las hordas de Scytas á avanzar arrojadamente hácia regiones desconocidas, con la esperanza de encontrar una subsistencia mas copiosa ó vecinos menos temibles (1).

En estas invasiones de los Scytas, sobre todo en las que se dirigieron contra los imperios civilizados del Mediodia, estos pueblos pastores estuvieron constantemente animados de un espíritu feroz y destructor. Cuando los del Mogol sojuzgaron las provincias septentrionales de la China, se deliberó en su consejo si se esterminaria á todos los habitantes de aquella comarca populosa, á fin de convertir el pais en dehesas para sus ganados, debiéndose solo á la firmeza de un mandarin chino el que no se llevase á efecto tan funesta medida (2). Empero esta indicacion acredita no solamente la inhumanidad de estos pueblos y el abuso que hacen del derecho de conquista, sino tambien la fuerza de la costumbre

---

(1) Gibbon. (2) Idem.

que prodomina entre estos pastores y la grande dificultad que encuentran de pasar de la vida pastoril á la de labradores.

Seria muy difícil seguirles ni aun rápidamente en sus emigraciones y en sus conquistas en el Asia, en el pronto acrecentamiento de ciertas tribus y la estincion total de algunas de ellas. Durante las formidables irrupciones de los hunnos, de la invasion tan dilatada de los del Mogol, de las sangrientas victorias de Tamorlan y de Aurengzeb, y de la ruina de sus imperios, no son muy fáciles de conocer las causas que disminuyeron su poblacion. Si leemos la historia de estas devastaciones durante las cuales el mas ligero motivo ó un simple capricho era suficiente para mandar pasar á degüello á un pueblo entero (1), bien lejos de buscar los obstáculos capaces de detener la poblacion en sus progresos, nos sorprenderemos al ver que ofreciese esta, sin cesar á la cuchilla de los conquistadores, nuevas generaciones que destruir. Mas útil será, pues, ocuparnos del estado actual de las naciones tártaras y de las causas ordinarias que impiden su acrecentamiento.

Las vastas comarcas en que habitan en la actualidad los descendientes de los mogoles y de los tártaros, amantes todavia de las costumbres de sus antepasados, ocupan casi todas las regiones interiores del Asia, disfrutando de las ventajas de un apacible clima; y cuyo terreno es naturalmente muy fértil. Apenas se encuentran desiertos, no obstante de haberse algunas veces titulado asi ciertas llanadas sin árbol alguno y en que no crece ni un arbusto, á las cuales los rusos llaman *steppes* (2), aun cuando estos llanos esten cubiertos de una yerba frondosa, muy á propósito para pastos. El general defecto del territorio consiste en la falta aguas, si bien se asegura que los terrenos en donde se encuentra bastarian, si estuvieran bien aprovechados, para alimentar á un número cuatro veces mayor que el de los habitantes actuales en toda la estension del país considerado como desierto (3). Cada horda ó tribu tiene un canton particular que le pertenece y que encierra los pastos de verano é invierno y es probable que la poblacion de toda la comarca que ellos ocupan, esté distribuida en los diversos distritos poco mas ó menos en proporcion de su fertilidad.

Volney describe exactamente esta distribucion cuando habla de los beduinos de Siria. «En los cantones estériles, es decir, poco guarnecidos de

---

(1) Gibbon.
(2) Arenal inculto. (*Nota de los Traductores.*)
(3) Hist. genealógica de los tártaros.

plantas, las tribus son escasas y estan muy distantes, tales son el desierto de Suez, el del mar Rojo y la parte interior del gran desierto llamada el *Nedjed*. Cuando el terreno está mejor provisto, como entre Damasco y el Eufrates, las tribus constan de mas individuos sin estar tan separadas; en fin, en los cantones cultivables tales como el bajalato de Alepo, el Haran y el pais de Gaza, los campos son numerosos y próximos» (1). La Gran Tartaria ofrece, como la Siria y la Arabia, esta especie de distribucion fundada sobre la cantidad de alimentos que pueden procurarse los habitantes de cada canton, segun el estado actual de su industria y de sus costumbres; y en verdad esta distribucion se encuentra en todos los paises del mundo, aunque entre las naciones cultas sea menos sensible á causa del comercio que existe entre ellas.

Los tártaros mahometanos que habitan la parte occidental de la Gran Tartaria cultivan una porcion de terreno que ocupan, mas con tanta negligencia que los productos de esta industria no sean el principal manantial de sus subsistencias (2). La dejadez y el espíritu guerrero de los bárbaros, dominan en estos pueblos que no se someten fácilmente á adquirir por el trabajo los que ellos creen poder procurarse por el robo y el pillage. Cuando los anales de la Tartaria no presentan guerras y revoluciones sangrientas, ofrecen conmociones intestinas y mútuos ataques hechos con objeto del botin que han interrumpido constantemente el órden y los trabajos pacíficos, pues los tártaros mahometanos viven únicamente de la rapiña y del saqueo, tanto en tiempo de paz como de guerra (3).

Los usbekos, dueños de Korasan, abandonan las mejores dehesas del pais de los sartes y de los turcomanos, tributarios suyos, únicamente porque sus vecinos son muy pobres y demasiado vigilantes para ofrecerles ocasiones fáciles de pillage. Viven generalmente de la rapiña, haciendo sin cesar irrupciones en el territorio de los persas y de los usbekos de la Gran Bukharia. Ni la paz, ni las treguas pueden contenerlos, toda su riqueza consiste en esclavos y en otros efectos preciosos que pueden arrebatar. Los usbekos y los turcomanos sus súbditos, nunca estan unidos: su mútua envidia fomentada muchas veces por los príncipes de la familia reinante produce en el estado una agitacion contínua (4). Los

---

(1) Viage de Volney.
(2) Historia general de los tártaros. (3) Idem.
(4) Historia genealógica de los tártaros.

turcomanes estan siempre en guerra con los kurdos y los árabes que vienen frecuentemente á destrozar sus ganados y á arrebatarle sus mugeres y sus hijos (1).

Los usbekos de la Gran Bukaria que pasan por los mas civilizados de todos los tártaros mahometanos, no por esto ceden á los otros en el espíritu de rapiña (2). Estan constantemente en guerra con los persas y ocupados en devastar las ricas llanuras de Korasan. Aunque habitan en un pais estémadamente fértil, y aunque algunos de ellos, descendientes de los antiguos poseedores del terreno, se dedican á las artes pacíficas del comercio y de la agricultura: ni esta fertilidad natural, ni el ejemplo que tienen á su vista, pueden inducirles á cambiar de hábitos. Prefieren mejor robar y degollar á sus vecinos que aprovecharse de recursos con que les brinda la tierra (3).

Los tártaros de la horda de Casatchia, en el Turkestan, viven en un estado contínuo de guerra con sus vecinos del Norte y del Este. En invierno dirigen sus incursiones hácia el pais de los kalmukos los cuales en esta estacion se estienden por las fronteras de la Gran Bukaria y hácia las regiones del Sur de esta comarca, no cesando ademas de incomodar á los kosacos de Yaik y á los tártaros Nogais. En verano traspasan los montes de las águilas y se arrojan sobre la Siberia. Ordinariamente padecen mucho en estas incursiones y todo el botin que cogen no equivale á lo que hubieran podido proporcionarse con un ligero trabajo; mas prefieren esponerse á mil peligros y á todas las fatigas que trae consigo este género de vida, que dedicarse sériamente á la agricultura (4).

La vida de otras tribus de tártaros mahometanos es tan semejante á esta, que es inútil ocuparnos de ella. Basta con presentar al lector el cuadro trazado en la historia genealógica de los tártaros y las interesantes notas que la acompañan. Su autor que era un kan de Korasan nos ofrece el mismo en su conducta un ejemplo muy notable de la ferocidad con que se hacen la guerra en su pais, bien la emprendan por motivos de política, de venganza ó de avaricia. Dicho Kan hizo frecuentes incursiones en la Gran Bukaria seguidas todas de estragos en las provincias y de destruccion total de las aldeas y ciudades que atravesaba, y cuando era tal el número de prisioneros que embarazaban su marcha, los hacia perecer sin el menor escrúpulo. Como su conato era someter á los turcoma-

(1) Historia genealógica de los tártaros. (2) Idem. (3) Idem.
(4) Idem.

nes súbditos tributarios suyos, convidó á los principales de entre ellos á una fiesta solemne y degolló hasta 2,000 de los mismos. Incendió y saqueó sus aldeas con la barbárie mas inhumana, y ejerció tales devastaciones que el daño refluyó sobre sus mismos autores; que fueron despues víctimas de la falta de víveres (1).

Los tártaros mahometanos aborrecen en general el comercio y se ocupan contínuamente en despojar á los comerciantes que caen en sus manos (2); protegiendo tan solo el tráfico de esclavos, los cuales forman la parte principal de su botin y son considerados como la mayor riqueza; de estos guardan los que necesitan para el cuidado de sus ganados ó en la clase de mugeres y concubinas y venden los restantes (3). Los tártaros de la Circasia y del Daghestan, asi como otras tribus vecinas del Cáucaso viviendo en un pais pobre y montañoso estan al abrigo de las invasiones, y por consecuencia su pais abunda en habitantes. Cuando por los medios ordinarios no pueden procurarse esclavos, se los arrebatan los unos á los otros, y algunas veces hasta venden á sus mugeres y á sus hijos (4). La práctica de este comercio, tan estendida entre los tártaros mahometanos, es quizá una de las causas de sus guerras perpétuas; porque desde el momento que encuentran ocasion de fomentar este comercio, no respetan ya ni alianzas ni tratados de paz (5).

Los tártaros paganos, los kalmukos y los mogoles no tienen esclavos hacen una vida muy pacífica y tranquila, contentándose con el producto de sus rebaños que son toda su riqueza. Raras veces emprenden la guerra con objeto del botin, ni invaden el territorio de sus vecinos sino para vengar algun ataque personal. Sin embargo, tienen tambien sus campañas destructivas: las invasiones de los tártaros mahometanos los obligan á la defensa y á las represalias. Existe un ódio inveterado entre las tribus de kalmukos y las de mogoles, aunque sean originariamente de una misma sangre y estos ódios fomentados por la política artificiosa del emperador de la China, estallan con tal violencia, que una ú otra de estas naciones rivales debe sucumbir necesariamente (6).

---

(1) Historia general de los tártaros. (2) Idem. (3) Idem. (4) Idem. (5) Justifican la costumbre de tomar tantas mugeres diciendo que es para tener por este medio muchos hijos, que venden por dinero contante ó cambian por las cosas necesarias. Y cuando no pueden alimentar á sus hijos consideran como un acto de caridad matarlos cuando nacen, acostumbrando á hacer lo mismo con los que estan enfermos y á su parecer sin esperanzas de mejorar, pues creen que esto es librarles de una multitud de males. (6) Historia genealógica de los tártaros.

No viven mas consiguientemente los bedujnos del Arabia y de la Siria que los habitantes de la Gran Tartaria. El estado de pueblos pastores proporciona naturalmente motivos de guerras perpétuas. Los pastos que consume una poblacion á un momento cualquiera del año, solo son una pequeña parte de sus posesiones, pues ocupa sucesivamente durante él, una vasta estension de terreno; y como de toda ella necesita para subsistir y por consecuencia es á sus ojos propiedad esclusiva, se considera toda violacion de territorio aun en la parte mas distante como una justa causa de guerra (1).

Las alianzas y las relaciones de parentesco hacen á estas guerras mas generales: la sangre derramada es necesario que se vengue; y como los accidentes de esta naturaleza se repiten con frecuencia en una larga série de años, la mayor parte de las tribus tienen entre si enemistades y viven en un estado de hostilidad (2). En los tiempos anteriores á Mahoma la tradicion cuenta mil setecientas batallas: y como nota Gibbon una trégua parcial de dos meses que fue religiosamente observada, caracteriza todavia aun mas el hábito constante de la guerra y de la anarquía.

La pérdida de hombres causada por tales costumbres parecerá quizá suficiente para contener la poblacion dentro de sus límites. Mas está probado que tales hábitos la reprimen aun mas eficazmente deteniendo el desarrollo de la industria y en particular de la que tiende á multiplicar las subsistencias. Si se trata por ejemplo de abrir un pozo, de construir un receptáculo, es necesario hacer algunos adelantos de fondos y de trabajo; y la guerra puede en un dia destruir la obra de muchos meses y los recursos de todo el año (3). Aqui los males se producen mútuamente, la escasez de alimentos ha dado origen á las costumbres guerreras que tienden á disminuir los medios de subsistencia.

Hay tribus que por la naturaleza de los lugares que ocupan estan condenadas á la vida pastoril (4). Mas las que viven en un terreno propio para el cultivo no estan tan inclinadas á ella sino cuando se ven rodeadas de ladrones y mercadores. Los aldeanos de las provincias limítrofes de la Si-

---

(1) «Disputarán la tierra inculta, como entre nuestros ciudadanos se disputan las herencias. Pelearán frecuentemente por el alimento de sus ganados, etc. Serán tantas las cosas que tendrán que arreglar por el derecho de gentes, que quedarán pocas para decidir por el derecho civil.» Montesquieu, *Espíritu de las leyes.*
(2) Viage de Volney.
(3) Viage de Volney, cap. 23. (4) Idem.

ria, de la Persia y Siberia, espuestas á las incursiones contínuas de un enemigo saqueador, no estan mas seguras que los tártaros y los árabes errantes. Mas que la fertilidad del suelo, es necesario un cierto grado de seguridad para estimular á un pueblo á trocar la vida pastoril con la vida agrícola, y cuando esto no se puede obtener, el cultivador sedentario está mas espuesto á las vicisitudes de la fortuna, que el que pasa una vida errante y lleva consigo toda su propiedad (1). Bajo el gobierno de los turcos á la vez débil y opresor, es frecuente ver á los aldeanos abandonar sus aldeas para abrazar la vida pastoril, esperando asi escapar mas fácilmente del pillage de sus dueños y de sus vecinos (2).

Se puede decir de los pueblos pastores, asi como de los que se dedican á la caza, que si la necesidad sola bastase para hacerles cambiar de hábitos, se verian pocos que permanecieran en dicho estado. Á pesar de las guerras contínuas de los árabes beduinos y de los obstáculos que opone á su desarrollo un género de vida duro y penoso, la poblacion asciende entre ellos hasta el último límite que les prescribe la cantidad de alimentos, y estan por consecuencia obligados á una abstinencia que no soportarian fácilmente sino los que como ellos estuvieran acostumbrados desde su infancia. Siguiendo la narracion de Volney, las clases inferiores entre los árabes viven en un estado contínuo de miseria y de hambre: las tribus del desierto reconocen que la religion de Mahoma no se ha hecho para ellos; porque dicen ¿cómo podremos hacer abluciones sin agua, cómo dar limosnas sin riquezas y por qué se nos prescribiria ayunar el mes de Ramazan si lo hacemos todo el año? (3).

El poder y riqueza de un cheik consisten en el número de los individuos que componen su tribu; procurando por su interés aumentar la poblacion sin importarle los medios de mantenerla: pues la consideracion que se le tiene depende del número de sus hijos y de sus parientes (4). En un estado de sociedad en que el poder da los medios de subsistencias, cada familia particular toma su fuerza é importancia de su número de individuos. Estas ideas tienen el efecto de un lote ó de una gratificacion concedida á la poblacion, y uniéndose á este espiritu de generosidad que produce una especie de comunion de bienes (5), elevan el número de habitantes casi al último término á que puede llegar reduciéndoles á la mas austera abstinencia.

---

(1) Viage de Volney, cap. 23. (2) Idem. (3) Idem.
(4) Idem. (5) Idem.

Quizá el uso de la poligamia produzca el mismo efecto en el país en donde la guerra hace perecer gran número de hombres, y segun Niebuhr, multiplica las familias hasta el punto que muchas caen en la mas espantosa miseria (1). Los descendientes de Mahóma se encuentran en muy gran número en todo el Oriente, y la mayor parte reducidos á una pobreza estrema, pues que todo mahometano es invitado á la poligamia por un principio de obediencia al profeta que considera como un deber procrear hijos para glorificar al Criador! Felizmente el interés particular corrige en este caso como en otros lo absurdo del precepto y el árabe aprende, á pesar suyo, á proporcionar la exactitud de su obediencia con la debilidad de sus recursos. De nada sirve que el hombre sea escitado por impulsos directos á aumentar la poblacion, pues si algo puede dar á conocer los males que acarrean es el estado actual de estos pueblos. Nótase generalmente que no son mas numerosos que antes, de donde se puede deducir con seguridad, que el aumento considerable sobrevenido á algunas familias ha producido la estincion de otras. Gibbon manifiesta, con respecto á la Arabia, «que la medida de la poblacion está determinada por la de los medios de subsistencia, y que el número de los habitantes de esta vasta península, puede muy bien ser inferior al de los individuos de una sola provincia fértil é industriosa» (2). Cualesquiera que sean los alicientes que tenga el hombre al matrimonio, es imposible pasar jamás esta medida de la poblacion. Mientras que los árabes no muden sus costumbres y el país en que habitan mejore de cultivo, es inútil que se prometa el paraiso á todo hombre que tenga diez hijos; poco crecerá la poblacion por este medio, mas la miseria y la desgracia general se agravarán mucho. Los estímulos directos á la poblacion no pueden de ningun modo cambiar las costumbres de los pueblos, ni contribuir á mejorar las tierras. Quizá tendrán una tendencia contraria; porque acrecentando la pobreza deben aumentar tambien la inquietud, favorecer la aficion al pillage (3) y multiplicar los motivos de guerra.

Entre los tártaros que viven en un terreno fértil y abundante

(1) Viages de Niebuhr.

(2) Es notable que una verdad tan importante sentada ó reconocida por todo escritor, haya estado tan poco considerada en sus consecuencias. Los pueblos no se estinguen habitualmente por el hambre. ¿Cómo, pues, se adapta la poblacion con los medios de subsistencia?

(3) Cada dia ocurren robos de bestias y á este merodeo es al que con preferencia se dedican los árabes. (Viage de Volney.)

en rebaños, se puede ganar mas en el saqueo que entre los árabes. La resistencia es mas fuerte en razon de la fuerza de las tribus, y el uso de hacer esclavos es muy general, resultando que la guerra arrebata un gran número de hombres. Por una parte el rico botin, por otra la disminucion de consumidores, colocan á algunas tribus de bandidos afortunados en una situacion muy feliz, en comparacion de la en que se encuentran sus vecinos menos emprendedores. Pallas hace una relacion detallada de la situacion de dos tribus errantes sujetas á la Rusia. La una subsiste casi solamente del pillage; la otra vive tan pacíficamente, cuanto lo puede permitir la turbulencia de sus vecinos. Es interesante notar los diversos obstáculos que oponen á la poblacion estas diferentes costumbres.

Los kirghis, segun Pallas (1), viven cómodamente en comparacion de otras tribus errantes sometidas á la Rusia: el espíritu de libertad ó independencia que reina entre ellos, junto con la facilidad con que se procuran tantos rebaños cuantos necesitan para alimentarse, impide que ninguno se pase al servicio de otros : tratanse todos entre sí como hermanos y los ricos por consecuencia estan obligados á hacerse servir por esclavos. Aqui se puede preguntar: ¿cuáles son las causas que impiden á las clases inferiores del pueblo acrecentarse hasta el punto de llegar á ser muy pobres?

No nos enseña Pallas si se pueden contar entre estas causas ciertas costumbres viciosas ó el freno que se imponen relativamente al matrimonio por el temor de verse cargados de familia, mas lo que dice del gobierno civil de estos pueblos y de la licencia que produce entre ellos el espíritu de rapiña basta quizá para esplicar el hecho de que se trata. El Kan no ejerce su autoridad sino por la mediacion de un consejo compuesto de los principales personages del pueblo; y aun dados de esta suerte sus decretos son violados impunemente (2). Así, aunque sus leyes les prohiben robar á sus vecinos los kazalpacos, los bukharienses, los persas, los turcomanes, los kalmukos y los rusos sin embargo se apoderan de su ganados de sus mercancías ó de sus personas. No temen confesar la violacion de estas leyes, antes bien se vanaglorian de ella como de una empresa honro-

(1) No habiendo podido procurarme la obra de Pallas, sobre la historia de las naciones mogoles, he hecho uso del compendio general de las obras de viageros rusos en cuatro volúmenes en 8.°, que ha sido publicado en Berna y en Lausana en 1781 y 1784, intitulada: Descubrimientos de los rusos.
(2) Descubrimientos de los rusos.

sa. Ya traspasan la frontera solo por probar fortuna, ya se reunen en tropas bajo el mando de un gefe y roban carabanas enteras, y aunque perece un gran número de kirghis en estas espediciones y otros son reducidos á esclavitud, la nacion hace poco caso de ello. Los particulares que ejercen estas rapiñas por cuenta suya, gozan de los frutos de sus saqueos y guardan como propias las mugeres y rebaños que han cogido; y en cuanto á los esclavos varones y á las mercancías, las venden á los ricos y á los comerciantes estrangeros (1).

Tales costumbres y las frecuentes guerras que produce en esta tribu, su génio ligero y turbulento (2), deben dar tanta influencia á las causas violentas que destruyen la poblacion, que impidan obrar á las demas como puede concebirse fácilmente. Puede muy bien suceder que el hambre nazca á veces de sus guerras devastadoras (3), de sus incursiones fatigosas, largas sequías ó la mortandad del rebaño. En tiempos ordinarios la proximidad de la pobreza es señal de una espedicion de pillage, y el kirghis que la acomete vuelve bien provisto ó pierde la libertad y la vida. El que se resuelve á vivir rico ó morir, y le son indiferentes los medios, no puede permanecer mucho tiempo pobre.

Los kalmukos que antes de la emigracion de 1771 habitaban las fértiles llanuras del Wolga, bajo la proteccion de la Rusia observaban un género distinto de vida. Pocas veces tenian guerras sangrientas (4), el poder del Kan era absoluto (5) y la administracion mas regularizada que entre los kirghis; de suerte que las rapiñas particulares eran eficazmente reprimidas. Las mugeres kalmukas son muy fecundas. Los matrimonios estériles, bastante raros, y se ve comunmente tres ó cuatro niños jugar delante de cada choza. Por lo cual dice Pallas, se puede naturalmente deducir que deben haberse multiplicado mucho durante los 150 años que han habitado en el seno de la tranquilidad las llanuras de Wolga. Los motivos que les han impedido aumentarse tanto como pudiera esperarse, son los accidentes ocasionados por las frecuentes caidas del caballo, las escaramuzas contínuas que sus príncipes tienen entre sí y con sus vecinos; pero sobre todo el gran número de los que en las clases inferiores

---

(1) Descubrimientos de los rusos. (2) Idem.
(3) Esta multitud destruye todo lo que encuentra á su paso, se lleva consigo todo el ganado que no consumen y reducen á la esclavitud los hombres, mugeres y niños que no han degollado. (Idem).
(4) Descubrimientos de los rusos. Esta tribu está descrita aqui bajo su nombre verdadero de Torgotes. Los rusos los llaman kalmukos del nombre mas general. (5) Idem.

mueren de hambre, de miseria y de males de todo género, siendo los
niños siempre las primeras víctimas (1).

Cuando esta tribu se puso bajo la proteccion de la Rusia acababa de
separarse de los soongares y era entonces poco numerosa. La posesion de
las fértiles llanuras del Wolga y una vida mas tranquila que la que habian
tenido hasta entonces, la acrecentaron en poco tiempo de tal modo que
en 1662, contaba 50.000 familias (2). Desde esta época hasta 1771, año
de su emigracion, parece que el número de individuos de esta tribu se aumentó muy lentamente, siendo probable que la cantidad de sus pastos no
permitiese á estos tártaros acrecentar su poblacion mas allá del límite
á que habia llegado : cuando las abandonaron, al descontento del pueblo
siguió la irritacion del Kan contra la Rusia, quejándose de que faltaban
pastos á sus numerosos rebaños, y en esta época la tribu se componia de 55
á 60,000 familias. La suerte que corrió en su emigracion es la que han debido sufrir frecuentemente las tribus errantes que por una causa ó por
otra han buscado una nueva mansion. Fue en invierno cuando se puso
en marcha : perdió mucha gente por el frio, el hambre y todo género de
males : un gran número de los que la componian cayeron en poder de los
kirghis, los que pudieron llegar al lugar de su destino, aunque al principio,
recibidos amistosamente por los chinos, fueron tratados despues con la
mayor dureza (3).

Antes de esta emigracion las clases bajas entre los kalmukos vivian
en la mayor miseria, estando habitualmente reducidas á hacer uso de toda especie de animales, plantas y raices que pudieran suministrarles algun alimento (4). Era muy dificil que esta gente pobre matase alguna res
á no ser enferma ó que hubiesen robado : en este último caso se la comian
inmediatamente para no ser descubiertos. Los caballos inútiles por heridas
ó por el uso, las reses muertas de enfermedad, esceptuando las de epidemia contagiosa, eran para ellos un escelente manjar. Los mas pobres comian la carne de los animales en plena putrefaccion y algunas veces has-

(3) Descubrimientos de los rusos.
(1) Otro ejemplo de rápido acrecentamiento es el de una colonia
de kalmukos bautizados, que han recibido de la Rusia un distrito fértil
para establecerse. De 8,695 que eran en 1754, su número en 1771 habia
aumentado hasta 14,000. *Tooke s' View of the. Russian empire.*
(4) *Tooke s' View of the. Russian empire.* Descubrimientos de los
rusos. (1) Idem.

ta el estiercol de sus rebaños (1). Los niños morian en gran número por consecuencia del mal alimento (2): en invierno sufria el pueblo mucho frio y mucha hambre (3) y la tercera parte de sus carneros perecian generalmente á pesar del cuidado que tomaban en conservarlos, pues cuando despues de las nieves ó las lluvias sobrevenian las grandes heladas, que impedian apacentar el ganado, la mortandad era general en sus rebaños y los pobres presa del hambre (4).

Las fiebres malignas producidas principalmente por un alimento corrompido y por las exalaciones pútridas, unidas á la viruela, que estos pueblos temen como la peste, disminuian considerablemente su número (5); mas en general su poblacion tocaba de tal modo al límite de las subsistencias, que el hambre y las enfermedades que de ella se originan podian considerarse como el gran obstáculo al acrecentamiento de esta tribu.

Si se atraviesa la Tartaria durante el verano, encontrará el viajero vastas regiones sin habitantes, verá la yerba secarse por falta de hombres que la recojan ó rebaños que la consuman; y deducirá quizá que el pais podria alimentar mucho mayor número de habitantes, aun suponiendo que no renunciasen á la vida pastoril. Pero esta conclusion seria muy precipitada. Cuando se trata de la fuerza de un caballo ó de un animal que se sujeta al trabajo, se entiende hablar de ciertas partes de su cuerpo y de su proporcion entre ellas. Si el animal tiene débiles las piernas, importa poco que lo restante del cuerpo sea vigoroso: si le falta fuerza en los riñones ó en las caderas, inutilmente podrá emplear sus piernas. Se puede aplicar á la tierra este mismo raciocinio. Los bienes que da con profusion en los años de abundancia, no pueden emplearse enteramente por el corto número de hombres que puede alimentar en los años de hambre. Cuando la prevision dirige á la industria humana, la poblacion que el terreno puede alimentar se regula por el producto medio del año; mas entre los animales y entre los hombres no civilizados, la poblacion debe ser siempre inferior á este término medio. Un tártaro encontraria muy difícil recoger y llevar consigo la provision de heno necesaria para alimentar á sus rebaños durante el invierno, pues esta carga embarazaria su marcha y le espondria al ataque de sus enemigos. Un solo dia de desgracia le haria perder el fruto de todos sus trabajos de

(1) Descubrimientos de los rusos. (2) Idem. (3) Idem. (4) Idem. (5) Idem.

verano, porque parece una práctica constante en todas sus recíprocas invasiones quemar y destruir el forrage y provisiones que no pueden trasportarse (1). Por consecuencia el tártaro no hace provisiones de invierno sino para la porcion de sus ganados que considera como mas preciosa y deja que las otras subsistan de lo que queda de verdor en las dehesas despojadas, cuyo alimento, unido al rigor de la estacion, hace perecer á muchos (2). La poblacion de cada tribu se determina por la de los rebaños; y el número medio de tártaros, como el de los caballos libres del desierto, se disminuye de tal modo por la vuelta periódica del frio y de la escasez del invierno, que no basta para consumir las abundantes producciones del verano.

Las sequías y los malos años producen en proporcion de su frecuencia, casi los mismos efectos. En Arabia (3) y en una gran parte de la Tartaria (4), aquellas son frecuentes. Suponiendo que se reproduzcan de seis á ocho años, la poblacion no puede nunca pasar mucho del número para el cual bastan los productos de los malos años. Esto es exacto en cualquiera situacion de la sociedad, mas el estado pastoril parece estar sujeto, mas que otro alguno, á la influencia de las estaciones. La mortandad del ganado es un mal que se hace sentir mas largo tiempo que una mala cosecha de granos. Pallas y los otros viageros rusos hablan de las epizootias como muy frecuente en Tartaria (5).

Como entre estos pueblos es muy honroso tener familia, y las mugeres son útiles para cuidar de la casa y de los rebaños, no es probable que la falta de medios con que proporcionar sustento á los hijos impida frecuentemente los casamientos (6). Mas como la costumbre es comprar las mugeres á sus padres, los pobres no deben encontrarse muchas veces en estado de conseguírlas; y el monge Rubisquis dice, hablando de esta costumbre, que cuando los padres guardan sus hijas hasta que las pueden vender, se casan muy tarde (7). Entre los tártaros mahometanos

(1) «Se pega fuego á todos los haces de trigo y de forrage. Ciento cincuenta aldeas fueron igualmente incendiadas.» Memoria del baron de Tott. Este autor presenta una descripcion curiosa de la situacion de un ejército tártaro y de lo que tuvo que sufrir en una campaña de invierno. «Esta marcha costó al ejército 3,000 hombres y 30,000 caballos que perecieron de frio.»
(2) Descubrimientos de los rusos.
(3) Viages de Volney.
(4) Descubrimientos de los rusos. (5) Idem.
(6) Hist. genealógica de los tártaros.
(7) Viage de G. Rubisquis en 1253.

los cautivos reemplazan á las mugeres (1): mas entre los paganos que no tienen esclavos, la dificultad de comprar mugeres debe disminuir el número de casamientos para las clases pobres, tanto mas que el precio se mantiene alto á causa de la poligamia de los ricos (2).

Se dice que los kalmukos son poco celosos (3) y el número de los que entre ellos se ven atacados de enfermedades venéreas hace presumir que no estan exentos del libertinage (4).

En suma, puede inferirse, por lo dicho en este capítulo sobre los pueblos pastores, que los principales obstáculos que contienen entre ellos á la poblacion al nivel de los medios de subsistencia, son la sujecion que les impone la dificultad de comprar mugeres, los vicios del libertinage, las epidemias, las guerras, el hambre y las enfermedades que engendra la miseria. Los tres primeros obstáculos y el último han obrado, al parecer, con menos fuerza entre los antiguos pastores del Norte de Europa.

CAPITULO VIII.

Obstáculos que encuentra la poblacion en varias comarcas del Africa.

Como mal cultivadas y poco pobladas nos pinta Mungo-Park las partes que recorrió del Africa en donde existen hermosos y vastos desiertos enteramente inhabitados, observando en general que las fronteras de los varios estados que visitó estaban poco pobladas ó enteramente desiertas. Las pantanosas orillas del Gambía, del Senegal, y otras inmediatas al mar, regularmente por su insalubridad, se hallaban desprovistas de habitantes (5). Mas no sucede lo mismo en otras partes del pais: al ver su admirable fertilidad, los numerosos rebaños que podrian servirles para trabajo y alimento: al pensar en la facilidad de multiplicar allí las comunicaciones por la navegacion interior, es imposible no deplorar, dice M. Park, que todos estos dones de la naturaleza permanezcan sin empleo, y que sus habitantes no se hayan aprovechado de la abundancia que les ofrece esta tierra inculta y salvage.

Fácil es indicar las causas de esta especie de abandono é ineptitud.

(1)   Descubrimientos de los rusos.
(2)   Pallas nota que entre los kalmukos son pocas las mugeres y abundan los hombres, annque estos por su género de vida estan espuestos á muchos mas accidentes. Descubrimientos de los rusos.
(3)   Idem.   (4)   Idem.
(5)   Mungo-Park, viage por el interior de Africa.

Consisten en unas costumbres comunes á todas las naciones negras, que nos ha descrito Park. En un pais dividido en pequeños estados, casi todos independientes y celosos unos de otros, es fácil comprender, dice este viagero, que muchas veces los mas frívolos pretestos ó las mas leves ofensas, son causa de contínuas guerras. De estas hay en Africa dos especies, una llamada *Killi* que es una lucha abierta y manifiesta, y otra *Tégria*, que consiste en el robo y el pillage. Esta última es muy comun, sobre todo al principio de la estacion seca, cuando han concluido los trabajos de la siega y son abundantes las provisiones, cuyas contiendas, sin mas objeto que el pillage, dan lugar á prontas represalias (1).

El saqueo, y por consiguiente la incertidumbre de la propiedad, producen un efecto funesto sobre el trabajo: prueba de ello es la soledad que reina en las fronteras de las provincias. Por otra parte el clima no convida á la actividad: y como no hay muchos medios de sacar partido del esceso de los productos, no debe por consiguiente admirarnos que estas naciones se contenten con cultivar solo el terreno necesario para vivir (2). Estas causas son suficientes para esplicar el estado inculto de las tierras de Africa.

En estas guerras contínuas y en estas incursiones destinadas al saqueo, deben perecer muchos hombres; é independientemente de estos medios violentos de destruccion, cree Park, asi como Buffon, que es muy rara la longevidad entre los negros: la mayor parte, dice, tienen á los 40 años los cabellos blancos y el rostro cubierto de arrugas: y muy pocos llegan á los 50 ó 60 años (3): atribuyendo la brevedad de la vida de estos pueblos al abuso de los placeres del amor. Quizá haya en esto alguna exageracion; pero atribuyendo á esta causa una justa influencia no puede menos de conocerse que adelantándose la época de la pubertad en los habitantes de estos climas cálidos, debe probablemente ser mas temprana la de su muerte.

Las negras, segun Buffon, son muy fecundas: pero Parck dice que tienen la costumbre de alimentar á sus hijos dos ó tres años: y como en este tiempo sus maridos se separan de ellas y viven con otras mugeres, resulta que son pocos los hijos que tienen. Generalmente está establecida la poligamia en las naciones negras (4); y por consecuencia á menos que no se suponga un número de mugeres que esceda á la proporcion na-

(1) Mungo-Park, viage por el interior de Africa.
(2) Idem. (3) Idem. (4) Idem.

tural, es preciso que muchos hombres no se casen. Estos por lo regular son los esclavos que tienen que vivir en el celibato: y segun Park, su número es triple del de los hombres libres. Ningun señor puede vender los esclavos que emplea en el servicio de su casa y los que en ella nacen, á ménos que no lo haga impelido por la necesidad, es decir, para alimentarse él y su familia, y debe creerse, que procurará impedir que su número esceda de los que necesita emplear. Los esclavos comprados y los prisioneros de guerra, estan enteramente á disposicion de sus señores (1), que los tratan con la mayor crueldad. Es natural que si por una consecuencia de la poligamia, los hombres libres necesitan mugeres, no tengan escrúpulo alguno de apoderarse de las de sus esclavos. Sin duda será muy pequeño el número de mugeres célibes, pero las circunstancias no permitirán que el aumento de la poblacion sea muy grande en proporcion del número de matrimonios.

En todo tiempo ha sido el Africa el principal mercado de esclavos. Las demandas de esta clase de comercio para todas las partes del mundo, han sido grandes y contínuas, sobre todo desde que se introdujeron los esclavos africanos en las colonias europeas. Sin embargo, como observa Franklin es difícil conocer el vacío producido por la esportacion de negros, que durante un siglo no ha cesado de cubrir el suelo de América (2). En efecto, á pesar de esta constante emigracion, á pesar de las pérdidas causadas por las guerras contínuas; en fin, á pesar de los vicios y obstáculos de todo género que han detenido el progreso de la poblacion, parece que siempre esta se ha elevado sobre los medios de subsistencia. Park dice, que los años de escasez y aun de hambre son muy frecuentes en Africa; y cuenta cuatro causas de esclavitud en esta parte del mundo, entre las que se encuentra el hambre que coloca inmediatamente despues de la guerra. El permiso de vender sus esclavos domésticos concedido á los señores, solo en un caso estremo, manifiesta bien esta necesidad. En tres años consecutivos de escasez, en las orillas de la Gambia, cayeron un gran número de personas en la esclavitud. Muchos hombres libres se presentaban al doctor Laidley suplicándole les uniese á su cadena para ser alimentados (3). En la estancia que hizo Park en Manding, vió á algunos pobres en la mayor afliccion. Por las tardes cin-

---

(1) Mungo-Park.
(2) Franklin, Misceláneas.
(3) Mungo-Park.

co ó seis mugeres iban á la casa de *Mansá* á recibir una ración de trigo. «Veis ese muchacho, dijo el *Mansá*, al viajero, señalándole un hermoso niño de cinco años, su madre me lo ha vendido porque alimente á su familia cuarenta dias; y he comprado otro con las mismas condiciones.» El señor de Sufita, aldea de Jalluka, dijo á M. Park, que no podia presentarle ningún artículo de subsistencia, porque reinaba en el pais la mayor escasez: y que en la última recoleccion los habitantes de Kullo habian estado 29 dias privados de trigo, y tenido en este tiempo que alimentarse del polvo amarillo que hay en las cáscaras de nilta, especie de sensitiva, y de las simientes de bambú, que molidas y bien apretadas se parecen bastante al arroz.

Se dirá quizá que puesto que por la relacion de Park hay en Africa muchas tierras incultas, la escasez deberá atribuirse á la falta de poblacion: pero si asi fuese, seria muy difícil esplicar las emigraciones anuales. Lo que falta á las naciones negras, es la seguridad en la propiedad, y la industria por consiguiente. Sin estos bienes un aumento de poblacion no serviria sino para aumentar sus trabajos. Si para poblar estos lugares casi desiertos se estableciese una gratificacion en favor de los niños que naciesen, el efecto seria probablemente aumentar las guerras, la esportacion de esclavos, la miseria y la desgracia con muy poco aumento real de la poblacion.

Las costumbres de algunas naciones y las preocupaciones de todas, obrarian hasta cierto punto como semejante gratificacion. Los negros chaugallas, segun dice Bruce, contenidos y rodeados por todas partes de enemigos activos y poderosos: en medio de una vida dura y penosa, y entregados á continuas alarmas, no son muy apasionados á las mugeres. Estas y no los hombres, son las que mantienen la poligamia. Porque aunque estos pueblos forman naciones distintas, cada una de ellas se subdivide en familias que combaten y roban por su propia cuenta; de donde proviene que las mugeres tratan de aumentar sus familias por los medios posibles, y sus impertinencias obligan á sus maridos á asociarse con otras rivales (1). Lo mismo sucede entre los gallas: la primera muger con quien se casa un hombre no obsequia á su marido, sino á otra con quien desea que él se case. El argumento principal que emplea para obligarle á este arreglo, es que, reuniéndose sus familias serán fuertes, y que su número de hijos no les dejarán caer sin resistencia en poder de sus enemigos (2).

_____

(1) Bruce, viage á las fuentes del Nilo. (2) Idem.

Es muy probable que este deseo de tener familias numerosas produzca un efecto contrario, y que la pobreza y los males que esta engendra impidan criar hasta la edad del hombre, niños que hubieran llegado á ella si no hubiesen sido tan numerosos.

Bruce, apasionado á la poligamia hace en su favor el único argumento que podria defenderla si descansase sobre hechos exactos. Dice que los paises donde está establecida, la relacion de los nacimientos de las niñas con los niños, es de dos ó tres á uno. Un hecho tan estraordinario exigiria pruebas menos vagas que en las que se apoya el autor; aunque á la verdad no puede dudarse que en estos climas hay menos hombres que mugeres. En la misma Europa, donde se sabe que nacen mas varones que hembras, se observa la misma diferencia; con mucha mas razon en los paises cálidos, mal sanos y en estado de barbarie, donde los hombres estan sujetos á mayores desgracias, su número debe ser mas pequeño. Las mugeres estan menos espuestas á las influencias perniciosas de un sol ardiente y de un aire cargado de vapores, estan mas al abrigo de los males que son consecuencia del desarreglo y libertinage, y por lo regular no sufren los trastornos de la guerra. Donde los pueblos no gozan jamás de paz, esta causa única basta para esplicar la desproporcion que se observa entre los dos sexos, sobre todo, si sucede como entre los gallas de Abysinia (1), que no se deja en ninguna espedicion de matar atrozmente á los varones y perdonar á las mugeres. La desproporcion nacida de estas causas es la que en su origen ha autorizado la poligamia, y quizá hecho admitir con ligereza una relacion entre los nacimientos de uno y otro sexo en los climas cálidos, enteramente diferente del que se observa en los climas templados.

Siguiendo las preocupaciones que continuamente hay en esta materia, cree Bruce que el celibato de las mugeres es fatal á la poblacion que lo tolera. Observa con respeto á la ciudad de Jidda, que la falta de subsistencias producida por la afluencia de muchos hombres en un lugar desprovisto de lo necesario, rara vez permite á sus habitantes valerse del privilegio que la ley de Mahoma les concede: por consiguiente la mayor parte solo tienen una muger: de aqui proviene, dice, la escasez de poblacion y la multitud de mugeres que viven del celibato. Pero es evidente que la poca poblacion en este pais estéril, proviene de la escasez de subsistencias, y que aun cuando cada hombre tuviese una docena de mugeres, la po-

(1) Bruce, viaje á las fuentes del Nilo.

blacion no podria crecer de un modo permanente por esta causa.

Dice Bruce, que en la Arabia Feliz, donde las subsistencias estan á bajo precio, donde los frutos que sirven generalmente para alimento del hombre se reproducen espontáneamente y sin trabajo, no cuesta sostener muchas mugeres mas que el mantener el mismo número de esclavas. El alimento es el mismo para unas que para otras, asi como su vestido que consiste solo en una camisa de percal azul. Por consiguiente, dice, está precavido el celibato de las mugeres, y la poblacion crece con la poligamia cuatro veces mas que creceria sin ella. Y con todo eso no le parece que la Arabia esté muy poblada.

Que la poligamia tienda á disminuir el celibato de las mugeres no puede ponerse en duda. Pero hasta qué punto aumenta esta circunstancia el número de habitantes? Aqui varía la cuestion. Puede elevar la poblacion hasta los últimos límites que prescriben las subsistencias; pero en este caso es preciso observar que la estrema miseria que produce, no es favorable á la industria; y en un clima mal sano no puede menos de aumentar mucho la mortandad.

Segun la narracion de Bruce, toda la costa del mar Rojo, desde Suez hasta Bab-el-mandeb, es mal sana, sobre todo la parte situada entre los trópicos. Las fiebres violentas llamadas *nédad*, son las enfermedades mas terribles; pues por lo comun al tercer dia ocasionan la muerte. Los estrangeros se atemorizan á la vista de estas desgracias.

Jidda y todas las partes de la Arabia, vecinas del mar Rojo, son tambien insalubres (1). En Gondar, capital de la Abysinia, hay tambien calenturas perpétuas; y sus habitantes tienen un color cadavérico (2). Tambien en la Siria, uno de los paises mas hermosos del universo, hay constantemente calenturas pútridas y de mala calidad, y en los paises bajos de la Abysinia, las tercianas malignas producen muchas muertes, y finalmente en todas estas comarcas son muy destructivas las viruelas, sobre todo en las naciones limítrofes á la Abysinia, donde á veces destruyen tribus enteras (3).

El mal alimento, la poca limpieza y la pobreza, producen en las enfermedades efectos bien conocidos. Pues Bruce nos dice, que los habitantes de Tehagaesa, cerca de Gondar, á pesar de sus triples cosechas esten en la mayor miseria. En Adowa hace la misma observacion que es estensiva á todos los arrendadores de Abysinia. Las tierras se sacan á pú-

(1) Bruce, viaje á las fuentes del Nilo. (2) Idem. (3) Idem.

blicas subastas, por lo general el propietario proporciona las simientes con la condicion de dividir los frutos: y un señor se cree muy indulgente cuando no le hace pagar un cuarto adicional por indemnizacion del riesgo que puedan correr sus adelantos: quedando al cultivador apenas lo necesario para mantener miserablemente á su familia.

Nos dicen que los agowes, una de las naciones mas populosas de la Abysinia, viven en un estado de necesidad y miseria inesplicable. Vimos, dice Bruce, una multitud de mugeres arrugadas y quemadas por el sol que apenas parecian figuras humanas; andar errantes aqui y allá, bajo un sol abrasador, cada una con uno ó dos hijos sobre la espalda cogiendo granos de cañas, con lo que hacen una especie de pan. Las mugeres agowes se casan muy pronto, hay muchas que son madres á los once años, y pocas que sean estériles. En Dixan, ciudad limítrofe á la Abysinia, el único comercio conocido, es la venta de los niños. Anualmente se esportan quinientos para la Arabia; y segun dice Bruce, el cuádruplo en tiempo de escasez.

En Abysinia no está establecida con regularidad la poligamia: Bruce acerca de esto se espresa asi: «por mas que digan los jesuitas, sobre el matrimonio y la poligamia de los abysinios, es una verdad incontestable que estos pueblos no conocen el matrimonio. Mas sin detenernos á examinar esto, es bien sabido que hay pocas mugeres en Abysinia que vivan en la continencia y el celibato: de modo que su fecundidad no encuentra mas obstáculo que su libertinage.» Y en verdad, que segun la tabla del viajero que nos proporciona estos datos, este obstáculo debe tener mucha influencia.

La guerra en este pais es un medio que contiene la poblacion en sus justos límites y que obra como una causa muy activa para reprimir su esceso. Durante cuatro siglos no ha cesado, segun Bruce, de desolar sus desgraciadas comarcas: y su ferocidad la hace aun mas espantosa. Bruce á su entrada en Abysinia vió por todas partes ciudades arruinadas y arrasadas hasta sus cimientos. Estas huellas habia dejado el Ras Miguel en su marcha hácia Gondar. Durante las guerras civiles de que fue testigo este viajero, se hace mencion de hechos semejantes. «Los rebeldes, dice, habian empezado por asolar el pais de Dembeá, quemaron todas las ciudades de la llanura del Sur á Oeste y entre Miguel y Fasis le convirtieron en un desierto. A veces subia el rey á lo alto de una torre del palacio y contemplaba con dolor las llamas que devoraban sus ricas ciudades.» En otra parte, dice: «Todo el pais de Daquesa fue destruido: hombres, mugeres, niños, todo fue esterminado sin distincion de edad ni de sexo. Las casas se arruinaron y el pais quedó como devastado por un diluvio. La misma suerte tuvieron las ciudades pertenecientes al rey. Por todas partes se oian gritos y gemidos, pero nadie se atrevia á proponer medios de socorros.» En la provincia de Maitcha le dijeron que se encontraba un anciano, y que seria sin duda estrangero, porque los del pais mueren muy jóvenes en la guerra.

A pesar del cuadro que ha trazado Bruce de la Abysinia, puede asegurarse que la fuerza prolífica eleva la poblacion al nivel de las subsistencias, puesto que este principio tiene su efecto aun con los obstáculos de la guerra; de la peste, del libertinage y de los escésos á que conducen los estragos de estas tres causas de destruccion.

Entre las naciones limítrofes de la Abysinia, es en general la vida muy corta. Dice Bruce que una muger changalla, á los treinta años está mas arrugada y mas vieja que una europea á los sesenta. Y en estas comarcas como entre los pueblos pastores de los paises septentrionales, durante sus emigraciones, se suceden las generaciones con una rapidez singular. La única diferencia que en esto hay entre dós naciones tan lejanas, es que nuestros antepasados del Norte morian fuera de su pais, mientras que los africanos mueren en el suyo. Yo creo que si en estos paises hubiese datos esactos, se veria que comprendiendo los que perecen en la guerra, muere lo menos cada año una persona por diez y siete ó diez y ocho, en vez de una por treinta y cuatro ó treinta y seis, que es la relacion general en Europa.

La descripcion que hace Bruce de algunas partes del pais que atravesó al volver á Europa, es aun mas atroz, y manifiesta, que no depende la poblacion del número de nacidos, sino de las subsistencias y de las demas circunstancias naturales y políticas que influyen en el producto del suelo.

«Despues de seis horas y media, dice Bruce, llegamos á Garigana cuyos habitantes habian muerto el año anterior de hambre. Todo el suelo estaba cubierto de los huesos insepultos de estos desgraciados. Nos acampamos en medio de sus restos fúnebres, porque estaban por todas partes esparcidos.»

Hé aqui algunas observaciones que hace el mismo autor con motivo de alguna que otra ciudad que encontró al paso. «La fuerza de Teawa consistia en 25 soldados de caballería, y sus habitantes eran cérca de 1200; todos árabes miserables y desnudos sin recursos como los que vivian en las aldeas. Tal era el estado de Teawa: la consecuencia de esta situacion, era esperar que los árabes de Daveina la atacasen;

en efecto, cierta noche una tropa numerosa de caballeria quemó sus casas; los huesos de los habitantes se esparramaron por el suelo, y esta ciudad ofreció el mismo aspecto que la de Garinaga.»

«No se encuentra agua entre Teawa y Beyla. En otro tiempo habia pozos de donde se surtian Ingedidema y otras poblaciones que en su alrededor tenian vastos campos de maíz. Pero los árabes de Daveina, que son el azote del país, destruyeron á Ingedidema y á todas las aldeas circunvecinas: cegaron sus pozos, quemaron sus mieses y redujeron á los habitantes á morirse de hambre.»

Poco despues de haber salido de Sennaar, dice: «aqui empezamos á ver los efectos de la sequía; habia poco trigo sembrado, y este tan tardío, que apenas empezaba á salir. Muchos se ocupaban en recójer granos de yerbas para hacer mal pan: de modo que los hombres parecian verdaderos esqueletos. Nada aumenta tanto el peligro de los viajes y la animosidad contra los viajeros, que el hambre cuando reina en los paises que se atraviesan.»

«Llegamos á Eltic, ciudad apartada media legua del Nilo junto á una vasta llanura, dedicada enteramente á los pastos; escepto las orillas del río que están cubiertas de árboles. Vimos muchos campos de trigo, y el pueblo se ocupaba tambien como los anteriores en recojer simientes de yerbas» (1).

En tales circunstancias naturales y políticas, un poco mas de prevision, de industria y de séguridad, podria sin duda mejorar el estado de estos pueblos, y por lo mismo acrecentar su poblacion. Pero solo el aumento de nacidos sin otro medio, no haria mas que agravar su miseria. y la poblacion nada ganaria.

Lo mismo puede decirse del Egipto en otro tiempo tan floreciente y poblado. No es el principio de aumento el que ha sido alterado en este pais, y cuya disminucion ha causado esta decadencia: el principio de industria y de prevision es el que se ha debilitado. A esta causa y á la falta de seguridad bajo un gobierno opresivo, es preciso atribuir el estado actual de esta célebre comarca. El principio de acrecentamiento es en Egipto tan activo como nunca, pues mantiene la poblacion esactamente al nivel de las subsistencias, y aunque fuese mas poderoso, no podria hacer mas.

Los restos de las obras antiguas, los lagos, los canales, los acueduc-

(1) Bruce.

los destinados á dirijir el Nilo en sus inundaciones, á servir de depósito en los años que está muy bajo, y de salidas para las aguas sobrantes, cuando ha subido mucho, hacen ver que los antiguos trataban á fuerza de arte é industria fertilizar muchas tierras, con las inundaciones de los rios, cosa que no hacen los habitantes actuales. Estos eran otros tantos medios de evitar al menos hasta cierto punto la afliccion producida por las inundaciones irregulares (1).

Dícese que el gobernador Petronio, supliendo con el arte á los dones de la naturaleza, hizo que reinase la abundancia en Egipto en un tiempo en que la inundacion fue tan poco considerable, que casi se esperaba una escasez (2). Como una escesiva inundacion no es menos perjudicial para el cultivador, los antiguos por medio de acequias dirigian las aguas sobrantes á las áridas arenas de la Libia, y hacian habitables estos desiertos. Todas estas obras se han arruinado, y por una consecuencia de la mala administracion general, han causado mas mal que bien. La causa de este descuido, y por lo mismo de la disminucion de los medios de subsistencia del país, es evidentemente la ignorancia y la dureza brutal del gobierno unida á la miseria del pueblo, que es su consecuencia. Los mamelucos en quienes reside el principal poder, no piensan sino en enriquecerse, y para esto toman el camino mas corto. Se apoderan de las riquezas donde quiera que las encuentran, despojan al lejítimo poseedor, y sin cesar imponen nuevas contribuciones arbitrarias. La ignorancia y estupidez de estos gefes, unida á la contínua alarma en que viven, les impide conocer que mas les convendria permitir á los pueblos enriquecerse, pues cuanto mas tuvieran mas podrian robarles. De semejante gobierno no hay que esperar que emprenda ningunas obras públicas: ni bajo su influencia se atreva ningun particular á tratar de medios de mejoras que supondrian algun empleo de capitales, porque seria la señal cierta de su ruina. Por consiguiente nadie debe estrañar que las antiguas obras esten abandonadas, que el terreno permanezca sin cultivo, que los medios de subsistencia disminuyan, y que por consiguiente se reduzca mas la poblacion. Pero es tal la fertilidad del Delta debida á las inundaciones del Nilo, que aun sin capitales que le fecunden, sin derecho de sucesion, y sin casi de propiedad, este país mantiene una poblacion que comparada con su esten-

(1) Bruce.
(2) Volney.

sion es muy considerable. Y se mantendria cómodamente si la propiedad
fuese mas segura, y la industria tomase mejor direccion mejorando poco á
poco y estendiendo su cultivo para volver en fin el pais á su antigua
prosperidad. Puede decirse con certeza que en Egipto no es la falta de
poblacion la que ha paralizado la industria, sino por el contrario la
falta de industria la que ha detenido la poblacion.

Las causas inmediatas que la reducen al nivel de tan reducidas subsistencias, son bien manifiestas. No se da á los aldeanos sino lo indispensable para no morirse de hambre. Un pan malo, amasado con el
doura (1) sin levadura ni harina, agua y cebolla es todo su alimento. La carne y la grasa que buscan con ahinco, únicamente la logran muy raras veces, y solo los que tienen alguna consideracion entre ellos. Sus habitaciones son chozas de tierra, donde no puede entrar ningun estrangero
sin sofocarse con el calor y el humo: y en las que causan muchos estragos
las enfermedades que provienen de la poca limpieza, la humedad y los
malos alimentos. Añádense á estos males físicos un estado de alarma perpétuo, el temor de ser cojidos por los árabes, las visitas de los mamelucos, las venganzas que se trasmiten en las familias y todos los males de
la guerra civil.

En 1783 fué la peste muy asoladora. La escasa inundacion del Nilo
en 1784 y 1785 causó un hambre horrible. Volney nos pinta un cuadro horroroso: las calles del Cairo que en un principio estaban cubiertas de mendigos, quedaron por la fuga ó muerte de estos bien pronto desiertas. Muchos desgraciados para librarse del hambre se esparcieron por
los paises vecinos. Los egipcios inundaron las ciudades de la Syria, en las
calles y plazas públicas no habia mas que esqueletos estenuados y ago-
nizantes. Se emplearon los medios mas espantosos para apaciguar el hambre; los alimentos mas repugnantes se devoraban con ansia. Volney asegura haber visto al pié de los muros de la antigua Alejandria dos miserables hambrientos arrojarse al cuerpo de un camello y disputar á los
perros su carne ya podrida. Se cree que en dos años pereció de este azote
la sesta parte de la poblacion.

---

(1) Especie de mijo.

CAPITULO IX.

Obstáculos á la población en la Siberia septentrional y meridional.

Los habitantes de las regiones mas septentrionales del Asia se alimentan principalmente de la caza y de la pesca: por lo que los obstáculos al incremento de su poblacion son casi idénticos á los de los pueblos indígenas de América; con la diferencia que los estragos de la guerra son en aquellos menos sensibles, que los que ocasiona el hambre. M. de Lesseps que llevó de Kamtschatka á San Petersburgo los manuscritos del desgraciado La Perouse, hace una descripcion lastimosa de los males producidos por la escasez de alimentos en estos tristes climas. Observa al hablar de Bolcheretsk, aldea Kamtschatka que las grandes lluvias son nocivas en este pais, que causan inundaciones considerables y ahuyentan el pescado, de donde resulta que el hambre viene á afligir á los pobres kalmtschatkales, como sucedió el año último en todas las aldeas de la costa del O. E. de aquella península. Este funesto azote fue tan general, que obligó á los habitantes á abandonar sus moradas y á trasportarse con sus familias á las márgenes del Kamtschatka con la esperanza de encontrar allí mas recursos, por ser el pescado mas comun en esta ribera. M. Kasloff (el oficial ruso que llevaba M. de Lesseps) se habia propuesto dirigir su camino por la costa Occidental, por haber recorrido la del Este, mas la noticia de esta hambre le determinó, á pesar suyo á retroceder, por no esponerse á ser detenido ó quizá perecer en la mitad del camino por la dificultad de procurarse perros y víveres en la costa del O. E. (1) Estos viajeros tomaron otra ruta, y sin embargo, en el curso de su viaje casi todos los perros que formaban el tiro de sus trineos murieron por falta de alimento; y á medida que moria uno de estos perros, era en seguida devorado por los otros (2).

En Okotsk, ciudad de mucho comercio, los habitantes aguardan en la primavera con toda la impaciencia del hambre, el momento en que se rompen los hielos del rio Okotska. Cuando M. de Lesseps pasó por allí, estaba casi agotada la provision de pescado seco, y la carne á un precio exorbitante. Habiéndose tirado la red y cogido un número prodigioso de pececillos, todo el mundo se llenó de alegria y se repartieron desde lue-

---

(1) Diario histórico del viaje de M. Lesseps. (2) Idem.

ge entre los mas hambrientos. Al referir esto dice M. de Lesseps, lleno de sentimiento: «no pude contener las lágrimas al considerar la avidez de estos desgraciados; familias enteras se disputaban el pescado y le devoraban crudo á nuestra presencia.» Grandes son los estragos que las viruelas causan en toda la Siberia septentrional, pues segun M. de Lesseps en Kamtschatka perecieron las tres cuartas partes de los naturales.

Pallas confirma esta noticia; y al hablar de los ostiaquos del Obi, cuyo género de vida es casi el mismo, advirtiendo que esta enfermedad destruye un gran número de ellos, y debe ser considerada como el principal obstáculo á su acrecentamiento (1). Los estragos de las viruelas proceden del calor, la suciedad y el aire corrompido de sus habitaciones subterráneas. Hacinadas en una misma choza tres ó cuatro familias ostiacas no puede imaginarse cosa mas repugnante que el modo con que viven: ni se lavan nunca las manos, ni limpian jamás los restos de pescado corrompido, ni los escrementos de los niños. Fácil es despues de esta descripcion, dice Pallas, formar una idea del mal olor, de los vapores fétidos y de la humedad de sus chozas. Los ostiaquos no tienen muchos hijos, pues es muy raro el que haya tres ó cuatro en una familia. La razon que de esto da Pallas, es el gran número de los que mueren por el mal alimento, añadiéndose tambien á esto el estado de servidumbre penosa en que se encuentran las mugeres (2), y que debe ciertamente influir en su fecundidad.

Los samoiedes no parecieron á Pallas tan sucios como los ostiaquos y esto proviene de que en el invierno salen mas frecuentemente á caza. Pero la condicion de las mugeres es peor, de suerte que este obstáculo á la poblacion es muy grande.

Casi lo mismo vive el resto de los habitantes de estos climas crueles siendo casi todos generalmente miserables. Con lo dicho se puede formar una idea de las principales causas que mantienen la poblacion al nivel de las subsistencias.

Hay en las comarcas meridionales de la Siberia y en los distritos vecinos al Volga, algunas comarcas que los viajeros rusos nos suponen de una fertilidad estraordinaria. El suelo se compone en general de un escelente terrazgo, tan rico, que rehusa el abono en vez de necesitarlo. Porque si se emplea produce el trigo tan espeso, que se cae al

(1) Pallas, viajes. (2) Pallas.

suelo y se hecha á perder. El único modo de volver á esta tierra su fecundidad, es dejarla cada tres años uno en barbecho. Con esta precaución se asegura qué algunas partes de este terreno parecen inagotables (1). Masá pesar de esta aparente facilidad de proporcionarse un abundante alimento, muchos de estos ricos distritos estan escasamente poblados y quizá en ninguno el aumento de poblacion está en razon de la fertilidad del terreno.

Estas comarcas parecen estar sujetas á la especie de imposibilidad moral de acrecentamiento de que habla J. Stewart (2). Si la naturaleza del gobierno ó los hábitos del pueblo se oponen á que se establezcan nuevos arriendos, á que se subdividan los antiguos; una parte de la sociedad debe sufrir la escasez en medio de una abundancia aparente. No basta que un pais tenga la facultad de producir muchos alimentos, sino que es menester que el estado social sea tal que se empeñe en repartirlo bien. El motivo que aqui retarda la marcha de la poblacion es que hay poca demanda de trabajo. De esto resulta que los productos de la tierra no se reparten de manera que haga participantes de la abundancia á las clases inferiores, que no pueden gozar sino por este medio mientras no varíe la division de las tierras. El género de cultivo adoptado en este pais es tan sencillo, que exije pocos jornaleros. En algunos parajes se acostumbra á sembrar el grano sin ningun trabajo prévio (3). El trigo alforfon (morisco) se cultiva generalmente, porque aunque se siembra muy claro, la semilla de un año basta para la cosecha de cinco ó seis; y cada año esta cosecha rinde doce ó quince veces la cantidad confiada á la tierra. El que cae al suelo durante la siega, es suficiente para producir la cosecha siguiente, bastando pasarle una vez la reja en la primavera. Se continúa recogiendo de este modo hasta que se encuentra alguna disminucion en la fertilidad del terreno. Una advertencia muy exacta es que no hay ninguna especie de grano cuya cultura sea mas á propósito para la indolencia de los habitantes de los llanos de la Siberia (4).

Con tal sistema de agricultura y pocas ó ninguna de manufacturas, la demanda de trabajo estará pronto satisfecha. El precio del trigo será muy bajo, pero aun mucho mas el del trabajo. El arrendador podrá hacer grandes provisiones para el alimento de sus hijos, mas los gages del obrero no bastarán para educar á su familia con comodidad.

---

(1) Pallas. (2) Econ. política, lib. 1, cap. 5.
(3) Pallas. (4) Descubrimientos de los rusos.

Supongamos que admirados de la falta de poblacion en un terreno tan fértil, tratásemos de procurar el remedio dando un premio por los niños que nazcan, poniendo así al manufacturero en estado de criar un gran número de ellos. ¿Cuál seria la consecuencia de esta operacion? Nadie demandaria el trabajo de estos niños sobrantes. Aunque bastara quizá un real para pagar el alimento diario de un hombre, ninguno ofreceria un cuarto á estos recien venidos en pago de su jornal. El arrendador hace todo lo que quiere, todo lo que considera necesario para el cultivo de sus tierras con su familia, y uno ó dos jornaleros, que es costumbre tener, no sirviéndole para nada los nuevos trabajadores y sin que haya esperanza de que salga de su indolencia y acometa nuevas empresas, únicamente para ocuparlos ó para darles gratuitamente de que alimentarse. En este estado de cosas, cuando la demanda limitada del trabajo está plenamente satisfecha ¿en qué vendrán á parar aquellos brazos ociosos? Se encontrarán tan completamente privados de los medios de subsistencia como si vivieran en el pais mas estéril: necesitarán ir á otra parte á buscar trabajo ó tendrán que morirse de miseria. Pero aun suponiendo que salvando su mala suerte, por medio de alguna corta ocupacion casual, logren aunque con dificultad mantenerse, es claro que no tendrán medios suficientes para casarse y aumentar la poblacion.

Se dirá que si hay muchas tierras buenas sin uso, no faltará quien haga nuevos establecimientos, de manera que la poblacion escedente creará allí su propia subsistencia y aumentará la demanda, como en los Estados-Unidos de América. Esto es lo que sucederia, sin duda en circunstancias favorables, si por ejemplo en primer lugar el pais fuera de naturaleza que pudiera suministrar todos los otros materiales así como el trigo. Segundo, si estas tierras pudiesen comprarse en pequeñas porciones y la propiedad fuese garantida por un gobierno libre; y tercero si los hábitos de trabajo y de acumulacion fuesen generalmente dominantes en las masas del pueblo. La falta de una sola de estas suposiciones, bastaria para poner obstáculos á la poblacion ó para detenerla enteramente; un terreno que produce las mayores cosechas, podria ser enteramente impropio para grandes establecimientos, por falta de agua y de leña. Las acumulaciones individuales se emplearian lentamente y con repugnancia para fecundizar la tierra, si las bases del arriendo estuviesen mal garantidas ó sujetas á condiciones humillantes; y la fácil produccion de un suelo fértil, no tendria el efecto de procurar un aumento constante y una distribucion conveniente de las cosas necesarias para la vida, bajo la influencia de los hábitos inveterados de pereza y de imprevision.

Es evidente que todas estas circunstancias favorables no han existido en Siberia; y aun suponiendo que la naturaleza del suelo no ofrezca ningun defecto, las dificultades morales y políticas, propias para impedir un rápido acrecentamiento de poblacion, no pueden ceder sino lentamente á los esfuerzos mejor dirigidos. En los Estados-Unidos el aumento rápido del capital agrícola, se debe en gran parte á los salarios subidos ó al alto precio del trabajo comun. Se consideran como precisas treinta ó cuarenta libras esterlinas (1) por lo menos de capital propio, para poner á un jóven activo en estado de empezar una plantacion por su cuenta en los establecimientos del interior, y puede ahorrarse dicha suma en pocos años sin mucha dificultad en los Estados-Unidos, porque el trabajo está muy demandado y pagado á un precio escesivo. Mas en Siberia el jornalero supernumerario que acabo de pintar, viviendo apenas de lo que gana diariamente, no podria reunir con facilidad los fondos necesarios para edificarse una casa, comprar instrumentos para trabajo y el cultivo, y vivir, en fin, él mismo, hasta que produjesen sus tierras. Aun los hijos de un gran arrendador tendrian dificultad de proporcionarse los fondos suficientes. En un pais donde la venta de los granos es poco estensa ó el precio muy bajo, el cultivador es siempre pobre. Aunque esté en estado de proveer cómodamente á la subsistencia de su familia, no puede realizar un capital para dividirle entre sus hijos y proporcionarles asi los medios de emprender nuevos cultivos. Por pequeña que sea la suma que para esto se necesite, el arrendador no sabe cómo adquirirla. Si recoge mas granos que ordinariamente, no encuentra compradores para esta porcion sobrante (2), ni puede convertirla en ninguna propiedad permanente y trasmisible á sus hijos, y con la que estos logren en lo futuro alimentos ú ocupacion (3). Por consecuencia se contenta con producir á lo mas aquello que basta á las necesidades de su familia y á lo que se puede despachar regularmente en el mercado.

Si tiene una familia numerosa sucederá probablemente que muchos de

---

(1) Libra esterlina, moneda inglesa cuyo valor se regula de cién reales vellon. (*Nota de los traductores.*)

(2) «Hay poco despacho en el pais porque la mayor parte son cultivadores y crian ellos mismos las caballerías.» Viajes de Pallas.

(3) He conocido últimamente que una de las principales razones por las cuales, porciones muy estensas de terrenos ricos y fértiles estan sin cultivo en estas regiones, es qué en ciertas épocas se cubren de innumerables enjambres de langostas que devastan las cosechas nacientes sin que se encuentre medio alguno de librarse de esta plaga.

los que la componen vendrán á parar en simples jornaleros. Desde entonces no podrán estos contribuir al aumento de la poblacion, mejor que el pobre obrero, privado de medios de subsistencia y cuya descripcion acabamos de hacer.

No es, pues, un estímulo directo para procrear y educar hijos lo que podrá hacer crecer la poblacion en estas comarcas. Lo que convendrá será nuevas demandas de los productos agrícolas, que no se podrán obtener sino por medio de la mejor division de estos productos. Para este efecto seria menester introducir manufacturas é inspirar el gusto á los cultivadores, y proporcionar ya á estos, ya á nuevos colonos capitales que les permitan ocupar y cultivar todas las tierras, aumentando asi el mercado interior.

La emperatriz Catalina II empleó estos dos medios para acrecentar la poblacion de sus estados. Fomentó á la vez los manufactureros y los cultivadores. Proporcionó á los estrangeros dedicados á una de estas profesiones, capitales sin interés por cierto número de años (1). Estos esfuerzos bien dirijidos, unidos á los que habia hecho Pedro I, tuvieron como era de esperar grandes resultados. Los pueblos sometidos á la dominacion de los Czares, sobre todo en Asia, despues de haber permanecido lánguidamente durante una larga série de siglos en un estado de poblacion casi estacionario, tomaron por fin vuelo y se aumentaron mas rápidamente. Aunque las mas bellas provincias de la Siberia no estén pobladas en razon de su fertilidad, la agricultura florece en algunas, y se recojen muchos granos. En una escasez general, que tuvo lugar en 1769, la provincia de Isetsk se encontró en estado, á pesar de la mediania de su cosecha, de mantener á las fábricas de fundicion y herrerías del Oural y de preservar del hambre á las provincias vecinas (2). En el territorio de Krasnoiarsk, en las márgenes del Yenisseï, la abundancia de granos es tal, á pesar de la indolencia y mala conducta de los habitantes, que hasta ahora no se ha visto nunca faltar la cosecha (3). Pallas observa con

(1) *Tooke's Vievv of the Russian empire.* El pricipal efecto de estas emigraciones de estrangeros, fué quizá él de sustituir el trabajo de hombres libres al de esclavos, y la actividad de los alemanes á la indolencia de los rusos. Pero un punto muy importante hubiera sido proporcionarles la parte de capital que consiste en máquinas. El fuerte despacho de los objetos manufacturados que hubiera seguido inmediatamente, no dejaria de atraer á los cultivadores y de infundirles bien pronto la aficion á dichos productos.

(2) Pallas viajes. (3) Idem.

razon que si se reflexiona el estado en que se encontraba la Siberia, hace doscientos años, y si se calcula que entonces solo era un desierto desconocido, menos poblado que los de la América septentrional, no se podrá menos de admirar su estado actual y el número de rusos que habitan este pais muy superior al de los naturales.

Cuando Pallas estaba en Siberia, los artículos de subsistencias se vendian á un precio muy bajo en los distritos fértiles, sobre todo en los alrededores de Krasnoiarsk. Un *pud* (algo mas de dos arrobas) de trigo candeal, se vendia por cerca de un real y por poco mas una vaca. Estos precios tan bajos, debidos á la falta de salida de los productos de la tierra, era quizá lo que mas retardaba el desarrollo de la industria. Desde esta época los precios han subido mucho (1). Lo cual da á entender que se ha llenado el objeto y que la poblacion ha hecho rápidos progresos.

Pallas se queja todavia del modo con que los agentes subalternos cumplian las órdenes de la emperatriz. Nota que los propietarios á quien este cuidado estaba confiado, enviaban muchas veces colonos que, por su edad, por su estado de salud y sus hábitos, parecian poco á propósito para el objeto á que eran destinados. A los mismos alemanes que se habian establecido en los distritos de Wolga, les faltaba industria y actividad, y esto era ciertamente un punto muy esencial. Se puede decir con seguridad que la importacion de industria es mas necesaria á la poblacion que la importacion de hombres. Si fuese posible cambiar de repente los hábitos de todo un pueblo y dirigir voluntariamente su industria, jamás tendria necesidad un gobierno de favorecer nuevos establecimientos. Pero no hay nada mas dificil que hacer semejante cambio. Serán necesarios muchos años y muchas circunstancias favorables para que un aldeano de Siberia tenga la actividad é industria de jornalero inglés. El gobierno ruso no ha dejado de hacer esfuerzos para obligar á los pueblos pastores de la Siberia á dedicarse á la agricultura, pero la mayor parte lo rehusan obstinadamente insistiendo en preferir una vida irregular y perezosa (2).

Otros muchos obstáculos se oponen al acrecentamiento de las colonias rusas. Las comarcas bajas estan frecuentemente llenas de pantanos que las hacen mal sanas (3), y los animales sujetos á graves y frecuentes

---

(1) *Tooke' s View of the Russian Empires.*
(2) *Tooke' s Russian Empire.*
(3) Viajes de Pallas. En los paises en donde el principio de la poblacion no se desarrolla nunca plenamente, las estaciones mal sanas y las

epizootias (1). Por fértiles que sean los distritos vecinos al Wolga, las sequías son tan frecuentes que de tres cosechas hay raramente una buena (2). Los colonos de Saratov, despues de algunos años de establecimiento, se vieron por esta razon obligados á mudar de domicilio, y la emperatriz les hizo cesion de la cantidad de un millon de rublos (3), destinada á edificar sus casas (4). Motivos de conveniencia ó seguridad obligan á situar las casas de una colonia de manera que esten todas contiguas ó unas junto á otras y no diseminadas en las diferentes suertes de alrededor. Bien pronto por consiguiente falta sitio en las inmediaciones, y las tierras lejanas permanecen en un estado de cultivo muy imperfecto. Esta observacion que hizo Pallas acerca de la colonia de Ketchesnaïa, le obligó á proponer á la emperatriz que hiciese trasportar á otro lado una parte de esta colonia á fin de que los restantes estuvieran con mas comodidad (5). Esta proposicion parece indicar que dificilmente se hacian estas divisiones espontáneamente, y que los hijos de los colonos no encuentran siempre donde establecerse y formar nuevas familias. En la colonia floreciente de los hermanos moraves de Sarepta, se observa que los jóvenes no se pueden casar sin el permiso de sus sacerdotes, que generalmente no se les concedia sino muy tarde (6). Parece, pues, que aun en estas nuevas colonias el obstáculo privativo contribuye eficazmente á detener el aumento de la poblacion. Este acrecentamiento solo puede ser rápido en donde el precio real del trabajo sea muy elvado, como sucede en América. Mas si se considera el estado de la sociedad en las provincias rusas que examinamos y la falta de salidas que es su consecuencia, se reco-

---

epidemias influyen poco sobre la poblacion media. Pero es distinto en las colonias nuevas en donde estas causas detienen el progreso de una manera sensible. Esta diferencia necesita esplicarse. En el pais donde la poblacion es estacionaria ó muy lentamente progresiva, si se le suponen subsistentes todos los obstáculos observados hasta aqui que limitan el aumento de una manera inmediata, la abundancia de alimento no puede aumentar sensiblemente la poblacion. Pues únicamente disminuyendo el número de obstáculos inmediatos, es como la abundancia puede obrar un acrecentamiento. Por lo demas algunos de estos obstáculos no se logran destruir, ya por la dificultad de cambiar los hábitos antiguos, ya por circunstancias desfavorables del terreno ó del clima, y no cesarán de obrar y de impedir tenga todo su efecto el principio productivo.

(1) Pallas. (2) Idem.
(3) Rublo, moneda rusa que equivale próximamente á 15 reales y 3 maravedis. (*Nota de los traductores.*)
(4) Tooke. (5) Pallas.
(6) Viajes de Pallas.

necerá que el precio real del trabajo no puede ser muy alto. Así que su aumento, circunstancia que acompaña de ordinario al establecimiento de nuevas colonias, es la verdadera causa que produce su acrecentamiento (1).

CAPITULO X.

Obstáculos á la población en Turquía y en Persia.

Fácil es, consultando á los viajeros, formarse una idea de las causas que disminuyen la población en la parte asiática del Imperio turco, y como las costumbres de sus estados de Europa y Asia no son esencialmente diferentes, no hay necesidad de hacer distincion entre ellas.

La causa fundamental de la débil poblacion de Turquía, comparada con su estension, depende incontestablemente de la naturaleza de su gobierno. La tiranía, la debilidad, las malas leyes, su peor administracion y la incertidumbre de la propiedad, que de aqui se sigue, oponen á la agricultura obstáculos tales, que sus productos disminuyen de año en año y por consiguiente tambien su poblacion. El miri ó el impuesto general de las tierras que se paga al Sultán, es en sí muy moderado (2); pero por una série de abusos inherentes al gobierno turco, los bajás y sus agentes han encontrado medio de hacer esta contribucion ruinosa. Aunque sea imposible aumentar directamente la cuota establecida, han introducido una multitud de medios indirectos que producen el mismo efecto.

_____

(1) Otras causas que Pallas no ha tenido en cuenta, pueden obrar para reprimir en Siberia el aumento de la poblacion. En general es preciso observar relativamente á todos los obstáculos inmediatos que se oponen al acrecentamiento de la poblacion y que he mencionado ó mencionaré en adelante, que como es imposible determinar la estension precisa de la influencia ejercida por cada uno de ellos y la relacion de esta influencia con el principio de la poblacion, cuyos efectos tiende á limitar, es igualmente imposible sacar consecuencias exactas sobre el estado actual de la poblacion, contentándose con raciocinar con estos principios, sin recurrir á la observacion inmediata. Los principales obstáculos á la poblacion pueden presentarse como precisamente iguales en dos naciones diferentes y producir, sin embargo, efectos desiguales, lo cual tiene lugar cuando siendo de un mismo género, difieren en la intensidad ó en el grado. Todo lo que se puede exigir aqui es proceder como se acostumbra en las investigaciones físicas; quiero decir, empezar por observar los hechos y tratar en seguida de esplicarlos empleando todas las luces que se puedan recoger.

(2) Volney.

En Siria, segun Volney, tienen á su disposicion la mayor parte de las tierras: y cuando las conceden á arrendadores, las gravan con las mas onerosas condiciones: y exigen la mitad, y á veces las dos terceras partes de la cosecha. En la recoleccion arman trampas sobre supuestas pérdidas, y como tienen el poder en su mano, hacen lo que quieren. Si falta la cosecha no dejan de exigir la misma suma, y ponen en venta para cobrarse todo lo que el arrendador posee. A estos medios de opresion permanente se añaden una multitud de estorsiones de otra naturaleza. Y á una poblacion entera, bajo pretesto de una ofensa imaginaria, se la impone una contribucion. Ya se exigen dádivas por la llegada de un nuevo gobernador, ya piden para sus caballos heno, paja, cebada, y se multiplican las comisiones, porque los soldados portadores de las órdenes, viven á espensas del desgraciado cultivador, al que tratan con la mayor insolencia (1).

El efecto de estos pillages es que los pobres habitantes no puedan pagar el *miri*, y obligarles á vivir á espensas de su aldea ó refugiarse á las ciudades. Sin embargo, el *miri* es inalterable: de un modo ó de otro es preciso se pague entero. La porcion de los que abandonan sus hogares tienen que pagarla los demas habitantes: si sobrevienen dos años de sequía y hambre, se abandona la aldea; y en este caso la cuota que ella pagaba recae sobre las tierras vecinas.

El subsidio de los cristianos está sujeto á los mismos abusos: de tres, cinco y once piastras (2) que era primitivamente, ha subido á treinta y seis y cuarenta: que reduciendo á los contribuyentes á la mayor miseria, les obliga á huir. Se ha observado que estas exacciones han crecido mucho en los últimos cuarenta años: y desde esta época data la decadencia de la despoblacion del pais, y la escasez del numerario que ha sido absorvido por Constantinopla.

El alimento de los aldeanos es solo una galleta de cebada, cebollas, lentejas y agua. Para no perder nada de sus frutos, dejan todos los granos silvestres que encuentran mezclados con ellos, lo que á veces tiene fatales consecuencias. En las montañas de Líbano y de Naplus en tiempo de carestía tienen por recurso las bellotas que hacen cocer y tostar entre el rescoldo.

Consecuencia de esta estrema miseria es que la agricultura se halla en

---

(1) Volney.
(2) *Piastra*, moneda turca, que equivale próximamente á 47 rs. vn.

el estado mas deplorable. El cultivador está casi siempre sin instrumentos, y los pocos que tiene son muy malos. Su arado por lo comun no es mas que una rama de árbol, en forma de orquilla y sin ruedas. Para la labor se emplean asnos y vacas, y rara vez bueyes, porque esto seria anunciar demasiada riqueza. En los distritos espuestos á las incursiones de los árabes, como en la Palestina, el labrador siembra con el fusil en la mano; rara vez se deja madurar el grano; pues antes que sazone le cojen y ocultan en los subterráneos. Necesitan poco para sembrar las tierras porque solo cultivan las necesarias para vivir. Toda su industria se limita á cubrir las primeras necesidades. Para tener un poco de pan, cebollas, una mala camisa azul y una capa de lana, no se necesita mucho. «El aldeano vive angustiosamente, pero al menos no enriquece á sus tiranos; y la avaricia despótica se encuentra castigada por su propio crímen.»

Este cuadro del estado de los habitantes de la Siria, trazado por Volney es bastante conforme al de los demas viajeros: y segun Eton, representa muy bien la miserable condicion de los aldeanos en la mayor parte del imperio turco (1). Todos los destinos se subastan ó se consiguen por intrigas del serrallo y á precio de oro. Por consiguiente los bajás destinados á las provincias ejercen en ellas la omnímoda plenitud del derecho con que se consideran de causar estorsiones, no escediéndoles en esto sino sus mismos oficiales, asi como á estos todavia les sobrepujan sus agentes subalternos (2).

El bajá hace sus exacciones de dinero, no solo para poder pagar el tributo, sino para indemnizarse de lo que le cuesta su destino, para sostener su rango y estar dispuesto á los accidentes imprevistos. Como representa al sultan, y por consiguiente reune en su persona todo el poder civil y militar, tiene á su disposicion toda clase de medios; y siempre prefiere los mas espeditos (3). Incierto del porvenir, trata á su provincia como una posesion pasagera y procurando de recoger en un dia la renta de muchos años, sin pensar jamás en su sucesor y sin cuidarse del estrago que puede causar á la renta fija (4).

El labrador está necesariamente mas espuesto á estas vejaciones que los habitantes de las ciudades. Sus ocupaciones le fijan mas en el terreno y sus productos no pueden ocultarse fácilmente: las condiciones con que posee sus campos y con que puede trasmitirlos, son inciertas. Cuando

---

(1) Eton, del imperio turco. (2) Idem.
(3) Volney. (4) Idem.

muere, sus bienes van al Sultan; y los hijos del difunto propietario no pueden tener nada sino comprándolo muy caro. Estas costumbres hacen que se dediquen muy pocos al cultivo. Abandonan muchos las campiñas y se refugian á las ciudades, en las que son tratados con menos crueldad y donde pueden adquirir bienes susceptibles de ocultarlos á las ojas de los raptores (4).

Para completar la ruina de la agricultura han establecido á veces un precio fijo por el que está obligado el labrador á proporcionar el trigo á las ciudades. Es una máxima de la política turca, nacida de la debilidad del gobierno y del temor de las conmociones populares, mantener bajo el precio del trigo en las grandes ciudades. Cuando escasea la cosecha, todos los que tienen trigo han de venderlo al precio fijo, bajo pena de muerte: y si no lo hay en las cercanías, sacan contribucion á los distritos vecinos (2). Cuando Constantinopla carece de víveres, diez provincias lo menos, quedan hambrientas para proporcionarles (3). En Damasco, durante la escasez de 1784, el pueblo pagaba el pan solo á seis dineros la libra, mientras las aldeas se morian de hambre (4).

Inútil es detenerse en manifestar los efectos que debe producir en la agricultura semejante sistema de gobierno. Las causas que disminuyen los medios de subsistencia son bien manifiestas, y casi con mayor certidumbre pueden indicarse los obstáculos que mantienen la poblacion al nivel de estos decrecientes recursos, pues del conjunto de todo género de vicios y calamidades provienen los predichos obstáculos.

Se observa por lo general que en Turquía las familias cristianas tienen mas hijos que las familias mahometanas que usan la poligamia (5). Esto parece muy estraño; pues aunque la poligamia, distribuyendo las mugeres desigualmente, tiende á disminuir la poblacion del pais, los gefes de las familias que tienen muchas mugeres debieran naturalmente tener mas hijos que los que solo tienen una. Volney esplica este fenómeno diciendo que la poligamia y los matrimonios precoces de los turcos los debilitan desde su juventud y por consiguiente á los treinta años algunos no pueden ya tener hijos (6). Hace ademas mencion de un vicio contrario á la naturaleza que es muy comun en estos pueblos, y le considera como perjudicial á la poblacion (7). Pero segun él, las cinco causas

(1) Volney viaje á Siria. (2) Idem. (3) Idem. (4) Idem.
(5) Eton's Turkish. Emp. ch. 7.º
(6) Volney. Voy en Egipte et en Syrie, tom. 2.º, cap. 9.
(7) Eton's Turkish. Emp. cap. 7.º

principales de despoblacion son: 1.ª La peste que nunca cesa enteramente de ejercer sus estragos en este imperio. 2.ª Las enfermedades terribles que casi siempre la siguen, al menos en Asia. 3.ª Las enfermedades endómicas y epidémicas que en Asia hacen tantos estragos como la peste y son muy comunes. 4.ª El hambre. 5.ª En fin, las enfermedades que esta produce y que causan una gran mortandad (1).

Describe en seguida mas detalladamente los estragos de la peste en diferentes comarcas del imperio, y concluye diciendo que si ha disminuido el número de mahometanos, ha sido debido solo á esta causa (2). Añade que siguiendo el mismo rumbo la poblacion turca debe estinguirse en el espacio de un siglo. Pero esta asercion y los cálculos que refiere son erróneos. El aumento de la poblacion en los intervalos de las épocas de mortandad es probablemente mucho mayor que el que el autor supone. Mas por otra parte, en un pais donde el trabajo del labrador se reduce solo á llenar sus necesidades, donde no se siembra sino para no morirse de hambre, donde por consiguiente no puede reservar nada de los productos, la pérdida de un gran número de hombres no se reemplaza fácilmente, porque no se conocen sus efectos sino en un pais industrioso donde está asegurada la propiedad.

Segun Zoroastro, legislador de los persas, plantar un árbol, cultivar un campo, dar la vida á un hijo, son tres acciones meritorias. Las descripciones de los viajeros prueban que este último mérito no siempre pueden tenerle las clases ínfimas del pueblo. En este caso, como en otros muchos, el interés particular de los individuos corrige los errores del legislador. Chardin afirma que en Persia es tan costoso el matrimonio, que solo los hombres ricos se casan: los demas temen arruinarse (3). Los viajeros rusos confirman esta narracion: dicen que la gente del pueblo tienen que dilatar sus matrimonios y que solo los ricos se casan cuando quieren (4).

Las convulsiones que durante muchos siglos han conmovido á la Persia, no han podido menos de afectar lastimosamente á su agricultura. Muy cortos han sido los intervalos de reposo entre las guerras esteriores y las disensiones intestinas. Y aun en medio de la paz mas profunda las provincias de las fronteras han estado constantemente espuestas á las devastaciones de los tártaros.

---

(1) Eton. (2) Viajes de Chardin á Persia.
(3) Descubrimientos de los rusos.
(4) Chardin.

De superar son el efecto de este órden de cosas: la relacion de las tierras incultas con las cultivadas, es segun Chardin, de diez á uno; y el modo que los dependientes del Shah y los propietarios particulares tienen de dar sus tierras á los labradores, no es á propósito para reanimar la industria. Ademas, los cereales en este pais estan muy espuestos á perderse por el gránizo, la sequía, la langosta y otros insectos, lo cual motiva el desvío de los capitales hácia la industria agrícola.

La peste no se estiende mucho por Persia; pero los viajeros rusos dicen que las viruelas hacen grandes estragos.

No entramos en mas detalles sobre los obstáculos que esperimenta la poblacion en Persia; pues son casi idénticos con los que acabamos de indicar en Turquía.

Y si bien es verdad que la peste causa grandes estragos en este último pais, tambien lo es que en Persia las guerras intestinas, que son muy frecuentes y quizá no menos destructoras, arrebatan una gran parte de la poblacion.

CAPITULO XI.

De los obstáculos que se oponen á la poblacion en el Indostan y el Tibet.

En las ordenanzas de Menou, legislador de la India, que W. Jones ha traducido y que denomina *Instituciones de derecho Indio*, se estimula sobremanera el matrimonio, siendo un heredero varon reputado como el mayor de los bienes.

«Por medio de un hijo se considera un hombre superior á todos los demas, por medio de un hijo goza de la inmortalidad, y en seguida por medio del hijo de este, llega hasta las mansiones del Sol.»

Como el hijo exime á su padre del infierno llamado *Put*, el mismo Brama denomina, por tanto, Putra á los hijos (1).

Menou asigna propiedades especiales á cada uno de los diferentes ritos nupciales.

«El hijo de una bramina ó de una muger casada segun la primera ceremonia, si practica actos de virtud, rescata de pecado á diez de sus

---

(1) Obras de sir W. Jones. El abate Raynal dice, hablando de las leyes indias: «La poblacion es un deber primitivo, un órden de la naturaleza tan sagrado, que la ley permite engañar, mentir, perjurar por favorecer un matrimonio.» Historia de las Indias, lib. 4.°

antepasados, diez de sus descendientes y tambien á sí mismo, es decir, redime veinte y una personas.»

El hijo de una muger casada, segun *Daiva*, rescata siete ascendientes y siete descendientes; el de una muger casada, segun *Archa*, tres de unos y tres de otros: y el de una, segun *Praja Patva* seis y seis (1). La calidad de gefe de familia se considera como una dignidad muy eminente. Los sábios adivinos, los manes, los dioses, los espíritus y cuantos ejercen la hospitalidad, ruegan por el bien estar de los gefes de las familias (2). Un primogénito que no se ha casado antes que su hermano menor, pasa por un hombre sospechoso (3). Estas leyes tienden á presentar el matrimonio como un mandato divino; pero al parecer prefieren una sucesion de herederos varones á una numerosa descendencia.

El padre que tiene un hijo solventa su deuda respecto á sus antepasados; y este hijo que al nacer ha redimido la deuda del padre y le ha granjeado la inmortalidad, es solo el que se reputa debido al sentimiento obligatorio, mientras los demas hijos los considera el sábio procedentes del amor de los placeres (4).

Permítese en ciertos casos á una viuda tener de su hermano ó de algun pariente próximo del marido difunto un hijo, pero jamás dos. Conseguido el objeto, deben vivir el cuñado y la cuñada como un suegro con su nuera» (5).

Por do quiera en estas ordenanzas toda especie de sensualidad se reprueba altamente, y la castidad se ordena como un deber religioso. «Es culpable el hombre á quien su temperamento arrastra á los placeres sensuales; cuando le contraria y le subyuga, merece la bienaventuranza celestial.»

Ya pueda ó no un hombre conseguir los goces, el renunciarlos conviénele mucho mas que el disfrutarlos (6).

Se puede razonablemente suponer que estos preceptos puedan contrabalancear hasta cierto punto el estímulo que las otras leyes citadas dan á la poblacion, pues propende á que cualquiera se contente con un hijo ó se mantenga, sin pena, en el celibato: tanto mas, cuanto en dicho código parece que la perfecta castidad dispensa de la obligacion de tener descendientes.

Muchos millares de bracmanes han evitado desde su juventud la sen-

(1) Obras de sir W. Jones. (2) Idem. (3) Idem.
(4) Obras de sir W. Jones. (5) Idem. (6) Idem.

sualidad; no han temido ascension, y por esto no han dejado de ir al cielo.

«A la manera de estos hombres morigerados va al cielo, aunque no tenga hijos, la muger que despues de haber perdido á su marido, se dedica á la piedad y virtudes austeras» (1).

El permiso concedido á un hermano ó al próximo pariente de proporcionar un heredero al marido difunto, solo tiene lugar en las mugeres de condicion servil (2). A las de clases mas elevadas, no les es dado ni aun nombrar á otro hombre. «Deben continuar hasta la muerte perdonando injurias, practicando los ejercicios mas religiosos, huyendo de los placeres carnales, y observando con esmero las mas rígidas reglas de virtud» (3).

Independientemente de estos preceptos positivos sobre la necesidad de sujetar las pasiones, otras circunstancias han podido contribuir á disminuir el efecto de las ordenanzas hechas para fomentar el matrimonio.

La division del pueblo en castas ó en clases, y la continuacion del mismo oficio en cada familia han debido servir para hacer conocer claramente á cada individuo los medios futuros de subsistencia; y por la ganancia que reportaba su padre, deducir si tendrá en la suya con que mantener á una numerosa familia; pues si bien es cierto que un hombre puede descender á una clase inferior, cuando las ocupaciones propias de la suya no le producen lo necesario para vivir, tambien lo es que este descenso se mira como una especie de degradacion, y no es probable que un hombre se case con el presentimiento de la necesidad de abatirse, y de someterse á esta deshonra.

Ademas de esto la eleccion de muger es, segun parece, cosa muy dificil, pudiendo acontecer que un hombre permanezca largo tiempo célibe antes de haber encontrado una compañera tal como la desea el legislador. Por de contado no se puede elegir de las diez familias marcadas, por grandes, por ricas que sean en vacas, cabras, ovejas, granos ú oro. Tampoco se pueden escoger las jóvenes que tienen demasiados ó muy pocos cabellos, las que son muy habladoras, las de malos ojos, ó cuyo nombre es desagradable ó que padecen alguna enfermedad, las que no tienen hermano ó cuyo padre no es muy conocido, y todavia otras muchas. Cuan reducida parecerá esta eleccion al considerarla circunscrita al del siguiente retrato. «Una jóven cuya figura sea sin defectos, de nombre agradable, que ande con gracia como el féniptero ó el elefante jó-

(1) Obras de sir W. Jones. (2) Idem. (3) Idem.

ven, que tenga la suficiente cabellera, los dientes de un regular tamaño
y toda ella muestre dulzura y amabilidad (1).

Por tanto no se verá en parte alguna, nos dice, que un *bramine* ó un
chatiya tome una muger de la clase servil, aun cuando le sea muy difícil hacer una boda decente, lo cual da á entender que esta dificultad es
muy grande (2).

Otro obstáculo al matrimonio que dimana de las costumbres indias,
es el que un hermano mayor que no se casa, parece que condena á todos sus hermanos al celibato. Porque el hermano menor que se casa antes que el primogénito, se espone á una especie de deshonra toda vez que
el legislador le designa entre aquellos de quienes debe uno apartarse (3).

Las costumbres y el caracter de las mugeres indias nos las pinta el
legislador muy desagradablemente, presentándonos entre otros muchos
diseños muy duros el siguiente: «á consecuencia de su pasion por los
hombres, de su inconstancia, de su poco afecto y de su natural perver-
so, por mucho cuidado que se tome en guardarlas, conciben bien pronto ódio á sus maridos» (4).

Si este retrato es fiel, débense atribuir estos vicios á la privacion de
toda especie de libertad (5), y al estado de degradacion á que la poligamia reduce á las mugeres. Sea lo que fuere, los casos de esta especie
manifiestan bastante que á pesar de las leyes contra el adulterio, el comercio ilícito entre los sexos no es raro en la India. Es de advertir que
estas leyes no hablaban con las mugeres de los bailarines y de los canto-
res públicos, ni con ninguna de las clases bajas en que por lo comun los
hombres trafican con las intrigas de las mugeres (6). Se puede concluir
que tales desórdenes estan en alguna manera tolerados, y que el uso de
la poligamia entre los ricos aumenta para los pobres la dificultad de encontrar mugeres, obstáculo que deberá ser mayor para los esclavos.

Del conjunto de estas circunstancias se puede concluir que las pre-
dichas restricciones influian en la India sobre la poblacion. Sin embargo, los hábitos y las opiniones de este pueblo han debido tender á favorecer los matrimonios precoces y obligar á tomar mugeres á todo hombre que tuviese la menor esperanza de poder sostener una familia. El
efecto de estas disposiciones fue reducir naturalmente las clases inferiores á la mayor indigencia, y acostumbrarlas á contentarse con el alimento

---

(1) Obras de sir W. Jones. (2) Idem. (3) Idem.
(4) Obras de sir W. Jones. (5) Idem. (6) Idem.

mas frugal y parco. Esta frugalidad se aumentó y difundió aun entre las
clases superiores por la opinion que la elevó al grado de las mas eminentes virtudes (1). Así es que la poblacion estrechó el límite de las
subsistencias; y que los alimentos que todo el país pedia producir, llegaron insensiblemente á distribuirse á la mayor parte del pueblo en porciones tan pequeñas como lo pudo permitir la necesidad de alimentarse.
En este estado de cosas una mala cosecha no puede dejarse de sentir
sobremanera: y por lo mismo en todos tiempos la India ha estado, como
era de esperar, sujeta á las hambres mas espantosas.

Una parte de las ordenanzas de Menou está espresamente dedicada
á los conflictos en tiempo de calamidades. Se dan instrucciones á las diferentes clases sobre la conducta que deben observar durante estos tristes periodos. Se nos habla muchas veces de bracmanes acosados cruelmente por el hambre (2); y de algunos hombres virtuosos de la antigüedad á quienes el estremo á que se vieron reducidos les absolvió de ciertos actos impuros é ilegítimos.

«Ajigarta, muriendo de hambre, se vió en la precision de vender á
su hijo para comprar ganado, y no se le consideró por culpable en razon
á que él buscaba un remedio al hambre. Vamadera, que conocia bien lo
justo y lo injusto, se creyó inmaculado, aunque en la angustia del hambre, concibió el deseo de comer de la carne de perro. Viswamitra, mejor
instruido que nadie para distinguir el bien del mal, estando próximo á
morir de hambre, resolvió comerse los muslos de un perro que habia
recibido de Chodala» (3). Pues que se vieron reducidos á tal estremo éstos hombres grandes y virtuosos y de la clase mas elevada, á quien todos estaban obligados á asistir, ya puede fácilmente calcularse cuáles
debieron ser los sufrimientos de las clases inferiores.

Tales ejemplos prueban claramente que en la época en que estas ordenanzas fueron redactadas se sufrian á veces hambres horrorosas, siendo de creer que aun despues han sobrevenido en circunstancias especiales. Un jesuita dice que le es imposible describir circunstanciadamente los sufrimientos de que fue testigo durante los años de hambre de 1737
y 1738 (4); mas lo que cuenta de la mortandad causada por esta plaga,
basta para inspirar horror. Otro jesuita dice en términos mas generales:

---

(1) Obras de sir W. Jones. (2) Idem.
(3) Obras de sir W. Jones.
(4) Cartas edificantes.

cada año bautizamos un millar de niños que sus padres, ya por no poder alimentarlos, ya porque estan próximos á morir, nos los venden á fin de desembarazarse de ellos (1).

Los obstáculos destructivos que contienen la poblacion se esperimentan sobre todo en la clase de los *sudras* y entre aquellos séres aun mas miserables, que son la escoria de las otras clases y á los que no se permite vivir en el recinto de las ciudades (2).

Esta parte de la poblacion sufriria mucho por las epidemias que provienen de la indigencia y del mal alimento, y la mortandad de los hijos debia ser muy considerable. Un hambre los arrebataba probablemente por millares, antes que alcanzasen sus estragos á las clases medias. El abate Raynal dice, yo no sé con qué autoridad, que las chozas de estas clases desgraciadas, luego que se frustra la cosecha de arroz, son quemadas y sus habitantes, por recelo de que consuman alguna parte del producto, son asesinados por los mismos dueños del terreno (3).

La dificultad de criar una familia aun en las mismas clases medias y elevadas, ó el temor de ser degradados de su casta, ha motivado el que los habitantes de alguna parte de la India recurran á los medios mas crueles. En las fronteras de Junapore, distrito de la provincia de Benares, hay una tribu en la que está establecida la costumbre de quitar la vida á las niñas; obligando á las madres á hacerlas morir de hambre. Y alégase por razon en este pueblo, el gran gasto que exigiria el casamiento de sus hijas. En un otro de este distrito, en donde no se usaba esta práctica cruel, se veian muchas personas de este sexo envejeciendo en el celibato.

Se podria creer que semejante costumbre deberia propender á la estincion de la raza que la ha adoptado: mas parece que el corto número de hijas sustraidas á esta barbarie y los matrimonios contraidos con personas de otras tribus, bastan para mantener la poblacion. La compañía inglesa de las Indias Orientales, ha obligado á este pueblo á renunciar á esta odiosa práctica (4).

En la costa de Malabar, los negros no contraen matrimonios regulares. La sucesion por derecho hereditario pasa al hermano de la madre,

---

(1) Cartas edificantes.
(2) Obras de sir W. Jones.
(3) Historia de las Indias.
(4) Investigaciones asiáticas.

ó en su defecto al hijo de la hermana, pues el padre es considerado siempre como incierto.

En las familias braminas, si hay muchos hermanos, se casa solo el mayor; los menores habitan con mugeres nayras sin matrimonio: si el mayor no tiene hijos, entonces se casa el que le sigue. Entre los nayras, cada muger tiene dos, cuatro ó mas hombres, que viven con ella. Las castas ínfimas, tales como las de los carpinteros, herreros y otras, imitan á las superiores, con la diferencia que los que se reunen á una sola muger, son todos próximos parientes, á fin de no alterar el órden de la sucesion (1).

Montesquieu menciona esta costumbre de los nayras de Malabar, y la esplica suponiendo que fue instituida con objeto de debilitar el espíritu de familia en esta casta, á fin de que siendo guerreros de profesion, estuviesen mas libres y pudieran marchar adonde su deber los llamase. Yo creo mas bien que este uso provino del temor de la pobreza, que trae consigo una numerosa familia, mayormente habiendo sido tambien adoptado por otras castas.

En el Tibet, segun la reciente narracion de Turner, se encuentra establecida con mucha generalidad una costumbre semejante. Este autor sin afirmarlo de una manera muy positiva, se inclina á creer que este uso se deriva del temor de un esceso de poblacion en un pais poco fértil. Es probable que sus viajes por Oriente le hubiesen dado lugar á observar los efectos inevitables de una poblacion escesiva. Turner es de los pocos que han considerado este asunto bajo su verdadero punto de vista. Se espresa con este motivo con energia, ó indica á propósito de esta costumbre, las observaciones siguientes: «En verdad, un esceso de poblacion en un pais poco fertil, debe ser la mayor de las calamidades y producir un estado de guerra y de perpétua necesidad. Los hombres mas activos é industriosos se ven obligados á salir del pais y á ejercer como aventureros el oficio de comerciantes ó de soldados. Si al contrario se quedan, no pueden menos de perecer en el primer año de hambre. Reuniendo asi familias enteras en un mismo lecho conyugal, quizá se pueda lograr detener el desarrollo de la poblacion, calmar los temores que no son quiméricos aun en los paises mas fértiles, evitar costumbres odiosas que son su consecuencia y que han prevalecido bastante en las comarcas mas ricas, mas productivas y mas populosas de la tierra. Yo he visto, sobre todo en China, á una madre, no sa-

(1) Investigaciones asiáticas.

biendo como sobrellevar las necesidades de su familia, esponer á su hijo y matarle ella misma, asegurándome que por odioso que sea, era sin embargo harto frecuente este crimen.» (1)

En casi todas las partes del globe, los individuos adquieren por consideraciones de interés personal, hábitos que tienden á reprimir el esceso de poblacion: mas en el Tibet será quizá el único pais en donde el gobierno fomenta estos hábitos y en donde se esfuerza á disminuir la poblacion antes que á aumentarla.

En la primera edad el *Butéa* adquiere distincion por el celibato, y al contrario el matrimonio le impide casi infaliblemente el llegar á los honores y á los primeros destinos. La ambicion y el espiritu religioso se unen para evitar el acrecentamiento de la poblacion. Las clases superiores ocupadas enteramente de sus deberes eclesiásticos y políticos, dejan á los labradores y á los artesanos el cuidado de propagar la especie (2).

Sucede tambien que el retiro religioso está muy en práctica, y el número de conventos y monasterios es muy considerable. Los hombres y las mugeres estan enteramente separados: reglamentos rigurosos impiden que las personas de uno y otro sexo, que viven en estos retiros, pasen jamás una noche fuera de su recinto; se precaven cuidadosamente los abusos, y se procura en lo posible hacer respetar las órdenes sagradas de entrambos sexos (3).

La nacion está dividida en dos clases; la una dedicada á los negocios del mundo, la otra á los del cielo. Jamás los legos van á interrumpir á los clérigos, ocupados en sus santos deberes. Mientras que ellos velan por los intereses espirituales, los legos se ocupan de enriquecer al estado por su trabajo y sostenimiento de la poblacion.

Pero aun estos, solo contribuyen á mantener la poblacion de una manera muy limitada. Todos los hermanos de una misma familia, sin distincion de número ni edad, ponen sus bienes en comun con una sola muger de eleccion del mayor y que es considerada como la dueña de la casa. Cualesquiera que sean las ganancias de cada uno de ellos, todas refluyen en la masa general (4).

El número de maridos asi reunidos no es limitado, sucede frecuentemente que en una familia solo hay un hijo varon vivo, y casi nunca

---

(1) Embajada de Turner al Tibet. (2) Idem.
(3) Embajada de Turner al Tibet. (4) Idem.

sucede, segun M. Turner, que se encuentren mas hermanos que los que este viajero vió en una familia que le hizo notar un hombre de categoría cuando estaba en Tichu-Lombu, que se componia de cinco hermanos que vivian con la misma muger en perfecta armonía. Esta reunion no se circunscribe á las clases inferiores, sino que se practica tambien en las familias mas opulentas (1).

Dedúcese que semejante costumbre, unida al celibato de un cuerpo numeroso de eclesiásticos, debe obrar como obstáculo restrictivo, de una manera muy eficaz. Y todavia parece por la relacion de Turner, que la poblacion de Tibet, á causa de la esterilidad del suelo, está al nivel de las subsistencias. Esto aparece igualmente probado por el gran número de mendigos que se ve en Tichu-Lombú. Con este motivo, y la caridad que los alimenta, M. Turner hace una observacion, que como de ordinario, es tan esacta y tan importante, que no se puede dejar de recordar. «Así, yo descubrí maravillosamente en un lugar donde la vida me habia parecido tan tranquila y tan regular, tanta holgazaneria é indigencia de que hasta entonces no habia podido formarme idea. Mas no me sorprendi cuando consideré que en todas partes donde reyna una caridad indiscreta no pueden jamás faltar objetos avariciosos en que ejercerla y que debe atraer constantemente mas necesitados que medios para socorrerlos. Es imposible que en Tichu-Lombú ninguna criatura humana sufra necesidad. Esta disposicion benéfica hace acudir una multitud de hombres, hasta musulmanes los mas fuertes y de mejor parte, que se contentan con recibir á título de limosna lo que basta para vivir estríctamente. Y he visto ademas que hay mas de trescientos indios, goseinos y sumniasos que reciben aqui diariamente su alimento de la liberalidad del Lamá.»

CAPITULO XII.

Obstáculos á la poblacion en la China y el Japon.

Las relaciones que últimamente se han hecho de la poblacion de la China, son tan estraordinarias, que muchos lectores no han querido darles crédito; porque en su concepto se ha incurrido en algunos errores de cálculo, ó algun equívoco de palabras, ó quizá porque el manda-

(1) Embajada de Turner al Tibet.

rin (1) de quien el caballero Q. Staunton obtuvo los datos, se dejó llevar del deseo de exagerar el poderío de su patria. Lo cierto es que esta especie de orgullo nacional, es comun á todos los paises, y sobre todo á la China: y no cabe duda que una ú otra de estas conjeturas es muy probable. Sin embargo, es preciso observar que la relacion de Staunton no difiere esencialmente de otras, fundadas en buenos testimonios; y lejos de contradecirse se corrobora, por lo que sientan los viajeros sobre la fertilidad de esta comarca.

Segun Duhalde, el censo hecho al principio del reinado de Kang-hi, dió 11.052,872 de familias, y 59.788,364 hombres en estado de tomar las armas, no comprendiéndose en este número los oficiales de la corte, los príncipes, los mandarines, los soldados que habian cumplido, los letrados, licenciados, doctores, bonzos (2), los jóvenes de menos de veinte años, ni la multitud de hombres que vivian en los buques, en el mar y en los rios (3).

Se cree comunmente que el número de hombres aptos para la milicia, es á toda la poblacion como 1 á 4. Si se multiplica 59.788,364 por 4, el producto será 239.153,456. Pero en la apreciacion general de esta relacion, se supone á un joven capaz de tomar las armas antes de los veinte años. Seria, pues, preciso tomar un multiplicador mayor que cuatro. Ademas, en las escepciones se incluyen casi todas las clases elevadas y una gran parte de las inferiores, y habidas en cuenta todas estas consideraciones, se verá que el cálculo de Duhalde no se aleja mucho del de Staunton, que hace ascender la poblacion total de la China á 333 millones (4).

En el estado presentado por Duhalde, el número de familias parece muy pequeño respecto al número de hombres capaces de tomar las armas. Pero esto se esplica por una costumbre que Staunton dice ser general en la China, á saber: la de hallarse muchas veces en una misma habitacion, una familia compuesta de tres generaciones reunidas con sus mugeres y sus hijos. Cada generacion, formando una pequeña familia en la grande, ocupa una habitacion pequeña y camas separadas unas de otras por medio de esteras á cielo raso. Todos comen en una misma habitacion (5); hay ademas muchos esclavos (6) en la China que se cuen-

(1) Título de dignidad en la China. (*Nota de los Traductores*).
(2) Sacerdotes de la China y del Japon. (*Nota de los Traductores*).
(3) Duhalde, historia de la China.
(4) Embajada á la China, vol. 2. (5) Idem.
(6) Duhalde, historia de la China.

tan con la familia á que pertenecen. Estas dos circunstancias quitan la aparente contradiccion de las narraciones que examinamos.

Para esplicar esta escesiva poblacion, ninguna necesidad hay de suponer con Montesquieu, que el clima de la China es muy favorable á la produccion de los individuos de la especie humana, y que las mugeres son mas fecundas que en ninguna otra comarca del universo (1). Las causas que producen este efecto se reducen á las siguientes:

Primeramente la fertilidad del suelo y su situacion en la parte mas cálida de la Zona templada, que es la mas favorable á las producciones de la tierra. Duhalde trata estensamente, en un capítulo particular, de la abundancia que reina en la China. Dice que allí se encuentra todo lo que los demas países pueden producir, y una infinidad de cosas que no se encuentran en otras partes. Esta abundancia, añade, debe atribuirse á la profundidad del terreno productivo, al trabajo asiduo del cultivador y al cúmulo de lagos, rios y canales que riegan al pais (2).

En segundo lugar, el gran aumento que ha tenido la agricultura desde el principio de la monarquía: la cual constantemente ha dirigido los trabajos del pueblo hácia la mayor produccion posible de los artículos de subsistencia. Duhalde asegura que lo que mantiene al labrador en los trabajos penosos á que se dedica, no es solo su interés, sino el respeto que tiene al arte que profesa, y el aprecio que siempre le han manifestado los emperadores: habiendo uno de los que mas han brillado, dejado el arado para sentarse en el trono: y otro, inventado el arte de desecar los terrenos bajos, de hacer desagües en la mar y fertilizar el suelo con estos canales de evacuacion (3). Este mismo publicó muchos tratados de agricultura, sobre los abonos, la labor y el riego: otros muchos emperadores han manifestado su celo por este arte y han hecho leyes en su favor. Pero ninguno le ha manifestado su estimacion de un modo mas patente que el emperador Ven-ti, que reinó 179 años antes de Jesucristo. Este príncipe, viendo al pais arruinado por la guerra, resolvió escitar á sus súbditos al cultivo, cogiendo él mismo el arado y cultivando con sus propias manos las tierras pertenecientes á la corona, lo que obligó á los ministros y grandes de su corte á dedicarse al mismo trabajo (4).

---

(1) Espíritu de las leyes, lib. 8, cap. 21.
(2) Duhalde, tomo 1, pág. 314.
(3) Duhalde, tomo 1.º, pág. 274. (4) Idem.

Este es, según se cree, el origen de la gran fiesta que se celebra anualmente en la China el dia en que el sol entra en los 15 grados del acuario, época que los chinos consideran como el principio de la primavera. En dicho dia, el emperador traza él mismo algunos surcos con mucha solemnidad para animar á los labradores con su ejemplo; y en cada villa los mandarines repiten la misma ceremonia (1). Los príncipes y demas personages ilustres manejan el arado despues que el emperador ha hecho esta ceremonia, á la cual precede el sacrificio de la primavera, que el emperador, en calidad de soberano pontífice, ofrece á Kang-ti, con el objeto de obtener la abundancia para el pueblo.

El emperador que habia en tiempo de Duhalde, celebraba esta fiesta con una solemnidad estraordinaria, mostrando ademas en todas ocasiones su respeto á la agricultura. Para fomentarla mandó á los gobernadores de todas las ciudades que le diesen á conocer cada año, el labrador que en su respectivo distrito se distinguiese mas por su aplicacion á la agricultura, por su buena reputacion, por la union con su familia, por su concordia con sus vecinos, por su frugalidad y su aversion á toda especie de prodigalidades (2). Quiso que los gefes en sus provincias respectivas honrasen públicamente al labrador activo, é imprimiesen una nota deshonrosa al que abandonase sus tierras (3).

En un pais con un gobierno patriarcal, donde el emperador es venerado como el padre del pueblo y el origen de toda instruccion, es natural que estas instituciones produzcan sumo efecto. Por su rango han colocado al labrador mas arriba del fabricante (4), y por consiguiente, la ambicion de las clases bajas es poseer alguna porcion de tierra. El número de obreros es muy pequeño en la China, en comparacion del de los labradores (5), pues con muy pocas escepciones, la superficie entera del terreno está esclusivamente dedicado á la produccion del alimento del hombre. Se ven muy pocos pastos, campos de avena, habas ó navos silvestres para los animales. Se cercena muy poca tierra del cultivo para los caminos que son pocos y estrechos, porque las principales comunicaciones se hacen por agua. Nó se permiten tierras públicas incultas, ni terrenos abandonados por la negligencia del propietario ó por el

(1) Duhalde, tomo 1.º, pág. 275.
(2) Duhalde, pág. 266. (3) Cartas edificantes.
(4) Duhalde, tomo 1.º, pág. 272.
(5) Staunton embassy to China.

capricho ó el placer de la caza; y jamás se dejan en barbecho las tierras labrantías. A beneficio de la influencia fecunda de un clima cálido, el suelo produce á veces dos cosechas por año, porque se conoce el arte de adaptar la cultura á la naturaleza de cada terreno, y suplir los defectos que se notan por medio de mezclas de tierras, de abonos, riegos y toda clase de ausilios. El trabajo dirigido hácia este objeto, rara vez se interrumpe por la necesidad de satisfacer exigencias de lujo. Hasta los soldados, escepto en guardias y ejercicios, se ocupan casi siempre en los trabajos de la agricultura; aumentándose ademas los medios de subsistencia, destinando para alimentos algunos animales y vegetales que en otras partes no se emplean en esto (1).

Lo que acerca de esto refiere Staunton, está conforme con lo que Duhalde y los demas jesuitas habian dicho anteriormente. Todos nos aseguran del mismo modo la constante tarea de los chinos en el abono, cultivo y riego. Todos observan que asi consiguen que produzca la tierra una gran cantidad de alimentos para el hombre (2), deduciendo evidentemente cuál sea el efecto que este sistema debe producir respecto á la poblacion.

Por último han contribuido mucho los estímulos dados para los matrimonios, los cuales han hecho necesaria la division del producto inmenso de este vasto imperio en porciones muy pequeñas, de lo que ha resultado ser la China quizá mas populosa con relacion á sus medios de subsistencia que ningun pais del mundo.

Los chinos dicen que el matrimonio tiene dos objetos (3): 1.º perpetuar los sacrificios en el templo de sus padres: 2.º y la multiplicacion de la especie. Duhalde refiere, que el respeto y la obediencia de los hijos, sentimientos que son el principio de este gobierno, continúan despues de la muerte de los padres, haciéndoles los mismos honores que en vida. Consiguiente á estas máximas, el padre padece suma vergüenza é inquietud mientras no casa á todos sus hijos, y el primojénito, aunque no tenga patrimonio, se afana por casar á sus hermanos por el recelo de que la familia se estinga, y sus antepasados se vean privados de los debidos honores.

Staunton observa que como todo lo que se recomienda y practica generalmente acaba por considerarse como un deber sagrado, el matrimo-

---

(1) Staunton, embajada á la China.
(2) Duhalde. (3) Cartas edificantes.

nio se mira en la China en esta forma, y nadie se retrae de él por pocas esperanzas que tenga para subsistir. Pero muchas veces esta esperanza no se cumple: en cuyo caso los padres se consideran dispensados de educar á sus hijos (1). La facultad de abandonarlos coadyuva á facilitar los matrimonios, y por lo mismo produce un aumento de poblacion. La confianza de este estremo arbitrio disminuye el conflicto de poner casa, al paso que la ternura paternal va despues influyendo eficazmente para que no se emplee este medio sino en el caso de la mayor necesidad. Por lo demas el matrimonio entre los pobres es una medida de prudencia, porque los hijos, sobre todo los varones, están obligados á mantener á sus padres (2).

El efecto de estos estímulos al matrimonio entre los ricos, es subdividir la propiedad, lo que por sí mismo contribuye mucho á aumentar la poblacion. Menos desigualdad hay en la China entre las fortunas que entre los ranges. La propiedad está dividida en porciones pequeñas, á causa de la reparticion igual que los padres hacen de ella á sus hijos, siendo muy raro que un solo hijo herede toda la fortuna de su padre. La costumbre tan general de casarse precozmente, contribuye tambien á que apenas haya sucesiones colaterales (3). La accion constante de estas causas tiende á nivelar las fortunas, de suerte que hay pocos que puedan vivir sin trabajar, y los bienes entre los chinos rara vez llegan á la tercera generacion (4).

El efecto del fomento de los matrimonios con relacion á los pobres, ha sido reducir el precio del trabajo á una suma muy baja, y por consiguiente condenarles á la estrema miseria. Staunton observa que al obrero no se le abona en rigor sino lo necesario para poder vivir, y que á pesar de la reunion de las familias, que comen como los soldados, la galleta, y de la economia consiguiente á la parsimonia que reina en estas comidas, el pueblo solo puede alimentarse de vegetales, y rara vez prueba la carne (5).

Duhalde despues de describir los penosos trabajos de los chinos, su destreza é ingenio para ganar con que vivir, conviene en que á pesar de su templanza y su laboriosidad, el número prodigioso de habitantes que contiene este pais es causa de que muchos perezcan de

(1) Embajada á la China. (2) Idem. (3) Idem.
(4) Idem. (5) Embajada á la China.

miseria. Pobres hay que no pudiendo ocurrir á las necesidades de sus hijos los obandonan en las calles, siendo este desagradable espectáculo muy frecuente en las grandes ciudades como Pekin y Canton (1).

• El jesuita Premare, escribiendo á un amigo del mismo instituto, le dice: «voy á contaros de paso una cosa que os parecerá una paradoja, y sin embargo es la pura verdad; á saber, que el mas rico y floreciente imperio del mundo, es no obstante, en cierto modo, el mas pobre y miserable de todos. La tierra, por estensa y fértil que fuese, no basta para alimentar á sus habitantes: se necesitaria cuatro paises como este para que estuviesen cómodamente. En la ciudad de Canton hay sin exagérar mas de un millon de almas: y en una aldea que solo dista de esta tres ó cuatro leguas, hay, segun dicen, mas habitantes que en Canton. ¿Quién podrá contar los de esta provincia? ¿Y qué será de todo el imperio compuesto de quince grandes provincias, casi todas igualmente pobladas? ¿A cuántos millones deberá ascender? ¿Se consideraria feliz la tercera parte de este inmenso pueblo si tuvise bastante arroz con que alimentarse?»

«Sabido es que la estremada miseria conduce á escesos terribles, y por tanto no se sorprende uno cuando está en la China, y vé por sí mismo las cosas, que las madres maten ó espongan muchas veces á sus hijos: que los padres vendan á las hijas por nada: que las gentes sean interesadas, y que haya muchos ladrones. De admirar es que no sucedan cosas todavia mas funestas: y que en los tiempos de escasez, que no son muy raros, perezcan de hambre millones de almas, sin recurrir á medios de estremada violencia, de los que se refieren mil ejemplos en las historias de Europa.»

«Por lo demas no puede acusarse á los pobres de la China, como en la mayor parte de Europa, de desidia ni de que podrian ganar su vida si quisiesen trabajar. Las fatigas y la afliccion de estos desgraciados son increibles. Un chino pasará todo un dia removiendo la tierra con sus brazos: á veces estará en el agua hasta las rodillas, y por la tarde se dará por contento si come una pequeña escudilla de arroz, y bebe el agua insípida donde se ha cocido: esta es su vida ordinaria (2).

Muchos de estos hechos los ha repetido Duhalde. Aunque se les

(1) Duhalde.
(2) Cartas edificantes.

suponga algo exagerados prueban hasta qué punto está la China hacinada de habitantes, y cuán grande es su miseria. La poblacion que
dimana naturalmente de la fertilidad del suelo y de los estímulos dados á la agricultura, es un bien apreciable: pero la que procede de
fomentar los matrimonios, no solo ha recargado al pais de un cúmulo
de miserables, sino que ha menoscabado la felicidad que los demas podrian gozar. Se gradúa el territorio de la China ocho veces mayor
que el de la Francia. Suponiendo la poblacion de la Francia de 26
millones, aumentado ocho veces mas, daria 208.000,000. Si se
observan en seguida las causas eficaces de poblacion de que acabo
de hablar, se verá que no es imposible que en la misma estension la
poblacion de la China sea á la de la Francia como 333 es 208: es
decir, en algo mas que 3 á 2 (1).

Es tan vehemente por todas partes la tendencia á regenerarse, que
en general jamás se encuentra dificultad en esplicar por qué en tal ó
cual pais la poblacion sea tan crecida. Es difícil é interesante el indicar las causas que detienen la poblacion en su progreso. La fuerza
prolífica duplicaria la poblacion de la China en 25 años tan fácilmente como puede verificarlo en América: mas indudablemente lo
ha estorbado la imposibilidad de alimentar en su suelo este número
adicional de habitantes. ¿Qué hace, pues, en la China esta fuerza su-
pérflua? ¿Y con qué trabas ó con qué medios de aniquilamiento se
ha contenido la poblacion por sí misma al nivel de los recursos alimenticios?

Por mucho que en la China se estimulen los matrimonios, nos en-
gañaríamos quizá si creyéramos que obstáculos privativos dejen de obrar
allí sobre la poblacion. Duhalde dice; que pasa de un millon el número de bonzos: hay dos mil en Pekin que no son casados: ademas
trescientos cincuenta mil establecidos en los templos en virtud de una
patente imperial. Este autor cuenta entre los letrados cerca de 70,000
célibes (2).

Aunque los pobres se casen con solo tener la mas ligera esperanza
de poder alimentar á su familia, y aunque el permiso del infanticidio les induzca á arrostrar en esto toda clase de riesgos, jamás probablemente se impondrian esta carga, si preveyesen el conflicto de te-

(1) Staunton, embajada á la China.
(2) Duhalde. Historia de la China.

ñer que esponer á sus hijos y venderse ellos mismos por esclavos. Porque muchas veces debe suceder, según la miseria del pueblo, que
estos recelos sean muy fundados. Pero sobre todo entre los esclavos
es donde los impedimentos deben retardar la poblacion : pues segun Duhalde hay una inmensa multitud de esclavos procedentes de la miseria
general, por causa de la que á las veces un hombre vende á su hijo, su
muger y á sí mismo por muy poco. El modo ordinario de efectuar estas
ventas, consiste en dar su persona en prenda con facultad de rescate:
viéndose en las casas muchos criados de ambos sexos sujetos por esta especie de contrato (1). Hume, al hablar de la esclavitud entre los antiguos,
observa que en general cuesta menos un esclavo adulto que criarlo desde
niño, cuya observacion puede aplicarse mas cabalmente á los chinos: todos los escritores convienen en que son muy frecuentes las hambres en la
China, y que en estas épocas de carestía es muy probable encontrar fácilmente esclavos en venta, casi por sola su manutencion. Asi es que quizá jamás convendrá al dueño animar á sus esclavos á tener hijos, por lo
que es de suponer con razon que en la China, como en Europa, los mas
de los criados se mantienen en el celibato.

El obstáculo á la poblacion que depende de los enlaces viciosos entre los sexos, es de poca consideracion en la China, pues las mugeres
son modestas y retiradas y el adulterio muy raro. Sin embargo es bastante general el concubinato, y en las grandes ciudades estan empa-
dronadas las mugeres públicas. Pero son pocas, y segun Staunton, su
número está en razon de los célibes y casados que no viven con su familia. El obstáculo destructivo que depende de las enfermedades, es sin
duda mayor, aunque no tanto como era de suponer. El clima de la China, por lo general, es muy sano; y uno de los misioneros asegura que
una vez á lo mas se sufre en cada centuria la peste ó alguna epidemia (2), si bien esta asercion no es esacta porque otros aseguran ser
mas frecuentes. En ciertas instrucciones de los mandarines, relativas á
la sepultura de los pobres, que por lo comun no tienen cementerios
propios, se dice, que en los tiempos de epidemias, los caminos se hallan cubiertos de cadáveres que infestan el aire (3), y poco despues se

(1) Duhalde, Historia de la China. La miseria y el gran número de
habitantes del imperio, causan esta multitud prodigiosa de esclavos:
casi todos los sirvientes de una casa son esclavos. «Cartas edificantes.»
(Nota del Autor.)
(2) Cartas edificantes. (3) Idem.

hace mencion de los años de contagio (1), de modo que esto induce á
creer que son bastante frecuentes. El dia primero y quince de cada mes
los mandarines convocan al pueblo y le dirigen un discurso paternal (2).
En uno de estos discursos que nos ha transmitido Duhalde, se les
recomienda no echar en olvido aquellos años que sobrevienen de tiempo en tiempo, en que reinan enfermedades epidémicas juntamente
con la carestia de granos. «En estos tiempos de desolacion dice el
mandarin, teneis obligacion de compadeceros de vuestros hermanos y
de repartir entre ellos lo que podais economizar» (3).

Es probable que como sucede casi siempre, en los niños hagan
mas estrago las epidemias. Un jesuita, hablando de los que la miseria condena á muerte al nacer, se espresa asi: «Apenas hay año
que no reciban el santo bautismo en nuestras iglesias de Pekin cinco ó
seis mil niños, cuya cosecha es mas ó menos abundante á proporcion del
número de catequistas que podemos dedicar. Si hay suficiente número, no se limita su cuidado al de los niños moribundos que son abandonados, pues tienen otras ocasiones de ejercer su celo, especialmente
cuando las viruelas ó enfermedades populares arrebatan una infinidad de
niños» (4). Y es ciertamente indudable que la estremada pobreza de las
clases inferiores del pueblo engendra enfermedades que acaban con muchos niños, aun de aquellos que sus padres, á pesar de su miseria, no
han podido resolverse á sacrificar.

Dificil es, ni aun por meras conjeturas, determinar el número de los
niños que son abandonados; mas sabemos por los mismos autores chinos que esta costumbre es muy comun, y haber sido vanos los esfuerzos del gobierno para reprimirla. En la instruccion citada arriba, que es
obra de un mandarin célebre por su sabiduria y humanidad, se propone
la fundacion de un hospital de niños espósitos, y se hace mencion de
cierto establecimiento de esta clase (5), que sensiblemente fue abandonado. El autor habla del gran número de niños espuestos, y de la miseria que obligó á ello. «Vemos, dice, padres tan pobres, que apenas
pueden mantener á sus hijos, por lo que se espone un gran número en la capital, siendo este muy considerable en las principales ciudades de provincia y en las plazas de gran comercio, aunque tambien son
abandonados muchos en los distritos menos poblados y en el campo. Es-

---

(1) Cartas edificantes. (2) Duhalde. (3) Idem.
(4) Cartas edificantes. (5) Idem.

tando en las ciudades las casas muy contiguas este abuso se advierte mucho mas, pero sin embargo en todas partes estos desgraciados niños necesitan de nuestros socorros» (1).

En la misma obra se inserta parte de un edicto por el que se prohibe ahogar á los niños. «Cuando se arroja sin piedad á las olas un fruto tierno recien producido, podrá decirse que se le ha dado la vida y que la recibe para perderla tan presto como empieza á gozarla. Causa es de este desórden la pobreza de los padres; pues no teniendo con que alimentarse, menos aun podrán pagar nodrizas y ocurrir á otros gastos necesarios para el alimento de sus hijos, lo cual les desespera; y no pudiendo resolverse á dejar perecer á dos personas porque viva una, resulta que una madre, á trueque de conservar la vida de su marido, consiente en quitársela á su hijo. Sin embargo de ser muy á costa de su ternura maternal, al cabo se deciden á tomar este partido, creyendo que pueden disponer de la vida de sus hijos por prolongar la suya. Si arrojasen á sus hijos á un lugar estraviado, el niño gritaria y sus lamentos lastimarian las entrañas maternales: ¿qué hacen, pues, las madres? echan este hijo desgraciado en la corriente de un rio, á fin de perderle pronto de vista y quitarle toda esperanza de vida» (2).

Semejantes documentos no dejan duda en que el infanticidio sea muy comun en la China. Staunton, segun los mejores informes que ha podido recoger, cree que en Pekin el número de espósitos anualmente es de cerca de dos mil (3); pero este número probablemente variará de un año á otro segun la abundancia ó escasez de alimento.

De creer es que despues de una epidémia, ó de una hambre destructora se abandonarán pocos niños, y que lo serán mas á medida que la poblacion crezca y se hacine, y por último que su número será muy crecido en los malos años, en que el producto medio no basta para alimentar la poblacion actual.

Estos años miserables son bastante frecuentes; y el hambre que los acompaña es quizá el mayor de los obstáculos destructivos que disminuyen la poblacion de la China, aunque tambien la guerra haya causado á veces estragos (4). En los *Anales de los emperadores chinos* se habla muchas veces de hambres (5), no siendo probable que no se hubiesen re-

---

(1). Cartas edificantes. (2) Idem.
(3) Embajada á la China.
(4) Anales de los Emperadores chinos. Duhalde, historia de la China.
(5) Idem.

putado estas como acontecimientos muy notables en el imperio, si no hubieran sido tan destructoras.

. Uno de los jesuitas absarva que las ocasiones en que los mandarines afectan manifestar mas compasion con el pueblo, son aquellas en que temen que falte la cosecha, á causa de la sequedad, de las escesivas lluvias, de la langosta que invade ciertas provincias, ó de otros accidentes (1). Sin duda que estos ejemplos que presenta este escritor se verán á menudo y son los que mas teme.

Meares nos habla de violentos huracanes, que arrebatando las cosechas, produjeron el hambre. En 1787 este desastre, acompañado de una larga sequía, ocasionó grande escasez en las provincias meridionales de la China, de lo cual resultó una gran mortandad. Muy frecuente era ver en Canton pobres desgraciados hambrientos exalando el último suspiro: madres que creian un deber matar á sus hijos recien nacidos, y jóvenes que quitaban la vida á los ancianos con el fin de evitarles los horrores de una lenta y cruel agonía (2).

·- El jesuita Parennin escribia en estos términos á un miembro de la Academia de las ciencias. «Otra de las cosas que apenas podreis creer, es que las escaseces en la China (3) sean muy frecuentes.» Y concluia diciendo que si el hambre de tiempo en tiempo no disminuyese la poblacion, seria imposible que el pais estuviese tranquilo (4). Se propone determinar las causas de esta frecuente hambre; y empieza por manifestar que en tiempo de escasez, la China no puede recibir ningun socorro de sus vecinos, y es preciso que emane de sus provincias lo que consuma (5). Describe en seguida los artificios y las demoras con que se eluden muchas veces las intenciones benéficas del Emperador, cuando ordena que se recurra á los graneros públicos para alivio de las provincias mas aquejadas. Cuando falta la cosecha en una provincia por una sequía ó una inundacion repentina, los mandarines recurren á los graneros públicos; pero las mas veces los encuentran vacíos por falta de los mandarines subalternos encargados de este ramo. En seguida se procede á informaciones, pero con una especie de repugnancia de que se sepa en la corte esta infausta noticia: por último se remiten los espedientes, y pasando de mano en mano no llegan al Emperador hasta despues de pa-

(1) Cartas edificantés, tomo 9.°
(2) Viajes de Meares. (3) Cartas edificantes.
(4) Idem. (5) Idem.

sados muchos dias: al punto se reunen los primeros empleados del Estado y deliberan sobre los medios de aliviar al pueblo: se publican en el imperio manifiestos llenos de sentimiento y compasion: finalmente, se notifica la resolucion del tribunal, mas para verificarla se exigen varias formalidades, y los desgraciados tienen tiempo de morir de hambre antes que les llegue el remedio. Algunos, que no quieren esperarle, se transportan como pueden á otros distritos, desde donde se lisonjean de encontrar algunos recursos; pero la mayor parte mueren en el camino (1).

Si en tiempo de escasez no trata la corte de aliviar por algun medio al pueblo, se forman cuadrillas de ladrones, que aumentándose poco á poco, acaban por alterar la tranquilidad de la provincia. A fin de evitar estas reacciones, de todas partes se espiden órdenes, todo se pone en juego para llamar la atencion del pueblo: pero como mas bien que la conmiseracion es la seguridad del Estado la que promueve todas estas disposiciones, no es probable que se procure subvenir á la necesidad con la premura ni con los medios mas oportunos para remediarla (2).

La última causa del hambre que aqui se enumera y que se reputa como la mas eficaz, es la gran cantidad de granos que se consume en la fabricacion del aguardiente (3). Pero esto es un grande error repetido por el abate Grosier en su *Historia general de la China* (4). Esta causa produce un efecto enteramente contrario, puesto que el consumo de granos para otros usos que el alimento humano, impide que la poblacion llegue al último límite de las subsistencias. Y como en tiempo de escasez puede sustraerse de dichos consumos el grano que en ellos se emplea, este ausilio viene á ser una reserva de mucha mayor cuantía que la de los graneros públicos. Este consumo establecido por un modo regular y permanente, produce precisamente el mismo efecto que podria conseguirse segregando del pais una porcion de terreno con sus habitantes. En los años de mediana abundancia, el resto de la nacion quedaría en el mismo estado que antes, sin ventaja ni perjuicio. Pero en tiempo de escasez el producto de la porcion de tierra segregada volveria en forma de subsistencia, que no tendria que dividirse entre aquellos que antes la habian habitado. Si la China no tuviese fábricas de aguardiente, indudablemente estaria mas poblada; pero cuando faltase la cosecha tendria menos

(1) Cartas edificantes. (2) Idem. (3) Idem.
(4) Tomo 1.º, lib. 5.º

recursos que actualmente, siendo esto una de las causas que contribuyen á que las hambres no sean tan frecuentes y crueles.

El estado del Japon se parece en tantos puntos al de la China, que si nos propusieramos describirlo detalladamente, habriamos de repetir gran parte de lo dicho. Montesquieu atribuye la gran poblacion del Japon á su considerable número de mugeres (1). Pero la verdadera causa, tanto en el Japon como en la China, es sin duda el trabajo y la industria perseverante de los habitantes de este pais dedicados constantemente á la agricultura como su principal objeto.

Al leer el prefacio de la obra de Thunberg sobre el Japon, parece muy difícil fijar cuáles sean los obstáculos que pueden detener la poblacion en un pais donde se vive en tanta abundancia. Pero la obra contradice al prefacio: y la estimable *historia* de Japon por Kaempfer demuestra hasta la evidencia estos obstáculos. En los estractos que hace de dos cronicones publicados en el Japon (2), se encuentra una noticia muy curiosa de las diversas especies de mortandades, de pestes, de hambres, de guerras sangrientas y destructivas que ocurrieron despues de la época en que comienzan estos anales. El caracter de los Japoneses se distingue del de los Chinos en que son mas belicosos, mas turbulentos, menos frugales y mas ambiciosos. Segun se deduce de la relacion de Kaempfer, el obstáculo que el infanticidio opone á la poblacion entre los Chinos, equivale al que en el Japon presentan el libertinage, las guerras y las conmociones interiores. En cuanto al obstáculo destructivo que proviene de las enfermedades y del hambre se equilibra en ambos paises.

CAPITULO XIII.

Obstáculos á la poblacion entre los Griegos.

Es cosa reconocida por todos que los Griegos y los Romanos tuvieron en el primer período de su existencia circunstancias muy favorables para aumentar su poblacion. La propiedad estaba dividida con bastante igualdad, y todo su afan se dirigia principalmente al cultivo del terreno. La agricultura no solo es, como dice Hume (3), el trabajo mas necesa-

---

(1) Montesquieu, libr. 23, cap. 12. Sorprenden ciertamente tales observaciones en un autor que muchas veces ha vertido ideas tan esactas sobre la poblacion.

(2) Kaempfer, lib. 2.º (3) Ensayo XI.

rio para que subsista una nacion numerosa, sino que es el único por el que puede existir. Las artes y las manufacturas, que en los tiempos modernos parece que alimentan á tanta gente, no tienen la menor influencia sobre la poblacion; pues solo tienden á aumentar la cantidad de productos de la agricultura, y á facilitar su distribucion.

En los paises donde por la influencia de diversas causas la propiedad territorial está dividida en grandes porciones, las artes y las manufacturas son absolutamente indispensables para obtener una gran poblacion: sin ellas la Europa estaria despoblada. Pero donde la propiedad está dividida en pequeñas porciones no son tan necesarias: su division sola basta para llegar inmediatamente á un importante objeto, que es la distribucion. Si en este caso la demanda de hombres es siempre la misma para la guerra y la defensa del Estado, este motivo, unido al amor de su familia, debe bastar para obligar á cada propietario á cultivar lo mejor que le sea posible la porcion de terreno que posea, á fin de alimentar una numerosa posteridad.

La antigua division de Grecia y Roma en muchos estados pequeños, dió á este estímulo una nueva fuerza. En un pueblo en que el número de ciudadanos libres no escedia de diez ó veinte mil, cada uno debia conocer la importancia que tenia su trabajo en la comunidad. Sabiendo que el estado de que él era miembro estaba rodeado de vecinos celosos, y que para su defensa no podia contar sino con la fuerza interior, hubiera creido faltar á su deber de ciudadano si hubiese abandonado el cultivo de sus tierras. Estas causas dieron mucha preponderancia á la agricultura, sin el concurso de las necesidades artificiales que entre nosotros la animan. La poblacion siguió el aumento de los productos de la tierra, y aun hizo progresos mas rápidos: y cuando la guerra no reprimió el esceso se repartió por fuera y formó numerosas colonias. La necesidad de recurrir á este medio, unida á la pequeñez de los estados, hacia esto manifiesto á todo hombre capaz de reflexionar, ó hizo conocer bien pronto á los filósofos y legisladores la tendencia que tiene la poblacion á aumentarse, mas allá de los medios de subsistencia. No perdieron de vista, como sucede muchas veces á los políticos modernos, un asunto tan inmediatamente ligado á la paz y felicidad social. Y por atroz que fuese el medio que propusieron, preciso es confesar su gran penetracion, y que conocian muy bien que si no se refrenaba la facultad de poblar, se trastornarian bien pronto sus sistemas de felicidad é igualdad republicana.

La facultad de formar colonias está necesariamente limitada. Despues de cierto tiempo es muy difícil ó casi imposible, á no ser por circunstancias muy particulares, encontrar un terreno vacante. Es, pues, preciso tener á mano otro remedio.

Muy probable es que en Grecia haya prevalecido la práctica del infanticidio desde los primeros tiempos. En las partes de América donde está establecido, proviene al parecer de la dificultad de criar muchos hijos en la vida salvage y vagabunda, y espuestos al hambre y á guerras perpétuas. Créese que tuvo el mismo orígen entre los antiguos griegos: y que Solon al permitir la esposicion de los hijos, no hizo mas que sancionar una costumbre.

Dos fueron los objetos de este legislador. El primero y principal fue evitar un esceso de poblacion capaz de producir la pobreza y el descontento universal. El segundo nivelar la poblacion con las subsistencias que el pais podia producir, apartando el temor de tener una numerosa familia, que es el principal obstáculo al matrimonio. El efecto de esta costumbre en China manifiesta que llena mejor el segundo de los objetos que el primero. Pero si el legislador no conoció esta verdad, ó si una costumbre inveterada hizo preferir á los padres la muerte de sus hijos á la pobreza, semejante práctica debió parecer á propósito para llenar á la vez el doble objeto que tenia, á saber: mantener plena y constantemente la justa relacion entre los víveres y los consumidores.

La importancia de esta relacion, y las consecuencias á que conduce la falta ó el esceso de poblacion, la debilidad ó la pobreza, han sido bien conocidas por los políticos griegos, y han imaginado diversos proyectos para mantener en este punto un justo equilibrio.

Platon, *en el libro de las leyes*, quiere que en su república el número de ciudadanos libres ó el de sus habitaciones no pase de 5,040.—Para mantener este número, cada gefe de familia elegirá un sucesor entre sus hijos, y le trasmitirá la porcion de tierra que posea. Casará á sus hijas conforme á las leyes. Y á los demas hijos los dará en adopcion á los demas ciudadanos que no tengan ninguno. Si el número de hijos es demasiado escesivo ó demasiado pequeño, el magistrado tratará y velará para que el número de familias no esceda nunca del prefijado. Segun Platon hay muchos medios para conseguir esto. Puede reprimirse ó animarse la procreacion, segun la necesidad, por el honor ó la ignominia, ó por exortaciones convenientes á las circunstancias (1).

_____

(1) Platon. Leyes, lib. 5.º

Entra despues en grandes detalles en su *República filosófica* (1). Propone dar á los ciudadanos mas distinguidos las mejores mugeres, y á los otros las mugeres de menos mérito; y no educar sino los hijos de los primeros. En ciertos dias de fiesta fijos por la ley, los desposados deberán reunirse para casarse con solemnidad. Por lo demas el magistrado determinará el número de matrimonios: y tomando en consideracion los estragos causados por la guerra, las enfermedades y otras causas, tratará de proporcionar el número de ciudadanos á los recursos del país y á las demandas del Estado. Los hijos de los mejores ciudadanos se confiarán á nodrizas que habiten un barrio separado: los demas, y los que nazcan mutilados ó contrahechos, serán sepultados en un lugar oscuro é ignorado.

Pasa en seguida á examinar á qué edad conviene casarse, y fija la de 20 años para las hembras y 30 los varones. Una muger podrá tener hijos desde los 20 á los 40 años, y un hombre de 30 á 55. Hacerlo mas tarde ó mas temprano es un delito que debe considerarse igual al de tener hijos fuera del matrimonio, y por una viciosa incontinencia. Dos personas de la edad legal que tengan hijos sin haber cumplido las ceremonias prescritas, cometen tambien igual delito, y sus hijos no son legítimos, sino desaprobados por la ley como profanos é incestuosos. Pasada la edad prescrita, Platon concede mucha libertad en el comercio de los dos sexos, aunque tengan algun hijo; porque en este caso será espuesto, cualquiera que sea el deseo ó la situacion de los padres (2).

Estas citas manifiestan muy bien qué Platon conocia plenamente la tendencia de la poblacion á aumentarse mas allá de los medios de la subsistencia. Sin duda que los medios que para ello emplea son execrables; pero esto mismo, y el empleo que de ellos hacia, prueban que comprendió muy bien la gran dificultad que tenia que vencer. No ha podido menos de considerar la guerra como muy destructiva, puesto que tenia á la vista una pequeña república. Sin embargo, propone matar á los hijos de los ciudadanos de poco mérito: á todos los nacidos fuera de la edad y formas prescritas por la ley, y ademas de estas precauciones quiere que el magistrado arregle el número de matrimonios. Preciso es que su esperiencia y razonamientos le tuviesen convencido muy bien de la gran energia de la fuerza prolífica y de la necesidad de ponerla trabas.

(1) Idem. República, lib. 5.
(2) Platon. República, lib. 5.º

Aun mas claramente ha visto Aristóteles esta necesidad. Fija la edad del matrimonio á los 37 años para los hombres y á 18 para las mugeres, lo que es condenar á una infinidad de mugeres al celibato. Aunque ha retardado tanto para los hombres el momento del matrimonio, aun teme que haya muchos hijos y quiere limitar su número en cada familia. Para esto es preciso que si una muger aparece en cinta despues de haber llegado á este número limitado muera el hijo antes de nacer. Desde la edad de 54 ó 55 años no se permite á los hombres tener hijos; porque lo mismo los hijos de los ancianos que los de los hombres demasiado jóvenes son imperfectos de cuerpo y espíritu. Despues de la edad prescrita los dos sexos pueden vivir unidos; porque asi como en la república de Platon, á ningun hijo que nazca de este comercio puede permitirsele vivir (1).

Al discutir las ventajas de la república propuesta por Platon en su *Tratado de las leyes*, observa Aristóteles que este autor no ha atendido bastante á lo concerniente á la poblacion. Le acusa de inconsecuencia por haber establecido la igualdad en las propiedades y no haber limitado el número de los hijos. Es preciso, dice con razon, mucha esactitud en las leyes de los paises adonde está admitida la igualdad de la propiedad. En los gobiernos ordinarios un aumento de poblacion solo produce el efecto de subdividir la propiedad territorial, pero en una república donde está establecida la igualdad, los supernumerarios se verian absolutamente abandonados, porque estando las tierras divididas en partes iguales, y en cierto modo elementales, no serian susceptibles de una nueva division (2).

En otro lado dice este autor, que es preciso siempre que el número de hijos sea limitado, y que para este límite se tendrá presente las muertes y las causas de esterilidad; pues si se deja libre á cada uno, segun es costumbre, tener los hijos que pueda, sobrevendrá al momento la pobreza, y con ella el vicio y los trastornos. Estas razones obligaron á Pheidon de Corinto, uno de los mas antiguos escritores políticos, á proponer una ley directamente contraria á la de Platon. Limitó la poblacion y no igualó las propiedades (3).

Tambien Phaleas de Calcedonia que habia propuesto la igualdad de

____

(1) Aristóteles. República, lib. 7.°, cap. 16.
(2) Idem, lib. 2.°, cap. 7.°
(3) Aristóteles.

bienes como una medida saludable, se opone á las instituciones de Platon, y dice que los que quieren arreglar así las fortunas deben saber que tambien es preciso limitar al mismo tiempo el número de hijos. Porque, añade, si estos se multiplican mas que los medios para mantenerlos, la ley necesariamente será infringida, y muchas familias pasarán de repente de la opulencia á la miseria, revolucion peligrosa siempre á la tranquilidad pública (1).

Aristóteles ha conocido claramente que la fuerte tendencia de la raza humana á reproducirse, debe, si no tiene obstáculo alguno, trastornar todo sistema fundado en la igualdad de la propiedad. El mejor argumento que puede proponerse á semejante sistema, es la necesidad de usar de los medios propuestos por el filósofo de Stagyra.

Otra observacion relativa á Sparta, manifiesta que entendia muy bien el principio de la poblacion. La imprevision que habia presidido en esta república á las leyes de las sucesiones, hizo que las tierras recayesen en muy pocas manos, resultando de esto una gran diminucion de habitantes. Para obviar este inconveniente y reemplazar los hombres que la guerra quitaba á cada momento, los reyes predecesores de Lycurgo habian adoptado la costumbre de naturalizar á los estrangeros. Y segun Aristóteles hubiera sido mejor haber aumentado el número de ciudadanos, aproximándose un poco á la igualdad en la reparticion de las tierras. Mas la ley relativa á los hijos era enteramente opuesta á esta mejora. El legislador, queriendo tener muchos ciudadanos, habia animado la procreacion por todos los medios posibles; el que tenia tres hijos estaba exento de la guardia de noche, y el que tenia cuatro libre de toda carga pública. Pero es muy cierto, dice Aristóteles, que el nacimiento de muchos hijos, mientras no se mudara la division de las tierras, solo produciria un aumento de pobreza (2).

Este autor conoció el error en que han caido desde Lycurgo muchos legisladores, pues que estimular el nacimiento de los hijos sin poder mantenerlos, es obtener un pequeño aumento de poblacion á costa de mucha miseria y sufrimientos.

El legislador de Creta (Carondas) (3), así como Solon, Pheidon, Platon y Aristóteles, comprendió la necesidad de reprimir la poblacion para evitar la pobreza general. Es de creer que la opinion de estos hombres y

---

(1) Aristóteles. (2) Aristóteles. República, lib. 2.º (3) Idem.

sus leyes tuviesen mucha influencia , y por lo tanto el obstáculo privativo que proviene de la tardanza en contraer matrimonios y de otras
causas, obró eficazmente en los estados libres de la Grecia.

En cuanto al obstáculo destructivo basta echar una ojeada sobre la
historia de sus guerras para formarnos de él una idea; pero la peste se
unió á este azote al menos una vez en Atenas. Y Platon, que como ya
hemos visto, supone que en su república las enfermedades podrian disminuir la poblacion (1). Las guerras de estos pueblos eran no solo continuas, sino sangrientas. En sus pequeños ejércitos, que probablemente combatirian cuerpo á cuerpo , habia proporcionalmente mas muertos
que en los grandes ejércitos modernos, en los cuales es corto el número de los que perecen (2). Ademas, como todos los ciudadanos de estas
pequeñas repúblicas eran militares, y servian en todas las guerras, las
pérdidas que estas ocasionaban eran de gran consideracion y de dificil
reparo.

CAPITULO XIV.

Obstáculos á la poblacion entre los Romanos.

Los estragos de la guerra en los pueblos de Italia durante los primeros esfuerzos de los Romanos para adquirir preponderancia, han sido, al
parecer, mayores que en los pequeños estados de la Grecia. Wallace,
en su *disertacion sobre el número de hombres*, dice: «que siguiendo atentamente la historia de Italia en esta época, es admirable que se hayan
podido levantar tantas tropas para hacer la guerra sin interrupcion, hasta el momento en que la Italia estuvo enteramente subyugada.» Tito Livio
se admira tambien de que los Equos y los Volsquos, tantas veces vencidos, se encontrasen siempre en estado de presentar en campaña nuevos ejércitos (3). Esto se esplica únicamente suponiendo, como es probable, que las pérdidas constantes ocasionadas por las guerras produjesen la costumbre de no sujetar el principio de la poblacion á ninguna
traba, y que por consiguiente el número de jóvenes que llegaba á la edad
de tomar las armas, era mucho mayor con relacion á la poblacion total,
que en los estados menos belicosos. Esta rápida sucesion de jóvenes fue

(1) Idem de las leyes, lib. 5.º   (2) Hume. Ensayo XI.
(3) Tito Livio.

sin duda lo que en estos pueblos, asi como en Germania, hizo que siguiesen sin agotarse jamás nuevos ejércitos á los que perecian.

Debe creerse por lo tanto que en los primeros tiempos, asi en Italia como en Grecia, estaba en práctica el infanticidio. Una ley de Rómulo prohibia esponer á los hijos antes de los tres años cumplidos (1), lo que prueba que se les esponia á veces desde su nacimiento. Pero no se admitió esta práctica sino cuando las pérdidas ocasionadas por la guerra no dejaban suficientes huecos para la generacion nueva. Asi aunque pueda considerarse como uno de los obstáculos destructivos que impedian á la poblacion recibir su completo acrecentamiento, puede decirse que en aquel estado de cosas contribuia mas á favorecerla que á detenerla en su progreso.

Entre los romanos que desde el principio de la república tuvieron que sostener guerras continuas y sangrientas, esta especie de obstáculo destructivo debió obrar con una fuerza prodigiosa. Pero esta causa, por activa que se la suponga, no hubiera jamás producido sin el concurso de otras mucho mayores, esa necesidad de hombres que se esperimentó en tiempo de los emperadores, y que obligó á Augusto y Trajano á dar diferentes leyes para estimular el matrimonio y las familias numerosas.

Cuando se destruyó insensiblemente la igualdad de bienes establecida en un principio en el territorio romano, y se repartieron las tierras entre un pequeño número de ricos propietarios, los ciudadanos, privados por este cambio de los medios de subsistir, no tuvieron otro recurso para no morirse de hambre que vender á los ricos su trabajo, como ahora se ve en los estados modernos. Pero este recurso se le quitaron un gran número de esclavos, que creciendo con el lujo, bastaron para todos los empleos de las artes y la agricultura. En tales circunstancias, lejos de admirarse que los ciudadanos libres fuesen menos numerosos, apenas puede comprenderse cómo quedó alguno que no fuese propietario. Y verdaderamente muchos no existian sino á favor de una costumbre estraña que produjo la situacion violenta de esta sociedad política: cual era el uso de distribuir á los ciudadanos pobres grandes provisiones gratuitas de trigo. En tiempo de Augusto, doscientos mil disfrutaron de este beneficio; y es muy probable que algunos no tuviesen otro recurso. Créese que se hacian estas distribuciones á los que habian llegado á la

---

(1)   Dionisio Halicarnaso, lib. 2.º

edad viril; pero no habia bastante para una familia, y era demasiado para un hombre solo (1), sin ser suficiente para poner á los ciudadanos pobres en estado de multiplicarse. Por la manera con que habla Plutarco del uso de esponer los niños, tal como estaba establecido entre los pobres (2), puede creerse que se hacian morir muchos á pesar de las gracias concedidas á los padres de tres hijos (3). Esto se confirma por el pasage en que Tácito, al hablar de los habitantes de Germania, hace alusion á esta costumbre de los Romanos (4). Y verdaderamente ¿qué podria esperarse de semejante ley, en un pueblo sin otro recurso que la caridad, compuesto de individuos incapaces de proveer á sus necesidades, y mucho menos de mantener una muger y dos ó tres hijos? Si se hubiesen mandado fuera del pais la mitad de los esclavos, y por consiguiente el pueblo Romano hubiera podido dedicarse á las artes y á la agricultura, el número de ciudadanos hubiera crecido rápidamente, y este aumento hubiera sido mas eficaz que todos los que podian ofrecer las leyes.

Quizá los derechos concedidos á los padres de tres hijos (5) y otras leyes semejantes hayan tenido algun efecto entre las clases superiores de los ciudadanos romanos: y en verdad que la naturaleza misma de estas leyes, consistiendo casi todas en privilegios, indica al parecer que fueron hechas principalmente para estas clases. Pero las costumbres viciosas de toda especie, propias para impedir el aumento de la poblacion (6), eran al parecer tan dominantes en esta época, que ninguna ley podia bastar para corregirlas. Montesquieu observa con razon «que la corrupcion de costumbres acabó con la censura, establecida para destruir á aque-

---

(1) *Hume.* Ensayo XI.
(2) Plutarco, del amor de los padres para con sus hijos.
(3) *Jus trium liberorum.*
(4) *De moribus Germanorum.* Hasta qué punto se despreciaban las leyes hechas para animar el matrimonio y el número de hijos, se conoce por un discurso de Minucio Felix en su diálogo de Octavio. Cap. 30. *Vos enim video procreatos liberos nunc feris et avibus exponere, nunc adstrangulatos misero mortis genere elidere: sunt quæ in ipsis viscéribus medicáminibus epotis, originem futuri hominis extinguant, et parricidium faciant antequam pariant.* Este crímen era tan comun en Roma, que el mismo Plinio trata de justificarlo: *Quoniam aliquarum fecunditas plena liberis tali venia indiget.* Lib. XXIX. Cap. IV. (Nota del autor.)
(5) *Jus trium liberorum.*
(6) *Sed yacet aurato vix ulla puerpera lecto,*
Tantum artes hujus, tantum medicamina possunt,
Quæ estériles facit, atque homines in ventre necandos
Conducit. (*Juvenal sat. VI.*)

lla;» pero, añade, «cuando esta corrupcion es general no tiene bastante poder la censura.» Treinta y cuatro años despues de la promulgacion de la ley de Augusto sobre el matrimonio, los caballeros romanos pidieron que se derogase. Y haciendo una valuacion de casados y de célibes, se vió que el número de estos habia crecido, prueba bien clara de la ineficacia de la ley (1).

En muchos países las costumbres viciosas que impiden el aumento da la poblacion, no son la causa, sino el efecto de la escasez de los matrimonios. Pero en Roma la depravacion de costumbres, al parecer, ha obrado directamente para impedir los matrimonios, al menos en las clases superiores. No pueden leerse los discursos de Metelo Numídico en su censura, sin esperimentar un sentimiento de indignacion y de disgusto. «Si pudiesemos estar sin mugeres, decia este magistrado, ninguno de nosotros tendria esa carga tan incómoda. Pero puesto que tal es el órden de la naturaleza que con ellas no se puede vivir cómodamente, y sin ellas no se puede vivir, pensemos mas bien en hacer duradera nuestra salud que en un corto placer» (2).

Las leyes positivas para fomentar el matrimonio y la poblacion en el momento en que se hace sentir la necesidad, y que no son secundadas como en la China y en otras partes por la influencia de la religion, rara vez corresponden al objeto con que se dan, y solo consiguen manifestar la ignorancia del legislador. Pero la necesidad aparente de estas leyes indica casi siempre una gran depravacion moral y política; y en los paises en que obliga su ejecucion, puede estarse persuadido que independientemente de las costumbres viciosas que alli dominen, hay instituciones políticas desfavorables al trabajo y á la industria, y por lo mismo á la poblacion.

Por este motivo, creo yo con Wallce, que Hume se ha equivocado cuando ha dicho que el Universo sometido al pueblo Romano nunca estuvo tan poblado como durante la larga paz que disfrutó en los reinados de Trajano y Antonino (3). Bien sabido es que las guerras jamás despueblan un pais donde la industria y el trabajo continúan en vigor, y que la paz no puede aumentar la poblacion de un pueblo que no sabe dónde encontrar medios de subsistencias. La razon de

(1) Montesquieu. Espíritu de las leyes.
(2) Aulo Gelio, lib. 1.º, cap. 6.
(3) Hume. Ensayo XI.

las leyes relativas al matrimonio, bajó el reinado de Trajano, es un indicio de la continuacion de las costumbres viciosas y del decaimiento de la industria; lo cual parece enteramente incompatible con el supuesto de un aumento de poblacion considerable.

Quizá se dirá que los muchos esclavos compensaban el pequeño número de ciudadanos romanos: pero es de creer que el trabajo de estos esclavos no estaba dirigido hácia la agricultura con bastante fuerza para que pudiese bastar para el alimento de una gran poblacion. Cualquiera que fuese el estado de las otras provincias, se conoce generalmente que la agricultura de Italia estaba en decadencia: la perniciosa costumbre de importar trigos en gran cantidad para distribuirlos al pueblo, dejó á la industria agrícola en un abatimiento del que siempre se resintió. Hume dice: «Que cuando los autores romanos se quejaban de que la Italia, que en otro tiempo habia esportado trigo, era entonces dependiente de las provincias por este alimento necesario, no atribuyen jamás este cambio á un aumento de poblacion, sino al abandono del cultivo y la agricultura.» (1) Y en otra parte dice: «Todos los antiguos atestiguan que habia una afluencia perpétua de esclavos en Italia, adonde se les enviaban de las provincias mas lejanas, en particular de la Syria, de la Sicilia, Capadocia, Asia menor, Thracia y Egipto. Y sin embargo, el número de habitantes de Italia no aumentaba: y los autores de aquel tiempo se quejaban sin cesar de la decadencia de la agricultura y de la industria.» (2) Por tanto no es muy probable que la paz de Trajano y los Antoninos hubiese influido sobre las costumbres del pueblo hasta el punto de cambiar enteramente este órden de cosas.

Esto nos manifiesta que esta remesa contínua de esclavos, es la mayor prueba que puede alegarse para manifestar que la esclavitud es contraria á la propagacion de la especie. La necesidad de esta afluencia es una refutacion suficiente de la observacion de Wallace que pretende que entre los antiguos los esclavos contribuian á aumentar mas la poblacion que entre los pueblos modernos las clases bajas. Cierto es, como dice este autor (3), que no todos nuestros obreros se casan, que un gran número de sus hijos mueren, ó estan enfermos ó inútiles, por la miseria y el abandono de sus padres (4); mas á pesar de estos obstáculos, no sé si podria citarse un solo caso en que las clases inferiores, abando-

---

(1) Hume. Ensayo XI. (2) Idem.
(3) Disertacion sobre el número de hombres. (5) Idem.

nadas libremente, no hubiesen poblado tanto como lo permitia la demanda que se le hacia de su trabajo.

Para comprender bien los obstáculos á la poblacion propios de la esclavitud que obligan á hacer las remesas de esclavos, es preciso usar
de la comparacion que emplean Wallace y Hume: el uno para manifestar que conviene al señor cuidar de sus esclavos y criar los hijos de estos (1): y el otro para probar que el señor tiene muchas veces mas interés en que sus esclavos no tengan hijos, que en animarlos á la propagacion (2). Si fuese fundada la opinion de Wallace, los esclavos hubieran fácilmente mantenido su número solo por el nacimiento de sus
hijos: y bien sabido es que no se ha logrado por este medio. Por eso
debe ser cierta la opinion de Hume. «Costaria sin duda mucho mas criar
un niño en Lóndres hasta que fuese útil para servir, que comprar un jóven de la misma edad en Escocia é Irlanda, criado en una pobre alque-
ría, cubierto de andrajos y alimentado de harina de avena y de patatas. Los señores estarian dispuestos en los paises ricos y populosos á desanimar á las esclavas á ser madres, á impedir su embarazo ó su alumbramiento, y por último á matar su fruto.» (3) Wallace conviene en que
el número de esclavos ha sido casi siempre mayor que el de esclavas (4),
circunstancia que ha debido oponerse á su multiplicacion. Parece, pues,
que el obstáculo privativo para disminuir la poblacion, ha obrado con
mas fuerza en Roma que en Grecia. Como, por otra parte, eran tratados con crueldad, quizá mal alimentados, encerrados muchos de ellos en
las prisiones y casas de trabajo y de correccion (5), estrechas y mal sanas, puede creerse que el obstáculo destructivo que dimana de las enfermedades, obrarian tambien con fuerza, y que las epidemias causarian
mas estragos entre los esclavos que en las demas clases de la sociedad.

Establecer que la esclavitud es desfavorable á la propagacion de la
especie en los lugares en que está establecida, no es bastante para fa-
llar sobre la poblacion absoluta de estos lugares, ni para decidir la cuestion mas complicada aun de la poblacion antigua y moderna. Bien sabido es que ciertas comarcas pueden alimentar repuestos de esclavos sin
que sufra su poblacion. Si estos repuestos se importaban en un pais exactamente en proporcion á la demanda del trabajo, la cuestion relativa á
ese número de habitantes se resolveria precisamente lo mismo que cuan-

(1) Disertacion. (2) Hume. Ensayo XI. (3) Idem. (4) Disertacion.
(5) *Ergástula.* Hume. Ensayo XI.

do se trató de las naciones modernas; pero esta poblacion se regularia segun el número de individuos que pudiese emplear y alimentár este pueblo. Asi en los paises en que está establecida la esclavitud doméstica, como en los otros, si se toma una estension de territorio suficiente para que esten comprendidas la importacion y esportacion, en nuestros cálculos, puede erigirse en principio, con la reserva de las pequeñas variaciones dependientes del lujo y de las costumbres frugales, que la poblacion siempre es proporcionada á la cantidad de alimentos que produce la tierra. Ninguna causa física ni moral, á menos que no obrase con estremada violencia y de una manera inusitada, puede causar sobre la poblacion un efecto considerable y permanente, sino es por su influencia sobre la produccion y distribucion de los medios de subsistencia. Pero no se ha atendido bastante á esto al tratar de la poblacion en las naciones antiguas y modernas (1), pues de una y otra parte se han hecho valer causas físicas y morales, de las que no podia sacarse ninguna consecuencia en favor de una ú otra opinion. Tambien se ha olvidado en este exámen que cuanto mas poblado y productivo es un pais, tanto menos probable es que se aumente su poblacion, porque los obstáculos á este aumento son necesariamente mas numerosos y enérgicos que en otras partes. Estos son los obstáculos que mantienen allí la poblacion en un estado estacionario ó muy lentamente progresivo. De donde se deduce que el descubrimiento de muchos obstáculos de esta naturaleza, ya entre las naciones antiguas, ya entre las modernas, de ningun modo prueba la escasez de su poblacion. Por consiguiente las viruelas y otras enfermedades desconocidas entre los antiguos, y que en el dia hacen muchos estragos, no pueden de ningun modo servir para probar la inferioridad de la poblacion moderna. Sin embargo se ve que Hume y Wallace consideraban de mucho peso este argumento.

El mismo error han cometido respecto de las causas morales. Wallace alega los estímulos directos al matrimonio entre los antepasados como una de las principales causas de la gran poblacion del mundo anti-

---

(1) La gran insalubridad de Batavia, y quizá la peste que reina en otras comarcas, pueden considerarse como causas físicas que obran con una estrema violencia. El apego estraordinario de los Romanos al celibato vicioso, y la confusion de los sexos en Otahiti, pueden considerarse como causas morales de la misma naturaleza. Estos casos singulares, y algunos otros que pudieran citarse, me han obligado á modificar la proposicion general del testo.

·guo (1). Sin embargo, la necesidad de las leyes positivas para animar
al matrimonio, indica mas bien una falta que un esceso de poblacion.
En Sparta, sobre todo, aparece por un pasage de Aristóteles, citado en
el capítulo anterior, que las leyes para estimular el matrimonio, sobre
las que Wallace insiste mas, fueron hechas, precisamente con el objeto
de remediar este mal. En un pais muy poblado nunca pensaria un legislador en promulgar leyes para fomentar directamente el matrimonio y
la multiplicacion de los hijos. Examinando los restantes argumentos de
Wallace veremos que no tienen mas fuerza.

Algunas de las causas indicadas por Hume no son del todo satisfactorias, antes bien proporcionan argumentos en contra suya. Presenta
como un argumento contra la poblacion superior de estos pueblos el número de lacayos, camareros y otras personas que son célibes en las naciones modernas (2). Pero si alguna consecuencia se deduce de esto,
es precisamente la contraria de la que saca el autor. Cuando la dificultad de criar una familia es tan grande que muchas personas de ambos sexos renuncian al matrimonio, es natural suponer que la poblacion
está estacionaria : pero no inferirse que es muy numerosa, hablando de
una manera absoluta. En efecto, dicha dificultad puede provenir en efecto
de que la poblacion absoluta sea muy grande, y por consiguiente esten
cerrados todos los medios de subsistencia ; pero tambien puede suceder
que esta dificultad se haga sentir en un pais poco poblado, reducido tambien al estado estacionario.

La relacion del número de célibes al total de habitantes, es un indicio por el que puede juzgarse si la poblacion es estacionaria, progresiva ó retrógrada : pero esta relacion nada nos manifiesta sobre el estado absoluto de la poblacion; y bajo el primer aspecto, quizá sea un indicio falso. En algunos paises meridionales, por lo general, se casan
muy jóvenes: hay pocas mugeres célibes, y sin embargo no solo la poblacion es escasa, sino que no crece. O es que en este caso el efecto del
obstáculo privativo es suplido por la gran energia del obstáculo destructivo. La suma de los obstáculos que pueden colocarse bajo estas dos clases, es sin contradiccion la causa inmediata que detiene la poblacion.
Pero en algun pais no se puede obtener esactamente esta suma, y la valuacion de dos ó tres obstáculos aislados no da ningun resultado, porque

(1) Disertacion.
(2) Hume. Ensayo XI.

sucede muchas veces que el escaso de accion de un obstáculo se compensa por la falta de acción del otro. Las causas que afectan el número de nacimientos ó de muertos, obran ó no sobre la poblacion media segun las circunstancias. Mas las que influyen en la produccion y distribuçion de los medios de subsistencia, afectan necesariamente á la poblacion. Solo cuando carecemos de un censo esacto, pueden estas causas darnos resultados seguros.

Los obstáculos á la poblacion considerados en este cuadro rápido de la sociedad, pueden colocarse claramente en las clases siguientes: *la violencia moral, el vicio y la miseria.*

El obstáculo privativo que he designado con el nombre de violencia moral, ha podido obrar sin duda, y seria temerario sostener que no ha tenido parte en el efecto general de reprimir el principio de la poblacion; pero es preciso conocer que generalmente ha producido muy poco en comparacion de los demas obstáculos. Entre estos, los privativos que pertenecen al vicio, han influido considerablemente entre los antiguos Romanos, durante los últimos tiempos de su existencia, y en algunos otros pueblos. Sin embargo, la accion de los obstáculos de esta especie ha sido, segun parece, menor que la de los obstáculos destructivos. El principio de poblacion se ha desplegado con muchísima fuerza, y el esceso de produccion que de esto ha resultado, ha sido destruido por cáusas violentas, entre las cuales es preciso contar primero la guerra, que domina á todas las demas, y se presenta bajo el mas terrible aspecto; y en seguida vienen el hambre y las enfermedades funestas. En la mayor parte de las comarcas que hemos recorrido, rara vez la poblacion se ha arreglado precisamente á la cantidad media y permanente de las subsistencias. Por lo general se la ve oscilar entre estos dos puntos estremos: per consiguiente las variaciones entre la escasez y la abundanciá han aparecido muy marcadas; y esto esperábamos que sucediese al trazar el cuadro de las naciones mas atrasadas en la civilizacion.(1).

_____

(1) Concluida la reseña histórica de las causas que han impedido el desarrollo de la poblacion en los pueblos antiguos y en los modernos mas atrasados en cultura, y vista la opinion de Malthus acerca de ellas, hemos creido del caso presentar aquí algunas observaciones que no estan enteramente en consonancia con la doctrina del autor.

A la escasez de alimento atribuye este el orígen de los obstáculos á la poblacion, sin tener en cuenta que la causa primordial de todos ellos, y de la que dimana hasta la falta de subsistencias y todos los vicios y calamidades, es el estado de barbárie de dichos pueblos.

Examinemos detenidamente esta teoría, analicemos las descripciones de los diferentes paises, y veremos en un todo confirmada esta opinion.

En dos clases podemos dividir los pueblos de que se ha tratado; unos que permanecen y han permanecido siempre en la barbarie, y otros que habiendo conocido en algun tiempo la civilizacion, han recaido por diferentes causas en el estado de los primeros.

¿Qué es lo que impidé el aumento de la poblacion entre los habitantes de la tierra de fuego, islas de Andaman de la Nueva Holanda, y de algunas comarcas de América? ¿A qué deberá atribuirse la escasa y hambrienta poblacion diseminada por aquellos estensos bosques y desiertos abandonados enteramente á la naturaleza, sin que se haya dedicado jamás la industria del hombre á fertilizarlos con su industria y trabajo? A la falta de subsistencias dice con razon, Malthus. ¿Pero de qué proviene esta falta de subsistencias sino del estado salvage de estos pueblos? Pues en verdad, si en vez de trepar á fuerza de trabajo sobre los elevados árboles para encontrar alimento, ó de recorrer las playas en busca de algun pescado arrojado por las olas se dedicaran á cultivar la tierra y á proporcionarse los medios de subsistencia con que ella les brinda, no tendrian necesidad de tan improvos esfuerzos, y su poblacion creceria á la par de sus adelantos en la agricultura y en las artes.

Lo mismo podemos decir de los salvages de América que subsisten únicamente de los precarios recursos de la caza; pues vemos que en los Estados-Unidos, donde antiguamente vivian estas razas víctimas del hambre y de los infortunios, en la actualidad abundan en medios de subsistencias y en poblacion; porque la cultura ha descubierto nuevas fuentes para la industria y comercie de aquellos habitantes, y dado lugar á que se aumenten de un modo tan prodigioso. Los imperios de Mégico y del Perú, en donde la civilizacion habia hecho bastantes progresos, ¿cuán poblados no estaban cuando fueron conquistados por los españoles?

Por el contrario, las fértiles islas del mar del Sur, donde las subsistencias pueden crecer hasta un límite estraordinario, estan escasas de poblacion por los obstáculos destructivos que opone á ella su estado salvage.

Si dirigimos la vista al Egipto y á los paises que habiendo sido un dia cuna y emporio de las ciencias, artes é industria, cayeron despues por diversos motivos en el estado inculto, veremos que la suma de habitantes siguió en un todo la suerte de la cultura, aumentando y disminuyendo á medida de la civilizacion.

Las guerras, las hambres, las epidemias, los vicios y hasta la indolencia de algunos pueblos, de dónde proviene sino de su falta de civilizacion? Las guerras tan espantosas de las islas del mar del Sur, de los salvages de América y de algunos pueblos del Africa, ¿tienen acaso lugar en las naciones cultas de Europa? A pesar de ser la poblacion de estas mayor con respecto á su territorio que la de las otras partes del mundo, sufre por ventura las atroces hambres que á estas atormentan? Las pestes tan frecuentes en la antigüedad, y aun en el dia en algunas partes del Asia, atacan solo raras veces á los pueblos civilizados. ¿Quién duda que el medio mejor de estirpar los vicios y los defectos de los hombres no es el ilustrarlos acerca de sus verdaderos deberes, estimulándoles asi á que obedezcan la voz de la razon y no los impulsos de sus pasiones? ¿Quién sino la civilizacion ha desarrollado la actividad del hombre, aumentado su industria y dado recompensas á sus trabajos? Si faltaran los alicientes que proporciona la cultura, veríamos á los ciudadanos laboriosos de Europa sumirse en la indolencia habitual de los habitantes de los pueblos salvages.

Creo que lo dicho será suficiente para convencernos de que el objeto principal de todos los gobiernos y de los publicistas no ha de ser inspirar desapego y horror al matrimonio considerándolo como causa de todas las desgracias, sino dirigir sus esfuerzos á desterrar la barbarie y procurar que las luces de la civilizacion se esparzan por todo el universo, como el medio mas eficaz de evitar los obstáculos que se oponen á la poblacion. (*Nota de los Traductores.*)

LIBRO SEGUNDO.

—

DE LOS OBSTÁCULOS QUE SE OPONEN Á LA POBLACION EN LOS DIVERSOS ESTADOS DE LA EUROPA MODERNA.

CAPITULO I.

Obstáculos á la población en Noruega.

Los registros de nacimientos, matrimonios y defunciones nos servirán de gran utilidad en nuestro exámen acerca de los diversos estados de la Europa moderna. Cuando estos registros sean exactos darán á conocer con bastante certeza si los obstáculos que detienen la población son del género privativo ó del destructivo. Y siendo muy semejantes las costumbres de la mayor parte de las naciones europeas por hallarse en circustancias bastante parecidas, es de esperar que sus registros ofrezcan poco mas ó menos los mismos resultados. Sin embargo algunos calculadores fiándose demasiado de esta coincidencia han cometido el error de creer que la ley de la mortalidad era igual en tódas partes: cuando por el contrario varía mucho en las diferentes cómarcas de un mismo pais, y en determinados límites depende de circustancias cuya modificácion está al alcance del hombre.

La Noruega en casi todo el siglo anterior no ha sufrido ninguna pérdida de hombres en la guerra. Resistiendo el clima á las epidemias, la mortalidad es menor en un año comun, que la de ningun otro pais de Europa donde existen registros esactos (1). La relacion de muertes anua-

_____

(1) Los registros de Rusia dan una mortalidad menor, mas se cree que estos registros no son esactos.

les con toda la población es por término medio de 1 á 48. Sin embargo
no parece que la poblacion de Noruega se haya aumentado con mucha rapidez, aunque ha tomado algun incremento en estos diez ó quince
últimos años. Bien que hasta esta época sus progresos habian sido muy
lentos, porque sabemos que este pais ha estado poblado desde muy antiguo y en 1769 solo contaba 723,141 habitantes.

Antes de entrar en el exámen detallado de la economía interior de
este pais, podemos asegurar que habiendo obrado con bastante lentitud
los obstáculos destructivos de la poblacion, los privativos deben haberlo
hecho con mucha fuerza. Y en efecto se vé por los registros que la relacion de matrimonios anuales á toda la poblacion es de 1 á 180 (1), es
decir, menor que la que dan los registros de otros paises, esceptuando
solo la Suiza.

Entre las causas que han influido en este pais para disminuir el número de matrimonios, es preciso contar la costumbre de alistarse en el ejército puesta en práctica hace ya algunos años. En Dinamarca y en Noruega todo hijo de arrendador ó marinero es soldado (2). Antiguamente el
comandante de un distrito podia tomar los paisanos de la edad que juzgase conveniente, y preferia en general los de 25 á 30 años. Una vez

---

(1) La relacion de los matrimonios anuos á toda la poblacion es uno
de los indicios mas evidentes de la accion del obstáculo privativo aunque
no del todo esacto. En general el obstáculo privativo es tan grande que
no basta este solo indicio para juzgarle. La razon es que en los paises de
Europa mas saludables en donde la relacion de los matrimonios á la poblacion es pequeña; el número de personas que estan en la edad de casarse es proporcionalmente mayor que en otro. En efecto, el resto de la
poblacion se compone de aquellos que no llegan ó pasan de esta edad.
A la verdad en estos paises hay mas personas viejas que en aquellos,
y por consiguiente mayor número de personas que pasan de la edad de
casarse. Mas por otro lado hay menos que no llegan á esta edad. Resulta por lo tanto que el número de personas fuera de la edad de casarse,
menor proporcionalmente que el de los otros, y por consiguiente es
mayor el de personas que pueden casarse. De donde proviene un mismo número de matrimonios que indica una accion superior del obstáculo
privativo. Asi en Noruega los individuos de 20 á 50 años, época probable de matrimonio, son con relacion á toda la poblacion mas numerosos
que en ningun otro pais de Europa. Por consecuencia la relacion de los
matrimonios á toda la poblacion, comparada á lo que se observa en otros,
no esplica completamente la accion del obstáculo privativo.
(Nota del autor).
(2) Los pocos hechos que menciono respecto á la poblacion de Noruega, están recogidos en un corto viaje que hice en el verano de 1799.
(Nota del autor.)

alistados, ninguno podia casarse sin un certificado del ministro de la parroquia en que constara que tenia lo suficiente para mantener á su familia. Despues de estar asegurado con este certificado era necesario todavia tener permiso del oficial. La dificultad de obtenerle, como de conseguir el certificado y tambien los gastos que esto ocasionaba, retraian á los que no se encontraban en circunstancias muy favorables de casarse antes de los diez años de servicio. Asi, pues, como se podia ser alistado hasta la edad de 36 años, y los oficiales empezaban á escoger á los de mas edad, resultaba que estos paisanos no podian considerarse como célibes hasta una edad muy avanzada. El ministro de la parroquia no tenia ningun poder legal para impedir á un hombre casarse no estando en el ejército; mas la costumbre habia consagrado este derecho, y frecuentemente rehusaba el pastor unir á aquellos que no tenian medio alguno probable para hacer frente á las necesidades de una familia.

Pero en la actualidad no existen ya los obstáculos de esta naturaleza, bien provinieran de la ley, bien de la costumbre. Cualquiera tiene ámplia libertad para casarse cuando le acomode sin necesitar permiso del oficial ni del párroco. Y en los alistamientos se toma primero á los jóvenes de 20 años, despues á los de 22, siguiendo asi progresivamente hasta tener el número de hombres prescritos.

Los oficiales, en general, se quejan do este cambio; diciendo que en Noruega un joven á los 20 años aun no está bien desarrollado y no puede ser buen militar. Muchos creen que en la actualidad los aldeanos se casan muy pronto y que tendrán mas hijos que los que el pais podrá alimentar.

Mas independientemente de los reglamentos sobre el servicio militar, la situacion de la Noruega opone grandes obstáculos á los matrimonios precoces. No existiendo en este pais ninguna gran ciudad manufacturera que pueda emplear á la poblacion sobrante, y teniendo cada pueblo tantos brazos como necesita, es dificil que cambiando de lugar pueda esperar un individuo mejorar mucho su posicion. A no ser que se le proporcione algun medio de emigrar al estrangero, el aldeano de Noruega acostumbra por lo general á habitar en el pueblo en que ha nacido. Ademas de esto, como la mortalidad es muy pequeña, se tarda mucho en hallar habitaciones desocupadas y oficios en que emplearse; teniendo por lo tanto que esperar mucho tiempo antes de adquirir lo indispensable para mantener á su familia.

Hay generalmente en las granjas de Noruega cierto número de jorna lemos casados que tienen alli su ocupacion y cuyo número es proporcionado á la estension de la granja; y se les da el nombre de colonos. El arrendador les da una casa y una cantidad suficiente de tierra para el sosten de su familia. En cambio estan obligados á trabajar para él, y á un precio bajo y convenido siempre que los necesita. Este es casi el único medio de mantener una familia, si se esceptúa en los lugares próximos á las ciudades y en las playas del mar. Es tan escaso el número de hombres reunidos y las ocupaciones tan poco variadas, que cada individuo ve distintamente cuáles son sus recursos y conoce la necesidad de esperar una plaza vacante antes de decidirse á contraer matrimonio. Si seducido por la abundancia de materiales que tiene á su disposicion se resolviera á edificar él mismo una casa, el arrendatario, provisto de un número suficiente de obreros, no le cederia terreno, y aunque tuviese alguna ocupacion en los tres ó cuatro meses de verano, no conseguiria mantener á su familia todo el año. Es probable que en casos de esta naturaleza en que la impaciencia de casarse induciá á los jóvenes á edificar y á fiarse de su fortuna, los párrocos usasen de su derecho negándoles el consentimiento.

Así sucede que los jóvenes de ambos sexos se ven obligados á permanecer junto á los arrendadores en calidad de criados solteros, hasta que quede vacante una plaza de colono. Tambien hay muchos de estos criados célibes en las granjas y en las casas de familias notables aunque no los necesitan para su servicio. La division del trabajo en Noruega no es muy grande. Cada familia se proporciona lo necesario para su economia doméstica: no solo se hace en las casas la cerveza, el pan y el lavado de la ropa, sino hasta las especias, la manteca, el queso, y matan los toros y carneros que necesitan. Los arrendadores, y en general toda la gente del campo, hilan el lino y la lana y tegen sus lienzos y sus paños. Aun en las grandes ciudades, como en Christiania y Dronthein, puede decirse que no hay mercado. Cuesta mucho proporcionarse un trozo de carne fresca, y en el rigor del verano no se encuentra en venta una libra de manteca. Hay ferias en ciertas épocas del año donde se vende toda especie de provisiones susceptibles de conservarse, y hay que aprovechar esta ocasion porque rara vez se vuelven á vender al por menor estos géneros. Los que permanecen poco tiempo en estas ciudades y los comerciantes al por menor que no tienen tierras en arriendo, se lamentan mucho de una costumbre tan incómoda. Las mugeres de negociantes que tienen tierras considerables, dicen que la economia doméstica de una familia noruega es tan estensa y complicada, que

TOMO I.   12 exige para su cuidado la mas contínua atencion, y no las deja tiempo para ocuparse en otra cosa.

Claro es que estas costumbres exigen muchos criados: y aun dicen que no son muy diligentes y que se necesitan para el mismo trabajo mayor número que en otros paises. De donde resulta que en cada casa se encuentran dos ó tres veces mas criados que los que se acostumbran en Inglaterra; de suerte que un arrendador que por su posicion no se distingue de los jornaleros que emplea, tiene á veces una servidumbre de veinte personas contando su familia.

Hay, pues, muchos mas recursos ó medios de subsistencia para un célibe que para un hombre casado. De este modo las clases ínfimas no pueden multiplicarse mucho, y no empezarán á desarrollarse sino cuando los capitales del comercio ó la division y mejora de los arriendos ofrezcan nuevos empleos á los obreros casados. En los paises completamente poblados, este asunto está siempre envuelto en la oscuridad. Cada uno cree tener siempre igual derecho á ser empleado que su vecino; se lisonjea con que si sale mal de un negocio será mas feliz en otros, y se casa por lo tanto confiando solo en su fortuna. La consecuencia de esta confianza es que el esceso de poblacion que de ella dimana esté frecuentemente reprimido por los obstáculos destructivos, por la miseria y las enfermedades. Aun es esto mas claro en Noruega. El número de familias adicionales que puede sostener una nueva demanda de trabajo, está señalado distintamente. La poblacion es tan escasa que aun en las ciudades es imposible que se cometa error alguno respecto de esto. En el campo todo el mundo sabe si las tierras se dividen ó se mejoran, y si de ello resulta la creacion de nuevas plazas de colonos. El que puede obtener una de ellas se casa y tiene para sostener á su familia; el que no la puede lograr permanece soltero. De este modo siempre está evitado el esceso de poblacion, y el hombre no nace como en otras partes para estar sometido á causas destructivas.

No puede dudarse que la influencia del obstáculo privativo, nacida del estado de sociedad que acabo de describir, y las dificultades producidas por los alistamientos, han contribuido esencialmente á mejorar en Noruega la situacion de las clases bajas, y la han hecho superior á lo que podia esperarse de la naturaleza del clima y del terreno. En las orillas del mar, donde la pesca ofrece la asperanza de un alimento suficiente, y en donde por consecuencia el obstáculo privativo no obra con la misma fuerza, el pueblo es pobre y miserable, y está en una situacion muy deplorable en comparacion de los aldeanos del interior.

Casi todo el terreno de Noruega es poco á propósito para el cultivo del trigo á causa de la temperatura que tiene cambios repentinos y perjudiciales. Hay particularmente en el mes de agosto tres noches llamadas *noches de hierro* que destruyen la esperanza de las mejores cosechas. En este caso el pueblo padece; pero como apenas hay trabajadores independientes, esceptuando los colonos de que he hablado, que todos acostumbran á tener ganado, y á los cuales si les es sensible verse precisados á mezclar la corteza interior del abeto con su harina, compensan esto por otro lado comiendo queso, manteca, tocino, carne y pescado salado, que es en lo que consisten sus provisiones de invierno. Cuando mas se siente la escasez del trigo es en los dos meses antes de la recoleccion; pero entonces ya empiezan á dar leche las vacas, y hasta los *maisonniers* tienen dos ó tres de ellas generalmente, lo cual es un gran recurso para la familia, sobre todo para los niños. En el verano de 1799 los habitantes de Noruega disfrutaban del contento y la abundancia, mientras los suecos, sus vecinos, se morian de hambre. Noté tambien, entre otras cosas, que los muchachos de los colonos y de los arrendadores estaban mas gordos, mas robustos y tenian las pantorrillas mas fornidas que los jóvenes de la misma edad y de la misma clase en Inglaterra.

También es verdad que la Noruega debe la ventaja de tener una mortandad muy pequeña, á la influencia del obstáculo privativo mas bien que á la salubridad del aire, pues no hay nada en el terreno ni el clima por lo que pueda suponerse alguna cualidad particular tan favorable á la salud. Como sucede en todos los paises que la mortandad mayor es entre los niños, y hay pocos en Noruega, resulta que habrá proporcionalmente allí menos mortandad de ellos que en otras partes suponiendo un clima igualmente favorable.

Se observará quizá y con razón que una de las principales causas que disminuyen la mortandad en Noruega, es que hay pocas ciudades, y aun las que existen son pequeñas; y muy escaso el número de individuos empleados en manufacturas mal sanas. Se ven en otras partes aldeas dedicadas enteramente á la agricultura, en donde el obstáculo privativo obra con menos fuerza que en Noruega, y sin embargo la mortandad es tambien muy escasa. Pero conviene tener presente que este cálculo sólo se aplica á las poblaciones en particular, mientras en Noruega la relacion de 1 á 48 está establecida para todo el pais. La poblacion sobrante de estas aldeas acostumbra regularmente á emigrar á las ciudades, de manera que la muerte de una gran parte de los que han nacido en estas aldeas no aparecen en los registros. Al contrario, en Noruega todas las defunciones estan comprendidas en un solo cálculo, y si han nacido mas individuos que los que el pais puede sostener, á esto habrá seguido una gran mortandad bajo una ú otra forma, y si las enfermedades han perdonado á los habitantes, habrán perecido de hambre. Es bien sabido que un alimento escaso ó malo engendra las dolencias en los climas mas puros y saludables. Asi, suponiendo que no haya habido emigracion alguna fuera del pais, y en el interior ningun recurso estraordinario, únicamente la fuerza del obstáculo privativo es la que ha podido hacer menor la mortandad en Noruega que en ningun otro pais, cualesquiera que por otra parte sean la pureza del aire y la salubridad de las ocupaciones habituales al pueblo.

La Noruega estaba antiguamente dividida en tierras ó granjas de gran estension llamadas *gores*. Como la ley de sucesiones establece la division igual de los bienes entre los hermanos, es admirable que estas propiedades no esten aun mas subdivididas. Esta es una prueba de la lentitud con que se aumenta la poblacion. Muchas de estas tierras primitivas han sido divididas en diferentes porciones, á veces muy pequeñas; pues generalmente á la muerte de un padre de familias una comision procede por una cantidad muy baja á la valuacion de la tierra. Si despues de esta tasa el hijo mayor puede pagar á sus hermanos y hermanas (1) su parte de herencia, ya sea hipotecando los fondos ó de otra manera, se le adjudica toda la propiedad. La fuerza de la costúmbre y la indolencia le obligan á seguir en la administracion de su heredad las huellas de sus antecesores, introduciendo por lo regular pocas mejoras.

Hay para esto un gran obstáculo en Noruega, que es una ley llamada *derecho del Odel*, por la cual todo descendiente directo puede retraer un fundo vendido á un estraño entregando el precio de la compra. Antiguamente le disfrutaban tambien los colaterales, y no habia tiempo limitado para usar de él; de manera que el comprador no podia nunca considerarse libre de toda especie de reclamaciones. Despues se fijó el espacio de veinte años para hacer valer este derecho: en 1774 se redujo á diez años, y se privó á los colaterales de este derecho de retrac-

---

(1) La porcion de las hijas es la mitad de la de los hijos.
                                    (*Nota del Autor.*)

to. Pero es preciso que este espacio de tiempo corra sin interrupcion; porque si en el curso de los diez años un pariente que tiene derecho á retraer manifiesta al comprador que no le renuncia, aunque no pueda hacerle valer por entonces, es necesario seis meses mas de posesion para poner al comprador al abrigo de toda demanda ulterior. A esto se añade que en la línea directa un hermano mayor puede reclamar los fundos que su hermano ha retraido. Estas leyes, aunque enmendadas, son un gran obstáculo para la mejora de las tierras. Antes de modificarse, cuando el retracto podia tener lugar en todo tiempo y se hacian sin embargo muchas ventas de fundos, estas leyes impedian toda mejora. Esto basta para esplicar cómo durante una série de siglos la poblacion se ha aumentado tan lentamente en Noruega.

Otra dificultad impide el desmonte y el cultivo, y es el temor que tienen los comerciantes de madera de que se destruyan los bosques. Cuando se divide una granja entre los hijos y los nietos, como cada uno de ellos tiene un derecho igual á los bosques, cada uno derriba y corta cuanto puede. Por consiguiente las maderas se quitan antes que puedan servir para la construccion, y se perjudican mucho los bosques. Para precaver estas pérdidas, los comerciantes en madera compran á los arrendadores muchos bosques con la condicion que no dividirán sus tierras ni establecerán nuevos colonos; ó al menos que si se parte entre la familia no tendrán ningun derecho á los bosques. Se asegura que los comerciantes que hacen estos tratos no son muy rigorosos en su ejecucion con tal que los arrendadores y colonos pobres solo tomen madera para la edificacion de sus habitaciones. Por lo demas, los arrendadores que venden grandes porciones de florestas, estan obligados por la ley á reservarse el derecho de apacentar alli sus ganados y de cortar la madera de construccion necesaria para su propia casa, para los reparos de la misma y para su abrigo.

Una porcion de terreno que rodea la habitacion de un colono no puede cercarse para el cultivo sin un doble permiso: primero del propietario del bosque declarando que aquel lugar no es propio para produccion de madera de construccion; y segundo del magistrado para certificar la verdad de la declaracion del propietario.

Aparte de estos obstáculos que podemos llamar artificiales, la naturaleza presenta otros insuperables que nos hacen presumir que nunca serán en este pais el cultivo y la poblacion proporcionados á su estension. Aunque los habitantes de Noruega no sean un pueblo nómada, aun conservan algo de los pueblos pastores, y su subsistencia depende mucho del ganado. Los terrenos cultivados al pie de las montañas no pueden producir granos: el único uso á que se les puede destinar, es de apacentar en ellos los rebaños en los tres ó cuatro meses del verano. Por consiguiente en esta época envían los arrendadores todos sus ganados bajo la custodia de alguno de su familia, y entonces hacen la manteca y el queso para la venta y para su consumo particular. Pero su mayor dificultad es alimentar sus rebaños en el invierno: así que les es absolutamente necesario destinar una parte considerable de sus mejores tierras para la siembra del heno. Si dedican mucha tierra al cultivo, necesitan disminuir proporcionalmente el número de sus ganados, lo que haria de todo punto inútil una gran parte de los terrenos. Es una cuestion muy dificil saber si todo esto compensado, podria el pais en este caso sostener mayor poblacion.

Sin embargo, á pesar de estos obstáculos la Noruega es susceptible de muchas mejoras, y efectivamente ha tenido un gran progreso en estos últimos años. He oido decir á un profesor de Copenhague que lo que habia atrasado en Noruega la agricultura, era el no haber arrendador alguno que estando en una situacion superior á la de los aldeanos, pudiera dar ejemplo en los métodos de mejoras y salir de la ciega rutina que de generacion en generacion se ha transmitido á los cultivadores. Lo que he visto en Noruega me hace creer que este atraso debe tener cada vez menos influencia. Muchos camerciantes inteligentes, y generales muy instruidos, se ocupan de la direccion de sus tierras. En los alrededores de Christiania el sistema de agricultura se perfecciona visiblemente, y lo mismo en las cercanias de Dronthein, donde se ha introducido el uso de los prados artificiales, que son de mucha importancia en un pais donde se necesitan tantas provisiones de invierno para el ganado. El cultivo de las patatas ha tenido casi en todas partes un éxito feliz, generalizándose su uso mas y mas cada dia, á pesar de que en las comarcas mas distantes aun manifiesta el pueblo alguna repugnancia á este alimento.

Mas comun que antiguamente es en el dia la costumbre de dividir las heredades; y como no hay bastante despacho de frutos para fomentar el cultivo completo de posesiones muy estensas, debe contribuir su division á la mejora general de las tierras. Los que son jueces en esta materia convienen en que de álgun tiempo á esta parte la agricultura ha progresado en Noruega; y los registros prueban que la poblacion ha seguido á paso acelerado esta marcha. Por un término medio de diez años, desde 1774 á 1784 la relacion de los nacidos á los muertos ha sido de 144 á 400 (4). Pero este aumento debió ser demasiado rápido; porque en el año 4755 hubo hambres y enfermedades, escediendo mucho los muertos á los nacimientos, y. en los cuatro siguientes, sobre todo en 4789, fue muy corto el escese de los nacidos. Mas en los cinco años desde 4789 hasta 4794, la relacion de los nacidos á los muertos fue casi de 450 á 400 (2).

Muchas personas instruidas y de buen juicio·manifiestan con este motivo sus temores, tanto por las nuevas ordenanzas sobre alistamientos, como en general sobre el sistema que parece seguir la corte de Dinamarca para fomentar á todo trance la poblacion. Desde 4785 la Noruega no ha tenido un solo año de mala cosecha; y temible es que llegue á haber uno, pues la escasez seria la mas estremada, á causa de una multiplicacion tan rápida.

Yo creo que la Noruega es el único pais de Europa donde el viajero oye esplicar el temor de un esceso de poblacion, y donde se comprende el peligro que pueden tener las clases ínfimas. Esto proviene de que su poblacion es muy escasa, y por consiguiente se conocen al punto sus diversas variaciones. Si solo considerasemos una aldea de la que no se pudiera emigrar, el peor observador conoceria que si todos los individuos se casasen á los 20 años, las tierras no bastarian con todas las mejoras convenientes para dar trabajo y alimento á todos los que llegasen á la edad viril. Mas al considerar una multitud de comarcas reunidas en un solo reino vasto y populoso, la estension del objeto y la facultad de cambiar de lugar, envuelven todos los razonamientos en la confusion y la oscuridad. Se desconoce en este caso una verdad evidente, pues por una inaplicable consecuencia se atribuye á la totalidad de un pais la facultad de alimentar un número de hombres mucho mayor del que puede serlo por todas las partes de que aquel se compone.

(4) Thaarup. *Estadística de la monarquía dinamarquesa*, tomo 2.°
(2) Idem. En la estadística de los Estados dinamarqueses, publicada despues, se ve que el número total de nacimientos durante los cinco años que siguieron á 4794, ha sido 438,799; el de los muertos 94,530, y el de los matrimonios 94,343. Estas cantidades dan la relacion de los nacidos á los muertos de 446 á 400: de los nacimientos á los matrimonios de 4 á 4, y de los muertos á los casados de 275 á 400. La relacion media de los nacimientos anuales es de ¹/₄₄, y el de los muertos de ¹/₄₄ de toda la poblacion. (*Nota del Autor.*)

CAPITULO II.

Obstáculos á la poblacion en Suecia.

La situacion de la Suecia es bajo muchos aspectos semejante á la de la Noruega. Asi que tambien como en este último pais, una parte considerable de la poblacion se dedica á la agricultura, y en muchos lugares los obreros casados que trabajan para los arrendadores, tienen como los propietarios de la Noruega, cierta porcion de tierra para su manutencion, en tanto que los jóvenes solteros de ambos sexos viven con las familias de los arrendadores en calidad de criados. Sin embargo, no está establecido en Suecia de un modo tan general y completo como en Noruega. Por esta razon, unida á la estension y escesivo número de habitantes del pais, á las ciudades populosas y la variedad de las ocupaciones útiles, el obstáculo privativo no ha obrado con la misma fuerza para contener la poblacion: por consiguiente tambien el obstáculo destructivo ha tenido mas energia: en otros términos, la mortandad ha sido mayor.

Una memoria de M. Wargentin, inserta en las Memorias compendiadas de la Academia Real de Ciencias de Stokolmo, estableció la mortandad media comparada con la poblacion entera en toda la Suecia, durante nueve años que concluian en 1663 en la relacion de 1 á 34$\frac{1}{4}$. M. Wargentin ha proporcionado al Dr. Price la continuacion de estas tablas; y el término medio de 21 años ha dado por resultado la relacion de 1 á 34$\frac{1}{4}$, que es bien poco menos que la anterior. Y á la verdad que es una gran mortandad en un pais donde el número de personas ocupadas en los trabajos de la agricultura es proporcionalmente tan grande como en Suecia. En la tabla de este pais por Cantzlaer, se ve que los habitantes de las ciudades no son á los de la campiña sino como 1 á 13; mientras que en los paises mas poblados es á veces de 1 á 13 y aun mas. La gran mortandad de las ciudades no puede afectar mucho en Suecia la relacion de la mortandad general.

La mortalidad media de las ciudades, está segun Sussmilch, en la relacion de 1 á 40. En Prusia y en Pomerania que hay muchas grandes ciudades enfermizas, y los habitantes de las ciudades estan con los del campo en la relacion de 1 á 4, la mortandad es menor de 1 por 37. He dicho que en Noruega era de 1 por 48, y por consiguiente mucho menor que en Suecia, aunque sea mayor la relacion de los habitantes de las ciudades á los del campo. Verdad es que en Suecia las ciudades son mayores y enfermizas; pero no hay razon para creer que la campiña sea menos favorable á la duracion de la vida. Las montañas de Noruega por lo general estan inhabitadas: solo los valles estan poblados: muchos no son sino gargantas profundas y estrechas, cuyo fondo está cultivado entre las rocas hasta la cima de una gran altura (1) que interceptan por muchas horas los rayos del sol: esta situacion debe ser menos favorable que el suelo de Suecia que es mas despejado y mas seco.

No puede tenerse en cuenta la mortandad de la Suecia sino suponiendo que las costumbres del pueblo y los estímulos del gobierno han fomentado la poblacion, y por consiguiente han producido las enfermedades que son efecto inevitable de la pobreza y del mal alimento. La observacion confirma al parecer esta congetura.

La Suecia no produce con que alimentar su poblacion. Tiene anualmente un déficit en granos, que por un cálculo hecho desde los años 1768 al 1772, puede valuarse en 440,000 *tonnas* (2) lo que se ha importado del estrangero, ademas de la gran cantidad de tocino, manteca y queso.

Se cree que en Suecia la destilacion de los granos consume mas de 400,000 tonnas. Cuando el gobierno la ha prohibido, las tablas de importacion han esperimentado una disminucion; y no se nota el aumento en los años de mala cosecha, que como es sabido son muy frecuentes. En los años de mas abundancia en que se ha dejado libre la destilacion, se asegura que generalmente se han importado 380,000 tonnas. De donde se sigue que los suecos consumen todo el producto de los mejores años y ademas cerca de 400,000 tonnas, y que en los años malos su consumo disminuye en casi toda la cantidad que falta de cosecha. La masa del pueblo es muy pobre para poder comprar la misma porcion

---

(1)   Algunos de estos valles son sumamente pintorescos. El camino real de Christiania á Dronthein sigue por mas de 180 millas inglesas (cerca de 53 leguas españolas) un valle continuado de esta especie, á lo largo de un hermoso rio que concluye en un estrecho y forma el gran lago Mislem. Yo creo que no puede encontrarse ningun rio en Europa que ofrezca una serie de sitios mas notables por su belleza. Toma diferentes nombres segun varía su curso. En los valles el verdor es sumamente hermoso, y el follage de los árboles es muy poblado y nada anuncia la aspereza de un clima del Norte. (*Nota del Autor.*)

(2)   Medida de Suecia que equivale á dos fanegas y media próximamente. (*Nota de los Traductores.*)

de trigo cuando sube mucho su precio. No hay, pues, bastante escasez para animar á los comerciantes de trigo para importarlo en gran abundancia. El efecto de un déficit de la cuarta ó tercera parte de la cosecha es obligar al obrero á contentarse con tres cuartos ó dos tercios menos de la cantidad que antes necesitaba, y suplir lo demas con otro alimento que le sugiere la necesidad, que siempre es la madre de la industria. Ya he dicho hace poco por qué es difícil suponer que no haya algo mas de importacion en los años de escasez, aunque las tablas de Cantzlaer no proporcionen indicio alguno. Segun ellas la mayor importacion tuvo lugar en 1768, y subió á 590,263 tonnas de granos; pero esta gran importacion no es sino de 450,000 tonnas sobre el término medio de la necesidad. ¿Qué es semejante cantidad para suplir un déficit de un cuarto ó un tercio de la cosecha? Muy poca seria la importacion entera comparada á semejante déficit.

La poblacion de la Suecia en la época en que escribió Cantzlaer, era de cerca de dos millones y medio; calcula cuatro tonnas por hombre: y segun esta cuenta las necesidades anuales de la Suecia subirian á diez millones de tonnas. Cuatrocientas ó quinientas mil serian muy poco para suplir un déficit de dos millones y medio ó tres millones. Y si consideramos solo la diferencia entre la importacion estraordinaria y la importacion media, se verá que el recurso que tiene la Suecia en tiempo de escasez es muy pequeño. De todo esto se deduce que la poblacion de la Suecia debe resentirse muchísimo de las variaciones de escasez y de abundancia.

Por esto no debe admirarnos una observacion tan curiosa como instructiva de M. Wargentin en este asunto. Los registros de la Suecia le han hecho ver que los nacimientos, matrimonios y defunciones aumentan y disminuyen segun la naturaleza de la cosecha de granos. En las tablas de nueve años escoge por ejemplo los siguientes:

		Matrimonios.	Nacimientos.	Defunciones.
AÑOS ESTÉRILES. . .	1757	18,799	84,878	68,054
	1758	19,584	83,299	74,370
AÑOS DE ABUNDANCIA.	1759	23,240	85,579	62,662
	1790	23,383	90,635	60,083

Se ve que en 1760 los nacidos fueron á los muertos como 15 es á 10; mientras en 1758 esta relacion fue solo de 11 á 10. Al consultar las tablas de la poblacion total por los años 1757 y 1760, de M. Wargentin, se ve que en 1766 el número de matrimonios es á toda la poblacion como 1 á 101, y en 1757 solo como 1 á 124 poco menos. En 1760 los muertos son á toda la poblacion como 1 á 29: en 1757 como 1 á 30, y en 1758 como 1 á 31.

Haciendo algunas observaciones sobre los registros de la Suecia, dice M. Wargentin que en los años de enfermedades ha muerto anualmente 1 persona por 29: que en los años sanos 1 por 30; y tomando un término medio la mortandad puede apreciarse en 1 por 36. Mas esta consecuencia no es esacta, porque el medio entre 29 y 39 es 34; y las tablas que ha publicado este autor contradicen la mortandad media de 1 por 36, y prueban que ha sido poco menos de 1 por 34½.

La relacion de los matrimonios anuales á toda la poblacion es por un término medio cerca de 1 á 112: variando entre los dos estremos de 1 á 101 y 1 á 124, segun la probabilidad que ofrece cada año de poder atender á la manutencion de una familia. Por lo demas es probable que las variaciones de esta relacion se estiendan mucho mas allá de estos límites, pues solo se fundan en las tablas de nueve años.

En otra memoria que ha publicado M. Wargentin en la misma coleccion, observa de nuevo que en Suecia los años mas fértiles en subsistencias son tambien los mas abundantes en nacimientos.

Si se hiciesen en otros paises observaciones esactas, es muy probable que se notasen diferencias del mismo género aunque menos considerables. En cuanto á la Suecia, estas diferencias prueban que la poblacion tiene una gran tendencia á aumentarse: que no solo sigue con mucha rapidez el progreso medio de las subsistencias, sino que basta que estos reciban un aumento ocasional y momentáneo para que la poblacion se eleve luego proporcionalmente: de donde se sigue que sin cesar pasa la cantidad media de aumento, pero tiene luego que refrenarse por los regresos periódicos de un déficit en las subsistencias, déficit que engendra la mayor escasez y las enfermedades que son su consecuencia.

Pues á pesar de esta tendencia constante y tan manifiesta á poblar mas allá de los justos límites, el gobierno ¡cosa estraña! y todos los que en Suecia se ocupan de economía política dirigen sus miras á aumentar mas y mas la poblacion. Cantzlaer dice que el gobierno, no pudiendo ni obligar á los estrangeros á establecerse en el pais, ni aumentar á su antojo el número de nacimientos, se ha ocupado desde el año 1748 de todos los medios de aumentar la poblacion que estan á su alcance. Supongamos por un momento que el gobierno ha podido obligar á los estrangeros á establecerse sobre su suelo, y aumentar á su antejo el número de nacimientos; ¿cuál seria la consecuencia de esto? Que si los estrangeros no introducian un nuevo sistema de agricultura, tendrian que morirse de hambre, ó aumentar el número de suecos que pereciesen faltos del alimento preciso. Y si se hubiese aumentado el número de nacimientos, las tablas de M. Wargentin prueban bien claramente que solo resultaria un aumento de mortandad: y podria ser muy bien que la poblacion total en vez de aumentar disminuyese: porque las epidemias que engendran el mal alimento y el hacinamiento de la poblacion, no se detienen siempre en el instante en que han cortado el esceso de la poblacion, sino que á veces arrebatan una parte muy considerable de la que el pais puede mantener fácilmente.

En los climas de una latitud muy elevada es preciso que los principales trabajos de la agricultura se ejecuten en el espacio de pocos meses. En estos meses del estío, necesariamente ha de suceder que haya falta de brazos; pero es preciso distinguir cuidadosamente esta necesidad momentánea de la demanda real y efectiva del trabajo, que debe bastar á la ocupacion y manutencion del obrero por todo el año y no por dos ó tres meses solamente. En el estado ordinario de cosas, la poblacion de la Suecia satisface siempre plenamente á esta demanda efectiva, y si se añade algo por la importacion de estrangeros ó por nacimientos adicionales, solo se conseguirá aumentar la desgracia y la miseria comun.

Algunos autores suecos dicen que en su pais un número dado de hombres y de dias producen solo la tercera parte de lo que producirian en otros paises: y por tanto se quejan amargamente del poco adelanto de la industria nacional. No es fácil á un estrangero decidir acerca de semejantes acusaciones; pero creo que en este caso se debe culpar menos á la industria nacional que á la naturaleza del clima y del terreno. Una gran parte del año la actividad de los habitantes está paralizada por el rigor del clima: despues, cuando pueden entregarse á los trabajos de la agricultura, la mala calidad del terreno y su gran estension requerida para un producto dado, obligan á emplear una cantidad proporcionalmente mayor de trabajo. Todo el mundo sabe que en Inglaterra una granja muy estensa y de mal terreno exige mas trabajo para dar el mismo producto, que una quinta de escelente terreno: y no puede negarse que en general el suelo de la Suecia es naturalmente poco fértil.

He recorrido toda la costa occidental de la Suecia: volviendo de Noruega he atravesado el pais para regresar á Stokolmo; y desde alli he subido la costa oriental hasta llegar á los límites de Finlandia; pues en

estos viajes, puedo asegurar que no he encontrado ninguna de las seña-
les que esperaba hallar de la imperfeccion de la industria nacional. En
lo que he podido juzgar, rara vez he visto inculto un terreno que se hubiera cultivado en Inglaterra: y muchas llanuras he visto labradas que
en Inglaterra nunca hubieran sufrido el arado: estas tierras son aquellas en que se encuentra cada quince ó treinta pies grandes trozos de
piedra y roca, donde es preciso volver el arado como no se quiera mejor
levantarle ó pasarle por encima. Se hace de uno ú otro modo segun la
enormidad de la masa que lo impide. El arado es muy lijero y conducido
por un solo caballo: cuando se labra entre troncos ó cepas poco elevadas, la costumbre general es saltarla por encima: el que tiene la punta
del arado ejecuta este movimiento con mucha destreza, y no detiene al
caballo en su carrera.

En cuanto al valor de los bosques se acusa con razon á los suecos
y noruegos el desmontarlos con demasiada precipitacion, sin estar seguros primeramente de su producto. El resultado de esta inadvertencia
es, que por una buena cosecha de centeno debida al abono de las ceni-
zas que producen los árboles al quemarlos, se destruyen escelentes bosques de construccion y se hace aquella tierra inútil á todo producto. La
costumbre general despues de la cosecha de centeno, es entrar los rebaños á pastar donde coman la yerba que crece espontáneamente: si el
terreno es bueno, entonces el ganado impide á los abetos crecer y propagarse de nuevo: mas si es malo no puede permanecer alli, y al esparcir el viento las semillas de los árboles vecinos hace reproducir nuevamente espesos retoños.

Al hablar de estos lugares inútilmente desmontados, tanto en Suecia como en Noruega, no puedo menos de hacer algunas observaciones
que aun no se me habian ocurrido sobre el estado de la antigua poblacion de estas regiones. Es muy probable, por varias otras razones, que
esta poblacion haya escedido á la que hay en la actualidad; pero parece muy posible lo contrario al ver el aspecto que presentan estas tierras, y hace creer que el suelo que en la actualidad está cubierto de
selvas, estuvo hace mil años cultivado. Las guerras, las pestes, ó el
mayor de los azotes, un gobierno tiránico, habrán podido esterminar
á los habitantes por medio de la muerte ó la fuga. Veinte ó treinta años
de negligencia en Suecia y en Noruega, bastarian para mudar el aspecto del pais. No he podido menos de hacer aqui esta reflexion; pero ya
sabe el lector que no la doy tanto fundamento para pretender que sea
posible.

Para hablar de la agricultura de Suecia es preciso observar que al considerar el poco adelanto de la industria nacional, hay en las instituciones políticas del país circunstancias que se oponen á los progresos naturales de su cultivo: aun hay impuestos honerosos sobre algunas tierras en favor de los dominios de la corona (1). La posta es sin duda muy útil y cómoda á los viajeros; pero causa á los colonos una gran pérdida, tanto de hombres como de caballos. Los que en Suecia se ocupan de economía política, han calculado que el trabajo que economizaria la simple abolición del sistema de reglamentos de postas, produciria anualmente 300,000 tonnas de granos. La gran distancia de los mercados en Suecia, y la completa division del trabajo, que es su consecuencia inevitable, causa tambien una gran pérdida de tiempo y de trabajo. Si tanta actividad y diligencia tiene el aldeano sueco, no tiene tanto talento: le faltan á la verdad los conocimientos necesarios para la division y cambio de las cosechas sucesivas en un mismo terreno, así como de lo que respecta á los abonos y otros medios de mejorar la tierra (2).

Si el gobierno tratase de quitar estos obstáculos, si animase y dirigiese la industria de los arrendadores, si diese instrucciones seguras para el cultivo de las tierras, haria por la poblacion mucho más que lo que podria hacer el establecimiento de quinientas casas de niños espósitos.

Las principales medidas que ha tomado con este objeto, han sido, segun Cantzlaer, fundar colegios de medicina y casas para los espósitos y mugeres de parto. Los colegios de medicina, donde se admiten á los pobres gratuitamente, pueden hacer mucho bien y convenian probablemente á las circunstancias particulares en que se encontraba la Suecia; pero el ejemplo de los hospitales fundados en Francia con el mismo objeto hace dudar que semejantes establecimientos sean siempre útiles. Las casas para las paridas han producido siempre efectos perniciosos, porque de la manera que se han administrado animaban el vicio. Las casas de espósitos, ya cumplan el objeto que se proponen, ya no lo cumplan, son siempre contrarias al bien público. Pero en otro capítulo tendré ocasion de examinar la influencia de estos establecimientos.

Con todo, el gobierno Sueco no solo se ha dedicado á fundar este establecimiento, sino que ha adoptado otras muchas medidas para el au-

(1) Memorias del reino de Suecia, cap. 6.º (2) Idem.

mento de la poblacion. Por un edicto en 1776 declaró al comercio interior de granos enteramente libre: y para la Scania que producia mas que consumia, la esportacion era franca de derechos. Hasta esta época la agricultura de las provincias meridionales habia estado atrasada por la falta de salida de sus granos que hacia de la dificultad de transportarle y venderle fuera á ningun precio. Las provincias del Norte tienen tambien á veces algunas dificultades semejantes, aunque menos conocidas, porque estas provincias nunca producen la cantidad de granos que consumen. Pero en general, es preciso observar que no hay obstáculo mas perjudicial á los progresos del cultivo que la dificultad de dar salida á los productos; porque obliga al arrendador á contentarse en los años de abundancia con un precio muy inferior al precio medio.

Pero lo que ha contribuido quizá mas que ninguna otra causa á aumentar la poblacion en Suecia, es la abolicion que se hizo en 1748 de la ley que limitaba el número de personas por cada *henman* ó quinta. El objeto de esta ley fue al parecer obligar á los niños de los propietarios á emprender el desmonte y cultivo de nuevas tierras, porque se creyó que este era el mejor medio de hacer fructíferas todas las tierras del pais: pero la esperiencia enseñó que careciendo estos niños de fondos suficientes para semejantes empresas, tenian que ir á buscar fortuna á otra parte, y esta razon dicen que hizo emigrar á muchos. Mientras un padre podia dividir los fondos del cultivo en tantas porciones como juzgase conveniente, el gobierno animaba semejantes divisiones: y al considerar la vasta estension de las quintas en Suecia, estension tal que una familia no basta absolutamente, se conoce que bajo muchos aspectos convenia dividirlas.

La poblacion de Suecia en 1751 era de 2.229,661 (1). En 1799, segun el estado que me comunicó á Stokolmo el profesor Nicander, sucesor de M. Wargentin, habia ascendido á 3.043,734. Este es sin duda un aumento considerable de poblacion; y necesariamente es consecuencia de un aumento proporcionado en los productos del pais; porque la impórtacion de granos no ha aumentado, y no es de creer que la condicion del pueblo haya empeorado.

Sin embargo, este aumento se ha verificado á pesar de haber encontrado obstáculos periódicos que lo han detenido, ó al menos retardado

(1) Memorias del reino de Suecia.

en su marcha. No puedo, con los datos que tengo, determinar con precision cuántas veces se han hecho sentir estos retrasos en los últimos 50 años, pero al menos podré indicar algunas épocas desfavorables á la poblacion. La memoria de M. Wargentin que ya he citado, prueba que los años 1757 y 1758 fueron estériles y la mortandad escedió de la relacion media. Tambien el año 1768, á juzgar por el aumento de importacion, fue poco productivo. Las tablas adicionales que M. Wargentin proporcionó al Dr. Price, manifiestan que los años 1771, 72 y 73 fueron muy mortíferos. Aun debió serlo mas el año 1789, porque en los estados que he recibido del profesor Nicander, pues este año influia esencialmente en la relacion media de los nacimientos á los muertes en los veinte años que concluian en 1795. Esta relacion cuando se comprende el año 1789 es de 100 á 77, y de 100 á 75 cuando no se comprende: es diferencia muy notable producida por un solo año sobre veinte. Para concluir esta enumeracion debo decir que el año 1799 que es el que estuve en Suecia, debió ser de los mas destructivos. En las provincias vecinas de la Noruega, los aldeanos decian que no recordaban uno tan malo, y que el ganado habia sufrido mucho en el invierno por la sequía del año anterior. En el mes de julio, casi un mes antes de la cosecha, una parte considerable del pueblo se alimentaba de un pan hecho de la corteza interior del abeto y de acederas secas, sin ninguna mezcla de harina que aumentase su calidad nutritiva. El rostro descolorido y el aspecto triste de los aldeanos, manifestaba lo insalubre que era este alimento. Muchos habian muerto ya, á pesar de no haberse manifestado aun del todo los efectos de este régimen, y es probable que en seguida se presentase bajo la forma de epidemia.

La paciencia con que sufren semejantes calamidades las clases ínfimas del pueblo en Suecia, es verdaderamente admirable: esto proviene de que conocen que no estan atenidos mas que á los recursos de su industria, y tambien de la persuasion que tienen de que solo se someten á la ley de la necesidad y no al capricho de los gobernantes. Ya he dicho arriba que la mayor parte de los obreros casados cultivan una porcion de tierra. Cuando por una mala estacion falta la cosecha ó perecen los rebaños, conocen claramente la causa de la necesidad que esperimentan y la sufren como un destino de la Providencia: estan todos dispuestos á sobrellevar con paciencia los males que creen una consecuencia de las leyes generales de la naturaleza; mas si la vanidad ó una beneficencia ficticia del gobierno y de las clases superiores llegan á persuadir á las mas ínfimas, á título de mezclarse en sus intereses, que de los gobiernos y de los ricos reciben los bienes de que disfrutan, es muy fácil que los consideren como los autores de sus males, y desde entonces perderán la paciencia. Aunque para evitar mayores desgracias sea permitido reprimir con la fuerza los actos de violencia que el descontento sugiere, este mismo descontento puede justificarse, y las consecuencias es preciso atribuirlas á los que le han provocado.

Aunque los suecos sufrieron el hambre cruel del año 1799 con una resignacion estraordinaria, se asegura que el edicto por el que el gobierno prohibió la destilacion de granos produjo una especie de sublevacion. Ciertamente que esta medida tenia por objeto el bien del pueblo; y la manera con que fue acogida es una prueba clara de la diferente impresion que hizo en el pueblo un mal que provenia de la naturaleza, y una simple prohibicion que imponia el gobierno.

Los periodos de enfermedad que en Suecia han retardado los progresos de la poblacion, deben en general atribuirse á los malos alimentos que les ha obligado á usar la necesidad y la causa de estos regresos de escasez son las malas cosechas. Estos años son sentidos cruelmente en un pueblo que no tiene provisiones de reserva, ya en un sobrante destinado á la esportacion, ya en una reparticion habitual de alimento al obrero, bastante abundante para permitirle algun repuesto: porque sucede que el pais está por lo comun tan poblado como lo permiten sus productos antes de la época en que falta la cosecha y que en esta época se encuentra sin recursos. Esto prueba claramente que si la Suecia puede bastar á una poblacion de nueve á diez millones, como afirman los que en este pais se ocupan de economia politica, solo se necesita para mantenerla, encontrar el medio de que el terreno produzca tanto alimento como sea necesario para este número de hombres: al momento que esto se logre, puede asegurarse que no faltarán bocas para comer estas producciones, sin que sea necesario recurrir á las casas de espósitos ni de mugeres de parto.

A pesar de la gran mortandad del año 1789, los estados que el profesor Nicander me ha comunicado manifiestan que la salubridad general del pais ha ido en aumento: la mortandad media de 20 años hasta 1795 ha sido de 1 por 37: en vez de ser de 1 por 35 como en los 20 años anteriores: en estos últimos que finalizaron en 1795 la cantidad de aumento de la poblacion no habia subido: preciso es, pues, que la influencia del obstáeulo privativo haya sido la causa de la disminucion de la mortandad. Segun M. Wargentin, citado por Susmilch, cinco matrimonios existentes producirian anualmente un niño: en vez de que en el último periodo de 20 años la relacion de los matrimonios existentes á los nacimientos anuales era de 51 á 10, y quitando los nacimientos ilegítimos de 53 á 10. Esto prueba que durante este último periodo los matrimonios no han sido tan precoces ni tan productivos como en el anterior.

CAPITULO III.

Obstáculos á la población en Rusia.

Son tan estraordinarios los resultados que aparecen en las tablas de nacimientos, matrimonios y defunciones en Rusia, que es imposible no tener desconfianza acerca de ellas; y sin embargo llaman mucho nuestra atencion la regularidad y armonía que ofrecen las de diferentes años.

En un escrito presentado en 1768 á la Academia de San Petersburgo por B. F. Herman, y publicado en las *Memorias* de dicha Academia, se encuentra un estado comparativo (1) de los nacidos, muertos y casados en diferentes provincias y ciudades del imperio, cuyos principales resultados son los siguientes:

Los nacimientos son á las defunciones:

En San Petesburgo como.	13 á 10	El arzobispado de Vologda.	23	10
El gobierno de Moscou.	21 10	Kostroma.	20	10
El distrito de Moscou.	21 10	Arkhangel.	13	10
Tver.	26 10	Tobolsk.	21	10
Novogorod.	20 10	La ciudad de Tobolsk.	13	10
Pskov.	22 10	Vologda.	12	10
Riazan.	20 10	Revel.	11	10
Voronesch.	29 10			

Algunas de estas relaciones son exageradas. En Voronesch, por ejemplo, los nacidos son á los muertos como 3 es á 1; razon mayor, segun creo, que la que se ha observado jamás en América. Sin embargo, el término medio de estas proporciones se ha confirmado en cierto modo por lo que se ha visto posteriormente. M. Tooke en su descripcion del imperio de Rusia establece, segun las tablas ó registros de 1793, la relacion general de los nacimientos con las defunciones en todo este vasto pais de 225 á 190: esto es, de $2^{1}/_{4}$ á 1.

De la comparacion de los matrimonios y nacimientos anuales, deduce M. Herman los resultados siguientes:

---

(1) *Nová acta academiæ*, t. 4.

Un matrimonio produce

	Hijos.		Hijos.
En San Petersburgo	4	En Kostroma	4
En el gobierno de Moscou	3	En Arkhangel	4
En Tver	3	En Revel	4
En Novogorod	3	En el gobierno de Tobolsk	4
En Pskov	3	En la ciudad de Tobolsk	
En Riazan	3	—desde 1768 á 1778	5
En Voronesch	4	—desde 1779 á 1783	5
En Vologda	4	—en 1783	6

M. Herman observa que en Rusia la fecundidad de los matrimonios no es mayor que en otras partes, aunque la mortandad sea mucho menor, como lo prueban las relaciones siguientes, fundadas en un cálculo aproximado del número de habitantes en cada gobierno.

Mueren anualmente:

En San Petersburgo	1 por 28	En el arzobispado de Vologda	1 65
En el gobierno de Moscou	1 32	En Kostroma	1 59
En el distrito de Moscou	1 74	En Arkhangel	1 28 1/4
En Tver	1 75	En Revel	1 29
En Novogorod	1 68 7/8	En el gobierno de Tobolsk	1 44
En Pskov	1 70 1/5	En la ciudad de Tobolsk	1 32
En Riazan	1 50	—en 1783	1 22 1/4
En Voronesch	1 79		

Sacando por consecuencia de esta tabla, dice M. Herman, que en la mayor parte de las provincias rusas la mortandad se espresa anualmente por la relacion de 1 á 60 (1).

Este término medio es tan elevado; y algunas de las proporciones indicadas para cada provincia en particular tan estraordinarias, que no parecen muy esactas. Sin embargo, han sido con corta diferencia confirmadas por las tablas ó registros posteriores, que segun M. Tooke establecen la mortandad general en Rusia en la razon de 1 por 58. Pero aun el mismo M. Tooke duda de la esactitud de estos registros; y he sabido por una persona respetable que las omisiones en las tablas de los muertos son probablemente mucho mayores que en las de los nacidos; resultando de aqui que el gran escéso de nacimientos y la escasez de mortandad mas bien que real es aparente. Se cree que en la Ukrania muchas madres entierran secretámente á sus hijos sin que tenga conocimiento de ello el párroco. Las numerosas levas se llevan consigo un gran número de

(1) *Nova acta academiæ.*

hombres cuya muerte no consta en ningun registro. Las frecuentes emigraciones de familias enteras que se trasladan á diferentes partes del imperio, y la deportacion de los criminales á Siberia, son causa de que muchas personas mueran en el camino ó en parages donde no estan regularizados los registros de las muertes; atribuyendo finalmente algunas omisiones á la negligencia de los *popes* (1) de las parroquias, que teniendo gran interés en apuntar cuidadosamente los nacimientos, no tienen ninguno respecto á las defunciones.

Añadiendo á esto que probablemente la poblacion de cada provincia se calcula por el número de aldeanos que pertenecen á cada pais; y hay que considerar que muchos de ellos obtienen el permiso de résidir en las ciudades. De donde resulta, que si bien de su nacimiento se toma nota en su provincia, no sucede lo mismo de su defuncion. La mortandad aparente de las ciudades no aumenta en proporcion de esto, porque se calcula solo despues de un empadronamiento efectivo. Las tablas de mortalidad en las ciudades espresan esactamente el número de los que mueren bajo una cierta base conocida de los habitantes que se sabe residen en ellas. Pero en las provincias, aunque las tablas manifiestan la intencion de espresar el número de muertos segun toda la poblacion que se calcula en cada provincia, presentan en realidad el número de muertos segun una poblacion mucho menor, porque una gran parte de la que se calcula está ausente.

Se ha visto por un censo verificado en San Petersburgo el año 1784 que el número de hombres ascendia á 126,827, y el de las mugeres solamente á 65,619: de modo que el número de varones era casi doble que el de mugeres. Esto proviene de los que acudian á la ciudad para ganar su capitacion dejando á sus familias en el campo, donde estaban establecidas, y tambien en parte de la costumbre que tienen los señores de mantener á su alrededor, en Mescou y San Petersburgo, un número prodigioso de aldeanos para el servicio de sus casas.

La relacion de los nacimientos en toda la poblacion de Rusia no difiere de la de otros paises, pues es de 1 por 26 (2).

Segun la memoria ya citada de M. Herman, la relacion de los niños que mueren antes de llegar á cumplir un año de edad, es en San Petersburgo de $\frac{1}{4}$; en el gobierno de Tobolsk $\frac{1}{10}$; en la ciudad de Tobolsk $\frac{1}{7}$;

---

(1) Nombre que dan en Rusia á los sacerdotes del rito griego.
(Nota de los traductores.)

(2) Tooke, *del imperio ruso.*

en el arzobispado de Vologda ¹/₁₁; en Novogorod ¹/₁₁; en Voronesch ¹/₁₄₇ y de ¹/₇ en Arkhangel. La mortandad de niños en algunas provincias es, pues, estraordinariamente pequeña, y como no es susceptible de muchos errores, sirve para dar mas crédito á la escasez de la mortalidad general. En Suecia la razon de los niños que mueren sin haber llegado á cumplir un año, es á todo el pais lo mas como 1 es á 5 (1).

La proporcion de los matrimonios anuos con toda la poblacion de Rusia, es segun M. Herman de 1 á 100 en las ciudades, y en las provincias casi de 1 á 70 ú 80. Dice M. Tooke que en los quince gobiernos en donde habia registros, era de 1 á 92 (2).

Esta relacion es muy diferente de la que se observa en otros paises. Es verdad que en San Petersburgo es de 1 á 140, y esto esplica perfectamente lo que arriba se dijo del corto número de hombres en comparacion de las mugeres.

Los registros de San Petersburgo se consideran como seguros y esactos, y en general atestiguan la salubridad del clima. Pero se nota aqui un hecho enteramente contrario á lo que se ha observado en otros paises. Se ve mayor mortandad en las niñas que en los niños. Desde 1784 á 1785 vinieron al mundo sobre 1,000 niños, y solo murieron de estos al primer año 147; mientras que fallecieron 340 niñas, cuya relacion es de 10 á 21. Lo cual es inconcebible y debe atribuirse en parte á causas accidentales, porque en el periodo anterior era de 10 á 14. Pero aun esta misma proporcion es estraordinaria, pues se nota generalmente en todas las épocas de la vida, esceptuando la de la preñez, que la mortandad es mayor en los hombres que en las mugeres. El clima de Suecia no es muy diferente del de Rusia, pues M. Wargentin observa, con motivo de las tablas de Suecia, que la menor mortandad que se manifiesta entre las mugeres no es simplemente el resultado de una vida mas regularizada y menos laboriosa, sino el de una ley de la naturaleza que obra de un modo constante desde la infancia hasta la senectud (3).

Segun M. Krafft (4) la mitad de los niños que nacen en San Petersburgo llegan á la edad de 25 años, lo que indica que alli las circunstancias son mucho mas favorables para la infancia y la juventud de lo que

(1) Memorias compendiadas de la Académia de Stockolmo.
(2) Tooke, *imperio ruso.*
(3) Memorias compendiadas de la Academia de Stockolmo, p. 28.
(4) *Nova acta academiæ.*

en una gran ciudad puede esperarse comunmente. Mas al pasar de la edad de 20 años es generalmente mucho mayor la mortandad que en otras ciudades de Europa, y se atribuye con razon esta diferencia al uso inmoderado del aguardiente. Entre 10 y 15 años es tan pequeña la mortandad que apenas muere 1 niño por cada 47 y una niña por cada 29. De 20 á 25, al contrario, es tan grande que muere 1 hombre por cada 9 y una muger por cada 13. Las tablas manifiestan que esta mortandad estraordinaria proviene principalmente de los dolores del costado, fiebres ardientes y consunciones. Los dolores de costado arrebatan casi $\frac{1}{4}$; las fiebres ardientes $\frac{1}{5}$, y las consunciones $\frac{1}{6}$ de toda la poblacion. Estas enfermedades se llevan $\frac{5}{7}$ de todos los que mueren.

La mortandad general fue, segun M. Krafft, de 1 por 37. En el periodo anterior habia sido de 1 por cada 35, y en el siguiente, durante el cual hubo epidemias, fue de 1 por 29. Esta mortandad no es muy considerable para una gran ciudad; pero se puede deducir de un pasage de las memorias de M. Krafft, que se han omitido, ó al menos no se han inscripto esactamente las defunciones de los hospitales, cárceles y establecimientos de espósitos. Asi no podrá dudarse que la inclusion de estos fallecimientos en los registros deba producir una gran diferencia en la salud aparente de la ciudad.

Solo en la casa de espósitos la mortandad es prodigiosa. Como no se publican tablas regularizadas, y las noticias meramente verbales están siempre sujetas á grandes inesactitudes, no puedo valerme de los informes que he recogido con este objeto. Pero lo que he podido adquirir como mas esacto de lo que atañe á este establecimiento de San Petersburgo, prueba que el número medio de los muertos alli era mensualmente de 100. El invierno anterior á la época de estas observaciones, que fue el de 1788, habian sido sepultadas á veces 18 personas por dia. El número medio de niños recibidos en la casa de espósitos, es diariamente 10. A los tres dias de entrar se les envia al campo donde se les cria. Pero como muchos entran ya moribundos, claro es que mueren muchos. Increíble parece que el número de niños admitidos sea tan grande como se dice: sin embargo, lo que yo mismo he visto me induce á creer que no hay mucha exâgeracion, ni en esto ni en la mortandad de que antes he hablado. Estuve en el establecimiento sobre el medio dia: se acababan de recibir cuatro niños, el uno estaba muerto y á otro le quedaba poco tiempo de vida.

Una parte del edificio sirve de hospital á las mugeres que estan de parto, en donde se admite á cualquiera que se presenta sin hacerla ninguna pregunta. Los niños que nacen de esta suerte se les confia á las nodrizas de la casa, y no se les envia al campo como á los otros. Si la madre quiere, puede dentro de la casa criar á su hijo, pero no se la permite llevarlo consigo. Los padres tienen derecho para reclamarle en cualquier tiempo, mayormente si prueban estar en situacion de alimentarle. Se marca y numera á todos estos niños cuando se les recibe para que sus padres puedan conocerlos y presentárselos cuando los pidan. Los que no estan en disposicion de reclamarlos tienen permiso para verlos.

Las nodrizas del campo solo tienen dos rublos mensuales. Como cada rublo en papel, que es la moneda corriente, apenas vale mas de media-corona (1), este salario equivale á quince pences (5 rs. y 20 mrs.) por semana. Sin embargo, se asegura que los gastos generales del establecimiento ascienden mensualmente á 100,000 rublos, que no pueden cubrirlos con las rentas que posee. El gobierno cuida de toda la administracion, y por consecuencia se carga con los gastos adicionales, que deben ser bastantes, admitiendo á todos los niños sin distincion. Es evidente que si el número de estos fuera ilimitado, y no el de las cantidades destinadas á su conservacion, produciria los resultados mas deplorables. Por consiguiente tales establecimientos, si estan bien administrados, es decir, si las economias no provienen de una mortandad estraordinaria, no pueden subsistir largo tiempo sino bajo la proteccion de un gobierno muy rico. Y aun con este apoyo puede pronosticarse su ruina.

A la edad de 6 ó 7 años, los niños que estan en el campo regresan al establecimiento, donde se ejercitan en toda especie de trabajos y profesiones mecánicas. Las horas para el trabajo son de 6 á 12 y de 2 á 4. Las niñas salen del establecimiento á los 18 años; y los jóvenes á los 21 ó 22. Cuando hay muchos en la casa se cuida de que no vuelvan del campo hasta que tengan cabida.

Por consecuencia la mayor mortandad está en las criaturas acabadas de recibir y las que se crian en el establecimiento: pero aun es mayor en los que regresan del campo y tienen mas edad. Me sorprendió mucho esta mortandad considerable despues de haber admirado la limpieza y el órden que reinan en esta casa. El edificio tiene toda la perspectiva de un palacio; las habitaciones son grandes, ventiladas y aun elegantes. Presencié la comida de 180 muchachos. Estaban todos vestidos con aseo, el mantel era limpio, y cada niño tenia su servilleta: los alimentos me

(1) Moneda inglesa que vale 22 rs. 15 mrs. (Nota de los traductores.)

parecieron escelentes: no se percibia ni el mas mínimo olor desagradable. En los dormitorios cada uno tenia su cama de hierro sin cortinas, y las colchas y sábanas eran sumamente blancas.

Sorprende y casi parece inconcebible la limpieza esmerada en un establecimiento tan grande. Se debe esta, en gran parte, á la influencia de la actual emperatriz viuda, que se interesa en conocer todos los detalles de esta administracion, y cuando reside en San Petersburgo difícilmente se pasa una semana sin que vaya á inspeccionarlo por sí misma. La mortandad que hay en esta casa á pesar de tantos cuidados, manifiesta que la constitucion de la infancia no puede soportar ni una vida tan poltrona ni el trabajo de 8 horas diarias. Todos los niños que ví en esta casa tenian, unos mas otros menos, el semblante pálido y enfermizo. Si se juzgara de la hermosura del pais por la de estos niños, muy mala idea se formaria de ella.

Claro es que en las tablas de mortandad de San Petersburgo donde se omiten las muertes de este establecimiento, no pueden dar una idea esacta del estado de esta ciudad con relacion á su salud; pero es preciso no olvidar que una parte de las observaciones que atestiguan esta salubridad, tales como el número de los que mueren por mil etc., son independientes de esta circunstancia; á menos que no se diga, lo que no es imposible, que casi todos los padres para quienes sus hijos son una carga difícil de sobrellevar, los envien á la inclusa. Porque en este caso los otros niños cuyos padres viven con comodidad, que habitan casas sanas y ventiladas, presentarian sin duda una mortandad muy inferior á la media considerada entre todos los niños de la poblacion.

En Moscou la casa de espósitos está dirigida esactamente bajo el mismo principio que la de San Petersburgo. M. Tooke presenta el estado sorprendente por cierto, de la pérdida de niños que ha tenido esta casa en el espacio de treinta años desde su primer establecimiento hasta 1786. Observa con este motivo que si conocieramos esactamente el número de los que mueren al punto que entran en el establecimiento, ó que llevan ya consigo el gérmen de la enfermedad á que han sucumbido, se hallaria probablemente que no se debe atribuir á la permanencia en el hospital sino una pequeña parte de la mortandad de los niños. Porque, añade este autor, ninguno será tan falto de razon que haga cargo de la muerte de estas víctimas á un establecimiento filántrópico que enriquece anualmente al pais con un número siempre en aumento de ciudadanos activos, aseados é industriosos.

Creo, por el contrario, que una gran parte de estas muertes prematuras debe imputarse á estos establecimientos llamados malamente filantrópicos. Si se puede uno fiar de las relaciones hechas acerca de la mortandad de niños en las ciudades y provincias de Rusia, esta pérdida es muy escasa. Por consiguiente la mortandad enorme que se observa en los hospitales de espósitos debe atribuirse á estos establecimientos que incitan á que las madres abandonen á sus hijos en el instante que mas necesitan de sus cuidados y cuando su debilidad no permite que se les pierda impunemente de vista aunque sea por pocas horas.

Le gran mortandad que hay en las dos casas de espósitos de San Petersburgo y Moscou, en donde se les cuida tanto, prueban bien claramente que estos establecimientos no corresponden á su objeto, que es conservar un cierto número de ciudadanos, destinados sin su ausilio á ser víctimas de la miseria ó del temor de la deshonra. Si los niños recibidos en estos hospitales hubieran permanecido bajo el cuidado de sus padres, por peligros que hubieran corrido, nadie dudaria que en mayor número llegasen á la edad viril, en la que por consiguiente pueden ser miembros útiles á la sociedad.

Profundizando un poco mas este asunto, se verá que estos establecimientos no solo faltan á su objeto inmediato, sino que fomentan eficazmente las costumbres licenciosas, desaniman los matrimonios y debilitan por lo tanto el medio principal de sostener y acrecentar la población. Todos los hombres instruidos con quienes he hablado en San Petersburgo convienen en asegurar que la casa de espósitos ha producido estos resultados. La falta de una jóven que llega á ser madre, se ha hecho tan comun que se considera como una bagatela. Un comerciante inglés de San Petersburgo me contó que una jóven que vivia con su familia, al cuidado de una muger reputada como muy severa, habia enviado seis niños á la inclusa sin haber perdido por esto el destino que ocupaba.

Sin embargo, debe observarse que en general no es fácil que una misma persona tenga seis hijos de un comercio ilícito; pues donde quiera que reina el libertinage, los nacimientos no son tan considerables con relacion á la poblacion como los que produciria solo el matrimonie. El menor número de estos, y la disminucion en los nacidos que es su consecuencia, sobrepuja á la escitacion á casarse que resulta de la perspectiva que se ofrece á los padres de poder desembarazarse de los hijos que no podrian mantener.

Considerando la estraña mortandad que hay en estos establecimientos, y la tendencia manifiesta con que conspiran á favorecer las costumbres licenciosas, se puede deducir con fundamento que para detener la poblacion no puede hacer cosa mas á propósito una persona á quien le sean indiferentes los medios, que establecer un número considerable de hospitales de niños espósitos en donde se les admita sin distincion ni límites. Si examinamos en seguida, bajo otro aspecto, el resultado de estas instituciones, fácil será conocer que pueden alterarse los sentimientos morales en una nacion donde se estimula á las madres á que abandonen á sus hijos, y se las persuade que el amor á los que acaban de dar á luz es solo una vana preocupacion, que debe sacrificarse al bien del pais. Algunos infanticidios que el miedo del deshonor produce de tarde en tarde, son rescatados á muy alto precio si para cortarlos es menester despojar á la masa del pueblo de los sentimientos mas honestos, y los que mas cuidadosamente se deben conservar.

Suponiendo que los hospitales de espósitos correspondan al objeto de su institucion, la esclavitud de Rusia los haria mas escusables que en otras partes. Porque todo niño criado en estos hospitales se considera como libre, y por lo tanto debe probablemente ser mas útil al estado que si perteneciera á un dueño particular. Pero en los paises donde no hay esclavos aun el mejor éxito no impide que estos hospitales sean perjudiciales á los miembros de la sociedad que no pertenecen á ellos. El verdadero estímulo para el matrimonio es el precio subido del trabajo y un aumento de ocupaciones para todos los que tienen alguna actividad. Pero si la mayor parte de los oficios y aprendizages se encuentran ocupados por espósitos, debe suceder que disminuya considerablemente la demanda de trabajo para aquellos que su nacimiento es legitimo, y por consiguiente tengan mas dificultad en sostener una familia, y se les prive por lo tanto del estímulo mas eficaz para el matrimonio.

La Rusia tiene muchos recursos naturales, y produce en la actualidad mas de lo que consume. Para aumentar á su poblacion no la falta sino algo mas de libertad en el ejercicio de su indústria, y mas facilidad para dar salida á los productos de las provincias del interior. El mayor obstáculo para el desarrollo de su poblacion, es el estado de vasallage, ó mejor dicho, de verdadera servidumbre á que estan reducidos los aldeanos, y la ignorancia é indolencia consiguiente á esto. La fortuna de un magnate ruso se mide por el número de aldeanos que posee. Generalmente estos vasallos le valen como los rebaños, y no son simplemente siervos de corbea (adscripti glebae). La renta del señor consiste en una capitacion sobre los varones. Cuando el número de aldeanos se aumenta en una tierra poseida de este modo, se reparte el terreno en ciertas épocas, se desmontan porciones incultas, y aun algunas veces se dividen tambien parte de las ya cultivadas. Se entrega á cada familia el terreno necesario para mantenerse y pagar la contribucion. El interés manifiesto del aldeano es no mejorar la porcion que le ha cabido en suerte, y no aparentar que gana mas de lo que necesita para pagar su impuesto y sostener á su familia; porque si no lo hace asi debe esperar naturalmente que á la inmediata reparticion su campo actual se considerará suficiente á la manutencion de dos familias y perderá asi la mitad. Fácil es conocer que esto debe disminuir mucho la actividad del labrador. Cuando á alguno de estos se le priva de una parte de la tierra que disfrutaba anteriormente, se queja de no poder pagar la capitacion, y solicita para sí y para sus hijos el permiso de ir á las ciudades para ganar con qué satisfacerla. Generalmente se pide con ahinco esta licencia, y los señores la conceden sin dificultad porque les da esperanza de algun corto aumento en el impuesto que constituye su renta. De aqui el que las tierras se queden á medio cultivar y agotado el principal manantial de la poblacion.

Dirigí algunas preguntas en San Petersburgo á un personage ruso con respecto á la administracion de sus tierras. Me dijo que nunca se tomaba el trabajo de saber si estaban bien ó mal cultivadas; y esplicándose cómo un hombre que no tiene en esto ningun interés directo: «me es igual, dijo en francés, no me produce esto ventaja ni perjuicio alguno.» Permitia á sus vasallos pagar sus impuestos donde quisieran y como quisieran; y si lo hacian con regularidad nada mas les exigia y se daba por satisfecho. Es cierto tambien que por esta facilidad sacrificaba la poblacion futura de sus tierras, y por lo tanto el aumento de sus rentas, dejandose llevar por consideraciones sugeridas por la indolencia ó interés del momento.

Sin embargo, es verdad que durante estos últimos años muchos señores rusos han atendido mas á la mejora y poblacion de sus tierras, animados con las máximas y el ejemplo de la emperatriz Catalina que hizo los mayores esfuerzos para que progresara la civilizacion en sus estados. El gran número de alemanes que procuró fueran alli á formar establecimientos, sirvió no solo para sustituir ciudadanos á esclavos, sino lo que es sin duda mas importante, á dar ejemplo de trabajo y de algunos métodos ó medios de dirigirlo de que los rusos no tenian idea alguna.

Generalmente el resultado ha coronado sus esfuerzos. No puede dudarse que bajo el reinado de esta emperatriz, y aun despues de él, el cultivo y la población han hecho rápidos progresos en todas las provincias del imperio ruso.

En 1763, por el censo que resultó de la capitación, subió el número de habitantes á 14.726,696 almas. Por otro de la misma especie hecho en 1783 llegó á 25.677,000. De modo que suponiéndolos esactos, indican un acrecentamiento muy estraordinario; pero se cree que el último se hizo con mas esactitud que el anterior. Comprendiendo en el cálculo las provincias no sujetas á capitación, el número de habitantes en general se apreció en 1763 en 20.000,000, y en 1799 en 39.000.000.

En una edicion posterior de la obra de M. Tooke sobre Rusia, se encuentra una tabla de defunciones, nacimientos y matrimonios en la iglesia griega en el año 1799 sacada de un periódico aleman muy notable. Esta tabla está fielmente estractada de las relaciones generales hechas en el sinodo. Contiene todas las parroquias esceptuando la de Brizlaw que no pudo reunirse por algunas dificultades particulares concernientes al registro de difuntos. He aqui los resultados de esta tabla.

	Del sexo masculino.	Del femenino.	Total.
NACIMIENTOS.	534,015	460,900	994,915
DEFUNCIONES.	275,582	254,807	530,389
MATRIMONIOS.		257,513	
ESCESO DE NACIMIENTOS. { niños..	255,432	} 454,525.	
{ niñas..	196,093		

Para calcular la poblacion, M. Tooke multiplica los fallecimientos por 58. Mas como esta tabla aparece mas correcta que las anteriores, y la relacion de las defunciones con los nacimientos muy considerable, es factible que el número 58 sea demasiado grande para tomarlo aqui por multiplicador. Se observa en esta tabla que los nacimientos son á las defunciones casi como 183 es á 100: los nacimientos á los matrimonios como 385 á 100; y las defunciones á estos últimos como 210 á 100.

Estas relaciones son mucho mas probables que las que resultan de las tablas ánteriores.

CAPITULO IV.

Obstáculos que se oponen á la poblacion en los paises del centro de Europa.

Algunos creerán quizá que me he detenido en examinar los estados del Norte de Europa mucho mas de lo que requiere su importancia política. Lo he hecho asi porque la constitucion interior de estos estados, es bajo muchos aspectos, esencialmente distinta de la de Inglaterra; y porque el conocimiento personal, aunque ligero, que he adquirido podia proporcionarme algunas nuevas observaciones. En las partes centrales de Europa, la division del trabajo, la distribucion de diversas ocupaciones y la relacion de los habitantes de las ciudades con los de la campiña, se diferencia muy poco de lo que sucede en Inglaterra: de tal modo que seria inútil buscar en las costumbres ó en los hábitos que allí reinan rasgos bastante marcados para presentar obstáculos á la poblacion que le sean peculiares. Llamaré, pues, la atencion del lector principalmente sobre ciertas consecuencias que pueden sacarse de los registros de nacimientos, muertes y matrimonios: estos datos proporcionan en muchos puntos importantes mas instruccion sobre la economia interior de una nacion, que las observaciones del viajero mas esacto.

Uno de los fenómenos curiosos é instructivos que presentan estos registros, es á mi parecer, la manera con que los matrimonios dependen de los muertos, Montesquieu dice con razon, que dónde se encuentra sitio para que dos personas vivan cómodamente se forma un matrimonio (4). Pero en muchos de los paises de Europa, en el estado actual de esta parte del mundo, no es de esperar, si se consulta la esperiencia, que los medios de atender á la manutencion de una familia esperimenten un aumento repentino y considerable. Asi que, para dar lugar á un nuevo matrimonio, es preciso que en general se estinga un matrimonio antiguo. Asi se ve, que escepto en el caso en que por cualquier motivo haya una gran mortandad, ó cuando hay en el estado algun cambio favorable al cultivo y al comercio, el número de matrimonios anuales se regula principalmente por el número de muertos. Estas dos cantidades influyen reciprocamente una sobre otra. Pocos paises hay donde las masas del pueblo tengan bastante prevision para dilatar sus matrimonios hasta la época en que cuenten con esperanzas legítimas para poder educar convenientemente á todos sus hijos. Asi que en algunos parajes una porcion de las muertes es debida á que el número de matrimonios es escesivo: y en todas partes una gran mortandad, ya provenga de esta causa, ó del gran número de ciudades y manufacturas, ó de la insalubridad del aire, nunca deja aumentar el número de matrimonios.

_____

(4) Espíritu de las leyes.

Esta observacion se verifica de una manera muy notable en algunas ciudades de Holanda. Sussmilch cree que la relacion media de los matrimonios anuales al número total de los habitantes es de 1 á 107, y de 1 á 113 en los paises donde la poblacion no ha disminuido por las pestes ó por las guerras, y donde no ha habido un aumento repentino en los medios de subsistencia (1). Crome que ha escrito recientemente sobre la estadística, toma el término medio entre 1 por 92, y 1 por 122, y cree que la relacion media de los matrimonios á los habitantes es de 1 por 108. (2). Mas en los registros de 22 poblaciones holandesas, cuya esactitud ha reconocido Sussmilch, se ve que de cada 64 individuos hay anualmente un matrimonio (3). He aqui sin duda un estravío de la relacion media. La primera vez que la vi citada me sorprendí en estremo: no habia aun observado la gran mortandad que reina en estas ciudades, y no estaba bastante satisfecho de los esfuerzos que hace Sussmilch para dar cuenta de este fenómeno. Este escritor lo atribuye á la diversidad de profesiones y comercios, y en general á los numerosos medios de ganar la vida que se ofrecen en Holanda; pero es muy cierto que estando este pais hace mucho tiempo en el mismo estado, no hay razon para creer que cada año presente muchas profesiones nuevas, ó distintos medios de subsistencia: asi en las ocupaciones antiguas, debe encontrarse habitualmente llenas todas las plazas. La dificultad desaparece desde que he notado que la mortandad en estas ciudades es de 1 sobre 22 y de 1 sobre 23, en vez de ser de 1 sobre 36, como es comunmente donde los matrimonios estan en la relacion de 1 á 108. Los nacimientos, pues, eran casi iguales á las muertes: el número estraordinario de matrimonios no provenia de que los habitantes tuviesen medios nuevos de subsistencia, y por esta razon no produjese ningun aumento de poblacion: sino que dimanaba de la rápida disolucion de los matrimonios antiguos, por las muertes, y de las ocupaciones ó empleos de fuerza y actividad que por consiguiente quedaban vacantes y ofrecian medios de alimentar una nueva familia.

(1) Sussmilch. Ordenamiento divino.
(2) Crome sobre la grandeza y poblacion de los estados de Europa.
(3) Esta relacion de los matrimonios no puede procurarse en un pais tal como la Holanda, por los que nacen en su territorio. Debe provenir principalmente de los estrangeros que concurren allí. En efecto, se sabe que antes de la revolucion habia una afluencia tal, que se llamaba á Holanda la tumba de la Alemania. (*Nota del autor.*)

Se preguntará ahora cuál de estas circunstancias tiene mas influencia sobre la otra. ¿Es el gran número de matrimonios, es decir, el aumento escesivo de poblacion, el que obra con mas fuerza para producir la mortandad, ó esta, producida por la insalubridad de las ocupaciones y del clima, ha tenido mas poder para multiplicar los matrimonios? En el caso particular de que se trata, esta última suposicion me parece mejor fundada, sobre todo por la razon de que en Holanda el pueblo comunmente no estaba en muy mal estado. Es probable que la gran mortandad proviniera de la naturaleza pantanosa del suelo, de los numerosos canales que le dividen, de los muchos hombres que tienen ocupaciones sedentarias, y de los muy pocos que tienen la ventaja de ejercitarse en los trabajos saludables de la agricultura.

Lo que he dicho ya antes de la Noruega nos ofrece un contraste curioso y muy notable. La mortandad es allí de 1 por 48, y los matrimonios de 1 por 130. En las poblaciones de Holanda la mortandad es de 1 por 23, y los matrimonios 1 por 64. Hay entre la mortandad y los matrimonios una diferencia mayor que del simple al doble. Se observa esactamente la relacion entre estas cantidades, y demuestran hasta qué punto depende la una de la otra. Puede decirse en conclusion, que á menos que una mejora repentina en el estado de la agricultura procurase de repente nuevos medios de subsistencia, un aumento en el número de matrimonios no puede tener mas efecto que aumentar la mortandad: y recíprocamente, que la mortandad progresiva haga crecer el número de matrimonios.

En Rusia, hasta cierto punto, ha tenido lugar esta mejora repentina de la agricultura; y por consiguiente el número de matrimonios es muy grande, aunque la mortandad sea muy corta; pero á medida que progrese la poblacion, si es la misma la relacion de los matrimonios, la mortandad crecerá inevitablemente, ó si esta es la misma será preciso que disminuya la relacion de los matrimonios.

Sussmilch ha proporcionado algunos ejemplos muy notables de esta disminucion gradual del número proporcional de los matrimonios á medida que la poblacion hace progresos y se proporciona ocupaciones que pueden suministrar á cada individuo medios de ganar su vida.

En Halle en 1700 el número de matrimonios anuales era á toda la poblacion como 1 á 77. En los 55 años siguientes esta relacion disminuyó gradualmente, segun el cálculo de Sussmilch, hasta quedar reducida en la relacion de 1 á 167, que en verdad es una diferencia muy notable. Si era esacto el cálculo que establecia, probaria con que fuerza obraban los obstáculos opuestos al matrimonio, y como estos dependian de los medios de subsistencia: mas como el número de habitantes se deduce aqui de un cálculo y no de un censo efectivo, las relaciones indicadas podrian no ser rigorosamente esactas, y depender en parte de algunas circunstancias accidentales.

En la villa de Leipsig, en 1620, los matrimonios anuales fueron á la poblacion como 1 á 82: desde 1751 á 1756 han sido como 1 á 120. En Augsburgo en 1510 la relacion de los matrimonios á la poblacion fue de 1 á 86: en 1750 de 1 á 123. En Danzig en 1705 esta relacion fue de 1 á 89: en 1745 de 1 á 118. En el ducado de Magdeburgo en 1700 fue como 1 á 87: desde 1752 á 1755 como 1 á 125. En el principado de Halberstad en 1690 la relacion fue de 1 á 88: en 1756 de 1 á 112. En el ducado de Cleves en 1705 fue de 1 á 83: en 1755 de 1 á 100. En la comarca de Brangdebourgo en 1700 esta proporcion fue de 1 á 76: en 1755 de 1 á 108 (1).

Muchos otros ejemplos de la misma naturaleza podria citar; pero estos bastan á nuestro objeto. Cuando los medios de subsistencia aumentan de repente en un pais, bien sea por una gran mortandad ó por los progresos acelerados del cultivo, de las artes y del comercio, hay sitio para los nuevos matrimonios, que son muchos mas que los que la muerte ha disuelto. Pero á medida que se van llenando los nuevos empleos de fuerza y actividad, á medida que falta el sitio necesario para un aumento de poblacion, disminuye el número de matrimonios, y el simple reemplazo que habian tenido desaparece poco á poco: este es el resultado de los hechos que acabamos de presentar.

En los paises que por mucho tiempo han estado completamente poblados, donde no se proporciona ningun nuevo manantial de subsistencias, el número de matrimonios se regula principalmente por el de muertos. Y la relacion de este número á toda la poblacion permanece casi la misma en diferentes épocas.

Lo mismo constantemente se observará en los paises donde hay anualmente algun aumento en los medios de subsistencia, en tanto que este aumento sea uniforme y permanente. Supongamos que de tal modo sea constante y regular, que durante medio siglo permita que el número de matrimonios sea mayor que los que la muerte ha disuelto: la poblacion no dejará de crecer, quizá aun mas rápidamente, pero fácil

---

(1) Sussmilch.

es conocer que en este caso la relacion de los matrimonios á toda la poblacion se mantendrá la misma durante este período.

Sussmilch se ha propuesto determinar esta relacion en diferentes paises y en circunstancias diversas. En las ciudades de la Marca de Brandeburgo hay anualmente 1 matrimonio por 109 personas. En las poblaciones agrícolas, segun opinion de este autor, esta relacion varía entre 1 y 108 y 1 y 115. En las ciudades de la Marca la mortandad es mayor, y quizá pueda apreciarse en 1 por 98. En las aldeas holandesas ya mencionadas 1 por 64. En Berlin 1 por 110. En París 1 por 137. Segun Crome en Paris y Roma, ciudades que abundan en célibes, esta relacion no es mas que 1 por 160.

De cualquier modo es necesario mucha precaucion para aplicar una relacion general de esta naturaleza, cualquiera que sea; porque rara vez crecen de una manera uniforme el alimento y la poblacion. Pues que desde que varían las circunstancias en un pais por las modificaciones que esperimentan la poblacion y las subsistencias, ó por los cambios ocasionados en las costumbres del pueblo con respecto á la prudencia y á la propiedad, es evidente que la misma relacion que tiene lugar en cierta época no tiene lugar en otra.

Nada mas difícil que fijar sobre esto reglas sin escepcion. En general puede decirse, que *cuando se aumenta la facilidad de ganar la vida*, ya provenga de una mortandad anterior, ya deba atribuirse al progreso del cultivo y del comercio, *esta gran facilidad tiende á producir una relacion mayor de matrimonios con la poblacion.* Peró puede suceder muy bien que este efecto no se realice. Supongamos, por ejemplo, que el pueblo de que se trata ha estado en un gran abatimiento, y que la mortandad sea debida en gran parte á la imprevision que hay comunmente en semejante estado. Podria suceder que una mejora repentina en su situacion les diese un cierto orgullo y aficion á la limpieza y á la decencia: en este caso el número de matrimonios no aumentaria, pero se educarian mayor número de hijos, y la poblacion adicional que exigiria el nuevo órden de cosas, se obtendria por una diminucion del número de muertos, y no por el aumento del número de nacidos.

Lo mismo que si en un pais la poblacion ha estado por mucho tiempo estacionaria, de tal modo que difícilmente sea susceptible de aumento, puede suceder que un cambio de costumbres producido por una educacion mejor, ó por otra causa, haga disminuir el número proporcional de matrimonios. En este caso, como las enfermedades que produce la miseria harian perecer menos niños que antes, la disminucion de matrimonios estaria compensada con la escasez de mortandad, y la poblacion mantendria su nivel con menor número de nacimientos.

Es preciso, pues, tomar en consideracion estos cambios de costumbres. La regla mas general que puede darse en este asunto, es que *todo estímulo directo al matrimonio produce necesariamente un aumento de mortandad.* En todas partes es tan grande la tendencia al matrimonio, que sin ningun aliciente cuando hay sitio nunca queda este vacante: asi que los estímulos, ó son enteramente inútiles, ó producen casamientos escesivos. Por lo tanto debe resultar un aumento de miseria y mortandad. Montesquieu dice en sus *Cartas Persianas* que en las guerras de Francia anteriores á la época en que escribia, el temor de tener que ingresar en la milicia obligaba á un gran número de jóvenes á casarse sin tener con que mantener su familia, y que de estos matrimonios habian nacido muchos niños, que casi todos habian sido víctimas de la miseria, del hambre y de las enfermedades (1).

Con un ejemplo tan vivo del efecto inevitable de los estímulos directos al matrimonio, es muy admirable que éste autor en su *Espíritu de las leyes* haya creido que aun está la Europa, en el dia, en el caso de necesitar leyes que favorezcan la propagacion de la especie humana.

Sussmilch adopta las mismas ideas. Considera el caso en que el número de matrimonios deje de crecer porque no pueda aumentarse el alimento: observa que en algunos paises los matrimonios contraidos estan esactamente en proporcion de los muertos, y sin embargo insiste en que es uno de los principales deberes del gobierno fijar su atencion en el número de matrimonios. Cita los ejemplos de Augusto y Trajano, y cree que un príncipe ó un hombre de estado merecería el nombre de padre del pueblo, si pudiese hacer crecer la relacion de los matrimonios á la poblacion, de suerte que en vez de ser de 1 á 120 ó 125, fuese de 1 á 80 ó 90. Pero como segun resulta de los mismos ejemplos citados en los paises que por mucho tiempo han estado poblados, es la muerte el mas poderoso de los estímulos al matrimonio, el príncipe ú hombre de estado que lograse aumentar tanto el número de matrimonios, merecería quizá con mas justicia el título de destructor que el de padre.

La relacion de los nacimientos anuales con toda la poblacion depende principalmente del número proporcional de matrimonios. Asi en los pai-

---

(1) Carta 122.

ses en que la poblacion no es susceptible de un gran aumento, los nacimientos, asi como los matrimonios, dependen principalmente de las muertes: en donde la poblacion no va disminuyendo, los nacimientos reemplazan los vacios causados por la muerte, y aumentan la poblacion tanto como lo permiten la mejora de la agricultura, del comercio y de las artes. En casi toda la Europa, en los intérvalos de pestes, epidemias y guerras destructivas que de tiempo en tiempo han ejercido sus estragos, los nacimientos han sobrepujado á las muertes: mas como la mortandad cambia mucho segun los diversos paises y segun las circunstancias, se verá que los nacimientos varian del mismo modo, aunque no en el mismo grado, porque no todos los paises admiten igualmente un esceso de nacidos.

En 39 poblaciones de Holanda donde las muertes estan en la relacion de 1 á 23, los nacimientos estan en la misma relacion (1): En 15 aldeas de los arrabales de Paris los nacimientos son á todos los habitantes en igual proporcion, y aun un poco mas, porque la mortandad es algo mayor, los nacimientos son á los muertos como 1 á 22$^{7}/_{10}$ (2). En las aldeas de Brandeburgo, que estan en un estado progresivo, la mortandad es de 1 á 29, y los nacimientos de 1 por 24$^{7}/_{10}$: En Suecia, donde la mortandad es casi de 1 por 35, los nacimientos son 1 por 28. En 1056 villas de Brandebourgo, en las que la mortandad es de 1 por 39 ó 40, los nacimientos son 1 por 30 (3): En Noruega, donde la mortandad es 1 por 48, los nacimientos son 1 por 34 (4). Evidentemente en todos estos ejemplos el número de nacidos se mide por el de los muertos, teniendo en consideracion, como es indispensable, el esceso de los nacimientos que puede sobrellevar el estado de cada pais. En Rusia esta circunstancia debe tener mucha influencia, pues que la mortandad no es quizá sino de 1 por 48 ó 50, y sin embargo los nacimientos ascienden á 1 por 26: tan rápido es allí el aumento de la poblacion.

Los escritores de estadistica han tratado de determinar una medida general de mortandad para todos los paises al mismo tiempo: pero aun cuando pudiesen obtenerla, no sé qué uso podrian hacer de ella. Poco útil seria para determinar la poblacion de Europa ó de todo el globe: y si queríamos aplicarla á casos particulares caeríamos en grandes errores. Puesto que en diferentes paises y en circunstancias diversas la mortandad de la raza humana vária entre límites tan distan-

(1) Sussmilch. (2) Idem. (3) Idem. (4) Thaarup, Estadística.

tes como las relaciones de 1 á 20 y de 1 á 60, no se puede en un caso particular usar con seguridad de la relacion media sin tener un conocimiento esacto de las circunstancias en que se encuentra el pais, del número de ciudades que contiene, de las costumbres del pueblo, de la salubridad del clima, cuyo conocimiento hace enteramente inútil la relacion general y media, sustituyendo la que conviene al pais de que se ocupa.

Hay sin embargo una circunstancia que afecta la mortandad de un pais, y que puede considerarse como de una naturaleza general, siendo al mismo tiempo de fácil observacion. Esta es el número de ciudades y la relacion de los que las habitan con los que viven en el campo. Los malos efectos que producen en la salud las habitaciones estrechas y mal sanas, asi como las ocupaciones sedentarias de las ciudades, se sienten siempre y en todas partes: por consiguiente la mortandad general debe depender en gran parte del número de los que viven de este modo y de los que se ocupen en los trabajos de la agricultura. Segun este principio se ha calculado que cuando los habitantes de las ciudades están con los habitantes de la campiña en la relacion de 1 á 3, la mortandad es cerca de 1 por 36: y es de 1 por 35 ó 1 por 36 cuando los ciudadanos son á los aldeanos como 2 es á 5 ó como 3 es á 7. La mortandad es menor que 1 por 36 cuando la relacion de los habitantes de las ciudades con los de la campiña es de 2 á 7 ó de 1 á 4. Conforme este cálculo se ve que en Prusia la mortandad es de 1 por 38: en Pomerania de 1 por 37½: en la Nueva Marca de 1 por 37: en la Marca electoral de 1 por 35, segun los registros de 1756 (1).

El término medio de mortandad mas aproximado para todos los paises, comprendiendo las ciudades y aldeas, es segun Sussmilch 1 por 36. Pero Crome juzga que esta medida que pudo ser esacta en tiempo de Sussmilch no lo sea actualmente, porque en la mayor parte de los estados de Europa las ciudades han aumentado en número y estension. Se cree tambien que cuando escribia Sussmilch este cálculo era un poco corto, y que en la actualidad la relacion de 1 á 30 se aproxima mas á la verdad. En efecto, es bastante probable que la relacion indicada por Sussmilch sea muy pequeña, porque este autor, como otros muchos escritores de estadística, tiene mucha inclinacion á suprimir en sus cálculos los años marcados con epidemias. Pero Crome no ha sos-

(1) Sussmilch.

tenido con pruebas suficientes la medidà que sustituye á la de´ Sussmilch. Sé funda en la autoridad de Busching que estableció la mortandad de 1 por 30 en todos los paises .de la monarquia prusiana: pero este cálculo medio se deducia solo de los registros de tres años, periodo muy corto para obtener un resultado satisfactorio: y esta relacion de la monarquia prusiana se contradice por algunas observaciones que despues ha citado Crome. Se ve por los registros de 5 años que concluian en 1784, que la mortandad era solo de 1 por 37. En este mismo periodo los nacimientos fueron á las muertes como 134 es á 100. En Silesia la relacion media de la mortandad desde 1784 á 1784, fue de 1 por 30; y la de los nacimientos á los muertos de 128 á 100. En Gueldre desde 1776 á 1784 la mortandad fue de 1 por 27, y los nacimientos estuvieron en la relacion de 1 por 26. Estas dos provincias de la monarquia prusiana son aquellas en que la mortandad es mayor: hay otras en que es muy pequeña. Desde 1784 á 1784 la mortandad media de Neufchatel y Vallengin no fue mas que 1 por 44, y los nacimientos 1 por 31. En el principado d' Halberstadt, desde 1778 á 1784 la mortandad fue aun menor, á saber de 1 por 45 ó 46, y la relacion de los nacidos á los muertos de 137 á 100.

La consecuencia general que saca Crome de estos hechos, es que los estados de Europa pueden dividirse en tres clases, á las que puede aplicarse una medida diferente de mortandad.

En los paises mas ricos y poblados, donde el número de habitantos de las ciudades es á los del campo como 1 es á 3, la mortandad puede graduarse de 1 á 30. En los paises de un estado de poblacion y civilizacion media, la mortandad debe apreciarse en 1 por 32. En fin, en aquellos que estan muy poco poblados se cree justa la relacion de 1 á 36 que indica Sussmilch (1).

Estas relaciones al parecer establecen una gran mortandad general, aun comprendiendo en el cálculo los años epidémicos. Es muy probable que las costumbres de aseo, que se han desarrollado en estos últimos años en casi todas las ciudades de Europa, haya compensado con la salubridad el efecto pernicioso que produce el aumento de ellas.

(1). Crome.

CAPITULO V.

Obstáculos á la poblacion en Suiza.

La situacion de la Suiza es tan diferente de la de los otros estados de Europa, los datos que hay sobre este pais tan curiosos y tan propios para aclarar los principios espuestos en esta obra, que conviene tratar á parte de este asunto y considerarle con una atencion particular.

Habrá unos 35 ó 40 años que se esparció, segun parece, en Suiza cierta alarma acerca de su poblacion. Las memorias de la sociedad económica de Berna, cuyo establecimiento no era muy antiguo, estaban llenas de escritos en que se deploraba la decadencia de la industria, de las artes, de la agricultura, de las manufacturas, y en donde se anunciaba el peligro eminente de que llegasen á faltar brazos. La mayor parte de los autores de estos escritos consideraban la despoblacion como un hecho tan evidente que no necesitaba pruebas. Creyendo por lo tanto hallar remedios á este mal con hacer venir de fuera matronas, fundar establecimientos de espósitos, dotar solteras, impedir la emigracion y estimular á los viajeros á venir al pais.

Sin embargo, en esta época apareció tambien una memoria de M. Muret, párroco de Vevey, en la que manifiesta una sólida instruccion, y que antes de entregarse al estudio de los remedios, creyó que debia asegurarse de la existencia del mal. Observaciones laboriosas hechas con mucho cuidado en los registros de diferentes parroquias, remontándose hasta el tiempo de su primer establecimiento, le proporcionaron poder comparar el número de nacidos en tres diferentes periodos de 70 años cada uno, terminando el primero en 1620, el segundo en 1690 y en 1760 el tercero (1). El resultado de esta comparacion fue que el número de los nacidos era un poco menor en el segundo periodo que en el primero y (suponiendo algunas omisiones en el segundo y adiciones en el tercero) los nacimientos en este último eran tambien menos que en el anterior. De donde deduce el autor como cosa indudable la despoblacion del pais desde el año 1550.

Aun admitiendo las premisas de este razonamiento, la consecuencia no es tan segura como se persuade este autor. Otros hechos consig-

---

(1) Memorias de la sociedad económica de Berna.

nados en su memoria me hacen creer que la Suiza durante este espacio de tiempo estuvo en el caso de que he hablado en el capítulo anterior: es decir, en un estado progresivo. Insensiblemente los hábitos de prudencia y aseo llegaron á ser mas generales, la salubridad del pais fue en aumento, hubo mas niños que llegaron á la edad viril, y con menos nacimientos la poblacion se sostuvo y aun aumentó segun lo permitieron las circunstancias: Por consecuencia la relacion de los nacimientos anuales con la poblacion durante el último periodo debió ser menor que en el primero.

M. Muret hace ver por cálculos esactos que en el último periodo fue muy pequeña la mortandad y muy considerable el número de niños que llegaron á la edad de la pubertad. Lo mismo ha podido tambien suceder en los periodos precedentes. El mismo M. Muret observa que «la antigua despoblacion del pais debe atribuirse á las pestes que otras veces le han desolado.» Y añade: «Si ha podido sostenerse á pesar de la frecuencia de un mal tan espantoso, es una prueba de la benignidad del clima y de los recursos seguros que puede proporcionar al pais para reparar las pérdidas que sufre su poblacion.» No aplica debidamente este hecho, ni considera que para repararlas tan prontamente ha sido necesario que el número de nacimientos aumentara estraordinariamente, que el pais no pudiese librarse de la destruccion de que estaba amenazado sino estableciendo entre los nacimientos y la poblacion total una razon mayor que en los tiempos posteriores en que casi han cesado de observarse estas causas de muerte.

En una de las tablas que acompañan á esta memoria, se encuentra un estado de todas las pestes que han asolado á Suiza, y por el cual se ve que durante el primer periodo este terrible azote se reproducia en cortos intervalos, y que se manifestó despues de tarde en tarde hasta una época de 22 años anterior al fin del segundo periodo.

Seria contrario á toda probabilidad suponer que cuando estas enfermedades eran muy frecuentes, el pais gozaba de mas salubridad y la mortandad era muy pequeña. Concedamos que seria entonces igual á la que se observa en la actualidad en otros paises exentos de esta plaga, es decir, de cerca de 1 por 32 en lugar de 1 por 45 como ha sido en el último periodo: los nacimientos por consiguiente habian conservado su proporcion relativa, y en lugar de estar en la razon de 1 á 36 hubieran estado en la de 1 á 26. Calculando, pues, la poblacion por los nacimientos, es necesario emplear en diferentes periodos distintos multiplicadores, y de que el número de nacimientos fuera mayor en el primer periodo no debe deducirse que hubiera mas poblacion en esta época.

Asi en el caso que cita el autor la suma de los nacidos en las 17 parroquias en los 70 primeros años, ha sido de 49,860, de donde resulta un término medio anual de unos 712. Este número multiplicado por 26, indicaria una poblacion de 18,512 almas. En el último periodo, la suma de nacimientos parece haber sido de 43,910, lo cual da anualmente cerca de 626, que multiplicado por 36 representa una poblacion de 22,536. Si, pues, son esactos dichos multiplicadores en lugar de la despoblacion que se anunciaba es un acrecentamiento considerable lo que resulta de estos datos.

Muchas razones me inducen á creer que no he valuado muy alta la mortandad en el primer periodo. Me fundo particularmente en un cálculo relativo á Génova, ciudad cuya poblacion puede muy bien tomarse por término de comparacion: en el siglo XVI la vida probable, es decir, la edad á que llegan la mitad de los que nacen, no era en esta ciudad sino de 4,833 ó un poco menos de 4 años y 5/6. La vida media era de 18,511 cerca de 18 años y medio. En el siglo XVII la probabilidad de la vida era 11,607 poco mas de 11 años y medio; y la vida media 23,658. En el siglo XVIII la probabilidad de la vida aumentó hasta 27,183 cerca de 27 años y un quinto, y la vida media hasta 32 años y un quinto.

Es muy probable que en Suiza haya habido una disminucion de mortandad de la misma especie, aunque no quizá en el mismo grado; pues sabemos por las tablas de otros paises de que ya he hecho mencion, que los periodos en donde es mayor la mortandad, es comunmente mayor la relacion con los nacimientos.

Que estos últimos dependen de las defunciones, ha sido reconocido por Muret, y ha presentado de ello muchos ejemplos. Mas no habiendo considerado la verdadera base de la poblacion, se contenta con admirarse sin aplicar para nada esta observacion.

Hablando de la poca fecundidad de las mugeres de Suiza, dice que la Prusia, el Brandeburgo, la Suecia, la Francia y todos los demas paises cuyos registros ha podido ver, dan una proporcion entre el número de bautismos y el de habitantes mayor que la del pais de Vaud, que es de 1 á 36. Añade que los cálculos hechos recientemente en el Leonesado, dan la relacion de los bautismos en el mismo Lyon de 1 á 28, en los pueblos de 1 á 25, y en las aldeas de 1 á 23 ó 24. ¡Qué diferencia tan prodigiosa, esclama, entre el Leonesado y el pais de Vaud, en donde la proporcion mas favorable y solamente en dos aldeas de una fecundidad estraordinaria no baja de 26, y en donde en muchas parroquias pasa de 40! La misma diferencia observa que tiene lugar en la vida media que es de 25 años y algo mas en el Leonesado, mientras que en el país de Vaud la vida media mas escasa, y solo en una parroquia, en país mal sano y pantanoso, es de 29 años y medio, y hay muchas comarcas donde es de 45 y aun mas.

«Pero ¿de qué proviene, dice, que en nuestro país, donde los niños escapan mejor de las crisis de la infancia, donde la vida media, de cualquier manera que se calcule, es mas considerable que en ninguna otra parte, es menor la fecundidad? ¿De dónde dimana aun que en nuestras aldeas la que da mas vida media es tambien la mas atrasada en poblacion? Para solventar esta cuestion aventuraré una congetura, pues sola como tal la considero. ¿No será quizá que para mantener en todas partes el equilibrio de la poblacion, Dios habrá sabiamente arreglado las cosas de tal modo que la fuerza vital en cada país esté en relacion inversa de su fecundidad?»

«Supongo en efecto que la esperiencia acredita mi congetura. Leyzin, aldea de los Alpes, con una poblacion de 400 almas, da algo mas de 8 niños por año. El país de Vaud en general por el mismo número de habitantes da 11, y el Leonesado 16. Pero si resulta que á la edad de 20 años los 8, los 11 y los 16 niños se han reducido á igual número, la fuerza vital dará en un lugar lo que da la fecundidad en otro, y así los países mas saludables, teniendo menos fecundidad, no se poblarán demasiado, y en los mal sanos la gran fecundidad sostendrá igualmente su poblacion» (1).

Se puede juzgar por esto la sorpresa de M. Muret al ver la salud en contraposicion de la fecundidad: y ha tenido que recurrir á un milagro para esplicar este fenómeno. Sin embargo, no era el nudo para tanto esfuerzo (2). Este hecho no obliga á admitir la estraña suposicion que la fecundidad de las mugeres está en razon inversa de su salud. Hay sin duda en los diversos países mucha diferencia en cuanto á la salubridad que proviene del terreno ó de la situacion, como tambien de sus hábitos y ocupaciones. Cuando por la accion de estas causas ú otras cualesquiera reina una gran mortandad, sigue al instante un aumento proporcional de nacimientos: pues por una parte siendo mas demandado el tra-

(1) Memorias de la sociedad económica de Berna.
(2) *Non dignus vindice nodus.*

bajo hay mas matrimonios, y por otra contrayéndose á una edad mas joven son mas fecundos.

Al contrario, alli donde causas opuestas conservan la salud y la vida, si las costumbres del pueblo se oponen á la emigracion, la necesidad de precaver el esceso de la poblacion se sentirá con fuerza y será preciso poner obstáculos á sus progresos. Asi, pues, tardarán en concertarse los matrimonios, su número disminuirá por grados á medida que crecerá la poblacion, y estos casamientos tardíos naturalmente serán poco fecundos.

En la aldea de Leyzin, de que habla Muret, se encuentran al parecer todas estas circunstancias. Su situacion, su atmósfera pura y la vida pastoril á que se dedican sus habitantes, les hace conservar una salud robusta. Asi, segun los cálculos de M. Muret, de los que no hay motivo para recelar, la probabilidad de la vida en esta aldea llega á 61 años, número verdaderamente estraordinario. Asi que, en este lugar, ha sido por 30 años el número de los nacidos casi esactamente igual al de los muertos, deduciéndose de ello que sus habitantes no son aficionados á emigrar, y que sus subsistencias han permanecido estacionarias. Sin duda en esta aldea los pastos eran limitados y no podrian fácilmente mejorar ni aumentarse: era, pues, determinado el número de animales que se podian alimentar, asi como el de los hombres necesarios para su cuidado.

En tales circunstancias ¿cómo los jóvenes que llegaban á la edad de la pubertad dejarian el hogar paterno para casarse antes que vacase por muerte de otro algun empleo de pastor, lechero ú otro semejante? La robustez general ha debido siempre retardar estas vacantes, y por consiguiente muchos han de pasar su juventud en el celibato ó esponerse al peligro eminente de perecer de hambre con sus familias. Este es un caso semejante á lo que sucede en Noruega, y al cual nuestros principios se aplican con mas esactitud á causa de la igualdad observada entre las defunciones y los nacimientos.

Si desgraciadamente en esta aldea hubiese tenido algun padre una familia mas numerosa que lo regular, habrá debido resultar una tendencia á disminuir el número de matrimonios mas bien que á aumentarle. Quizá este padre, á fuerza de economia, haya logrado alimentar á sus hijos, aunque probablemente no habrá podido dar ocupacion á todos en su propio oficio. Pero es evidente que no podrán sino muy tarde dejar su casa, y es probable que ninguno pueda casarse hasta la muerte de su padre. Por el contrario, si solo hubiera tenido dos hijos, el uno quizá se hubiera casado sin salir de la casa paterna, y el otro después de la muerte de su padre. Creo que en general se puede decir que de la ausencia ó presencia de cuatro personas solteras depende el que haya ó no sitio para un matrimonio ó para el establecimiento de una nueva familia.

Habiendo sido en esta aldea, con pocas escepciones, los matrimonios muy tardíos, y como entre tanto á causa de la salubridad del lugar estas uniones han debido ser disueltas muy tarde por la muerte, es seguro que una porcion considerable de casamientos, como se habrá podido observar, ha sido inútil á la poblacion, por la edad avanzada de las mugeres. Asi vemos que el número existente á la vez de matrimonios se hallaba en una relacion con los nacimientos anuales que está fuera del órden regular, á saber de 12 á 1. Los nacidos ascendian á ¹/ₓ de su poblacion, y el número de personas que pasaban de 16 años era al de las que no llegaban, como 3 es á 1.

En contraposicion de esto, y para probar cuán poco se debe contar en los cálculos de poblacion que se fundan en el número de nacimientos, M. Muret cita la aldea de San Cergue en el Jura, donde los matrimonios existentes son á los nacimientos anuales como 1 á 1, y en donde estos son ¹/ₓ de la poblacion y el número de personas mayores y menores de 16 años es igual al anterior.

Si se apreciära la poblacion de estas parroquias por los nacimientos ánuos, dice este autor, se creeria que Leyzin sobrepuja á San Cergue en una quinta parte lo mas, mientras que por un censo esacto se ha encontrado ser la poblacion de la primera de 405, y la de la segunda de 171 habitantes. He escogido, añade, la poblacion en donde el contraste es mas sorprendente; pero aunque la diferencia sea menos notable en las demas, se encontrará siempre que de una comarca á otra, por inmediata que esté y al parecer en la misma situacion, las proporciones sin embargo varian considerablemente.

Es bien estraño que despues de haber hecho estas observaciones y otras iguales que no menciono, infiera este autor por la relacion de los nacimientos la despoblacion del pais de Vaud. Sin embargo, no hay razon alguna para creer que esta proporcion no haya variado en distintas épocas, como lo ha hecho en diferentes lugares. El contraste observado en la fecundidad de Leyzin y San Cergue depende de causas que el tiempo y las circunstancias pueden modificar. El gran número de niños que en San Cergue llegan á la edad madura prueba que la salubridad de este punto no es muy inferior á la de Leyzin. La relacion de los nacidos con los muertos es en aquella de 7 á 4; pero como el número total de habitantes no pasa de 474, es evidente que un esceso tal de nacimientos no se ha añadido con regularidad á la poblacion de esta aldea durante los dos siglos anteriores. Es necesario que tal esceso haya provenido de alguna mejora repentina en la agricultura, del comercio ó de la emigracion, lo cual me parece mas probable y aun confirmado por la observacion anterior acerca del número de adultos con relacion al total de los habitantes. La posicion de esta aldea situada en el Jura y en el camino real de París á Génova debe favorecer mucho la emigracion: y en efecto ha trasladado á las ciudades y al pais llano una porcion de los habitantes de esta aldea fecunda, y hecho salir á muchos adultos que dejando vacantes para nuevos matrimonios han fomentado con su retirada el aumento de las familias.

La costumbre de emigrar en una aldea no depende únicamente de su situacion, sino mas bien de algunas circunstancias accidentales, no dudando que tres ó cuatro emigraciones llevadas felizmente á cabo basten muchas veces para infundir en todo un pueblo un espíritu aventurero, y que el mal resultado de igual número de tentativas no haya producido algunas veces el efecto contrario. Si se generalizara en Leyzin el hábito de emigracion, la relacion de los nacimientos cambiaria en seguida, y al cabo de veinte años el exámen de los registros daria resultados tan distintos á los recogidos por M. Muret, como lo son estos con los relativos á San Cergue. Es bien cierto que independientemente de la gran mortandad hay otras causas que hacen muy inesacto en diferentes épocas el cálculo de la poblacion cuando se funda en la relacion de los nacimientos.

Los datos recogidos por M. Muret son muy dignos de conservarse; mas no se puede decir lo mismo de las consecuencias que ha deducido, pues que ha hecho algunos cálculos relativos á Vevey que confirman realmente los principios mas verdaderos sobre la fecundidad de los matrimonios, y prueban la inesactitud de la apreciacion comun; siendo asi que él los presenta con distinta intencion. Ha encontrado que 375 madres habian dado al mundo 2,093 hijos, que todos habian nacido vivos, tocando por lo tanto á cada madre 5$^{10}/_{12}$, esto es, cerca de 6 hijos. Es de advertir que aqui se trata de madres, no simplemente de mugeres casadas, pues que estas no todas conciben. Sin embargo, aun restando del número indicado las mugeres estériles (que en Vevey estan en razon de 20 á 478) resultará aun que el término medio de los nacidos es de 5'/, por cada muger casada (1), y esto en una poblacion cuyos habitantes, segun el autor, tardan mucho en casarse y temen cargarse con una numerosa familia (2). La relacion general de los matrimonios ánuos con los nacimientos en el pais de Vaud es la de 1 á 3,9 (3): asi, segun el modo ordinario de calcular, se dirá que los matrimonios dan tres hijos y nueve décimos.

En una division del pais de Vaud en ocho distritos ha encontrado M. Muret que en siete ciudades la vida media era de 36 años, y la vida probable ó la edad á que llegan la mitad de los niños 37 años: y en otras treinta y seis ciudades la vida media era 37, y la vida probable 42 años. En nueve aldeas de los Alpes la vida media 40, la vida probable 47: en siete aldeas del Jura eran estos números 38 y 42; y en doce aldeas abundantes en cereales 37 y 40. En 18 situadas en grandes viñedos 34 y 37: en 6 compuestas de viñas y colinas de 38°/₁₀ y 36: y en una aldea pantanosa de 29 y 24. Se ve por otra tabla que en la aldea de Leyzin el número de personas muertas antes de la edad de la pubertad era menor de '/₆, y en otras aldeas de los Alpes y del Jura de '/₄, y generalmente en el pais de Vaud cerca de '/₄.

En algunas ciudades populosas como Lausana y Vevey, á causa del gran número de adultos que se establecen en ellas, resulta que la relacion de estos con los menores de 15 años es casi igual al de Leyzin y se acerca á la de 3 á 1. En las aldeas donde no hay mucha emigracion, es casi de 2 á 1; y en las que proporcionan habitantes á otros paises, se aproxima mas á la razon de igualdad.

M. Muret aprecia la poblacion total del pais de Vaud en 113,000 almas, de las que 76,000 son adultos: de modo que en todo el pais la relacion de los mayores de edad con los impúberes es de 2 á 1. Entre estos 76,000 adultos se encuentran 19,000 matrimonios: asi es que hay 38,000 personas casadas y otras tantas que no lo estan, y entre las cuales se encuentran probablemente, segun Muret, 9,000 viudos ó viudas. Con tal número de personas que viven fuera del matrimonio, no habia miedo que las emigraciones probables ó las levas militares afectasen sensiblemente el número de casamientos anuales y detuviesen el progreso de la poblacion.

(1) Los segundos y terceros matrimonios son causa de que sea menor la fecundidad de las mugeres casadas. Este cálculo se refiere únicamente á las madres, sin atender para nada al número de maridos que puedan haber tenido.
(2) Memorias de la sociedad económica de Berna. (3) Idem.

La proporcion de los matrimonios ánuos con todos los habitantes del pais de Vaud no era, segun las tablas de M. Muret, mas que de 1 á 140, menor aun que la de Noruega.

Todos los cálculos de M. Muret manifiestan que la influencia de los obstáculos privativos, ó que dimanan del acrecentamiento de la poblacion, es muy considerable en todos los lugares que ha observado; y es de creer que prevalezcan los mismos hábitos en las otras partes de Suiza aunque varien alguna cosa segun el grado de salubridad de los lugares y de las ocupaciones, y segun que el pais ofrezca ó no recursos para aumentarse la poblacion.

En la ciudad de Berna de 1583 á 1654 el consejo soberano dió el derecho de vecindad á 487 familias de las cuales 379 se estinguieron en el transcurso de dos siglos: de manera que en 1783 solo quedaban 108. Durante el siglo pasado de 1684 á 1784, perecieron en Berna 207 familias. De 1624 á 1712 se dió el derecho de vecindad á 80 familias. En 1693 el consejo soberano admitió los miembros de 112 familias y de las que solo quedan 58 (1).

El número de solteros en Berna, comprendiendo tambien los viudos y viudas, es mucho menor de la mitad del de los adultos, y la relacion de los mayores de 16 años con los que no llegan á esta edad, es cerca de 1 á 3. Pruebas son estas bien fuertes de la influencia de los obstáculos privativos ó que detienen la poblacion. Los aldeanos del canton de Berna han pasado siempre por ricos, y su riqueza es sin duda en gran parte debida á esta circunstancia. Una ley que ha estado en uso largo tiempo, exigia que todo aldeano probara poseer el armamento y equipo necesario para la milicia antes de obtener licencia para contraer matrimonio. No solamente impedia semejante disposicion casarse á los hombres que estaban en la miseria, sino que en otros produciria hábitos saludables; haciéndoles considerar el trabajo y la economía como los medios necesarios para obtener el objeto de sus deseos. Un joven que con este fin hubiera tomado algun préstamo, ya dentro, ya fuera del pais, hebia naturalmente adquirir sentimientos mas elevados y no contentarse con ganar solo la suma requerida para casarse, sino avanzar mas y procurar algunos ahorros para sostener á su familia.

Mucho sentí cuando pasé por Suiza no poder proporcionarme noticias circunstanciadas acerca de los cantones pequeños por los trastornos que

---

(1) Estadística de Suiza por Durand, 1795.

en ellos reinaban entonces. Es muy probable que estando casi todo el país destinado á los pastos, deben ser muy parecidos á las aldeas alpinas del país de Vaud, tanto por su salubridad como por la necesidad de impedir el aumento de poblacion, esceptuando sin embargo aquellos parages donde el uso de la emigracion ó el establecimiento de algunas manufacturas puede modificar estas circunstancias.

En un pais que sus habitantes tienen una vida puramente pastoril, no pueden menos de ser muy marcados los limites de su poblacion. No hay tierras menos susceptibles de mejoras que los pastos de los montes; pues es necesario abandonarlos á la naturaleza, y cuando estan cubiertos de un número suficiente de rebaños no admiten mejora alguna. Tanto en estas partes de Suiza como en Noruega, la gran dificultad consiste en proporcionarse forrage suficiente para mantener en el invierno el ganado que ha pasado el verano en las montañas. Con este objeto recojen con el mayor cuidado las yerbas mas pequeñas: en los lugares inaccesibles á los animales, van algunas veces los aldeanos á buscar heno, armando sus pies de *grapas*: cortan la yerba á menos de tres pulgadas tres veces al año en algunas comarcas. Se ve en los valles todo el campo cortado como nuestros bolingrines, y todas las desigualdades parecen recortadas con tigeras: por esto en Suiza y en Noruega ha llegado á tan alto grado de perfeccion el arte de segar. Sin embargo, como la mejora de los terrenos en los valles depende principalmente del abono que proporcionan los rebaños, es seguro que la cantidad de heno ó de animales se contienen recíprocamente; y pues que la poblacion está limitada por el producto de los rebaños, no parece posible que pueda acrecentarse mas allá de cierto término ni á cierta distancia de estos valles. Asi aunque la poblacion de Suiza haya aumentado en el siglo anterior en los llanos, hay motivos para creer que ha permanecido estacionaria en las montañas. Segun M. Muret ha disminuido mucho en los Alpes del país de Vaud, pero ya hemos visto que no son esactas las pruebas aducidas por él. No es probable que los Alpes estén en la actualidad menos provistos que en otro tiempo; y si hay menos habitantes, no puede menos de ser porque hay menos niños y se vive mejor.

La introduccion de las manufacturas en algunos pequeños cantones ha dado mayor empleo al trabajo, y proporcionado mas artículos de esportacion para la compra del trigo y aumentado considerablemente la poblacion. Mas los escritores suizos reconocen unánimemente que los distritos donde se han establecido han perdido mucho en salud, moralidad y bienestar.

Es propio de los terrenos dedicados á pastos producir mas de lo necesario al número de hombres que emplea: por consiguiente en los paises puramente pastoriles habia muchos con poca ó ninguna ocupacion. Esto ha de inducir necesariamente á la emigracion, y es una de las causas que mas han contribuido á que se alisten los suizos en los ejércitos estrangeros. Cuando hay muchos hijos, los que no sean necesarios para el trabajo del campo tienen que sentar plaza en el ejército, y generalmente salir de su pais á buscar fortuna, como el único medio que tienen de poderse casar algun dia.

Es posible, aunque poco probable, que este espíritu de emigracion, obrando con mas fuerza que de ordinario en un pais sometido mas que ningun otro á la influencia de obstáculos privativos, haya detenido el desarrollo de la poblacion cuando eran generales las quejas sobre este punto. Si esto es así, ha debido resultar una mejora sensible en la situacion de las clases inferiores. Todos los viajeros que han visitado esta comarca poco despues de esta época, nos pintan á los aldeanos de Suiza en el estado mas satisfactorio. En el corto viaje que he hecho últimamente, he tenido el disgusto de encontrar algo frustradas mis esperanzas en este punto, cuyo cambio, en parte, se debe atribuir á las pérdidas y sufrimientos causados por los últimos trastornos, así como á las tentativas mal dirigidas de varios gobiernos para aumentar la poblacion y á las consecuencias lejanas de algunos esfuerzos mejor encaminados y que tendian eficazmente á aumentar por algun tiempo el bienestar y la felicidad del pueblo.

Me llamó mucho la atencion lo que sobre esto observé en una espedicion que hice al lago de Joux, corto valle del Jura. Apenas llegamos á una pequeña posada situada á las estremidades del lago, cuando la dueña del meson prorrumpió en llanto sobre la pobreza de todas las aldeas inmediatas. Nos dijo que el pais producia poco y que rebosaba de habitantes; que los jóvenes de ambos sexos se casaban á una edad en que aun debian ir á la escuela, y que si prevalecia mucho tiempo la costumbre de los matrimonios precoces, serian todos necesitados y miserables.

El aldeano que nos condujo en seguida al manantial del Orbe, entró en mas detalles, y me pareció que comprendia mejor el principio de la poblacion que muchos con quienes he tenido ocasion de conferenciar. Nuestras mugeres, dijo, son fecundas, el aire de los montes, puro y sano, y como no sea de miseria, mueren pocos niños. Siendo el suelo estéril proporciona poca ocupacion y sustento á los adultos, el precio del trabajo es por consiguiente muy bajo y de todo punto insuficiente para mantener á una familia: sin embargo la miseria y el hambre que devoran á la mayor parte de los habitantes no impiden casarse á los otros y dar al mundo hijos que no pueden sostener. Este hábito de casarse tan jóvenes, añadió, podia llamarse *vicio del pais.* Tan afectado estaba de las consecuencias inevitables de esta costumbre, que opinaba debia darse una ley para impedir casarse á los hombres antes de los 40 años, y que aun á esta edad solo pudieran hacerlo con solteras entradas en años, y de las que solo pudieran tener dos ó tres hijos en lugar de seis ú ocho. No pude menos de sonreirme del calor y de la elocuencia de su conclusion. Era preciso que este hombre hubiera visto bien de cerca y palpado fuertemente las consecuencias que arrastra una poblacion sobrante para proponer un remedio tan violento: á pesar de que despues supe que él se habia casado jóven.

El único error que cometia en este exámen filosófico era el de circunscribir su razonamiento á comarcas estériles y montuosas y no aplicarlas al pais llano. Pues creia que en los distritos fértiles la abundancia de trigo y de jornales haciendo desaparecer la dificultad, no se oponia á los matrimonios precoces. Como habia vivido poco en los llanos, era natural este error, tanto mas que en los valles la dificultad ordinaria se hace menos sensible (á causa de la estension de los lugares que se consideran) y se encuentra tambien realmente disminuida por la mortandad que ocasionan los lugares pantanosos, las grandes ciudades y las manufacturas.

Quise informarme por qué lo llamaba el *vicio del pais,* y me contestó con una precision verdaderamente filosófica. Se habia introducido hace algunos años en el pais una manufactura de lapidarios que proporcionando á toda la comarca ocupacion y altos salarios, facilitó la manutencion de las familias y los medios para ocupar á los hijos en cualquier edad, y fomentó estraordinariamente los matrimonios precoces, cuya costumbre se conservaba aunque por cambio de modas, accidentes y diversas causas se habia concluido la manufactura. Dijo tambien que en los últimos años fueron muy numerosas las emigraciones; mas el sistema adoptado renovaba la poblacion con tanta celeridad, que ninguna emigracion bastaba y manifestando todo lo que me dijo y lo que yo mismo vi estos perniciosos efectos.

En otras conversaciones que tuve con personas del pueblo, en diversas comarcas de Suiza y de Saboya, encontré á muchos que sin estar tan bien instruidos como mi amigo del lago de Joux del principio de la poblacion y de sus consecuencias respecto á la sociedad, no dejaban de juzgar bien relativamente á ellos mismos, y comprender bastante á qué males se espondrian casándose antes de tener asegurados algunos medios de sostener á su familia. Reflexionando sobre las ideas que he encontrado esparcidas bastante generalmente, creo que no seria muy dificil hacer entender al pueblo el principio de la poblacion y la tendencia que necesariamente tiene á bajar los jornales y á sostener la pobreza.

No hay en Suiza fondos asignados para los pobres, pero cada aldea posee algunos derechos señoriales y algunas tierras comunes con las que se les mantiene. Sin embargo, como estos fondos son limitados, llegan á veces á ser insuficientes, y de tiempo en tiempo se suplen por colectas ó contribuciones voluntarias, que como son mas raras é inciertas que la cuota de los pobres en Inglaterra, no tienen los mismos inconvenientes. En estos últimos años se han dividido muchas tierras comunales entre los individuos que tenian derecho á ellas. Esto ha mejorado el terreno y hecho crecer la poblacion; mas del modo con que se ha dirigido ha aumentado escesivamente los matrimonios, y por lo tanto los pobres. En las vecindades mas ricas es donde he visto mas mendigos.

Sin embargo, es de creer que los esfuerzos de la sociedad económica de Berna para estimular los progresos de la agricultura han tenido algun resultado, y que el aumento de recursos ha sido suficiente para esta poblacion adicional que toda entera, ó al menos en gran parte, ha podido alimentarse.

En 1764 la poblacion de todo el canton de Berna, comprendiendo el pais de Vaud, se regulaba en 336.689 habitantes. En 1794 se aumentó hasta 414,420. Desde 1764 á 1767 el acrecentamiento anual de la poblacion fue de 2,000 almas, y desde 1778 á 1794 de 3,169 (1).

CAPITULO VI.

Obstáculos á la poblacion en Francia.

No ofreciendo las tablas de mortandad en Francia, antes de la revolucion, nada de notable ni por su esactitud, resultados ni antigüedad, no hubiera presentado este capítulo si no fuera por una circunstancia sorprendente debida á la revolucion: quiero hablar del estado actual de su poblacion, que despues de una lucha tan larga y destructora, no ha sufrido en la apariencia disminucion alguna.

---

(1) Descripcion de Berna.

Se está formando en Paris una estadística nacional fundada en los datos de los prefectos, cuya obra aun no se ha concluido; pero sé con seguridad que segun las noticias recogidas la poblacion de Francia, durante la revolucion, ha crecido en vez de disminuir. Semejante resultado confirma claramente los principios espuestos en esta obra; y es inútil investigar cómo se ha verificado.

En todos los paises hay muchas personas que viven en el celibato. Este número se forma gradualmente por la acumulacion anual del esceso de los que llegan á la pubertad sobre los que se casan. Esta acumulacion llega á su límite cuando la mortandad anual arrebata á este cuerpo tantos individuos como recibe. En el pais de Vaud hemos visto que este cuerpo, comprendiendo las personas ancianas, iguala al número total de casados. Mas en un pais como la Francia, donde por una parte la mortandad, y por otra la tendencia al matrimonio, son mucho mayores que en Suiza, esta reunion de célibes debe estar en relacion menor con toda la poblacion.

M. Peuchet en su *Ensayo de estadística* publicado en París en 1800, gradúa en Francia el número de solteros de 18 á 80 años en 1.454,063, y el de todos los hombres de cualquier estado comprendidos en la misma edad de 5.000,000. No se vé claramente en qué época se ha hecho esta apreciacion; pero como el autor coloca estos resultados en el número de los que se verifican en los *tiempos ordinarios*, es muy probable que trate de la época anterior á la revolucion. Admitamos, pues, que el número de 1.454,063 representa toda la reunion de hombres solteros aptos para el servicio militar al principio de la revolucion.

Antes de la guerra, la poblacion de la Francia se graduó por la Asamblea nacional en 26.363,074 almas, cuyo cálculo no puede creerse exagerado. Necker, que no cuenta mas que 24.800,000, afirma que en la época en que escribia, los nacimientos subian anualmente á 1.000,000; y por consiguiente empleando su multiplicador 25⁴/₄ la poblacion total no bajaba de 26.000,000. Y este cálculo lo hacia con diez años de anterioridad al de la Asamblea.

Suponiendo, pues, que los nacimientos anuales ascendiesen á poco mas de 1.000,000, y que los ⁵/₄ de los nacidos muriesen antes de los 18 años, segun el cálculo de M. Penchet, se verá que cada año 600,000 personas llegaban á esta edad.

El número de matrimonios anuales segun Necker era en Francia de 213,774; pero como este número es un término medio de diez años, durante los que iba en aumento la poblacion, es probable que sea muy corto. Si le aumentamos hasta 220,000 resultará que por 600,000 personas que llegaban á la edad del matrimonio, solo habia 440,000 que se casasen, y por consiguiente el esceso de los que llegaban á la edad de 18 años, ademas del número nécesario para suplir á los matrimonios, anuales, será de 160,000, ó lo que es lo mismo 80,000 hombres. Es evidente, pues, que el cuerpo de 1.451,063 compuesto de solteros jóvenes, y ademas un suplemento anual de 80,000 jóvenes de 18 años podrian entrar en el servicio militar sin afectar en nada el número anual de matrimonios; mas no debemos suponer que el número de 1.451,063 célibes se pida al mismo tiempo para el ejército: ademas que hay muchos soldados casados, y que algo aumentan la poblacion. Supongamos que de esta reunion de célibes se tomen á la vez 600,000 para el servicio, y que se reclute este ejército por una leva anual de 150,000 hombres compuesta tanto de los 80,000 de 18 años inútiles para los matrimonios anuales como de los 851,063 restantes de la reunion de célibes que existia antes de la época de la guerra. Es muy cierto que por estos dos medios ha podido proporcionarse por espacio de diez años 150,000 cada uno, pudiendo aumentar mas de 10,000 el número de matrimonios.

Verdad es que durante estos diez años muchos de los célibes, que forman parte del gran cuerpo primitivo, habrán pasado de la edad necesaria para el ejército: pero esta pérdida está bastante compensada por el provecho que resulta á la poblacion del matrimonio de muchos de ellos, porque un hombre de 50 años fácilmente puede ser padre. Es de creer que la mayor parte de los 150,000 reclutas anuales, se tomarian de entre los 300,000 hombres que llegaban anualmente á la edad de 18 años, y que los matrimonios anuales se habrán suplido en gran parte con el resto de la reunion primitiva de hombres célibes: los viudos y solteros de 40 á 50 años que antes de esta época no tenian probabilidad de establecerse, debieron encontrarlo muy fácil cuando los jóvenes marchaban al ejército; y por último, la ausencia de 500,000 personas ha debido dejar otros tantos sitios para nuevos matrimonios. Todo nos induce á creer que en efecto ha habido una gran adicion á la suma de matrimonios anuales: no solo han contraido matrimonio muchos solteros que quedaban del gran cuerpo primitivo y que en otras circunstancias no lo hubieran ejecutado, sino que muchos jóvenes mayores de 18 años han celebrado matrimonios prematuros para librarse del servicio militar. Tan cierta es ésta costumbre, y que ha disminuido sensiblemente el número de célibes, que desde el principio de 1798 fue necesario derogar la ley que exímia del servicio á los casados;

y por consiguiente los que se casaron despues de esta época se consideraron como solteros, y por tanto comprendidos en el servicio. Desde entonces las levas han cogido tambien á hombres útiles á la poblacion; pero probablemente los matrimonios que no han estinguido estas levas han sobrepasado el número ordinario de los que había antes de la revolucion. Ademas aquellos que interrumpia la partida de los maridos al ejército no deben contarse por enteramente estériles.

Sir Francis d' Ivernois que siempre ha exagerado las pérdidas de la Francia, gradúa la de las tropas francesas por mar y tierra hasta 1799 en millon y medio. La cantidad que he presentado para aclarar este asunto, escede en 600,000 á este número. Verdad es que este autor añade 1.000,000 por los que han perecido víctimas de la revolucion, de cualquier modo que haya sido; pero como estas últimas causas de destruccion han obrado indistintamente sobre todos los sexos y edades, no han debido afectar con tanta eficacia la poblacion como la anterior, y estan mas que compensadas por el esceso de 600,000 hombres en la fuerza de la juventud que da el cálculo de sir Francis. Es preciso tambien observar que al fin de la guerra de la revolucion se hizo probablemente el alistamiento con mas rigor en el territorio nuevamente adquirido, cuya poblacion se gradúa en 5 ó 6.000,000, y que han debido formar una parte considerable de este número muchos que han muerto en la guerra, que se gradúa en millon y medio. La ley que permitia el divorcio, aunque mala en sí, moral y politicamente, ha debido obrar, habiendo falta de hombres, casi tanto como la poligamia y aumentar el número de niños en comparacion del número de matrimonios. Ademas que el número de hijos ilegitimos que antes de la revolucion no era mas que $^1/_{47}$ de los nacidos ha subido despues hasta $^1/_{11}$ (1). Aun cuando este hecho atestigua una depravacion de costumbres muy deplorable, no és por eso menos cierto que ha debido resultar algun aumento en el número de nacimientos; y como las mugeres del campo han ganado mas que de costumbre durante la revolucion, por la escasez de brazos para el trabajo, es muy probable que haya sobrevivido una parte muy considerable de estos niños.

Muy posible es que en semejantes circunstancias no haya sufrido ningun menoscabo la poblacion de Francia: y á pesar de tantas causas destructivas, es esto muy probable, si la agricultura no ha decaido

(1) Ensayo de Peuchet.

tanto que hayan faltado los medios de subsistencia: porque aun cuando la Francia haya perdido mucho en sus manufacturas, indudablemente ha prosperado mas su agricultura. No puede suponerse que en ninguna época de la guerra el número de soldados haya escedido al de aquellos que estaban empleados en las manufacturas antes de la revolucion. Cuando estas decaian, los obreros que no habian entrado en el ejército y que no tenian trabajo, se dedicaban necesariamente á la agricultura. Ademas en Francia las mugeres han trabajado siempre en el campo, y es de presumir que esta costumbre haya sido muy general durante la revolucion. Al mismo tiempo la ausencia de los mejores y mas hábiles agricultores ha tenido que hacer subir el precio del trabajo; pero como se cultivaban nuevas tierras, y muchos consumidores habian dejado la Francia (1), el precio de las subsistencias no ha podido subir en proporcion. El resultado de esto ha sido un estímulo al matrimonio: los aldeanos han debido vivir con mas holgura y educar mayor número de hijos.

Siempre ha habido en Francia infinidad de granjas pequeñas y propietarios pobres. Esto no es muy favorable al aumento del producto neto, ó á la riqueza nacional disponible; pero á veces aumenta el producto bruto y tiene una gran tendencia á acrecentar la poblacion. La venta y division de los bienes de la nobleza y del clero, ha multiplicado los propietarios de tierras; y como ademas una parte de estos dominios divididos consistian en parques y tierras, ó sitios de caza, el cultivo ha hecho nuevas adquisiciones. Verdad es que la contribucion territorial se ha dicho que no solo era escesiva, sino tambien que se habia establecido de una manera poco equitativa. Sin embargo, es probable que este mal se haya casi compensado con la abolicion de algunas leyes opresoras, y que por último el efecto de la venta de estos dominios ha sido dar algun impulso á la agricultura, ó al menos aumentar el producto bruto, que es sobre el que se ha regulado la poblacion.

Es de creer por lo tanto que si los medios de subsistencia no han crecido en Francia durante la revolucion, al menos no han disminuido: y esto lo confirma el aspecto general del cultivo en Francia.

No es admisible la congetura de sir Francis d' Ivernois, que cree que

_____

(1) Supongamos por un momento que el número de niños que habia aumentado la poblacion fuese igual al número de los ausentes en el ejército, siempre se verá que estos jóvenes no consumian tanto como el mismo número de hombres formados. (*Nota del autor.*)

durante la revolucion han decaido los nacimientos anuales en Francia, pues es muy probable que hayan aumentado. Segun Necker, antes de la revolucion la relacion de los nacimientos con toda la poblacion era de 1 á 25'/₄. Se ve por los estados de algunos prefectos que en muchas partes esta relacion es de 1 á 21 á 22'/₂ y 23; y aunque haya incluido la entrada de algunos en la milicia, creo sin embargo que deba atribuirse este resultado al aumento de los nacimientos. Si del resultado general de todos los estados de los prefectos se deduce por una parte que el número de nacimientos no ha aumentado en proporcion de la poblacion, y por otra que la poblacion no ha disminuido, es preciso concluir, ó que el multiplicador puesto por Necker para los nacimientos era muy corto (lo que es muy probable, puesto que su cálculo de poblacion fundado en este dato es tambien muy pequeño), ó que la mortandad de los que no han estado espuestos á muertes violentas ha sido menor que la ordinaria, lo que no es inverosimil, atendido el alto precio del trabajo y la emigracion de las ciudades á la campiña.

Segun Necker y Moheau, la mortandad en Francia antes de la revolucion era de 1 por 30 ó 30'/₄. Si se reflexiona que la poblacion de las ciudades es á la de la campiña como 3'/₄ es á 1, esta mortandad aun parecerá mayor y producida por la miseria á que da origen un esceso de poblacion. Las observaciones de Young sobre el estado de los aldeanos en Francia, sancionadas tambien por la autoridad de Necker, manifiestan que en efecto esta causa ha debido ejercer mucha influencia. Si suponemos que por la falta de una parte de esta poblacion escedente la mortandad ha disminuido de tal modo que en vez de ser 1 por 30 no sea mas que 1 por 35, este cámbio favorable debe contribuir mucho á reparar las pérdidas de la guerra.

Muy probable es que las dos causas que acabo de mencionar hayan obrado á la vez. Han aumentado los nacimientos y han disminuido la mortandad entre los que han quedado en el pais. Asi por la accion de esta doble causa, es de presumir que durante la revolucion las muertes, comprendiendo las del ejército y las demas violentas, no hayan escedido á los nacimientos.

Los estados de los prefectos en el año IX de la república, deben compararse y ver su proporcion con los resultados del año 1789; mas si la relacion de los nacimientos con la poblacion total se determina solo por el año IX no podrá saberse con seguridad la relacion media que ha tenido lugar durante la revolucion. En el tropel de sucesos que la han seguido, no es probable que se hayan formado los estados con mucha regularidad. Si se pudiese fiar á la teoría, me inclino á creer que antes de empezar la guerra, y aun despues; la relacion de los nacimientos con toda la poblacion ha sido mayor que en 1800 y 1801.

Si los estados manifiestan que el número de matrimonios anuales no ha aumentado durante la revolucion, este hecho se esplicará con el número estraordinario de nacimientos ilegítimos de que se ha hecho mencion arriba, y que asciende á la $^{1}/_{11}$ de los nacimientos en vez de $^{1}/_{47}$ que contaba Necker antes de la revolucion.

Sir Francis d'Ivernois, dice: «que seria preciso no conocer los principios de aritmética para creer que en los campos de batalla y en los hospitales se pueden recoger los estados de las muertes que causa una revolucion ó una guerra. Mas bien que los hombres que ha sacrificado debería constar en estos registros los niños que ha impedido é impedirá nacer. Esta es la herida mas profunda que ha recibido la poblacion francesa.... Supongamos, dice «que de la masa de hombres muertos, solo 2.000,000 se hubiesen unido á otras tantas mugeres: segun los cálculos de Buffon, estos dos millones de matrimonios hubieran debido producir 12.000,000 de hijos, para lograr á la edad de 39 años un número igual al de sus padres y madres. Este es el punto de vista bajo el cual aparecen incalculables las consecuencias de esta pérdida de hombres, porque esceden mucho de 12.000,000 los niños que no han nacido por la pérdida de los dos millones y medio de hombres que aun llora la Francia. Solo en el porvenir podrá medirse este inmenso vacío.»

Ciertamente que la Francia tiene motivos muy justos para llorar la pérdida de dos millones y medio de hombres que le han sido arrebatados tan funestamente; pero no puede mirar del mismo modo á su posteridad, porque si estos individuos no hubieran muerto, un número proporcionado de niños nacidos de otros padres, y que viven actualmente en Francia, no hubieran recibido la existencia. Si en los paises mejor gobernados de Europa se tuviera que llorar á los niños cuyo nacimiento han impedido diversas causas, seria necesario ir siempre vestidos de luto.

Es evidente que la tendencia constante de los nacimientos á suplir en todo pais las pérdidas causadas por la muerte, no puede bajo un aspecto moral servir de escusa al sacrificio temerario de la vida de los hombres. El mal positivo que se comete, el dolor, la miseria, la desgracia, la desolacion que producen semejantes crímenes no pueden contrabalancearse jamás por la sola consideracion de que la pérdida de la poblacion se reparará bien pronto, considerada numéricamente. No podemos tener ningun derecho moral ni político, á no ser el de la urgente

necesidad, para trocar la vida de hombres que estan en el vigor de su
edad con el mismo número de débiles niñas.

Es preciso observar tambien que si la poblacion de Francia ha esperimentado pérdidas tan considerables como se supone, tambien se ha resentido de ello su fuerza militar. En el dia debe tener un número de mugeres y niños mucho mayor que anteriormente, y el cuerpo de hombres célibes aptos para el servicio debe haber disminuido de una manera estraordinaria: esto lo confirman los estados de los prefectos.

Es de creer que las levas militares deben empezar á afectar esencialmente la poblacion de un pais cuando se agote el cuerpo primitivo de célibes, ó las demandas escedan del número de aquellos que llegan anualmente á la pubertad y completan la relacion ordinaria de los matrimonios anuales.

Muy probable es que la Francia al fin de la guerra estuviese algo distante de este limite; pero en el estado presente de su poblacion, con un aumento del número proporcional de mugeres y niños, y una gran disminucion de hombres aptos para el servicio, no podria hacer los esfuerzos gigantescos que ha hecho en otra época sin lastimar el orígen de su poblacion.

Siempre ha sido en Francia el número de hombres aptos para el servicio muy pequeño en proporcion de la poblacion, efecto de la tendencia al matrimonio (1) y del gran número de niños, que de ello Necker ha observado esta circunstancia; y nota que la miseria de los aldeanos produce una gran mortandad entre los niños de 3 á 4 años, y que por consiguiente el número de niños muy jóvenes es siempre mucho mayor que el de los adultos. Y dice con razon que 1.000,000 de semejantes hombres no representa la misma fuerza militar ni la misma capacidad de trabajo que un número igual de hombres menos miserables.

La Suiza, antes de la revolucion, hubiera podido disponer y emplear en todos los trabajos que exige la fuerza y capacidad de los adultos, á un tercio mas de su poblacion que la Francia en la misma época.

En cuanto al estado de la poblacion en España, recomiendo al lector el estimable é interesante viaje de M. Townsend, donde podrá verse el principio de la poblacion ilustrado con diversos ejemplos. Hubiera formado para esto un capítulo separado, si no hubiese temido ya dar

(1) La relacion de los matrimonios á la poblacion en Francia es, segun Necker, de 1 á 113. Tom. 1.°, cap. 9. (Nota del autor.)

demasiada estension á esta parte de la obra, y haber incurrido en muchas repeticiones, deduciendo las mismas consecuencias del cuadro de tantos diferentes pueblos. Ademas que no podia lisonjearme añadir mas de lo que ha hecho tambien M. Townsend (1).

---

(1) M. Townsend dice que las causas que se oponen en España al desarrollo de la poblacion son: la peste de 1347; las guerras contínuas antes del casamiento. de los reyes católicos; la emigracion á América; los siglos de guerras desde que subió al trono el emperador Cárlos V; la espulsion de los moros en 1613; las continuas rapiñas; los cambios de gobierno; el gran número de conventos y de dias festivos; la costumbre de dedicar á pastos muchos terrenos; algunas leyes relativas á la division de las tierras; la naturaleza viciosa de los arrendamientos; las manufacturas y monopolios reales; algunas preocupaciones contra el comercio y contra los estrangeros; la intolerancia; el oro y plata de América; las corporaciones privilegiadas; las leyes suntuarias y la actividad y prosperidad de las naciones rivales. Esta obra se escribió en 1790.

Nosotros, á pesar de las escasas noticias que tenemos acerca de los cambios que ha esperimentado la poblacion de España, sin embargo entresacando aquello que parece mas esacte entre lo que se encuentra esparcido en algunos escritos antiguos y modernos, vamos á presentar una sucinta reseña histórica de las vicisitudes de la poblacion en España y de las causas probables á que deben atribuirse.

No falta quienes afirman que en tiempo de la conquista de los romanos era de 50, 52 y aun 78 millones el número de habitantes de nuestro pais, pero este cálculo exagerado no lo confirman ni las historias contemporáneas, ni el establecimiento de colonias, ni las frecuentes emigraciones, ni aquellos hechos por los que se puede venir en conocimiento de la gran abundancia de poblacion. Al contrario, podemos deducir que no seria muy estensa si atendemos á la pequeñez de los ejércitos que presentó en campaña. Pero es muy probable que la larga paz que empezó en el reinado de Augusto, cerrando las heridas causadas por la guerra y abriendo nuevos manantiales á la industria y á la agricultura, mejorase la situacion de España y aumentara tambien su poblacion.

Durante la dominacion de las hordas guerreras del Norte que invadieron y asolaron nuestro suelo á fines del siglo III y principio del IV, podemos creer (aunque carecemos de datos para asegurarlo) que no seria mucha la poblacion de España, pues á mas de las desgracias que producian las continuas y sangrientas guerras civiles de aquellos tiempos, la ruina de la industria y de las demas fuentes de subsistencia no dejaria de ser un obstáculo perene al desarrollo de la poblacion.

No es tampoco fácil que esta aumentara mucho durante la reconquista. Empleados continuamente los cristianos en lanzar de nuestro suelo á los moros, no podian dedicarse á fomentar las artes ni la agricultura, para aumentar los medios de subsistencia, pues á pesar de estar constantemente vigilando sobre las armas, veian talados y destruidos sus frutos y rebaños, incendiadas sus casas y prisioneros ó pasados á cuchillo sus hijos y mugeres, cuya falta de seguridad, propia de aquella época, ademas de los desastres de la guerra, seria un grande impedimento para su propagacion.

A esto se añadia las disensiones intestinas que entre sí promovian los ricos-homes, las minorias de los reyes y ademas las diferentes espulsiones de judios, en las que no solo debia tomarse en cuenta el número de personas que salia fuera del pais, sino lo que era aun mas de sentir, la riqueza é industria que consigo se llevaban, y la fatal preocupacion que casi ha llegado hasta nuestros dias de no querer los cristianos ocuparse en las artes ni comercio que aquellos habian ejercido.

Enteramente varía la escena si trasladamos nuestra imaginacion al territorio dominado por los árabes. La gran estension de su poder dió mas seguridad y firmeza á su gobierno; la fecundidad y dulce clima de las provincias en que habitaban, unido á la civilizacion, hizo que los adelantos en la agricultura y en las artes llegasen á una altura desconocida entonces en Europa, dando todo por resultado una poblacion numerosa y bien mantenida.

Lanzados los sarracenos de la Península, y reunidas bajo un cetro las coronas de Aragon, Castilla y Navarra, llegó España á un grado muy elevado de prosperidad. Pero aunque la poblacion siguió á este engrandecimiento, no es cierto llegase hasta el alto punto que algunos han supuesto, pues por el censo de poblacion antigua hecho por D. Tomás González en presencia de los documentos del archivo de Simancas é impreso en 1829, se calcula en 9.680,494 habitantes. Pero no era fácil que progresara mucho la poblacion, pues si bien la industria presentaba un aspecto lisonjero, no hacian las leyes mas que imponerla trabas, y fue un golpe mortal para ella el destierro de mas de treinta mil familias judias en 1492.

Nunca se ha visto mas decaida la poblacion de España que en el reinado de la casa de Austria. Las frecuentes guerras estrangeras, las leyes contrarias á la agricultura y á las artes, la espulsion de moriscos en 1610, y hasta el descubrimiento y conquista de América contribuyeron á disminuir de tal modo la poblacion de España, que en 1619 solo contaba Sancho Moncada 6.000,000 de habitantes.

Desde el siglo pasado ha empezado á progresar la poblacion, lo cual se ha debido en gran parte al fomento que los reyes de la dinastia de Borbon, y en particular Cárlos III, han dado á la agricultura, artes y comercio, de modo que en el censo de 1787 se calculaba de 10.541,224 habitantes.

El presente siglo, tan fecundo en guerras y conmociones políticas, no ha debido ser muy propicio para el aumento de poblacion, pero el gran desarrollo que ha tomado la industria, sobre todo en estos últimos años, y la abolicion de algunas leyes que se le oponian, ha sido causa del acrecentamiento del número de habitantes de nuestro pais. En el censo publicado en 3 de Marzo de 1822, se regulaba en 11.667,980 almas su poblacion: se la supone en el decreto en que se dividió á España en 44 provincias, de 12.286,941; Balbi, en su Compendio de geografía universal, segun los datos recogidos en 1828, la cree de trece millones y medio, y su traductor D. Sebastian Fábregas dice, que tomando un término medio del resultado de las noticias adquiridas en 1836, 40 y 42, no titubea en fijarla en 15.000,000 mas que menos. Cálculo que no nos parece exagerado en vista del desarrollo que toma la industria y de lo que aumenta la poblacion á pesar de los obstáculos dimanados de la última guerra civil y de los constantes trastornos políticos.

(Nota de los traductores.)

CAPITULO VII.

Continuacion de los obstáculos á la poblacion en Francia.

No he creido conveniente mudar los cálculos y las conjeturas del capítulo anterior, á pesar de que los estados de los prefectos correspondientes al año IX y algunos que ha publicado el gobierno despues de 1813, dan una proporcion de los nacimientos mas pequeña de la que yo creia probable, por dos razones: 1.ª porque estas tablas no contienen los primeros años de la revolucion, en los cuales es de creer que el estímulo al matrimonio y la relacion de los nacimientos han sido mayores: 2.ª porque al parecer establecen el hecho principal que he querido esplicar en el capítulo anterior, á saber: que la poblacion de la Francia no habia disminuido á pesar de las pérdidas sufridas en la revolucion, aunque á la verdad esto pudo haber sucedido por una disminucion proporcionada de muertos mas bien que por un aumento de nacidos.

Segun los estados de los prefectos del año IX, la relacion de los nacimientos, muertes y matrimonios con toda la poblacion es la siguiente:

Nacimientos.	Muertes.	Matrimonios
1 á 33	1 á 38½	1 á 157

Pero solamente es la relacion de un año, de donde no pueden sacarse conclusiones ciertas: se han aplicado tambien á una poblacion que escede en 3 ó 4.000,000 la de la antigua Francia, y este esceso puede haber tenido una relacion menor con los nacimientos, muertes y matrimonios: por lo demas es muy probable, segun algunos artículos del análisis del proceso verbal, que los registros no tienen mucha esactitud; y ademas no se les puede considerar suficientes para probar las consecuencias que se deducen de los números que contienen.

Segun la *Estadística elemental* de Peuchet, publicada despues de su *Ensayo* en el año IX, se trató de reconocer y calcular espresamente por órden de M. Chaptal, la relacion de los nacimientos con la poblacion; y estas investigaciones cuando se acababan de presentar los estados del año IX prueban claramente que el ministro no los consideraba como muy exactos. Para conseguir el objeto que se proponian, se eligieron los vecindarios de los 30 departamentos de toda la Francia que debian, al parecer, proporcionar los resultados mas seguros; los cuales para el año VIII, IX y X han dado las relaciones siguientes: por los nacimientos 1 por 28,35; muertes de 1 por 30,09; y matrimonios 1 por 132,078.

Observa M. Peuchet que la relacion de la poblacion con los nacimientos es mucho mayor de la que se creia anteriormente; pero como este último cálculo se ha hecho segun un empadronamiento efectivo, cree que debe preferirse.

Los estados que ha publicado el gobierno en 1813 hacen subir la poblacion de la antigua Francia á 28.786,911, número que comparado con 28.000,000 (graduados en el año IX) indica un aumento de cerca de 800,000 en 11 años, desde 1802 á 1813.

No se han presentado estados de los matrimonios, y los de los nacimientos y muertes solo comprenden 50 departamentos. En estos, durante los 10 años de 1802 á 1811, el número de nacimientos subió á 5.478,669, y el de los muertos á 4.696,857: lo que indica en una poblacion de 16.710,749, una relacion de los nacimientos de 1 á 30¹/₂ y de muertes de 1 á 35¹/₂; y es natural creer que se habian elegido estos 50 departamentos porque habian tenido mas acrecentamiento.

En efecto es casi igual al que ha tenido lugar en los departamentos despues del estado hecho en el año IX: y por consiguiente la poblacion de los demas departamentos debe haber estado casi estacionaria: por lo demas se puede conjeturar con razon que no se publicaron las tablas de los matrimonios, porque no eran muy satisfactorias, y demostraban una diminucion de matrimonios y un aumento de nacimientos ilegitimos.

Puede deducirse de estos estados y de las circunstancias que los acompañan, que cualquiera que haya podido ser la relacion real de los nacimientos antes de la revolucion y durante los seis ó siete años siguientes las relaciones de los matrimonios, muertes, y nacimientos son mucho menores que las que se habia supuesto anteriormente (1).

Se ha preguntado si reconocido este hecho no deberia deducirse que se habia calculado mal la poblacion antes de la revolucion, y que habia disminuido mas bien que aumentado desde 1792? Yo creo que debe con-

---

(1) En 1792 se dió una ley muy favorable á los matrimonios precoces: fué derogada en el año 11 y sustituida por otra que oponia grandes obstáculos á los matrimonios segun Peuchet. Estas dos leyes pueden servir para esplicar el corto número de nacimientos y matrimonios en los 10 años anteriores á 1813, al mismo tiempo que la posibilidad de un grande aumento en los 6 ó 7 primeros años de la revolucion.
(*Nota del autor.*)

testarse negativamente. Se ha visto en muchos capítulos anteriores que las relaciones de los nacimientos, muertes y matrimonios difieren mucho en diferentes paises, y á veces en uno mismo, segun los tiempos y circunstancias.

Es casi seguro que esta clase de variaciones han tenido lugar en Suiza; y puede creerse cierto un efecto análogo que nace en Inglaterra del aumento de la salubridad. Y si damos algun crédito á las mejores autoridades que hay esta materia, no se podrá dudar que la suma de mortandad haya disminuido en uno ó dos siglos en casi todos los paises de Europa. No es, pues, admirable que la misma poblacion se haya mantenido y aun aumentado visiblemente con una relacion menor de nacimientos, muertes y matrimonios. La cuestion se reduce á saber si las circunstancias actuales de la Francia hacen probable semejante cambio.

Es bien sabido que la condicion de las clases ínfimas del pueblo en Francia antes de la revolucion era muy miserable. Los jornales subian unos 20 sueldos (3$\frac{1}{4}$ rs. vn.) diarios, mientras en Inglaterra eran casi doble, no diferenciándose mucho en los dos paises el precio del trigo de la misma calidad. Esto concuerda con lo que dice Young al juntar las clases obreras de Francia al principio de la revolucion peor vestidas y aliméntadas, ya durante las enfermedades, ya cuando gozaban de salud, que las mismas clases en Inglaterra, en la relacion de 76 á 100. Y aunque este cálculo sea muy subido; y el autor no haya tenido en cuenta la diferencia real del precio, con todo, su obra abunda en observaciones que espresan el estado de abatimiento en que estaban entonces las clases obreras en Francia, y manifiestan tambien que la poblacion tendia á pasar los límites de las subsistencias.

Ademas es bien conocido que el pueblo francés ha mejorado con la revolucion y la division de los bienes nacionales: todos los escritores que han considerado atentamente este asunto, observan que ha subido considerablemente el precio del trabajo, ya por la estension que se ha dado al cultivo, ya por las levas de hombres para el ejército. *En la Estadística elemental* de Peuchet se observa que el precio del trabajo subió desde 20 á 30 sueldos, permaneciendo casi el mismo el de los géneros; y M. Birbech, en su último viaje agrícola por Francia, dice que ademas del alimento el salario del trabajador es de veinte peniques (7$\frac{1}{2}$ rs. vn.) diarios, y que los géneros de consumo estan por lo menos tan baratos como en Inglaterra; de suerte que el obrero francés compra la misma cantidad de subsistencias que un obrero inglés con cuarenta peniques al dia; pero nunca ha sido tan alto el salario de un jornalero en Inglaterra.

Concediendo que pueda haber algunos errores en estos cálculos, no puede negarse que fuesen suficientes para establecer una mejora marcada en la condicion de las clases ínfimas del pueblo francés; pero es casi físicamente imposible que este alivio de miseria se haya podido verificar sin una disminucion en la suma de la mortandad: y si esta no ha ido acompañada de un acrecentamiento rápido de poblacion, debe haber disminuido el número de los nacimientos. En el intervalo desde 1812 á 1813 ha aumentado, aunque lentamente la poblacion: por lo tanto una relacion menor de los nacimientos, muertos y matrimonios, ó la accion mas general de la prudencia, es lo que debiamos esperar segun las circunstancias. No puede haber proposicion mas incontestable que esta: *De dos paises en que sean casi las mismas la cuota de acrecentamiento, la salubridad natural del clima y el estado de las ciudades y manufacturas, en aquel que sea mas pobre habrá mas nacimientos, muertes y matrimonios.*

Por esto aunque la relacion de los nacimientos en Francia desde 1802 haya sido de 1 á 30, no se puede deducir, como se ha hecho, que Necker haya debido emplear 50 para un multiplicador en vez de 25¹/₄.

Si es verídico el cuadro de las clases obreras de Francia ántes y despues de la revolucion, asi como la marcha de la poblacion en los dos periodos ha sido al parecer casi la misma: la relacion presente de los nacimientos no puede aplicarse á la época en que escribia Necker, aunque tambien es probable que tomase un multiplicador muy bajo. Es muy difícil creer por todas las circunstancias que la poblacion francesa en el intervalo de 1785 á 1820 ha aumentado de 25¹/₄ á 28.000,000. Pero si suponemos que este multiplicador en aquel tiempo haya sido 27 en vez de 25¹/₄, iremos mas allá de la verosimilitud, y se podrá inferir un aumento de cerca de 2.000,000 desde 1785 á 1818, acrecentamiento mucho menor que el de Inglaterra, pero suficiente para manifestar la fuerza del principio de la poblacion, y la facilidad con que sobrepuja los obstáculos mas poderosos en la apariencia.

En cuanto á la cuestion del aumento de los nacimientos en los seis ó siete primeros años de la revolucion, es probable que nunca se resuelva.

En estos tiempos turbulentos, no es posible que los registros sean muy esactos: y como no se han recogido en el año IX, no es de creer que se hallen esactos en ninguna de las épocas siguientes.

CAPITULO VIII.

Obstáculos á la poblacion en Inglaterra.

Basta echar una ojeada sobre el estado social de Inglaterra para convencernos de que los obstáculos que impiden el acrecentamiento de la poblacion y que hemos llamado privativos obran aqui con mucha fuerza en todas las clases de la sociedad. Se ve frecuente en las ciudades hombres de elevada posicion poco dispuestos al matrimonio, porque teniendo trato ilícito con mugeres corrompidas satisfacen sus deseos con mayor libertad. Otros temen verse en la precision de disminuir los gastos á que estan acostumbrados y á renunciar á un género de vida incompatible con los deberes que impone una familia. Si estas consideraciones influyen sobre hombres muy ricos; para los que se encuentran en un estado inferior existen motivos de prudencia que tambien son muy poderosos.

Un hombre que ha recibido una educacion esmerada y cuya renta es la estrictamente necesaria para alternar en la buena sociedad no puede dejar de conocer que tiene que renunciar á ella si se casa. Sin duda tratará de elegir una muger de su educacion y de sus costumbres, y no se decidirá, pues, á verla reducida, asi como él mismo, á abandonar estas relaciones para formar otras que no son propias de su clase. Descender uno ó dos escalones hasta aquel en donde concluye la educacion y empieza la ignorancia, es un verdadero mal para los que lo esperimentan ó se ven cercanos á él. Para que la sociedad tenga atractivos conviene que reine cierta igualdad, que sea un cambio recíproco de buenos oficios y no una servil clientela.

Estas reflexiones producen su efecto en muchos hombres de facultades limitadas, pero otros ó por tener un juicio menos sólido, ó por estar supeditados por la pasion, desprecian el peligro que les amenaza y son casi todos víctimas de su temeridad.

Acostumbran los arrendadores y pequeños comerciantes á disuadir á sus hijos de casarse hasta que tengan una heredad ó un comercio que les ponga en disposicion de sostener la carga de una familia, y como los mas siguen este consejo tardan bastante en contraer matrimonio. Son frecuentes las quejas acerca de la escasez de tierras para tomar en arriendo, y es tan activa la concurrencia en todos los ramos de la industria, que es imposible que muchos de los aspirantes puedan lograr su objeto. Quizá entre los jóvenes que se dedican al comercio ó á las artes mecánicas, es donde tiene mas influjo el obstáculo privativo.

El obrero que gana diez y ocho *peniques* ó dos *schelines* (1) diarios y que vive con ellos cómodamente mientras permanece soltero, titubea antes de resolverse á repartir entre cuatro ó cinco individuos este beneficio de su trabajo. A costa de unir su suerte con la persona á quien ama, no tendria inconveniente en someterse á faenas mas duras y á grandes privaciones, pero no puede dejar de conocer que si tiene una familia numerosa ó sufre la más ligera desgracia, ni su frugalidad ni su trabajo le pondrán al abrigo de la amargura de ver á sus hijos en la miseria, ó de tener que recurrir á la caridad pública. El temor de caer en esta especie de dependencia, es un sentimiento útil y digno de fomentarse, aunque á la verdad tienden en gran manera á destruirlo las leyes inglesas sobre los pobres.

Aun corren mayores riesgos casándose los criados que sirven á familias ricas, los cuales disfrutan en casa de sus amos casi tanto como estos, no solo lo necesario, sino lo que hace dulce y agradable la vida; su trabajo es fácil y su alimento muy superior al de los operarios, siéndoles la dependencia menos penosa por la posibilidad de cambiar de dueños. Si se casan, privados de conocimientos y de capitales, no pueden tomar tierras en arriendo, emprender una industria ni trabajar á jornal. Su único recurso séria establecer una tienda, lo que no presentando muy risueña perspectiva hace que la mayor parte de ellos permanezcan en el celibato.

Resulta de lo espuesto que los obstáculos que se oponen á la poblacion, y que hemos llamado privativos, tienen mucha influencia en Inglaterra. Lo mismo se deduce de los registros publicados en 1800 á consecuencia del último cénso relativo á la poblacion, viéndose por sus resultados que en Inglaterra y el pais de Galles la relacion de los casamientos ánuos á la poblacion es de 1 por 123$\frac{1}{2}$, por consiguiente menor que en ningun otro pais en donde se encuentra fijada esta proporcion, escepto en Noruega y Suiza.

Antes de la mitad del siglo XVIII calculaba el Dr. Short esta relacion de 1 por 115, y es probable que fuera esacto. De suerte que ha habido con respecto á los matrimonios una disminucion palpable al mismo tiempo que, á causa de los progresos del comercio y de la agricultu-

---

(1) El *penique* equivale á 12 mrs., y el *schelin* á 4 rs. y 16 mrs.

ra, la poblacion ha crecido con mas rapidez que en ninguna época. Esta disminucion del número de matrimonios es en parte la causa, y en parte el efecto, de la observada en la mortalidad durante estos últimos años.

Se considera á los estados del número de matrimonios segun el último censo (el de 1800) como la parte de los registros menos susceptible de inesactitudes.

El Dr. Short en sus *Nuevas observaciones acerca de los registros de mortalidad en las ciudades y en los campos*, dice: «que acabará con una observacion hecha por un distinguido juez, y es que el temor de casarse y los gastos que esto acarrea, es lo que detiene mas bien que otra causa el acrecentamiento del género humano.» Por consiguiente el doctor Short propone gravar con impuestos y multas á los célibes, y emplear este producto para la manutencion de los pobres que se casen.

Es muy justa la observacion de este distinguido juez si se aplica á los nacimientos que ha dejado de haber, pero no es la consecuencia que saca de ella el autor proponiendo un castigo para los célibes. Falta aun mucho sin duda para que la fuerza prolífica esté completamente desarrollada en Inglaterra; y sin embargo, cuando reflexionamos que en este pais el precio del trabajo es escesivamente bajo para alimentar á una familia numerosa; que directa ó indirectamente la pobreza es causa activa de destruccion; cuando consideramos el gran número de niños que en las grandes ciudades, en las fábricas y en los talleres arrebata una muerte prematura, no podemos dejar de conocer que si cada año esta mortandad estraordinaria no precaviera el efecto de los nacimientos, seria preciso que los capitales destinados á pagar el trabajo se aumentaran con una rapidez nunca vista para satisfacer á las necesidades de esta nueva generacion, que en el estado actual no pasa mas allá de la infancia.

No disminuyen la poblacion del pais los que viven en el celibato ó tardan en contraer matrimonio, antes bien dan lugar á que sea menor el número de muertes prematuras que aumentarian sin término casándose todos; y considerándolo bajo este aspecto, no son acreedores los célibes á penas ni á ninguna especie de deshonra.

Fundados en sólidas razones creen algunos que son incompletos los estados de los muertos y nacidos, y esto produce incertidumbre en los resultados que de ellos se deduzcan. Si se divide la poblacion de Inglaterra y del pais de Galles por la relacion media de las defunciones en el quinquenio finalizado en 1800, resultará una mortalidad de 1 por

49 (1), proporcion tan pequeña atendido el número de grandes ciudades y de manufacturas, que es imposible sea exacta.

Cualquiera que sea la relacion verdadera entre los habitantes de las ciudades y los del campo, es indudable que la parte meridional de la isla debe colocarse entre los paises en donde esta proporcion es mayor de 1 á 3, y quizá esceda á la de 1 á 2. Por consiguiente, segun la regla establecida por Crome la mortalidad deberia sobrepujar á la relacion de 1 por 30, y segun Süssmilch de la de 33. En las observaciones sobre los resultados del censo relativo á la poblacion, se mencionan de muchas causas probables de inesactitud en los registros de las defunciones; pero no se presenta ningun cálculo aproximado del déficit que puede producir esta omision, y yo carezco de datos para suplirlo. Asi me limitaré, pues, á observar que suponiendo por efecto de este déficit, y de todas las inesactitudes la mortalidad anual de Inglaterra de cerca de 1 por 40, se fijará la proporcion mas pequeña que puede tener realmente, atendidas las circunstancias en que se encuentra el pais. Si efectivamente existiese tal relacion, atestiguaria una gran ventaja sobre casi todas las otras naciones, ya en los hábitos de moderacion y limpieza, ya en la salubridad de aire y del terreno, aunque es probable que tanto unas causas como otras obran con mucha energía para disminuir la mortalidad. La proporcion de los matrimonios ánuos ántes citada es tan pequeña, que indica bien claramente una prudencia muy favorable para el bienestar, no obstante el efecto contrario que las leyes sobre pobres debieran producir. Y en cuanto á salubridad es positivo que la gozan casi todas las parroquias rurales. El Dr. Price cita un cálculo del Dr. Percival fundado en las noticias facilitadas por los ministros de diferentes parroquias, y que se funda en censos esactos, y segun el cual aparece que la mortandad anual es en algunas aldeas de 1 por 45, 50, 60 ó 66, y aun hasta por 75. En muchas de estas parroquias los nacimientos son á los muertos como 2 es á 1, y solamente en una como 3 es á 1. Sin embargo, estos son casos particulares que no se pueden aplicar inmediatamente á toda la parte agrícola del reino, porque en algunos puntos del pais llano, y sobre todo junto á los pantanos, la proporcion es muy diferente, y existen algunas parroquias, aunque pocas, en que el número de muertos es mayor que el de nacidos. En

(1) La poblacion está valuada en 9.168,000 habitantes, y los fallecimientos anuales en 186,000. (Observaciones sobre los resultados del censo relativo á la poblacion.)

las 54 parroquias rurales, cuyos registros ha compulsado el Dr. Short, y que á propósito los ha elegido en muy distintas situaciones, ha encontrado la mortalidad media de 1 por 37, mortandad mucho mayor que la actual de las parroquias rurales de Inglaterra. El periodo tomado por el Dr. Short para deducir su relacion media, comprendia algunos años de grandes epidemias que quizá escedieran del número regular. Pero es necesario incluir siempre en los cálculos de esta especie los años mal sanos, porque si no se cometerian muchos errores. En las 1056 aldeas de Brandeburgo observadas por Sussmilch, ha sido la mortalidad durante seis años prósperos de 1 por 43, y en diez que comprendian años favorables y años adversos de 1 por 38½. En las aldeas de Inglaterra mencionadas por el caballero I. M. Eden, resulta ser la mortalidad de 1 por 47 ó 48 (1). Y en los últimos estados presentados con motivo del censo de la poblacion, aparece ser todavia menor la mortalidad. Se observará combinando estas observaciones que en las comarcas agrícolas, incluyendo los años de malas cosechas, puede calcularse una mortandad menor de 1 por 46 ó 48; la cual sube hasta 1 por 40 cuando se reune con la de las ciudades y distritos consagrados á las manufacturas y cuando se desea obtener la relacion media de todo el reino.

La mortalidad de Londres que constituye una parte muy considerable de la de todo el pais era segun Price en la época en que hacia este cálculo de 1 por 20½; la de Norwich de 1 por 24½, la de Northampton, de 1 26½, la de Newbury de 1 por 27½, la de Manchester de 1 por 28; la de Liverpool de 1 por 27½ etc.; y observa que casi nunca el número de los que mueren en las ciudades es menor de 1 por 28, esceptuando solo cuando hay en ellas un rápido acrecentamiento de poblacion producido por la afluencia de un gran número de personas de la edad, en que mueren menos como sucede en Manchester, Liverpool y en otras ciudades donde florecen las manufacturas. Este autor cree que se puede fijar en general la mortalidad de las grandes ciudades de 1 por 19 (2) y 1 por 22 ó 23; en las de segunda clase de 1 por 24 á 1 por 28, y en las aldeas y en el campo de 1 por 40 á 1 por 50.

Se objetará quizá á estos cálculos la inclinacion del Dr. Price á exagerar la insalubridad de las ciudades. Sin embargo esta objecion no tiene fuerza sino por lo que respecta á Londres, pues los estados de las

(1) Cálculo del número de habitantes de la Gran Bretaña.
(2) Esta era la de Stokolmo segun Wargentin.

otras ciudades estan sacados de documentos sobre los cuales la opinion particular del autor no podia ejercer ninguna influencia. Conviene sin embargo advertir que hay motivos para creer que Londres, ciertas ciudades y aun quizá algunas de Inglaterra, eran menos sanas que en la actualidad en la época en que se hicieron estos cálculos. El Dr. W. Heberden observa (1) que los registros de la década de 1759 á 1768 de que se ha valido Price para calcular las probabilidades de la vida en Londres, indican un grado mas de insalubridad que la de los últimos años transcurridos. Y las tablas presentadas con motivo del censo sobre la poblacion, teniendo en cuenta las omisiones que puede haber habido en cuanto á las defunciones, presentan un grado de salubridad en las ciudades de provincia y en el campo mucho mayor que el de los cálculos anteriores. Por otra parte no puedo dejar de creer que la mortalidad de 1 por 31 que se asigna á Londres en las *Nuevas observaciones sobre los resultados del censo de la poblacion* sea exagerada, porque la omisión de cinco mil muertes que se suponen no es bastante, ni se ha tenido la debida consideracion á los muchos que por causa de la guerra ó del comercio se ausentan; pues cuando se quiere valuar la mortalidad proporcional sólo se debe tener en cuenta á los habitantes del país de que se trata.

Parece que en las grandes ciudades, y aun en las medianas, existe algo desfavorable á la primera edad de la vida. La clase de personas afectadas de esta causa de mortalidad, indica que depende mas bien de la accion que un aire corrompido y encerrado ejerce sobre los pulmones tiernos de los jóvenes, juntamente con la falta de ejercicio, que del lujo y de los escesos de la disipacion y de la intemperancia de que son el teatro las principales ciudades. Raras veces sucede que los padres de mejor constitucion y que observan la vida mas moderada, vean á sus hijos disfrutar en las ciudades de una salud tan robusta como en el campo.

En Londres, segun los cálculos anteriores, la mitad de los niños muere antes de llegar á los tres años, en Viena y Stokolmo antes de los dos, en Manchester antes de los cinco, y antes de los diez en Northampton. En las aldeas por el contrario la mitad de los nacidos llega á la edad de treinta, treinta y cinco, cuarenta, cuarenta y seis ó mas años. En la parroquia de Ackwort en el Yorkshire, se ve por un estado esacto de los muertos de todas las edades durante veinte años, y for-

(1) Aumento ó disminucion de las enfermedades.

mado por el Dr. Lee que la mitad de los habitantes llega á la edad de 46 años. Si se hubieran examinado bajo este punto de vista las parroquias antes mencionadas, en las cuales la mortandad solo es de 1 por 60 ó 66, se hallaría indudablemente que la mitad de los nacidos llega á la edad de 50 ó 55 años.

Conviene observar que esta especie de cálculos, dependiendo mas bien de las defunciones y nacimientos anotados en los registros, que de una valuacion de la poblacion total, están menos sujetos á errores que los que dan la relacion de los fallecimientos anuales con toda la poblacion.

Para llenar el vacio ocasionado en las ciudades por la mortalidad que les es propia, y para que puedan sostener sin interrupcion la demanda de hombres, es preciso que reciban sin cesar de los campos nuevas remesas, y esto es lo que influye en el esceso de nacimientos que en ellos se observa. En las mismas ciudades en donde los registros presentan menos defunciones que nacimientos, proviene este efecto de los matrimonios de personas que han nacido en otra parte. En una época en las ciudades de provincia en Inglaterra crecian con menos rapidez que en la actualidad, calculaba el Dr. Short que eran forasteros los $^7/_{10}$ de personas casadas establecidas en estas ciudades. De 1618 matrimonios segun el estado presentado por el hospital de Wertminster, en Londres solo se hallaron 329 hombres y 495 mugeres naturales de la capital.

El Dr. Price supone que en Londres y en las parroquias vecinas donde el número de los muertos escede al de los nacidos se necesita un suplemento anual de 10,000 personas. Graunt en su época le calculaba de 6,000 (1). Este autor observa en otro lugar que cualquiera que fuese la mortalidad de dicha capital, ya proviniera de la peste ó de otra causa de destruccion, bastaban solo dos años para reparar completamente sus pérdidas.

Como el campo proporciona este suplemento es evidente que seria cometer un grande error valuar la relacion de los nacimientos con las defunciones en todo el reino segun la proporcion observada en las parroquias rurales de donde salen tan numerosas emigraciones.

Sin embargo mientras no disminuyan los fondos destinados á pagar el trabajo del cultivador, no hay motivo para la alarma del Dr. Price que teme que estas emigraciones despueblen las campiñas. La relacion de los

---

(1) Nuevas observaciones de Short estractadas de Graunt.

nacimientos y la de los matrimonios prueba claramente que á pesar del aumento de ciudades y fábricas no es muy gravosa al campo la demanda de hombres que se le hace.

Si se divide la población actual de Inglaterra y del pais de Galles (9.168,000) por el término medio de, bautizados en los cinco últimos años (255,426) se encontrará una relacion muy aproximada á la de 1 por 36. Pero se supone con fundamento hay aun muchas mas omisiones en el número de bautizados que en el de las defunciones.

El Dr. Short calculaba la relacion de los nacimientos con la poblacion de Inglaterra de 1 por 28. En el cómputo presentado de la parte agrícola de Suffolk está calculada de 1 por 33 la proporcion de los bautismos con el número de habitantes. Segun un estado esacto de la poblacion de trece aldeas, fundado en un censo efectivo y que publicó F. M. Eden, la relación de los nacimientos con el número de habitantes es de 1 por 33, y segun otro cómputo basado en la misma autoridad, pero relativo á las ciudades y aldeas menufactureras, de 1 por 27¹/₃ combinando estos resultados y teniendo presente que en los registros de los nacimientos hay un déficit reconocido, como igualmente que la población de Inglaterra se ha aumentado durante estos últimos años, podemos creer razonablemente que la proporción de los nacidos con el número de habitantes es de 1 por 30. Despues de esto, reproduciendo la espresion de la mortalidad actual fijada en 1 por 40 se encontrará muy aproximadamente la relacion de los bautismos con las sepulturas que resulta de las últimas tablas publicadas. Bajo este supuesto los nacimientos son á las defunciones como 4 es á 3 ó como 13¹/₃ á 10, relacion mas que suficiente para manifestar el aumento de poblacion que ha tenido lugar despues de las guerras de América, deduciendo los que han muerto en el estrangero.

En las *Observaciones sobre los resultados del censo relativo á la poblacion*, se nota que la duracion media de la vida humana en Inglaterra se ha acrecentado en la proporcion de 117 á 100 desde 1780. Cambio tan considerable en un periodo tan corto seria sin duda un fenómeno muy estraordinario, pero supone que la disminucion observada en el número de defunciones no es enteramente debida á la mejora de salud, sino que proviene en parte del gran número de ingleses que mueren fuera de su pais. Esto ha provenido del acrecentamiento rápido del comercio en Inglaterra durante este periodo, y el gran número de personas ausentes con motivo del servicio militar, ó de algun empleo en la marina durante la última guerra, comprendiendo aqui los reclutas necesarios para mantener las fuerzas bajo el mismo pie. Estas causas han debido naturalmente producir el efecto observado, y hacer que parezcan estacionarias las defunciones mientras los nacimientos crecian con bastante rapidez. Con todo esto como es incontestable que despues de 1780, se ha aumentado la poblacion y que la mortalidad actual es muy pequeña, no puedo menos de reconocer que la mayor parte de este efecto debe atribuirse á la mejora general del estado sanitario.

La relacion de 1 por 36 es quizá demasiado pequeña considerada como la mortalidad media de todo un siglo. Pero si se supone una tal proporcion y que al mismo tiempo los nacimientos son á los muertos como 12 es á 10, resultará que en 325 años ha debido doblar la poblacion del pais. Se puede deducir que esta relacion de los bautizados con los sepultados es la mayor que por un término medio ha podido tener lugar en el último siglo, pues ninguno de los estados recientemente publicados presenta un acrecentamiento tan rápido. Sin embargo, es preciso no suponer que la relacion de los nacidos con los muertos, ni de estos ni aquellos con toda la poblacion, ha continuado de un modo casi uniforme durante todo el siglo. Los registros de los puntos donde ha habido cuidado de tenerlos por espacio de algun tiempo, presentan variaciones considerables en diferentes épocas. El Dr. Short calculaba hácia la mitad del siglo, que los nacimientos eran á las defunciones como 11 es á 10; si al propio tiempo los nacimientos eran la vigésima octava parte de la poblacion, la mortalidad no podia ser menos de 1 por 30'/₄. Aunque suponemos que actualmente los nacidos son á los muertos como 13 es á 10, cometeriamos probablemente grandes errores si tomasemos esta relacion por base, al calcular el acrecentamiento de la poblacion durante los treinta ó cuarenta últimos años. Los efectos de las últimas escaseces estan bien marcados en los *Resultados del censo relativo á la poblacion,* por una baja de nacimientos y un aumento de defunciones. La repeticion de estas escaseces hubiera muy pronto destruido el esceso de nacimientos de los veinte últimos años. Y en efecto, no podemos razonablemente suponer que los recursos del pais pudiesen crecer durante largo tiempo con tanta rapidez que bastasen para un esceso constante de nacidos en la relacion de 13 á 10, á menos que no se debiera principalmente este aumento al número de personas que mueren fuera del pais.

Segun todos los datos que hemos podido recoger en Inglaterra y en el pais de Gales, ha resultado ser la relacion de los nacimientos con el número de habitantes de 1 por 30, proporcion menor que la de los

otros paises, escepto la Suiza y Noruega. Hasta ahora los calculadores políticos han considerado una gran relacion de nacimientos como el
signo mas seguro de un estado de prosperidad, pero este es una preocupacion que es de esperar desaparezca. En un pais poco poblado como
América ó Rusia, ó en otros de gran poblacion, pero que acaban de sufrir una mortalidad estraordinaria, puede muy bien una gran relacion
de nacimientos ser un indicio favorable, mas en el estado normal de
un pais henchido de habitantes seria el síntoma mas fatal, y un corto número de nacidos el mejor augurio.

Muy oportunamente observa Sir Francis d' Ibernois «que si los diversos estados de Europa tuvieran y publicasen registros anuales y exactos de su poblacion, espresando en ellos con cuidado las épocas de la vida en que mueren los niños, esta segunda columna de los registros serviria para decidir comparativamente acerca del mérito de los soberanos
y del bienestar de sus súbditos. Una simple fórmula aritmética diria
quizá mas que todos los argumentos». Estoy acorde con este autor en
cuanto á la importancia de las consecuencias que se podrian sacar de semejantes tablas, pues para hacerlo es claro que no se deberia fijar la
atencion en la columna de los nacimientos, sino en la que indicase el número de niños que llegan á la mayor edad, puesto que este número seria siempre mayor en donde sea mas pequeña la relacion de los nacimientos con toda la poblacion. Bajo este punto de vista Inglaterra se encuentra colocada inmediatamente despues de Noruega y Suiza, lo cual no deja
de causar sorpresa atendido el número de sus ciudades, y de sus manufacturas. Como es muy cierto que todas las demandas respectivas á la
poblacion que hace dicho pais están plenamente satisfechas, y si esto
tiene lugar con un número muy pequeño de nacidos es una prueba indudable que es muy escasa la mortalidad. Esta ventaja es digna de la mayor
atencion. Si los descubrimientes futuros hiciesen ver que he deducido demasiado por las omisiones, ya de nacidos, ya de difuntos, será una dicha
para mí el ver que Inglaterra goza hasta un punto que no me atrevia á
esperar una ventaja tan preciosa, que es la señal mas segura del bienestar
de un pais y de la bondad de su gobierno. En los estados despóticos, miserables ó naturalmente mal sanos, es muy grande la relacion de los nacimientos con toda la poblacion.

En el quindenio que ha concluido en 1800, la proporcion media de los
nacimientos con los matrimonios ha resultado ser de 347 por 100, y en
1780 de 362 por 100. De esto se ha querido inferir que los registros de
los nacimientos, aunque defectuosos, no presentarán de aquí en adelante

un déficit tan grande como hasta ahora. Pero un cambio de esta especie en los resultados aparentes de los registros puede provenir de diferentes causas y no de omisiones en ellos. Es cierto que, Inglaterra ha gozado de mas salubridad á fines que á mediados del siglo anterior; si por consiguiente un número mayor de niños ha llegado á la edad viril, y asimismo mas gran parte de todos los nacidos han vivido bastante para poderse casar, debe atribuirse á esta circunstancia una relacion de los nacimientos con los matrimonios mayor que anteriormente. Por otro lado, si los matrimonios eran en otros tiempos mas fecundos que en el dia, porque quizá se casaban mas prematuramente, debió resultar una proporcion mayor de los nacimientos con respecto á los matrimonios en los tiempos pasados que en los presentes. La accion de alguna de estas dos causas, ó quizá entrambas, no habrán podido menos de producir dicho efecto en los registros en estas dos épocas que hemos comparado. Asi, pues, de la existencia de este efecto se puede sacar un argumento para probar que no hay razon en suponer los registros recientes mas esactos que los antiguos. En otro capítulo esplicaré mas detenidamente la influencia de las dos causas que acabo de mencionar relativamente á los matrimonios con los nacimientos anuales.

Con respecto á la cuestion general de la esactitud de los últimos registros comparados con los del principio ó mediados del siglo, solo diré que los estados presentados últimamente, fortifican la suposicion de inesactitud que se ha atribuido á los anteriores, haciendo ver bajo todos aspectos que los registros de la primera parte del siglo solo suministran datos inciertos para apreciar la poblacion de dicha época. Los registros de los años 1710, 1720 y 1730, manifiestan un esceso de muertos sobre los nacidos. Si se reunen los seis periodos terminados en 1760, que comprenden la primera mitad del siglo, y se compara la suma de nacimientos con la de defunciones, se verá que el esceso de aquellos es tan pequeño que no basta para esplicar el acrecentamiento de un millon, que segun el cálculo de solo los nacidos parece haber tenido lugar durante este intervalo. Por consiguiente, ó los registros estan muy inesactos, ó el déficit de los bautizados es mayor que el de los muertos, ó estos periodos de diez años no representan bien la relacion media. Es fácil que aquellos años fueran menos á propósito que los otros para la comparacion de la relacion de los nacidos con los muertos, y verdaderamente es sabido que en uno de estos años, al menos (el de 1710) hubo una gran escasez y verdadera calamidad. Si se admite esta suposicion como probable, y se la atribuye alguna importancia para creer que ha podido afectar el resultado total de sus periodos, quizá admitamos por otro lado la suposicion contraria con respecto á los tres periodos siguientes que finalizan en 1780. Calculando del mismo modo durante este espacio de treinta años, se encuentra que la poblacion ha aumentado en millon y medio. Por lo menos se debe convenir en que tres de estos años que se han separado y colocado aparte, no pueden de ningun modo suministrar una esacta relacion media. No faltan motivos para suponer que dichos años han sido muy favorables á los nacimientos, porque de 1780 á 1785 el acrecentamiento de los nacidos ha sido menor que el término medio, lo que ha debido suceder por un órden natural si en 1780 los nacimientos han estado accidentalmente sobre la relacion media sin que haya necesidad de suponer un acrecentamiento mas lento que antiguamente.

De este modo, tomando en consideracion la inesactitud probable de los antiguos registros y el peligro de errar sacando consecuencias de un corto número de años separados, creo que los cálculos de poblacion fundados sobre los nacimientos no deben considerarse como seguros sino desde 1780 en adelante, porque desde entónces ya se tiene la série de sumas de cada año, y por lo tanto se pueden encontrar esactamente relaciones medías. En apoyo de esta observacion voy á presentar el resultado final de los registros del número de nacimientos en Inglaterra y en el pais de Galles que es: en 1790, 248,774; en 1795, 347,248; y en 1800, 247,147. Por consecuencia si se hubiéra valuado la poblacion por los nacimientos tomándolos en tres épocas distantes entre sí cinco años, podriamos inferir que la poblacion habia descrecido con regularidad en el curso de los últimos diez años, cuando, por el contrario tenemos fuertes razones para creer que se ha aumentado considerablemente.

En las *Observaciones sobre los resultados del censo relativo á la poblacion* se encuentra una tabla de esta, referente á Inglaterra y al pais de Galles, calculada segun los nacimientos durante el siglo décimo séptimo. Por las razones anteriormente presentadas creo debe dársele poco crédito y preferir para apreciar la poblacion de este pais en la época de la revolucion, á los antiguos cálculos fundados en el número de familias.

Sin duda estas valuaciones de la poblacion en diferentes épocas del siglo no se apartan mucho de la verdad, porque sus errores pueden mútuamente compensarse. Pero es falso el supuesto de una relacion constante y uniforme de nacimientos que sirve de base á estas valuaciones, y estos mismos cálculos nos proporcionan la prueba. En efecto, segun

ellos el acrecentamiento de la población fue mas rápido desde 1760 á
1780 que de este último á 1800, pues está en razón de 117 á 100. Era,
pues, indispensable que el número proporcional de nacimientos antes
de 1780 fuera mayor que en 1800, porque sin esto hubiera sido imposible que la poblacion creciera mas rápidamente en esta primera época
que en la segunda. Esta simple observacion destruye en seguida el supuesto de la constancia y uniformidad en el número proporcional de nacimientos.

Verdaderamente me inclino á creer por la analogía con los otros paises, y segun los cálculos de King y de Short que la relacion de nacimientos ha sido mayor á principios y á mediados del siglo que á su final. Pero esta suposicion daria, calculando segun los nacimientos, una
poblacion á principios del siglo mas escasa que la que se deduce de los
Resultados del censo de la poblacion á pesar de que hay motivos para
creer que estos documentos dan una relacion muy pequeña. Segun Da-
venant en 1690 el número de familias era de 1.349,245, y no hay razon para suponer que este número pecase por esceso. Si se cuentan
solamente cinco individuos por familia en vez de 5¼ que es lo que se
cree deber calcular en la actualidad, resultará una poblacion de mas
de seis millones y medio, siendo imposible creer que de 1690 á 1740
haya disminuido millon y medio. Es mucho mas probable que en esta
época remota las omisiones en los registros de los nacidos eran mas numerosas que en la actualidad, y mucho mayores aun que las de los muertos. Esta conjetura está por otra parte confirmada por una observacion
que he mencionado, á saber: que en la primera mitad del último siglo
el acrecentamiento de la poblacion calculado segun los nacimientos es
mucho mayor de lo que se puede esperar de la relacion de los nacidos
con los sepultados. Así que, bajo todos los puntos de vista, no hay motivo para confiar mucho en los cálculos fundados en los nacimientos.

El lector ha podido ya conocer en el curso de esta obra que los estados de los nacidos y de los difuntos, aun suponiéndolos esactos, son
un medio muy incierto para llegar al conocimiento de la poblacion. Las
circunstancias particulares de los diversos paises hacen que sean muy
precarias estas apreciaciones, y aunque la de los nacimientos tenga mas
apariencia de regularidad, debe sin embargo ser preferida la de las defunciones. Necker, al calcular la poblacion de Francia, observa que una
epidemia ó una emigracion pueden introducir en el número de los muertos diferencias accidentales y momentáneas, y que por esta razon las
tablas de los nacidos sirven mejor de guia. Pero esta regularidad apa-

renté en el registro de los nacimientos es lo que hace incurrir en graves errores. Cuando examinamos las tablas mortuorias de cualquier pais
durante dos ó tres años, se conocerá si ha habido una peste ú otra epidemia por un aumento de mortalidad en el tiempo en que reina y por
una disminucion aun mas notable pasada ésta época. Esto bastará para
advertirnos que no debemos comprenderla en los años ordinarios cuya
relacion media queremos saber. Mas en los registros de los nacimientos
nada de esto se conoce. Si un pais ha perdido por causa de una peste
la octava parte de su poblacion, regularmente el término medio de los
cinco ó seis siguientes indicará un acrecentamiento de nacidos. De manera que en el momento en que mas ha disminuido la poblacion, el
cálculo de los nacimientos hará creer que ha aumentado mucho. Esto es
lo que atestiguan las tablas de Sussmilch, y en particular las relativas
á la Prusia y á la Lithuania, que insertaré en el capítulo de las epidemias, en donde se ve que un año inmediato á la pérdida de una tercera parte de la poblacion, presenta un acrecentamiento notable en los
nacimientos, y en seguida una pequeña disminucion en los cinco años
siguientes. Sin embargo, en tan corto espacio de tiempo los progresos
de la poblacion para reparar las pérdidas no podian ser muy sensibles.

No ha habido verdaderamente despues de 1760 una mortalidad estraordinaria en Inglaterra, y podemos creer que la relacion de las defunciones con los nacimientos no ha sufrido en esta isla durante este último
siglo tan grandes variaciones como en la mayor parte de los estados del
continente. No es menos verdadero que las estaciones mal sanas que
se han esperimentado algunas veces han debido producir, aunque en
menor escala, los mismos efectos que las mas graves enfermedades y
los cambios observados en la mortalidad durante estos últimos años hacen presumir que ha sufrido anteriormente mutaciones análogas que
han afectado al número de los nacidos. Por todo esto debemos ser muy
reservados en las aplicaciones que á otras épocas pasadas ó futuras pudiéramos hacer, sirviéndonos de las relaciones actuales.

CAPITULO IX.

Continuacion de los obstáculos á la poblacion en Inglaterra.

El censo de poblacion de 1811 presenta resultados muy estaordinarios;
pues manifiesta un gran progreso y una gran mejora en la salud pública
á pesar del aumento de ciudades, y del número de personas ocupadas en

trabajos de manufacturas. Proporcionando al mismo tiempo un ejemplo palpable de la facilidad con que una poblacion crece y vence toda resistencia cuando los recursos de un pais se aumentan con rapidez.

Segun los registros, el total de la poblacion en 1800 juntamente con las relaciones de los nacimientos, matrimonios y defunciones; hace ver que la poblacion se ha acrecentado por algun tiempo mucho mas de lo que podria resultar de una relacion de los nacidos á los muertos como 5 es á 3, y de una mortandad de 1 por 40.

Estas relaciones añadirian $^{1}/_{100}$ anual á la poblacion de un pais, y si continuaba sin cesar resultaria segun la tabla de Euler (inserta en esta obra despues del capítulo de la fecundidad de los matrimonios) que la poblacion doblaria cada 83$^{1}/_{2}$ años. Esta es una cantidad tal que en un pais rico y bien poblado debe esperarse mas bien verla disminuir que aumentar: mas en lugar de ser asi ha tenido hasta 1810 un considerable acrecentamiento.

En 1810, segun las tablas de cada parroquia con las adiciones de $^{1}/_{30}$, por los soldados, marinos etc., la poblacion de Inglaterra y del pais de Galles se reputaba en 10.488,000, número que comparado con el de 9.168,000 (que es el de la poblacion en 1800 valuada de la misma manera) manifiesta un aumento de 1.320,000 en 10 años.

En este espacio de tiempo los bautismos notados en los registros subieron á 2.878,906, y las defunciones á 1.950,189. Por consiguiente el escaso de nacimientos fué de 928,747, que es mucho menor que el acrecentamiento que indican los dos empadronamientos. Esta diferencia puede dimanar ya de que el censo de 1800 no sea del todo verdadero, ya de la poca esactitud en los registros de nacimientos y defunciones, ó ya de la accion combinada de estas dos causas, porque es evidente que si la poblacion hubiera sido en 1800 apreciada esactamente, y si los registros hubieran contenido á todos los nacidos y muertos, la diferencia en vez de ser menor escederia á la adicion real de la poblacion, porque deberia sacarse precisamente del número de personas muertas en las guerras de mar y tierra etc. No faltan motivos para creer que ambas causas han tenido parte en el efecto observado, aunque la última, es decir, la falta de cuidado en los registros haya tenido sin duda mayor influencia.

Calculando la poblacion en todo el siglo se ha supuesto tener esta la misma relacion con los nacimientos, siendo asi que tal suposicion podria frecuentemente inducir á no apreciar muy esactamente la poblacion en paises distintos y en épocas lejanas. Sin embargo, como se sabe que la poblacion ha crecido con mucha rapidez desde 1800 á 1810 es probable que la suma de nacimientos no haya disminuido mucho en este periodo. Mas si tomando el último censo como esacto comparamos los nacimientos de 1810 con los de 1800, veremos que resulta un número mayor en los de 1800 que el asignado en el empadronamiento.

Asi la relacion media de los nacimientos en los cinco años próximos anteriores á 1810 es de 297,000, y la del lustro que concluyó en 1800 de 263,000. Pero 297,000 es 263,000 como 10.468,000 (poblacion de 1810) es á 9.287,000 que deberia ser la poblacion de 1800 si suponemos ser igual la relacion de los nacimientos en lugar de ser 9.168,000 resultado del censo. Ademas se debe observar que el acrecentamiento de la poblacion de 1795 á 1799 segun la tabla es muy pequeña en proporcion de la que aparece en la mayor parte de los periodos anteriores de cinco años. A la simple vista se nota en los registros que es mas probable que la suma de nacidos de los años siguientes á 1795, comprendiendo en ellos los menores que son 1796 y 1800 sea inferior en vez de superior á la relacion media. Por esta razon, asi como por la impresion general que produce la reunion de hechos, es probable que el empadronamiento de 1800 perque por defecto, y quizá la poblacion en esta época seria al menos de 9.287,000, esto es, de 19,000 mas que lo que se espresaba en los cómputos presentados.

Pero aun en esta misma suposicion ni el esceso de los nacidos comparado con los muertos en el espacio de 10 años, ni la relacion de los nacimientos con las defunciones tal como se manifiesta en los registros, pueden esplicar un acrecentamiento desde 9.287,000 á 10.488,000. Sin embargo no es probable que el aumento haya sido mucho menor que el indicado por la suma de los nacimientos en estas dos épocas. Es necesario que haya habido algunas omisiones en los registros conocidos como poco correctos, sobre todo por lo que respecta á los nacimientos.

Hay motivos para creer que son pocas las omisiones que se encuentran en el registro de los matrimonios; y si suponemos de una sesta parte las de los nacidos, resultará una relacion de estos con aquellos como 4 á 1, lo que tambien se prueba con otros datos: mas si se nos disputase esta suposicion, seria preciso considerar las omisiones de los muertos en un número tal, que el esceso de nacimientos sobre las defunciones en los 10 años concuerde con el acrecentamiento de la poblacion calculado por el aumento de nacimientos.

De estos constan, como ya hemos dicho en los registros de los 10 años, 2.878,906, que añadiéndoles la sesta parte serán 3.358,723. Las defunciones anotadas son 1.950,189, que aumentándolas una dozava parte compondrán la suma de 2.112,704. Restando esta última cantidad de la primera dará por resultado 1.246,019 que representará el esceso de los nacimientos y el aumento de poblacion en los diez años, lo que añadido á los 9.287,000, poblacion esacta de 1800, compondrá 10.503,019; 15,000 mas que el censo de 1810: manifestándose asi esactamente el número de muertos que ha habido fuera del pais en el transcurso de 10 años. Se ha calculado generalmente este número cerca de 1 1/4 por 100 sobre los varones nacidos; pues en el caso actual es mas conocido el número de individuos del sexo masculino muertos fuera del pais en el periodo de que se trata. En estos últimos estados de poblacion los nacimientos y defunciones de los varones y de las hembras están separados; y segun el esceso de nacidos del sexo masculino comparado respectivamente con los muertos de ámbos, parece haber muerto fuera del pais 1,500 varones.

Las omisiones que hemos supuesto en los nacimientos y en las defunciones corresponden hasta ahora bien á nuestros cálculos. Solo falta ver si las mismas suposiciones darán una relacion de los bautismos con los muertos con igual suma de mortalidad que esplique tambien un acrecentamiento de 9.287,000 á 10.488,000 en 10 años.

Si se divide la poblacion de 1810 por el término medio de los nacimientos en los cinco años precedentes, con la adicion de una sesta parte resultará que la relacion de los nacimientos con la poblacion será de 1 por 30. Pero es evidente que si la poblacion aumenta con tal rapidez, el término medio de nacimientos en un lustro comparado con la poblacion debe dar una suma de nacimientos muy pequeña al fin del periodo. Y aun fácil es que una proporcion esacta durante cinco años no lo sea en diez. A fin de obtener el número verdadero que puede aplicarse á los progresos de la poblacion en el periodo mencionado, es menester comparar el término medio anual de nacimientos en todo este tiempo con el de la poblacion en la misma época.

El número total de nacimientos con la adicion de 1/6 es, como ya he establecido, de 3.358,723, y la relacion media anual por espacio de diez años 335,872. La de la poblacion, ó sea el término entre 10,488,000 (poblacion de 1810) y 9.287,000 (poblacion esacta de 1800) es 9.887,000; y este último número dividido por el término medio de nacimientos, dará una relacion de los nacidos con la poblacion de 1 por menos de 29 1/4 en lugar de 30, diferencia en verdad bien considerable.

Del mismo modo, si se divide la poblacion de 1810 por la relacion media de las defunciones en los cinco años precedentes con la adicion de $^1/_{18}$, se hallará una mortalidad de cerca de 1 por 50. Pero sobre las mismas bases que las empleadas para el cálculo de nacimientos, un término medio de los muertos en los cinco años, comparado con la poblacion al fin de este periodo, dará una relacion de defunciones muy pequeña, y ademas se sabe que en el caso actual la proporcion de los finados con toda la poblacion ha sido la misma en todo este tiempo. En realidad los registros indican claramente una mejora en la salud del pais y una disminucion progresiva de mortandad en los 10 años, y mientras que la relacion media de los nacimientos anuales ha subido desde 263,000 á 297,000, esto es, mas de una octava parte; y las defunciones no han aumentado sino desde 192,000 á 196,000, es decir, $^1/_{44}$. Es, pues, necesario para conseguir nuestro objeto comparar la relacion media de la mortandad con la de la poblacion.

El número total de nacimientos con la adicion de $^1/_{18}$ es, como ya hemos dicho, 2.112,704, y la relacion media de la poblacion 9.887,000. El último de estos números dividido por el primero da la relacion del término medio anual de sepultados con la poblacion como 1 es á menos de 47. Pues una proporcion de nacimientos de 1 por 29$^1/_2$ con una relacion de defunciones de 1 por 47 añadirá anualmente á la poblacion total del pais $^1/_{79}$, y en diez años la poblacion aumentará de 9.287,000 á 10.334,000, separando 43,000 por los muertos fuera del pais, lo cual concuerda bastante con el cálculo fundado sobre el esceso de nacimientos.

Podemos, pues, presumir que las omisiones supuestas en los nacidos y muertos desde 1800 á 1810 son bastante esactas. Mas si estas omisiones de $^1/_6$ por los nacimientos y $^1/_{18}$ por las defunciones pueden considerarse como casi esactas para el periodo de 1800 á 1810 es probable que no se pueda aplicar sin esponerse á grandes errores en el de 1780 á 1800, y que pueda servir para corregir algunas de las deducciones fundadas solo sobre los nacimientos. Despues de un censo hecho con cuidado, en lo que puede tenerse mas confianza es en un cálculo segun el esceso de los nacidos sobre los finados. En efecto, cuando los registros contienen todos los nacimientos y defunciones, que son los medios de que nos valemos para calcular partiendo de una poblacion conocida, este cálculo es tan cierto como si se hiciera un empadronamiento real; y cuando se puede añadir una cantidad bastante aproximada por las omisiones en los registros y por las muertes acaecidas fuera del pais, se logra obtener de este modo una aproximacion mucho mayor que por la relacion de los nacimientos con la poblacion que se sabe es susceptible de variaciones muy frecuentes.

El número total de nacidos segun los estados de 20 años desde 1780 á 1800 es de 5,014,899, y el de muertos en el mismo periodo de 3.840,455. Si añadimos una sesta parte á la primera cantidad y una dozava en la segunda serán los dos números 3.850,715 y 4.160,492, y restando el segundo del primero el esceso de nacimientos será 1.690,223. Uniendo este esceso á 7.953,000 que era á lo que ascendia la poblacion en 1780 calculado como en las tablas de Rickmann, por los nacimientos, el resultado será 9.643,000, número que segun la correccion requerida por los muertos fuera del pais pasa con mucho la poblacion de 1800, y aun mas todavia el número dado en las tablas como resultado del empadronamiento.

Pero caminemos bajo las bases seguras que acabamos de indicar, y tomando como esacta la poblacion corregida de 1800, restemos el esceso de nacimientos durante 20 años disminuido del número probable de muertos en el estrangero, en este caso serán próximamente 124,000. Tendremos entonces el número de 7.724,000 para la poblacion de 1780 en lugar del de 7.953,000; y hay muchos fundamentos para creer que dicho número se acerca mas á la verdad, y que no solamente en 1780, sino tambien en muchas épocas intermedias, la apreciacion hecha segun los nacimientos ha representado la poblacion mayor y creciendo con mas irregularidad de lo que se ve en los empadronamientos. Esto proviene de que la relacion de los nacimientos con la poblacion es variable y que ha sido mayor en 1780 y en todas las otras épocas durante los 20 años que en 1800.

Por ejemplo, la poblacion está representada por 9.055,000 en 1795; y de 9.168,000 en 1800. Pero si suponemos que el primero de estos números es esacto, y si añadimos el esceso de los nacidos sobre los muertos en los cinco años intermedios, aun sin hacer caso de las omisiones que puede haber en los registros, encontraremos que la poblacion en 1800 debe haber sido 9.398,000 en vez de 9.168,000, y si consideramos esacto el número del estado presentado en 1800, veremos que restando el esceso de nacimientos en los cinco años anteriores debia haber sido la poblacion en 1795 de 8.825,000 en lugar de 9.055,000. De esto se deduce que la valuacion segun los nacimientos en 1795 no puede ser esacta.

El camino mas seguro para obtener la poblacion en esta época, es aplicar á los registros las correcciones arriba mencionadas, y despues de deducir el 4'/, p°/, sobre los nacimientos del sexo masculino, y por los muertos fuera del pais sustraer el esceso restante de los nacimientos segun los estados corregidos en 1800. El resultado seria en este caso 8.831,086 por la poblacion de 1795, lo que indica un acrecentamiento de 453,914 en cinco años, en lugar de 113,000 que es lo que resulta por la tabla calculada segun los nacimientos.

Procedamos de la misma manera en el periodo de 1790 á 1795 y aplicando las correcciones precedentes y teniendo en cuenta la deduccion del 4'/, p°/, de los nacidos del sexo masculino y muertos fuera del pais, encontraremos que el esceso de los nacimientos sobre las defunciones será 415,669, que restado de 8.831,086, poblacion de 1795 segun la valuacion hecha antes, da 8.415,417 por la poblacion de 1790. Por el mismo principio el esceso de los nacidos sobre los muertos en el intervalo de 1785 á 1790 será 416,776, y la poblacion de 1785 será 7.998,641. Y del mismo modo el esceso de los nacimientos sobre las defunciones en el periodo de 1780 á 1785 será 277,544 y la poblacion en 1780 7.721,097.

Por consiguiente las dos tablas de la poblacion de 1780 á 1810 serán asi:

Tabla calculada solamente por los nacimientos segun las observaciones preliminares de los estados de poblacion impresos en 1811.		Tabla calculada segun el esceso de los nacimientos sobre los muertos despues de haber tomado en consideracion las omisiones de los registros y los fallecimientos fuera del pais.	
1780. . .	7.953,000	1780. . . .	7.721,000
1785. . .	7.016,000	1785. . .	7.998,000
1790. . .	8.675,000	1790. . .	8.415,000
1795. . .	8.055,000	1795. . .	8.831,000
1800. . .	9.468,000	1800. . .	9.287,000
1805. . .	9.828,000	1805. . .	9.837,000
1810. . .	10.488,000	1810. . .	10.488,000

En la primera tabla, esto es, en la apreciada segun los nacimientos, las adiciones hechas á la poblacion en cada periodo de cinco años son:

Desde 1780 á 1785. . . .	63,000	Dsede 1795 á 1800. . . .	113,000
Desde 1785 á 1790. . . .	659,000	Desde 1800 á 1805. . . .	660,000
Dcsde 1790 á 1795. . . .	380,000	Desde 1805 á 1810. . . .	660,000

En la segunda tabla que está valuada segun el esceso de los nacimientos sobre las defunciones, despues de haber aplicado las correcciones propuestas, las adiciones á la poblacion en cada uno de estos periodos de cinco años, son:

Desde 1780 á 1785.	. . . 277,000	Desde 1795 á 1800.	. . . 456,000
Desde 1785 á 1790.	. . . 447,000	Desde 1800 á 1805.	. . . 550,000
Desde 1790 á 1795.	. . . 446,000	Desde 1805 á 1810.	. . . 651,000

El progreso de la poblacion segun esta última tabla parece mucho mas natural y probable que segun la primera.

No puede suponerse que en el intervalo de 1780 á 1785 el aumento de la poblacion haya sido solo de 63,000, y en el periodo siguiente de 659,000, y que en el quincenio de 1795 á 1800 de 443,000, y en el inmediato de 660,000. Pero no es necesario insistir en probabilidades: pueden darse datos bien claros para demostrar que sea ó no esacta la nueva tabla, es defectuosa la anterior. Si no se consideran las omisiones de los registros, en el periodo de 1780 á 1785, el esceso de los nacidos sobre los muertos, indica un acrecentamiento de 193,000 en lugar de 63,000. Por otra parte, jamás las correcciones de los registros, tales como se pudieran hacer sin apartarse de la probabilidad, darian un esceso de nacimientos sobre los muertos en el periodo de 1785 á 1790 igual á 659,000. Sin tener en cuenta las omisiones, este esceso no asciende sino á 347,406: y si suponemos que las de los nacimientos son una cuarta parte en lugar de una sesta, que no las hay en el registro de las muertes, y que no ha fallecido ninguno en tierra estraña, el esceso será todavia algunos millares menos que el número indicado.

El mismo resultado obtendriamos si valuasemos el progreso de la poblacion en estos periodos por la relacion de los nacimientos con los muertos y por la suma de mortalidad. En el primer periodo el aumento seria mucho mayor que el indicado, y en el otro seria mucho menor.

Las mismas observaciones pueden hacerse sobre otros periodos de la misma tabla, particularmente en el de 1795 á 1800 de que ya se ha tratado.

Por otra parte veremos que si la relacion de los nacimientos con los muertos en cada periodo se apreciase con esactitud y se comparase con la relacion media de la poblacion, su progreso total determinado se acercará mucho en todos los periodos á la suma de progreso marcada por la diferencia de los nacidos sobre los muertos despues de haber aplicado las correcciones propuestas. Y ademas es digno notarse que si fueran un poco inesactas, lo que es probable, los errores que de alli dimanan sin duda serán menos considerables que los que necesariamente deben provenir de la suposicion en que se funda la antigua tabla, esto es, que los nacimientos tienen en todo tiempo la misma relacion con el número de habitantes.

Ciertamente que no trato de desechar estas apreciaciones de la poblacion cuando no se pueden hallar mejores datos; pero en el caso presente los registros de las muertes y nacimientos se han presentado anualmente despues de 1780: los cuales con la base sólida del último censo proporcionan un medio que antes no se tenia de dar una tabla mas correcta de la poblacion de 1780, y de manifestar al mismo tiempo la inesactitud de las valuaciones hechas solamente segun los nacimientos cuando se quieren saber los progresos de la poblacion en ciertos periodos. Cuando se calcula toda la poblacion de un pais, dos ó tres millares no son de mucha importancia, pero cuando se aprecia la suma de aumento en un periodo de cinco ó diez, es muy importante un error de esta especie. Creo que podremos señalar una diferencia esencial en nuestras conclusiones relativas á la suma de acrecentamiento en cualquiera de los periodos de cinco años que nos queramos fijar, segun que la adicion hecha á la poblacion en el término de que se trata sea 63,000 ó 277,000: 145,000 ó 156,000: 659,000 ó 417,000.

En cuanto á los periodos anteriores á 1780 como no se han presentado los registros anuales de los nacidos y muertos no es posible aplicarles las mismas correcciones. Es evidente que en la tabla calculada segun los nacimientos anteriores á este periodo, como solo abrazan los registros años muy distantes unos de otros, pueden dimanar grandes errores, no solo por la variacion en las proporciones de los nacimientos con la poblacion segun la relacion media de los cinco años, sino aun porque los años parciales asi deducidos no representan con bastante esactitud sus relaciones medias.

Una rápida ojeada que se dirija á la tabla de nacimientos, matrimonios y defunciones que se encuentran en las observaciones prelimínares de los estados de la poblacion, nos pondrá de manifiesto cuan poca confianza se puede tener en sus conclusiones sacadas únicamente del número de matrimonios ó defunciones en los años parciales. Por ejemplo, calculemos la poblacion en los dos años 1800 y 1801 comparados con los dos siguientes segun la relacion de los matrimonios con la poblacion, suponiendo que sea siempre la misma; y veremos que si aquella en los dos primeros años fué de 9.000,000 ha debido ser en los dos siguientes de mucho mas de 12.000,000 y asi pareceria que se hubiera acrecentado mas de tres millones, es decir una tercera parte en tan corto intervalo. El resultado de un cálculo hecho segun los nacimientos de los años de 1800 y 1801 comparados con los de 1803 y 1804 no será muy diferente: ó al menos indicaria un acrecentamiento de 2.600,000 en tres años.

No tiene motivo para sorprenderse el lector de estos resultados si recapacita que los nacimientos, los matrimonios y defunciones guardan una relacion muy corta con toda la poblacion y que por consiguiente las variaciones que haya en uno de estos elementos, y que pueden depender de causas momentáneas, no van acompañadas de variaciones análogas en la masa total de los habitantes. Un aumento de un tercio en los nacimientos que podria suceder en un año, y en lugar de aumentar en una tercera parte la poblacion, ni en una octava ó novena la acrecentaria.

Siguese, pues, como en el capítulo anterior he establecido, que la tabla de poblacion del siglo anterior al año 1800, calculada únicamente segun la suma de nacimientos de diez en diez años, solo puede considerarse como una aproximacion á falta de mejores datos, y que apenas pueda servir para comparar la suma de acrecentamiento en épocas particulares.

La poblacion de 1810 comparada con la de 1800 despues de corregida como lo hemos propuesto en este capítulo, indica un acrecentamiento menos rápido que la diferencia entre los dos censos, y ademas se ha visto que la relacion siguiente de 47 á 29¹/, de los nacimientos con las defunciones es mucho menor de la realidad. Sin embargo esta proporcion es en efecto estraordinaria para un territorio rico y muy poblado, pues añadiria á la poblacion del pais ¹/₇₀ por año, y si continuaba así segun la 2.ª tabla de Euler inserta en el capítulo 11 sobre la fecundidad de los matrimonios, doblaria el número de los habitantes en menos de cincuenta y cinco años.

Este acrecentamiento en la naturaleza de las cosas no puede ser permanente. Pueden haber producido este efecto un grande aumento en la demanda del trabajo con otro gran aumento de fuerza productiva ya en la agricultura, ya en las manufacturas. Estos son dos elementos necesarios para dar un eficaz fomento á un aumento rápido de poblacion. Si uno de ellos falta el estímulo se debilita inmediatamente, lo que en la actualidad es muy probable.

Hemos obtenido un resultado sorprendente sobre la poblacion: y hemos demostrado que á pesar de las grandes ciudades, manufacturas, hábitos contraidos de lujo y de opulencia, si los recursos del pais permiten un gran aumento, y si estan distribuidos de modo que produzcan una demanda progresiva de trabajo, no dejará la poblacion de corresponder á este llamamiento.

CAPITULO X.

Obstáculos á la poblacion en Escocia y en Irlanda.

Un estudio circunstanciado de la estadística de Escocia proporcionaria muchos ejemplos adecuados para ilustrar el principio de la poblacion. Pero he dado á esta parte de mi obra tanta estension que temo haber fatigado la paciencia del lector y me limitaré por lo tanto á manifestar en este punto algunas circunstancias á mi parecer bastante estraordinarias.

Pocas consecuencias seguras pueden deducirse de los registros de la mayor parte de las parroquias de Escocia á causa de las omisiones en las notas de nacidos, casados y difuntos. Algunos de sus resultados son tan sorprendentes que en la parroquia de Crosmichael en el Kircudbright, aparece ser la mortalidad de 1 por 98, y los matrimonios anuales de 1 por 192. Estas relaciones indicarian una salubridad inaudita y una influencia muy estraodinaria del obstáculo privativo, si no se supiera que son debidas principalmente á la omision en los registros de un gran número de defunciones y á que muchos matrimonios de vecinos de la aldea se han celebrado en otras parroquias.

Sin embargo se ve por los registros, reputados esactos, que generalmente en las parroquias del campo es pequeña la mortalidad y no son raras las proporciones de 1 por 45, 50 ó 55. Por las tablas calculadas por M. Wilkie, segun los registros de la parroquia de Kettle es la probabilidad de vida de 46 años y $^4/_{10}$ por consiguiente muy grande; y la relacion de los que mueren anualmente $^1/_{10}$ del número de habitantes. M. Wilkie añade, que segun los estados de 36 parroquias insertos en el primer volúmen de la obra, la probabilidad de vida de un niño recien nacido es de 40,2 años. Pero en una tabla del último volúmen calculada para toda Escocia segun el censo del Dr. Webster, la probabilidad de vida al nacimiento es solo de 34 años. Este último resultado parece ser muy pequeño porque no es mayor al cálculo relativo solo á la ciudad de Edimburgo.

Los registros de Escocia son tan incompletos que solo contienen los estados de 99 parroquias. Si son esactos se debe inferir que este país goza de una gran salubridad y que es muy pequeño el número proporcional de matrimonios. La suma de la poblacion en todas estas parroquias en 1801 era 217,873; la relacion media de las defunciones en los cinco años finalizados en 1800 ha sido de 3813, y en la de los nacimientos 4,929; resulta, pues, que la mortandad era de 1 por 56 y la proporcion de los nacidos de 1 por 44, relaciones tan estraordinarias que es dificil no se

aparten de la verdad. Combinando estos resultados con los cálculos de
M. Wilkie se encontrará que la relacion de los nacimientos y defunciones
en Escocia es menor aun que en Inglaterra, pues en esta es de 1 por 40
en los muertos y 1 por 30 en los nacidos. Ademas que la proporcion de
los nacimientos con las defunciones se ha reconocido ser de 4 á 3 (1).

Aun es mas dificil aventurar una congetura sobre los matrimonios,
pues estan anotados con tanta irregularidad en los registros que en los
Estractos de poblacion no se ha puesto el total. Hubiera creido segun las
Noticias estadisticas que en Escocia habia mas tendencia al matrimonio
que en Inglaterra, pero en realidad siendo igual la relacion de los nacidos
con los muertos asi como la de unos y otros con la poblacion total, no
puede ser muy diferente la de los matrimonios. Nótese aun que suponiendo en ambos paises igualmente eficaz el obstáculo privativo y la misma salubridad es indispensable que Escocia sufra la escasez y la miseria en un grado mas alto para que la mortalidad sea igual á la de Inglaterra, pues en esta hay mas ciudades y manufacturas.

Generalmente las *Noticias estadisticas de Escocia* manifiestan que ha
mejorado la condicion de las clases ínfimas durante estos últimos años, y
aunque ha subido el precio de las subsistencias, el del trabajo ha aumentado generalmente en una proporcion mayor. Se observa en algunas parroquias que el pueblo come mas carne que antes, que está mejor acomoda-
do, mejor vestido y que ha ganado en limpieza. Una parte de estos progresos se debe probablemente á la influencia del obstáculo privativo. En
algunas parroquias existe la costumbre de casarse tarde, y puede juzgarse que sucede lo mismo en otras por la relacion de los nacimientos
con los matrimonios unido á diversas circunstancias. El autor que presenta el estado de la parroquia de Elgin, enumerando las causas generales de despoblacion en Escocia, insiste en considerar como una de
las principales la reunion de arrendamientos que tiende á desanimar el
matrimonio y á ahuyentar del pais la flor de la juventud; habla tambien
del lujo como otra causa de desaliento que por lo menos retarda el matrimonio hasta una edad tan avanzada, que los hijos que de ellos nacen parecen una raza degenerada. ¡Cuántos hombres, dice, de todas las
clases de la sociedad permanecen en el celibato! ¡cuántas jóvenes se
quedan sin casar y que desde el principio del siglo XVHI hasta el año

(1) Noticias estadisticas de la Escocia.

1784 hubieran podido. ser madres de una posteridad numerosa y floreciente!

Este efecto se ha sentido, sobre todo; en las partes de Escocia en donde la poblacion ha disminuido por haber dedicado algunas quintas á pastos, ó por la introduccion de un sistema perfeccionado de agricultura que exige un número menor de brazos. Calculando la disminucion de la poblacion en Escocia á fines del siglo diez y ocho y principios del diez y nueve por la proporcion de los nacimientos en las diferentes épocas, se ha cometido el mismo error que he rechazado con respecto á Suiza; por consiguiente se ha creido esta disminucion mayor de lo que es realmente.

Se puede deducir en general de sus diversos estados, que los matrimonios son mas tardíos en Escocia que antiguamente; pero sin embargo hay escepciones, pues donde estan introducidas las manufacturas, y en donde los niños encuentran ocupacion desde la edad de seis ó siete años, son frecuentes los matrimonios precoces. Mientras que las manufacturas prosperan no se conoce el mal que resulta de esta costumbre; la humanidad se estremece al considerar cuan grande es la mortandad de estos niños, cuyas muertes prematuras hacen lugar á nuevas familias.

Por otra parte, como en las islas Hebridas y en la alta Escocia, en donde por haber dividido propiedades territoriales se ha acrecentado la poblacion, sucede que tambien se casan mas pronto que antes aunque no esten introducidas las manufacturas. Pero la pobreza, consecuencia de esta costumbre, está bien patente. En los estados de la parroquia de Delting en las islas de Shetland, se dice que se casan muy jóvenes y que esta costumbre está fomentada por los propietarios que desean tener en sus tierras todos los hombres que puedan necesitar para la pesca del bacalao, mas los que se casan tan pronto se ven en general cargados de deudas y de todas las dificultades que trae consigo una numerosa familia. Este autor añade que en otro tiempo habia ciertos reglamentos llamados ordenanzas del campo, por uno de los cuales se prohibia casarse antes de tener 40 libras de Escocia en propiedad libre, pero que en la actualidad ha caido este artículo en desuso. Dichas ordenanzas fueron aprobadas y confirmadas por el parlamento de Escocia en el reinado de María ó Jacobo VI.

Examinando los estados de las parroquias de Bressay-Burra y de Quarff en estas mismas islas de Shetland se observa que las granjas son estraordinariamente pequeñas. El objeto de los propietarios no es otro sino tener tantos pescadores como puedan, lo cual entorpece los progresos de la agricultura. Estas gentes pescan para sus dueños que les dan un salario muy inferior á su trabajo ó les compran á vil precio su pescado. «En otras partes, dice el autor, se considera como un beneficio una poblacion abundante, pero en las islas de Shetland sucede precisamente lo contrario. Las tierras estan divididas y los jóvenes se ven precisados á casarse antes de tener fondos; la consecuencia de su imprudencia es la miseria y la afliccion. Se cree que estas islas contienen doble poblacion de la que cómodamente puede subsistir.»

El escritor que presenta el cómputo de la parroquia de Auchterderran en el condado de Fife, dice que el escaso alimento del obrero no basta para sostener el peso de su trabajo, y por consiguiente su cuerpo se debilita antes de tiempo. «La facilidad, añade, con que estos hombres se someten voluntariamente á tan penosa situacion, atándose con los lazos del matrimonio, manifiesta hasta qué punto esta union y el deseo de la independencia son naturales en el hombre.» Al deseo de la independencia creo que debia haber sustituido este escritor el anhelo de verse reproducir en sus hijos.

La isla de Jura está sobrecargada de habitantes á pesar de sus constantes y numerosas emigraciones, existiendo á veces cincuenta ó sesenta individuos en una misma granja. El escritor que refiere esto, observa que tales enjambres en un pais privado de manufacturas, es una carga para los propietarios sin ninguna ventaja para el estado.

El autor de los estados de la parroquia de Lochalch, condado de Ross, se admira del acrecentamiento rápido de la poblacion á pesar de la emigracion considerable á América que ha tenido lugar en 1770, y el número de jóvenes que ha consumido la última guerra, y cree difícil esplicar este fenómeno. Observa que si la poblacion continúa creciendo del mismo modo, á menos de que no se descubran nuevos medios de ocupacion para el pueblo, será imposible que el pais pueda soportarla. Y haciéndose cargo de la parroquia de Callander, dice su redactor que las aldeas de ella y algunas otras que se le asemejan, estan infestadas de una caterva de miserables desnudos y muertos de hambre que solicitan pan y vestido, añadiendo con este motivo que es necesario aguardar una pronta decadencia en todos los parages donde la poblacion escede á la industria.

Un ejemplo bien estraordinario de la tendencia á un rápido acrecentamiento, es el que nos ofrecen los registros de la parroquia de Duthil en el condado de Elgin. Como los errores por esceso son menos probables que las omisiones, merece este ejemplo una atencion particular. La relacion de los nacimientos anuales con toda la poblacion en esta parroquia es de 1 por 12, la de los matrimonios de 1 por 55, y lo mismo la de las defunciones. Los nacidos son á los muertos como 70 es á 15 ó como 4°/₀ á 1. Se puede suponer alguna inesactitud en el número de los difuntos, donde hay sin duda algunas omisiones, mas la relacion estraordinaria de nacimientos que asciende á ¹/₁₂ de toda la poblacion, no parece que sea susceptible de error, y otras circunstancias relativas á esta parroquia confirman este resultado. Por cada 830 personas se contaban tres hombres no casados, y cada matrimonio habia producido siete hijos. A pesar de esto se cree que despues de 1745 la poblacion habia disminuido mucho. Y parece que esta tendencia escesiva á aumentarse habia sido efecto de una gran emigracion. El escritor que presenta este cómputo menciona muchas emigraciones considerables, manifestando que tribus enteras que gozaban de algunas comodidades habian por último emigrado de Escocia solo por capricho ó con la esperanza imaginaria de adquirir mas independencia y llegar á ser propietarios de terrenos libres.

Esta relacion estraordinaria de nacimientos, causada evidentemente por el hábito de emigracion, manifiesta la gran dificultad de despoblar un pais llevándose sus habitantes, pero si se les arrebata su industria y los medios de subsistencia bien pronto desaparece enteramente.

Hay que notar que en esta misma parroquia se dice ser 7 el número medio de niños que resultan por cada matrimonio, mientras que si se quisiere calcular por la relacion de los nacidos con los casamientos anuales, resultaria de 4°/₀ solamente. Semejante diferencia se nota en muchas otras parroquias, de donde podemos deducir que los redactores de estos cómputos de poblacion han adoptado muy juiciosamente para determinar este número, un método independiente de la relacion de los nacimientos con los matrimonios anuales. Es probable que deduzcan sus resultados de investigaciones particulares ó de un detenido exámen de los registros, y que hayan podido asi saber con seguridad el número de hijos que cada muger habia dado á luz durante su matrimonio.

Son tan fecundas las mugeres en Escocia que es muy frecuente esta relacion media de 6 hijos por matrimonio, y no es rara la de 7 ó aun 7¹/₂. Hay que observar una cosa muy notable, y es por qué aparece en los estados de poblacion un número muy considerable de hijos de cada matrimonio que viven en la actualidad, lo que supone un número todavia mayor si se comprendieran los que ya han muerto y los que aun no han nacido. En la parroquia de Nigg, condado de Kinkardine se lee que hay 57 familias agrícolas y 465 hijos, lo que da cerca 7'/, por cada una: 42 familias de pescadores y 314 hijos, correspondiendo á cada una cerca de 7'/,. Las familias de labradores que no tenian hijos eran siete, y de pescadores no habia ninguna que estuviese en este caso. Si son esactos estos datos, me parece que cada matrimonio no dejaria de haber dado nueve ó diez vástagos.

Cuando despues de un empadronamiento efectivo se encuentran tres hijos vivos por cada matrimonio ó sean cinco personas y algunas veces 4 '/, por familia, como frecuentemente se observa, no se debe deducir que el término medio de nacimientos no pasa de 3 por cada matrimonio. Conviene tener presente que los matrimonios celebrados durante el año que se verifica el censo, no pueden haber todavía dado el fruto que en general los del año anterior pueden tener lo mas un hijo, dos, los que lleven otro tanto tiempo de casados y que á los cuatro años de matrimonio, segun el órden natural de las cosas, no deben haber dado á luz y conservado arriba de tres hijos. Si en el espacio de diez años solo fallece un hijo por cada cinco, se deberá considerar esta mortandad como muy inferior de la comun. Asi se debe esperar que en diez años el hijo mayor habrá perecido. Si se supone que cada matrimonio produce únicamente cinco hijos, las familias llegadas á completarse por los nacimientos, solo tendrán cuatro, y un gran número de otras todavía incompletas en cuanto á su número, tendrán quizá menos de tres. Es menester advertir que se encontrarán muchas en que habrá perecido el padre ó la madre. Atendido, pues, á todas estas consideraciones, dudo que un empadronamiento esacto de esta poblacion en donde cada matrimonio da cinco hijos, presente aun 4 '/, individuos por familia. En la feligresía de Duthil de que ahora hago mencion se atribuye á cada matrimonio 7 hijos y el número de individuos de cada familia se regula solo en 5.

En Escocia se asiste generalmente á los pobres por contribuciones voluntarias distribuidas bajo la inspeccion del ministro de cada parroquia y cuyos repártos se hacen con mucho discernimiento. Como estas dádivas son por su naturaleza módicas y precarias, y como conocen los pobres que no tienen ningun derecho á ellas, no las consideran como el último recurso para un caso estremo de miseria, ni como un fondo sobre el que pueden contar con seguridad, ni como un beneficio que los asigna la ley en el caso de que sufran la necesidad.

La consecuencia de esta opinion es que los hombres próximos á la pobreza hacen ésfuerzos estraordinarios para sustraerse á ella y evitar tener que recurrir á dádivas inciertas é insuficientes. Se observa en mu-

chos de los estados de las diferentes parroquias del pais, que casi todos
los habitantes ahorran algo por si tienen la desgracia de enfermar y para
cuando lleguen á la vejez. Y cuando una persona se vé próxima á tener
que recurrir á las asistencias de la parroquia; sus hijos capaces de trabajar, asi como todos aquellos con quien tiene relaciones de parentesco,
hacen todo lo posible para precaver esta especie de envilecimiento que
es una deshonra para su familia.

Los escritores que han redactado los estados de poblacion de las diferentes parroquias de este pais, reprueban frecuentemente y en términos
muy duros, el sistema de asistencia establecido en Inglaterra bajo el
nombre de *Contribucion para los pobres* y dan decididamente la preferencia al método adoptado en Escocia. En el cómputo de Paisley á pesar
de que es una poblacion manufacturera en que abundan los pobres, no
solamente se rechaza el sistema inglés, sino que con este motivo se hace
una observacion, que quizá no esté exenta de exageracion, pues dice
que aunque Inglaterra sea el pais en donde recogen mayores sumas para
los pobres, no hay ninguno en que sea tan grande el número de estos y
añade que *su suerte es muy miserable en comparacion de los que existen
en otros paises.*

Contestando á esta pregunta, ¿cuál es el medio mas á propósito para socorrer las necesidades de los pobres? Se observa juiciosamente en
los estados de Caerlaverok que la miseria y la carestía crecen en proporcion de los fondos destinados para aliviarla, que la medida de la caridad es desconocida hásta el momento en que se distribuyen sus beneficios; que en las parroquias rurales de Escocia bastan en general algunas
cortas limosnas eventuales; que el gobierno no necesita tomar parte para
que se aumenten las dádivas que son tan abundantes cuanto se necesita; en una palabra, que una contribucion para los pobres no solamente
seria inútil, sino perjudicial, pues gravaria á los propietarios sin favorecer á los pobres.

Aunque parece que esta es la opinion dominante entre el clero
de Escocia, no falta, sin embargo, quien aprueba y aun propone en algunas comarcas el sistema de la contribucion. Como en muchas parroquias
no se ha puesto en práctica, y no han reflexionado sobre el principio de
la poblacion, por no ser testigos de los males que trae consigo dicho
impuesto, le han considerado á primera vista como el método de asistencia mas natural, pues presenta el único medio de hacer contribuir
igualmente, á proporcion de sus bienes, al hombre caritativo y al que
no lo es, siendo al propio tiempo susceptible de aumento ó disminucion
segun lo exijan las necesidades del momento.

Las enfermedades endémicas y epidémicas afligen en Escocia lo mismo que en todas partes, á los pobres. En algunos cantones es considerado el escorbuto como enfermedad penosa y de dificil curacion; á veces degenera en lepra contagiosa cuyos efectos son espantosos y algunas veces mortales. Uno de los redactores de las notas estadisticas llama á este mal azote y veneno de la naturaleza humana, y el cual proviene generalmenre de las localidades húmedas y frias, de un alimento escaso y en corta cantidad, del aire impuro en las casas en donde estan hacinadas las personas y á los hábitos de indolencia y de suciedad.

A estas causas en gran parte deben atribuirse los reumatismos que tanto abundan en este pais y las consunciones frecuentes en las clases bajas. Estas enfermedades, y sobre todo la última, han ejercido grandes estragos donde quiera que por circunstancias particulares se ha empeorado la situacion del pobre.

Las calenturas lentas y nerviosas y otras mas fuertes y funestas se convierten muchas veces en epidemias y arrebatan un gran número de personas. Pero si se csceptúa la peste, ninguna enfermedad es tan terrible como las viruelas. Se reproducen en muchos distritos pasado un cierto número de años, formando periodos regulares ó irregulares que rara vez bajan de 7 á 8 años. Sus estragos son espantosos á pesar de que en algunos parages han disminuido de algun tiempo á esta parte. Todavia dominan las preocupaciones contra la vacuna; y como en las casas pequeñas y llenas de gente no se puede cuidar bien á los enfermos, y ademas se acostumbra á que todo el que quiere los visite, ya se puede imaginar cuán destructora será esta enfermedad, sobre todo entre los mas pobres. En algunas parroquias de las islas Hebridas y de la Alta-Escocia, el número de individuos que habitan en la misma casa sube de 4 1/2, ó 5 hasta 6 ó 7. Fácilmente se comprenderá que tanta gente sin medio alguno de limpieza y de salubridad no puede menos de agravar mucho el contagio.

En todos tiempos ha sufrido Escocia años de escasez y algunas veces hasta verdaderas hambres. Los años de 1635, 1680, 1688, los últimos años del siglo XVII, y los 40, 56, 66, 78, 80 y 83 del siguiente, se citan como años de escasez en los cuales se ha hecho sentir terriblemente la necesidad. En 1680 arrebató el hambre tantas familias que en un radio de seis millas solo quedó una, siendo asi que antes habia estado muy poblado (1). Los siete últimos años del siglo décimosétimo fueron

---

(1) Parroquia de Duthil.

estériles. El cómputo de la feligresia de Montquhitter, dice: que de diez y seis familias que vivian en una granja se estinguieron trece; que en otra de 169 individuos solo sobrevivieron tres familias; comprendiendo la del propietario. Terrenos estensos que en la actualidad contienen un centenar de individuos fueron asolados de tal modo que se les convirtió en dehesas para los ganados. *En general la muerte redujo á la mitad y según otros á una cuarta parte á los habitantes de la parroquia;* y muchas tierras permanecieron incultas hasta 1709. En 1740 se sintió la escasez, y los pobres, aunque no se murieron de hambre, se encontraron en el mayor apuro. Muchos á pesar de ofrecer su trabajo por un poco de pan, no encontraban ocupacion. Hombres muy trabajadores recibieron con gratitud dos peniques (25 mrs.) diarios de jornal; lo mismo sucedió en 1782 y 83. «Si en esta época crítica, dice el autor, no se hubiera terminado la guerra de América, si los almacenes abundantes, sobre todo los de legumbres, preparados para la marina no se hubieran puesto en venta, qué de escenas de horror y de desolacion no hubiera presentado este pais!»

Muchas descripciones semejantes se encuentran en las *Noticias estadísticas*; pero los ejemplos citados bastan para dar á conocer la naturaleza y efectos de los males que la necesidad de alimentos ha ocasionado de tiempo en tiempo en Escocia.

Algunas partes de la Alta-Escocia se despoblaron en 1783 y todavía se cita dicho año como la causa de la disminucion del número de habitantes despues del censo de M. Webster. Como era de esperar esta escasez arruinó completamente á algunos arrendadores.

Los del Alta-Escocia se vieron en la precision de abandonar sus montañas y dirigirse á la Baja-Escocia para trabajar como simples obreros y buscar en ella medios precarios de subsistencia. Hay parroquias que todavía en la época del último empadronamiento se conocian en las casas arruinadas de los arrendatarios el efecto producido por este año desastroso, y en donde el pueblo en general se resentia aun, y presentaba el aspecto de la miseria.

Segun el estado de la feligresia de Grange (en el condado de Banff) acabó dicho año 1783 con todas las mejoras de las huertas y obligó á no ocuparse sino del cultivo del trigo. Casi todos los terratenientes se arruinaron. Antes de esta época las consunciones eran poco frecuentes y despues se aumentaron, lo cual se debió, al parecer, á la escasez de 1783 y al mal alimento con que tuvo que contentarse el pueblo. Tambien se le atribuye á la inclemencia de la estacion durante las cosechas de 1782 y 1787 que obligó á los jornaleros á pasar tres meses enteros espuestos sin cesar al frio y á la humedad, y mas que todo, al cambio que se verificó en el modo de vivir de las clases inferiores. Antiguamente cada padre de familias gozaba de algunas comodidades, bebia de cuando en cuando cerveza, y mataba para su uso un carnero de su rebaño. Pero no sucede lo mismo en el dia. La falta de las cosas mas necesarias para vivir que sufre frecuentemente el pobre, el aire húmedo y corrompido de la habitacion que le sirve de asilo y el abatimiento ó la desgracia que se ha apoderado de aquellos que antes vivian con algun desahogo, son las causas principales de las enfermedades que reinan en esta parroquia y de la gran mortalidad que en ella se observa. Los jóvenes son víctimas de la consuncion y los viejos de la hidropesia y de las calenturas nerviosas.

La situacion de esta feligresía debe considerarse como una escepcion del estado general de toda Escocia aunque no falten algunas que se le parezcan. Esta triste situacion es debida sin duda á la ruina de los propietarios y de los arrendadores. Y no debemos admirarnos de esto porque fácilmente se concibe que la mayor calamidad para un pais es la pérdida de su fondo y de su capital agrícola.

Conviene observar que à la escasez y al mal alimento de 1783 se deben atribuir las enfermedades que han asolado á esta parroquia. Lo mismo ha sucedido en otras muchas y se dice al presentar su cómputo que son pocas las personas á quienes el hambre haya hecho morir por su influencia directa, pues casi siempre ha sido seguida de enfermedades mortales.

Se nota tambien con este motivo en muchas feligresías que el número de casamientos ha variado segun los años de escasez y de abundancia.

En la parroquia de Dingwals, condado de Ross, hubo despues de la escasez de 1783, 16 nacimientos menos que la relacion media y 14 menos que el número mas bajo de los años anteriores. El año 1787 fue muy fértil y al siguiente crecieron en proporcion los nacimientos, hubo 17 mas que el término medio y 11 mas que el número mayor de los otros años.

Al presentar el estado de la parroquia de Duwrossness en las Orcadas, dice su redactor que el número anual de matrimonios depende mucho de las cosechas. En los años buenos pasan de 30 y no llegan á la mitad en los que falta la recoleccion.

El acrecentamiento total de la poblacion de Escocia despues de año 1755 en que el doctor Webster hizo el recuento es de cerca de 260,000 almas para sostenerlas se ha efectuado una mejora proporcional en la agricultura y en las artes y se ha estendido el cultivo de las patatas, de manera que en algunas comarcas componen las dos terceras partes del alimento del pueblo. Se calcula que la emigracion arrebata á Escocia la mitad de este acrecentamiento de la poblacion. No puede dudarse que estas escursiones de hombres dejen de aliviar mucho al pais y de mejorar la situacion de los que quedan. La Escocia está ciertamente en la actualidad sobrecargada de habitantes, pero no tanto como hace un siglo ó medio, época en que contenia menos habitantes.

No se conocen bien las circunstancias particulares de la poblacion de Irlanda, y por lo tanto me limitaré á decir que el uso de las patatas se ha estendido mucho durante este último siglo. El bajo precio de este género, la poca tierra cultivada que se necesita para proporcionar este alimento á toda una familia, el estado de ignorancia y de barbarie que induce á seguir sus inclinaciones sin casi ninguna prevision, han fomentado los casamientos en este pais á tal punto, que la poblacion ha pasado mucho mas allá de los límites de los alimentos y de la industria. De esto ha resultado para las clases ínfimas un estado de abatimiento y de miseria estrema. Por consiguiente los obstáculos á la poblacion en Irlanda son principalmente los descructivos, enfermedades ocasionadas por la pobreza mas deplorable, por las habitaciones húmedas y mal sanas, por el mal vestido, por la poca limpieza habitual y muy frecuentemente por la falta de alimento. A estos obstáculos destructivos se han unido durante los últimos años los vicios y todas las calamidades que traen consigo las conmociones intestinas, la guerra civil y la ley marcial.

CAPITULO XI.

De la fecundidad de los matrimonios.

Conocida la poblacion de un pais, la ley de su acrecentamiento, y teniendo registros de los nacimientos, muertes y matrimonios, debe saberse con alguna seguridad la fecundidad de los últimos y el número proporcional de los que llegan á la pubertad.

Quizá no sea este problema susceptible de una solucion esacta; pero al menos podremos resolverle mediante algunas consideraciones, y desvanecer ciertas dificultades que ofrecen de cuando en cuando los estados de la poblacion.

18

Pero es preciso observar que en los registros de casi todos los paises, hay mas omisiones por lo regular, en las tablas de los nacimientos y muertes, que en las de los matrimonios, de donde se sigue que casi siempre aparece mayor la relacion de los matrimonios de lo que es en realidad.

Segun el último censo que recientemente se ha hecho de la Gran Bretaña, creo que los registros de los matrimonios son bastante esactos: al contrario, es evidente que hay muchas omisiones en los nacimientos y muertes; y es muy probable que suceda lo mismo en los estados de los demas paises.

Para formarnos una idea de la fecundidad de los matrimonios, tales como se presentan comprendiendo las segundas y terceras nupcias, escojamos en los registros de cualquier pais un cierto periodo determinado, por ejemplo un espacio de treinta años, y averigüemos cuál es el número de nacimientos producidos por los matrimonios de este periodo. Es evidente que al principio se encontrará, recorriendo los matrimonios entonces existentes, nacimientos que pertenecen á enlaces que no estan comprendidos en el periodo: y vice-versa, al fin de este se encontrará un número de nacimientos producidos por los matrimonios de este periodo, pero destinados á formar nuevos enlaces que solo tendrán lugar en el periodo siguiente. Si podemos quitar ahora el número de los comprendidos en el primer caso, en el segundo obtendremos esactamente el total de nacimientos producidos por los matrimonios de este periodo, logrando saber con certeza su fecundidad. Si la poblacion permanece estacionaria, el número de nacimientos que se añadan será enteramente igual al que se tendrá que quitar; y la relacion de los nacimientos con los matrimonios, tal como lo determinaran los registros, representará esactamente su fecundidad real. Mas si la poblacion crece ó decrece, el número que se añada no será igual al que se quite, y la relacion de los nacimientos con los matrimonios tal como está en los registros no representará con verdad la fecundidad de los nacimientos. Si la poblacion crece, el número que se añada será mayor que el que se quita: por consiguiente la relacion de los nacimientos con los matrimonios, determinada inmediatamente por los registros, dará siempre una fecundidad muy pequeña; y lo contrario sucederá si la poblacion decrece. Ahora se presenta esta pregunta: ¿qué es preciso añadir, y qué quitar, cuando no es igual el número de nacimientos y muertes?

En Europa la relacion media de los nacimientos con los matrimonios es casi de ½ á 4: supongamos, por ejemplo, que cada matrimonio produzca 4 hijos, á saber, uno cada dos años: En este caso, cualquiera que sea el periodo escogido en los registros, los matrimonios de los ocho años anteriores no habrán producido sino la mitad de los nacimientos; la otra mitad que nacerá en el curso del período no debe imputarse á los matrimonios en él comprendidos, y debe separarse, así tambien los matrimonios de los ocho últimos años del periodo no habrán producido sino la mitad de los nacimientos, y la otra mitad deberá añadirse: pues la mitad de los nacimientos de ocho años cualesquiera puede considerarse como casi igual á los nacimientos de los $3^3/_4$ años siguientes. En caso de que sea muy rápido el aumento, esta mitad escederá poco á los nacimientos de los $3^1/_4$ años siguientes; y en aquellos en que el aumento sea muy lento, se acercarán los nacimientos de los 4 años siguientes: el término medio puede, pues, fijarse en 3 años $^3/_4$. Por consiguiente si se quitan los nacimientos de los $3^3/_4$ primetos años del periodo, y se añaden los nacimientos de los 3 años $^3/_4$ que siguen inmediatamente pasado el periodo, se tendrá un número de nacimientos casi igual al de los producidos por los matrimonios que comprende el periodo, y por lo tanto la espresion de la fecundidad de los matrimonios. Mas si la poblacion de un país crece con regularidad, y si los nacimientos, las muertes y los matrimonios conservan siempre la misma relacion, ya entre sí, ya con la poblacion tótal, tomando dos periodos iguales en duracion, de los cuales el uno sea posterior al otro en cierto número de años, podrá afirmarse que todos los nacimientos del uno serán á los del otro como los nacimientos anuales respectivamente, teniendo cuidado de comparar entre sí los dos años correspondientes, es decir, dos años tomados el uno en el primer periodo y el otro en el segundo, y que esten situados á la misma distancia uno de otro que lo estan los mismos periodos. Y lo que hemos dicho de los nacimientos pudiera decirse de los matrimonios; por consiguiente, en la hipótesis del acrecentamiento regular que hemos supuesto, bastará para graduar la fecundidad de los matrimonios, comparar los de este año ó de otro cualquiera con los de un año posterior colocado á 3 años y $^3/_4$ de distancia.

Hemos supuesto en este ejemplo que cada matrimonio produzca 4 hijos, pues en efecto, se observa en Europa que la relacion media de los nacimientos con los matrimonios es de 4 á 1. Pero puesto que la poblacion de Europa va en progreso, la fecundidad de los matrimonios debe ser mas que de 4 hijos. Por esta razon sustituyamos el espacio de 4 años al de 3 y $^3/_4$ y probablemente no iremos muy estraviados, aunque haya de pais á pais alguna diferencia. En efecto, en donde los matrimonios son muy fecundos, los nacimientos en general han de sucederse en muy cortos intérvalos: y recíprocamente donde lo son menos, los intérvalos han de ser mayores. De aqui resulta que con grados de fecundidad muy distintos, el período de que nos ocupamos queda siempre el mismo.

De estas observaciones se deduce que cuanto mas rápido sea el acrecentamiento de la poblacion, tanto mas la fecundidad de los matrimonios escederá á la relacion de estos con los nacimientos que consta en los registros.

La regla anterior debe considerarse como una tentativa hecha con el objeto de graduar la fecundidad de los matrimonios tomados indistintamente tal cual los presentan los registros. Esta fecundidad debe distinguirse cuidadosamente de la de los matrimonios de primeras nupcias de la de las mugeres casadas, y aun mas de la de las mugeres tomadas en la edad mas á propósito. Muy probable es que la fecundidad natural de las mugeres sea poco mas ó menos la misma en casi todos los paises: mas la fecundidad de los matrimonios está sujeta á una multitud de circunstancias particulares en cada pais, y entre otras al número de matrimonios tardios. Merecen en todas las naciones tomarse en consideracion las segundas y terceras nupcias, pues influyen esencialmente en la relacion media de los matrimonios. Segun Sussmilch en toda la Pomerania desde 1748 á 1756 inclusive, el número de personas casadas fue 55,956, y en este número se contaban 10,586 tanto viudos como viudas. Segun Bussching en la Prusia y la Silesia en 1784, de 29,308 personas que se casaron, 4,844 eran viudos; y por consiguiente mas de una sesta parte del total de los matrimonios. Si se tratase de graduar la fecundidad de las mugeres casadas, el número de nacimientos ilegítimos compensaria, aunque no del todo, el número de matrimonios producido por las segundas y terceras nupcias. Ademas como es mayor el número de viudos que se casan que no el de viudas, no es necesario aplicar del todo esta correccion. De otro modo seria si se tratase de graduar la relacion ó número proporcional de los niños que llegan á la edad de la pubertad, y si para graduar este número se emplease la relacion de los matrimonios con los muertos. En este caso, que es del que nos vamos á ocupar, la correccion anterior debe aplicarse enteramente.

Para determinar el número proporcional de los niños que llegan á casarse, es preciso ante todo restar de los matrimonios una sesta parte, y despues de corregidos compararlos con las defunciones que señalen los registros de un año que diste del que proporciona el número de matrimonios un intervalo igual á la diferencia que hay entre la edad media del matrimonio y la edad media de la muerte.

 Asi, por ejemplo, si la relacion de los matrimonios con las muertes era la de 1 á 3, quitando la sesta parte de los matrimonios, esta relacion se mudará en la de 5 á 18, y por consiguiente el número de personas que se casan anualmente en primeras nupcias será al de los muertos como 10 á 18. Supongamos entretanto que la edad media de la muerte esté á 10 años de distancia de la edad media del matrimonio y que durante estos diez años las muertes crezcan en $\frac{1}{4}$, desde entonces el número de personas que se casen anualmente en primeras nupcias, comparado con el número de muertes anuales á la distancia de la diferencia entre la edad del matrimonio y la de la muerte, estará en la relacion de 10 á 20. De donde se seguiria precisamente *que la mitad de los niños que naciesen llegarian á la edad del matrimonio.*

No hay en verdad una union necesaria entre la edad media del matrimonio y la edad media de la muerte. En un pais de abundantes recursos donde por consiguiente la poblacion crece con mucha rapidéz, la vida media, ó lo que es lo mismo, la edad media de la muerte, puede subir mucho, mientras los matrimonios sean muy precoces. En este caso los casamientos comparados con las muertes del mismo año, en los registros; aun despues de la disminucion de las segundas y terceras nupcias presentarán una relacion demasiado grande para espresar el número proporcional de los que se casan. Se puede suponer que en tal pais la edad media de la muerte será de 40 años, mientras la edad media del matrimonio seria de 20. En este caso, á la verdad muy raro, la distancia del matrimonio á la muerte será igual á la del nacimiento al matrimonio.

Aplicando estas observaciones á los registros en general, veremos que rara vez podrán darnos la determinacion esacta del número proporcional de los que se casan, porque no conocemos la edad media de este; sin embargo proporcionan datos muy útiles y harán desaparecer muchas dificultades, y generalmente se observará que en los paises en que la relacion de los matrimonios con las muertes es muy grande hay que suponer que la edad media del matrimonio es mucho menor que la edad media de la muerte.

En Inglaterra la relacion media de los matrimonios con los nacimientos ha sido próximamente de 100 á 350. He calculado en $\frac{1}{4}$ las omisiones en los nacimientos y en las muertes, pero no los contaré aquí sino por $\frac{1}{7}$, con objeto de añadir los nacimientos ilegítimos. Asi los trimonios serán á los nacimientos como 1 es á 4, y á las muertes como 1 es á 3, y deducidas las segundas y terceras nupcias, la relacion de los matrimonios con las muertes será de 1 á 3,6. Supongamos la edad media del matrimonio en Inglaterra anterior á los siete años de la media de la muerte, el acrecentamiento que tendrá lugar en las muertes durante estos siete años segun el progreso actual de la poblacion que es de $\frac{1}{140}$ por año, será de 0,6. Asi el número proporcional de los que llegan á casarse se podrá calcular de 200 por 381, ó un poco mas de la mitad. Los matrimonios comparados con los nacimientos que se han verificado cuatro años despues, dan 4,136 por la fecundidad de los matrimonios.

Estos ejemplos bastan para manifestar el modo de aplicar las reglas que se han dado arriba, y que deben ayudarnos á determinar, segun los registros, por un lado la fecundidad de los matrimonios, y por otro el número proporcional de los que llegan á casarse.

Preciso es notar cuán importante es la correccion relativa á las segundas y terceras nupcias: si se supone que cada matrimonio produce cuatro nacimientos, y que el número de estos sea igual al de las muertes, será preciso para que produzca este efecto que la mitad de los que nazcan lleguen á casarse. Mas cuando por las segundas y terceras nupcias se quita $\frac{1}{9}$ de los matrimonios, y despues de esta operacion se les compara con las muertes, la relacion se cambia en 1 á 4 $\frac{4}{9}$; y en lugar de la mitad bastará que de 4$\frac{4}{9}$ niños, haya dos que lleguen á casarse. Segun el mismo principio si los nacimientos eran á los matrimonios como 4 es á 1, y si precisamente una mitad de los niños llegasen á casarse, habia que suponer desde luego que la poblacion permanecia estacionaria. Mas si se quita $\frac{1}{9}$ de los matrimonios, y se establece en seguida la relacion de las muertes con los matrimonios como 4 es á 1, se verá que las muertes indicadas en los registros serán á los matrimonios como 3$\frac{1}{2}$ es á 1: desde luego los nacimientos serán á las muertes como 4 es á 3$\frac{1}{2}$ ó como 12 es á 10, lo que indica un aumento bastante rápido.

Conviene aun observar que como hay muchos viudos y viudas que se casan mas de una vez, para tener la relacion de los niños varones que se casan, es preciso quitar de los matrimonios $\frac{1}{5}$ en vez de $\frac{1}{9}$. Segun esta correccion, si cada matrimonio da 4 nacimientos, bastará para mantener la poblacion que de 5 niños haya solo 2 varones que lleguen á contraer matrimonio. Si cada uno de estos produce 5 hijos, bastará obtener el mismo efecto que haya en este número menos de una tercera parte de los varones que se casan. Y por otras suposiciones es fácil hacer un cálculo análogo y teniendo en cuenta la relacion de los niños varones destinados á casarse, seria tambien preciso considerar el número superior de estos que se observa en la tabla de los nacimientos.

Tres son las causas que al parecer obran eficazmente para producir un esceso de nacimientos sobre los muertos: 1.ª la fecundidad de los matrimonios: 2.ª el número proporcional de los niños que llegan á casarse: 3.ª los casamientos precoces comparados con la vida media, ó en otros términos, el corto espacio que media desde el nacimiento al matrimonio comparado con el que hay desde este hasta la muerte. M. Price no ha tomado en consideracion esta última causa, pues aunque observa con razon que la suma de acrecentamiento en igual fecundidad, depende del estímulo al matrimonio y de la probabilidad de la vida del niño recien nacido, en su esplicacion no considera un acrecentamiento en la probabilidad de la vida sino mientras afecta al aumento del número de personas que habiendo llegado á la edad viril se casan, y no mientras afecta la distancia entre la edad del matrimonio y la de la muerte. Tambien es positivo que si existe un principio de acrecentamiento, un matrimonio actual produce mas de uno en la generacion siguiente, comprendiendo las segundas y terceras nupcias. Cuanto mas rápidamente se suceden estas generaciones matrimoniales, en comparacion de la distancia de la muerte, tanto mas rápido será tambien el acrecentamiento.

Un cambio favorable en cualquiera de estas tres causas, permaneciendo lo mismo las restantes, no puede menos de influir en la poblacion y de aumentar el esceso de los nacimientos sobre las muertes, como lo confirman los registros. En cuanto á las dos primeras causas obran en igual sentido en la relacion de los nacimientos con las muertes; creciendo una y otra aumenta tambien esta relacion: pero obrarán en sentido opuesto en la relacion de los matrimonios con los nacimientos. Cuanto mas fecundos son aquellos mayor es la relacion de los nacimientos con los matrimonios, y mas pequeña segun es mayor el número de los que se casan. Por consiguiente, si la fecundidad de los matrimonios y el número de aquellos crecen á la vez entre ciertos límites, podrá suceder que la relacion de los nacimientos con los matrimonios, tal como estan en los registros, permanezca la misma. Por esta razon los registros de diferentes paises estan conformes muchas veces en cuanto á los nacimientos y matrimonios, aunque la poblacion siga leyes de acrecentamiento muy diferentes.

A la verdad que *la relacion de los nacimientos con los matrimonios no proporciona medio alguno para juzgar de la ley del acrecentamiento de la poblacion.* Esta puede permanecer estacionaria ó decreciente mientras esta relacion es de 5 á 4 y por el contrario puede crecer con rapidez siendo de 4 á 1. Cuando la ley de acrecentamiento proviene de otras causas, no debe desearse encontrar en los registros una gran relacion de los nacimientos con los matrimonios, sino al contrario muy pequeña, porque lo es tanto mas, cuanto mayor es la relacion de los que se casan, y por consiguiente cuanto mas saludable es el pais y mas propio para la conservacion de la vida.

Crome dice que cuando en un pais cada matrimonio da menos de cuatro nacimientos, la poblacion está en una situacion muy precaria, y gradúa la fecundidad de los matrimonios por la relacion de los nacimientos anuales con los matrimonios anuales. Si fuese esacta semejante observacion fundada en este cálculo, la poblacion de muchos paises de Europa estaria en una situacion muy lamentable, porque la relacion de los nacimientos con los matrimonios, sacada inmediatamente de los registros, es poco menos de 4 á 1, He manifestado las correcciones que hay que hacer para que resulte una espresion esacta de la fecundidad de los matrimonios. Si el número de niños que se casan es proporcionalmente muy grande, y si la edad del matrimonio es mucho menor que la vida media, una relacion de los nacimientos con los matrimonios menor en los registros que 4 á 1, es muy compatible con un aumento rápido de poblacion. En Rusia es la relacion de los nacimientos con los matrimonios menor que la de 4 á 1, y sin embargo la poblacion de este pais crece mas rápidamente que la de ningun otro de Europa. En Inglaterra la poblacion crece mas que en Francia, y sin embargo en Inglaterra la relacion de los nacimientos con los matrimonios, considerando las omisiones, es de 3 á 1, y en Francia de 4¹/₂ á 1. En verdad que para efectuar un acrecentamiento tan rápido como el de América, es preciso que obren á la vez todas las causas que puedan producirle; y cuando la fecundidad de los matrimonios sube á un punto estraordinario, es preciso que la relacion de los nacimientos con los matrimonios esceda la de 4 á 1. Pero generalmente cuando la fuerza prolífica está muy contenida, es sin duda mejor que el acrecentamiento de la poblacion se deba á la buena salud de la juventud, y por consiguiente á un aumento en el número de los que se casan, mas bien que provenga de una gran fecundidad en los matrimonios unida á una gran mortandad. Asi que en los casos ordinarios, una relacion de los nacimientos con los matrimonios igual ó inferior á la de 4 á 1, no debe considerarse como un síntoma desfavorable.

Cuando la mayor parte de los que nacen en un pais llegan á casarse, no se sigue de aqui que los matrimonios sean precoces ó que el obstáculo privativo no tenga mucha influencia. En paises como la Suiza y la Noruega, aunque la mitad de los que nacen lleguen á la edad de 40 años, aun cuando el número de los que contraen matrimonio pase algo de la mitad de los nacidos, una parte considerable de los individuos colocados entre la edad media de 20 años y la de 40 vivirán en el celibato, manifestándose con mucha energía el obstáculo privativo. Es muy probable que en Inglaterra la mitad de los que nacen pasen de la edad de 55 años, y aunque el número de los que lleguen al matrimonio escedan un poco de la mitad de los que nacen, el obstáculo privativo puede tener (como en efecto tiene) mucha influencia, aunque no tanta como en Noruega y en Suiza.

La influencia del obstáculo privativo se conoce siempre por la pequeñez de la relacion de los nacimientos con el número de habitantes. La de los matrimonios anuales con la poblacion no es un indicio seguro sino en los paises colocados en circunstancias iguales, siendo inesacto desde el momento que hay una diferencia en la fecundidad de los matrimonios ó en el número proporcional de la parte de poblacion que no ha llegado á la edad de la pubertad, ó en la ley de acrecentamiento de la poblacion. Si en un pais cualquiera todos los matrimonios, pocos ó muchos, se contraen entre personas jóvenes, y por lo mismo son fecundos, se concibe que para obtener la misma relacion de los nacimientos se necesitarán menos matrimonios: ó que con la misma relacion de estos se obtendrá una mayor de nacimientos. Esto parece ser el caso de la Francia, donde los nacimientos y las muertes son mayores que en Suiza, aunque la relacion de los matrimonios sea la misma ó menor. Y cuando comparando dos paises se conoce que en el uno hay mas impúberes que en el otro, relativamente á su poblacion respectiva, es fácil ver que la misma relacion de los matrimonios anuales con toda la poblacion no indica en estos dos paises una influencia igual del obstáculo privativo sobre los que han llegado á la edad del matrimonio.

El pequeño número proporcional de impúberes por una parte, y por otra la afluencia de estrangeros, hace que en las ciudades la relacion de los matrimonios sea mayor que en el campo, aunque sea indudable que en las ciudades obra el obstáculo privativo con mas fuerza. No es menos cierta la proporcion inversa, y esto hace que en un pais como en América, donde la mitad de la poblacion es menor de 16 años, la relacion de los matrimonios anuales no indique esactamente la poca fuerza del obstáculo privativo.

« Pero partiendo del supuesto de que las mugeres de casi todos los paises tienen casi la misma fecundidad natural, la escasa relacion de los nacimientos indicará bastante esactamente hasta qué punto obra el obstáculo privativo, ya retardando los matrimonios y haciéndolos por lo mismo menos fecundos, ya aumentando mucho el número de los que mueren sin casarse despues de pasar de la pubertad.

No desdeñará el lector ver de un golpe de vista la ley de progreso y el periodo de doble aumento que resultan de una relacion cualquiera de los nacimientos con las muertes, ó de ambos con la poblacion total: por esto presento unidas dos tablas de Sussmilch calculadas por Euler y que creo muy esacías. La 1.ª se limita al caso en que la mortandad sea de 1 á 36, y no puede por consiguiente aplicarse sino á los paises en que se sabe que la mortandad está en esta relacion. La otra es general, y solo depende de la relacion del esceso de los nacimientos sobre las muertes con la poblacion total, y por consiguiente puede aplicarse á todos los paises, cualquiera que sea su mortandad.

Es de notar que cuando es conocida la relacion de los nacimientos con las muertes, cuanto mayor es la mortandad, mas corto es el periodo de doble aumento: esto consiste en que en esta suposicion los nacimientos crecen al mismo tiempo que las muertes. Unas y otras estan con la poblacion total en una relacion mucho mayor que si la mortandad fuese mas pequeña, y hubiese mayor número de ancianos.

La mortalidad de la Rusia es segun Mr. Tooke de 1 por 58; y la relacion de los nacimientos de 1 por 26. Considerando las omisiones que haya en las muertes, si tomamos para la mortandad la relacion de 1 á del 52, los nacidos serán á las defunciones como 2 á 1; y la relacion esceso de los nacidos sobre los muertos con la poblacion total será la de 1 á 52. Segun la tabla II el periodo de doble aumento será en este caso de cerca de 36 años. Mas si conservando la misma relacion de 2 á 1 por el de los nacimientos á las muertes suponemos que fuese la mortandad de 1 por 36. Como en la tabla I el esceso de los nacimientos sobre los muertos será á la poblacion total como 1 á 36: y el periodo de doble aumento no será sino de 25 años.

TABLA. I.

Cuando en un pais cualquiera hay 103,600 personas, y la mortandad es de 1 por 36:

Si la relacion de las muertes á los nacimientos es de	En este caso el esceso de los nacimientos será	La relacion del esceso de los nacimientos sobre las muertes con la poblacion total será de 1 á	Y por consiguiente el período de doble aumento será de 1 á
11	277	360	250 años.
12	555	180	125
13	833	120	83 $\frac{1}{3}$
14	110	90	62 $\frac{3}{4}$
15	388	72	50 $\frac{1}{4}$
10: 16	666	60	42
17	943	1: 54	35 $\frac{3}{5}$
18	2221	45	31 $\frac{1}{2}$
19	2499	40	28
20	2777	36	25 $\frac{3}{10}$
22	3332	30	21 $\frac{1}{6}$
25	4165	24	17
30	5554	18	12 $\frac{4}{5}$

TABLA II.

Relacion del esceso de los nacimientos sobre las muertes con toda la poblacion: 1 á	Periodos de doble aumento espresados por años y por diez milésimos de años.	Relacion del esceso de los nacimientos sobre las muertes con toda la poblacion: 1 á	Periodos de doble aumento espresados por años y por diez milésimos de años.
10	7,2722	410	76,5923
11	7,9659	420	83,5238
12	8,6595	430	90,4554
13	9,3530	440	97,3868
14	10,0465	450	104,3183
1: 15	10,7400	1: 460	111,2598
16	11,4333	470	118,1813
17	12,1266	480	125,4128
18	12,8200	490	132,0443
19	13,5133	200	138,9757
20	14,2066		
21	14,9000	210	145,9072
22	15,5932	220	152,8387
23	16,2864	230	159,7702
24	16,9797	240	166,7017
26	17,6729	250	173,6332
1: 26	18,3662	1: 260	180,5647
27	19,0594	270	187,4961
28	19,7527	280	194,4275
29	20,4458	290	201,3590
30	21,1391	300	208,2905
32	22,5255	310	215,2220
34	23,9119	320	222,1535
36	25,2983	330	229,0850
38	26,6847	340	236,0164
40	28,0711	350	242,9479
1: 42	29,4574	1: 360	249,8794
44	30,8438	370	256,8109
46	32,2302	380	263,7425
48	33,6165	390	270,6740
50	35,0029	400	277,6055
55	38,4687	410	284,5370
60	41,9345	420	291,4685
65	45,4003	430	298,4000
70	48,8661	440	305,3314
75	52,3318	450	312,2629
1: 80	55,7977	1: 460	319,1943
85	59,2634	470	326,1258
90	62,7292	480	333,0573
95	66,1950	490	339,9888
100	69,6607	500	346,9202
		1000	693,4900

CAPITULO XII.

Efectos de las epidemias en los registros de los nacimientos,
matrimonios y defunciones.

Las interesantes tablas de mortandad de Susmilch, que comprenden
períodos de 50 ú 60 años, manifiestan claramente que todos los paises
de Europa estan sujetos á progresos periódicos de años mal sanos que se
oponen al acrecentamiento de su poblacion. Pocas son tambien los que
se eximen de esas grandes pestes desastrosas que arrebatan quizá una ó
dos veces durante un siglo la tercera ó cuarta parte de sus habitantes.
El modo con que estos años de mortalidad afectan á las relaciones generales de los nacimientos, muertes y matrimonios, se manifiesta claramente en las tablas de la Prusia y la Lituania desde el año 1692 hast
el 1757.

TABLA III.

Relacion media anual.	Matrimonios.	Nacimientos.	Muertes.	Relacion de los matrimonios con los nacimientos.	Relacion de las muertes con los nacimientos.
5 años que concluyen en 1697	5747	19,745	14,862	10 : 34	100 : 132
5 — — — — 1702	6070	24,112	14,474	10 : 39	100 : 165
6 — — — — 1708	6082	26,896	16,430	10 : 44	100 : 163
En 1709 y 1710	Peste.	se ignoran en estos dos años.	247,733		
En 1711	12,028	32,522	10,434	10 : 27	100 : 320
En 1712	6267	22,970	10,445	10 : 26	100 : 220
5 años que concluyen en 1716	4968	21,603	14,984	10 : 43	100 : 480
5 — — — — 1721	4324	21,396	12,039	10 : 49	100 : 477
5 — — — — 1726	4749	21,432	12,863	10 : 45	100 : 466
5 — — — — 1751	4808	29,554	12,825	10 : 42	100 : 460
4 — — — — 1756	5424	22,692	15,475	10 : 41	100 : 446
En 1736	5280	21,859	26,371	Años de	
En 1737	5765	18,930	24,480	epidemias	
5 años que concluyen en 1742	5582	22,099	15,265	10 : 39	100 : 444
4 — — — — 1746	5469	25,275	15,417	10 : 46	100 : 167
5 — — — — 1751	6423	28,235	17,272	10 : 43	100 : 463
5 — — — — 1756	5599	28,392	19,154	10 : 50	100 : 448
En 16 años antes de la peste.	95.585	380,516	245,763	10 : 39	100 : 154
En 16 años despues de la peste.	248,777	1 083 872	690,324	10 : 43	100 : 157
En 62 años buenos.	344,364	1 464,388 936,087	936,087	10 : 43	100 : 156
Esceso ce los nacimientos sobre las muertes.		528,304			
En 2 años de peste.	5477	23,977	247,733		
Durante 64 años comprendiendo la peste.	340,838	1 488,365 1 183 820	1 183,820	10 : 42	100 : 125
Esceso de los nacimientos sobre las muertes.		304,745			

La tabla de la que se ha estractado esta contiene los matrimonios, nacimientos y muertes de cada año del periodo entero: Para reducirla me he contentado con dar las relaciones medias de algunos periodos mas cortos, de 5 y 4 años, á no ser que los años particulares proporcionasen observaciones dignas de notar. El año 1711 que siguió inmediatamente á la peste, no le comprende.Sussmilch en las relaciones medias, y ha esplicado separada y detalladamente los números que á dicho año se refieren. Si estos datos son esactos, manifiestan el efecto repentino y verdaderamente prodigioso de una gran mortandad sobre el número de matrimonios.

. Calcula Sussmilch que la peste arrebató á mas de una tercera parte de los habitantes. A pesar de esta disminucion se ve, examinando la tabla, que el número de matrimonios en 1711 fue casi doble de la relacion media de los 6 años que habian precedido á la peste. Para que esto se verificase es preciso suponer que casi todos aquéllos que habian llegado á la edad de la pubertad, al ver las demandas que habia de trabajo y encontrando por todas partes sitios ó empleos vacantes, se casasen sin demora. Esta relacion estraordinaria de matrimonios no pudo producir en el mismo año un gran número proporcional de nacimientos. En efecto, no puede suponerse que estos nuevos matrimonios pudiesen dar en el año en que se contrajesen mas de un nacimiento cada uno. Todo el resto de los nacimientos debió provenir de los matrimonios anteriores que la peste no habia disuelto. Por esto no nos sorprenderá que dicho año la relacion de los nacimientos con los matrimonios no fuese sino de 2,7 á 1 ó de 27 á 10. Mas aunque fuese imposible despues de lo que acabo de decir, que la relacion de los nacimientos con los matrimonios fuera muy grande, sin embargo, visto el número estraordinario de matrimonios, el número absoluto de nacimientes no dejó de serlo. Porque como el número de las muertes debió naturalmente ser muy corto, la relacion de los nacimientos con las defunciones se encontró demasiado grande, puesto que fué de 320 á 100. Semejante esceso de nacimientos iguala quizá á todo lo que se ha podido observar en esta clase en América.

En el año siguiente 1712, debió necesariamente disminuir mucho el número de matrimonios. En efecto, habiéndose casado el año anterior casi todos los individuos que habian llegado á la edad de la pubertad, los nuevos matrimonios de aquel año se contrajeron principalmente por los que llegaron á la pubertad despues del último año de la peste. Sin embargo, como probablemente todos los individuos núbiles no se habian casado el año anterior, el número de matrimonios del año 1712 comparado con la poblacion fue muy grande, y aunque no escedieran á la mitad de los del año anterior, escede á la relacion media del periodo anterior á la peste. La relacion de los nacimientos con los matrimonios en 1712, aunque sobrepuja á la del año anterior por el menor número de estos, no es muy grande en comparacion de la que tiene lugar en otros paises, siendo de 3,6 á 1, ó de 36 á 10: mas la relacion de los nacimientos con las muertes, aunque menor que el año anterior, en el que los matrimonios se habian propagado mucho, es grande si se compara con la de otros paises, puesto que es de 220 á 100. Es un escaso tal de nacimientos, que calculado segun la mortandad de 1 por 36, doblaria la poblacion de un pais segun la tabla en 21½ años.

Desde esta época el número de matrimonios anuales comienza á regularse segun una poblacion menor. Por consiguiente es muy inferior al número medio de los matrimonios que habia antes de la peste, porque esto depende principalmente del número de individuos que llegan cada año á un estado en que pueden contraer matrimonio. En 1720, nueve ó diez años despues de la peste, el número de matrimonios anuales fue muy pequeño, ya por alguna causa puramente accidental, ya porque empezó á influir mucho el obstáculo privativo. En la misma época la relacion de los nacimientos con los matrimonios subió mucho. En el intervalo de 1717 á 1721 se ve por las tablas que esta relacion es de 49 á 10: y en los años 1719 y 1720 en particular, es de 50 á 10 y de 55 á 10.

Al observar Sussmilch la fecundidad de los matrimonios en Prusia despues de la peste, alega en prueba la relacion de 50 nacimientos anuales por 10 matrimonios. Hay muchas razones para creer, segun los términos medios generales, que en esta época los matrimonios en Prusia fueron muy fecundos. Mas ni la relacion de este año, ni aun el del mismo periodo, establecen suficientemente este hecho; porque el esceso de estas relaciones fue ocasionado por el pequeño número de matrimonios de este año y no por el gran aumento de nacimientos. En los dos años despues de la peste, á pesar de que el esceso de los nacimientos sobre las muertes era muy grande, los nacimientos estaban con los matrimonios en una relacion muy pequeña. Calculando por el método ordinario, se hubiera deducido que cada matrimonio daba 2,7 ó 3,8 niños. En el último periodo de la tabla de 1752 á 1756 los nacimientos son á los matrimonios como 5 á 4: y en el año 1758 como

6,1 á 1. Sin embargo, se ve en este mismo período que la relacion de los nacimientos con las muertes no escede la de 148 á 100. Lo que no se hubiera podido verificar, si la relación de los nacimientos con los matrimonios hubiera indicado un número de nacimientos muy superior al ordinario. Esta gran relación de los nacimientos indica, solamente un número de matrimonios menor de la relacion media.

Las variaciones en la relacion de los nacimientos con las muertes que se han verificado en diferentes épocas durante la serie de los 64 años que comprende la tabla, merecen una atencion particular. Si se toma la relacion media de los 4 años que siguieron inmediatamente á la peste, se verá que los nacimientos estan con las muertes en una relacion mayor que la de 22 á 10; de modo que suponiendo la mortandad de 1 por 36 doblaria la poblacion en menos de 21 años. Calculando los 20 años de 1711 á 1731, veremos que la relacion media de los nacimientos con las defunciones es cerca de 17 á 10, cuya relacion (segun la tabla 1.ª) doblaria la poblacion casi en 25 años: pero si en vez de 20 años tomamos el período entero de 64, la relacion media de los nacimientos con las muertes no escederá á la de 12 á 10, y por lo tanto no doblará la poblacion en menos de 125 años, y si se comprendiera en un periodo muy corto, la mortandad de la peste, ó solo la de los años de epidemias 1736 y 1737 las muertes escederian á los nacimientos, y la poblacion disminuiria al parecer.

Cree Sussmilch que en vez de ser de 1 por 36 la mortandad en Prusia pudo muy bien reducirse despues de la peste á 1 por 38. Algunos lectores encontrarán quizá que la abundancia ocasionada por los estragos de este azote, hobiera debido hacer aun mas sensible la diferencia. El Dr. Short ha observado que á una gran mortandad sucede casi siempre una salubridad notable; no dudo de la exactitud de esta observacion cuando se comparan entre sí las mismas edades: pero es bien sabido que aun en las circunstancias mas favorables los niños menores de 3 años mueren en mayor número que los de otras edades. Así, pues, como tras de una mortandad el número proporcional de los niños es mayor que el ordinario, esta circunstancia contrabalancea en el primer momento la salubridad natural de esta época, y es causa de que la diferencia en la mortandad general sea menos sensible.

Si se divide la poblacion de Prusia despues de la peste por el número de muertos en 1711, se verá que la mortandad es casi de 1 por 31, y que aumenta mas bien que disminuye. Esto proviene del número prodigioso de niños que nacieron dicho año. Esta escesiva mortandad necesariamente debió cesar cuando estos niños llegaron á una edad en que la vida es mas segura; y entonces probablemente se verificará la observacion de Sussmilch. Sin embargo, se observa generalmente que el efecto de una gran mortandad en los años subsiguientes es mas sensible en los nacimientos que en las muertes. Consultando la tabla se ve que el número de muertos añuales crece regularmente cuando la poblacion crece, y sigue bastante cerca sus variaciones. Mas el número de nacimientos anuales no es distinto en diferentes épocas de todo el periodo, aunque durante él la poblacion se haya duplicado. Por consiguiente es preciso que la relacion de los nacimientos con la poblacion total haya cambiado desde el principio del periodo á su fin.

Esto manifiesta los errores que han de cometerse tomando una relacion dada de nacimientos como base del cálculo de la poblacion de un pais en una época pasada. En el caso presente, este método hubiera hecho creer que la peste apenas habia disminuido la poblacion, mientras que por el número de muertes hubiéramos juzgado que habia disminuido una tercera parte.

La relacion menos variable de todas es la de los nacimientos con los matrimonios. La razon es porque depende principalmente de la fecundidad de los matrimonios, la que no puede esperimentar muchos cambios. Muy dificil es creer que la fecundidad de los matrimonios pueda variar, tanto como varía en las tablas la relacion de los nacimientos con los matrimonios. Mas no es necesario suponer esto, porque hay otra causa que debe contribuir á producir este efecto. Los nacimientos contemporáneos de los matrimonios por un año cualquiera, pertenecen principalmente á los matrimonios contraidos algunos años antes. Por consiguiente si en 5 ó 6 años la relacion de los matrimonios es muy considerable, y en seguida de este periodo disminuye accidentalmente en uno ó dos años esta relacion, los registros indicarán por este año ó por estos dos una gran relacion de los nacimientos con los matrimonios. Recíprocamente si durante 4 ó cinco años hubiese menos matrimonios que de ordinario, y que en seguida 1 ó 2 años fuesen por el contrario muy abundantes en casamientos, se encontraria segun los registros en esta última época una relacion muy pequeña de los nacimientos con los matrimonios. Sobre esto ofrecen ejemplos la Rusia y la Lithuania, asi como las tablas de Sussmilch. Se ve que en general el número de matrimonios afecta mas que el de nacimientos á las relaciones estremas de los nacimientos con los matrimonios. De donde puede deducirse que estas relaciones estremas dependen menos de algun cambio en la fecundidad de los matrimonios que de la disposicion á casarse y de los estímulos que á esto puedan impulsar.

Los años de epidemias que se encuentran en estas tablas no pueden tener sin duda sobre los nacimientos y matrimonios la misma influencia que la peste en las tablas de Prusia: mas en proporcion de la magnitud del mal su accion es muy semejante. Los registros de otros muchos paises, en particular los de las ciudades, prueban que la peste las visitó frecuentemente al fin del siglo XVII y principios del XVIII.

Al ver sucederse en estas tablas las pestes y los años mal sanos á los periodos de rápido acrecentamiento, se cree fácilmente que el número de habitantes se ha encontrado tan grande en comparacion de sus medios de subsistencia, que no pudo resistirlo la salubridad. De aquí resultó que los individuos que componian la masa del pueblo tuvieron que vivir con menos comodidades, servirse de peores alimentos y hacinarse en reducidas habitaciones. Estas causas acarrearon naturalmente enfermedades, y su efecto debió ser muy manifiesto, aunque por otra parte el pais no fuese populoso y quedase mucho sitio inhabitado. Asi tambien cuando en un pais la poblacion está muy disminuida, si crece antes que tenga el alimento necesario, y antes que se edifiquen las habitaciones que necesita este aumento, sus habitantes indispensablemente sufrirán la falta de sitio y de subsistencias.

CAPITULO XIII.

Consecuencias generales que se deducen del cuadro de la sociedad que acabamos de trazar.

Puede asegurarse que los obstáculos indicados arriba son las causas inmediatas que retardan el acrecentamiento de la poblacion, y que estos obstáculos dependen principalmente de la escasez de alimentos. Para esto basta ver cuan rápido es dicho acrecentamiento, cuando desaparecen estos obstáculos por algun aumento repentino en los medios de subsistencia.

Se ha observado siempre que las nuevas colonias establecidas en paises saludables, y donde no faltan sitio ni subsistencias, han hecho rápidos progresos en su poblacion. Muchas colonias de la antigua Grecia han igualado y aun escedido en el espacio de dos ó tres siglos á su madre patria. Siracusa y Agrigenta en Sicilia; Tarento y Locres en Italia; Efeso y Milesio en el Asia menor, igualaron bajo todos conceptos á las ciudades mas florecientes de la antigua Grecia. Todas estas colonias se habian establecido en comarcas habitadas por naciones salvages y bárbaras, que con facilidad dejaron sitio á los que vinieron á tomar posesion de ellas y les cedieron vastas y fértiles llanuras. Se ha calculado que los israelitas que crecieron muy lentamente cuando andaban errantes en el pais de Canaan, se multiplicaron de tal modo en el fértil suelo de Egipto, que mientras permanecieron alli, su número dobló cada 15 años. Mas sin detenernos en los ejemplos que nos ofrece la antigüedad, los establecimientos de los europeos en América atestiguan del modo mas claro la verdad de una observacion que nadie se ha atrevido á poner en duda.

Una abundancia de tierras fértiles, que cuestan muy poco ó nada, es una causa tan poderosa de poblacion que en general sobrepuja todos los obstáculos.

A pesar de su mala administracion, las colonias españolas del Nuevo mundo han aumentado estraordinariamente su poblacion. La ciudad de Quito que era solo una aldea cuando la ocupaban los indígenas, contaba segun Ulloa hace 60 años sobre 60,000 almas (1). En Mégico habia 100,000 habitantes, lo cual, á pesar de las exageraciones de los escritores españoles, es el quintuplo de los que contenia en tiempo de Motezuma (2). Igual progreso se observa en las colonias portuguesas del Brasil, y aunque sometidos á compañias de comercio que gozaban de privilegios esclusivos, no dejaron de prosperar los establecimientos franceses y holandeses.

Mas las colonias inglesas del Norte de América que han llegado á ser un pueblo poderoso bajo el nombre de Estados-Unidos, han superado á todos los demas por el acrecentamiento rápido de su poblacion. Ademas la gran cantidad de tierras fértiles que poseian estas colonias, asi como las de España y Portugal, gozaban en alto grado de las ventajas de la libertad y de la igualdad, aunque estuviesen algo sujetas en cuanto á su comercio esterior, tenian el derecho de administrar sus asuntos interiores. Las instituciones políticas eran favorables á la trasmision y division de las propiedades agrícolas. Las tierras que el propietario dejaba de cultivar por un espacio de tiempo limitado, se declaraban vacantes y susceptibles de cederse á otra persona. En Pensylvania no se

---

(1) Viaje de Ulloa, tomo 1.º, lib. 5.º
(2) Adam Smith, riqueza de las naciones, vol. 2.º lib. 4.º

conocia el derecho de primogenitura; y en las provincias de la Nueva
Inglaterra, el hijo primogénito solo tenia derecho á una porcion doble.
En ninguno de estos estados estaban establecidos los diezmos, y los impuestos eran casi desconocidos. Las tierras estaban á tan buen precio,
que el mejor empleo que podia hacerse de los capitales era destinarlos
á la agricultura, en la que los hombres se dedican á trabajos saludables, y proporcionan á la sociedad los productos mas útiles. Circunstancias tan favorables aumentaron la poblacion con una rapidez sin
ejemplo, de manera que el periodo de doble aumento es generalmente
en los Estados-Unidos de 25 años, y hasta de 15 en algunos establecimientos del interior.

En el último censo asciende la poblacion de los Estados-Unidos á
5.172,312. No es de creer que la emigracion de los colonos que han fundado este pais haya producido una disminucion sensible en la poblacion
de la Gran Bretaña, pues lejos de esto una emigracion moderada favorece á la poblacion. Se ha observado que las provincias de España
de donde han salido mas colonos á América, son aquellas cuya poblacion ha crecido mas.

Cualquiera que pudiese ser el número primitivo de estos emigrados
de la Gran Bretaña, que han producido en la América Septentrional tan
prodigiosa poblacion, pregúntese por qué un número igual no ha producido otro tanto en la Gran Bretaña, y se verá que la razon de esta diferencia es la falta de alimentos. Las grandes plagas, como la guerra y la
peste, causan pérdidas de hombres que se reparan al momento dejando
el pais que asolan en una situacion análoga á la de las colonias nuevas.
Si los habitantes conservan su industria, los medios de subsistencia crecen mas allá de sus necesidades, y la poblacion se nivela bien pronto con
estos medios.

El fértil suelo de Flandes, ha sido teatro de largas y destructoras
guerras, y pocos años de paz han sido suficientes para recobrar su poblacion. La guerra mas sangrienta, no ha bastado para aniquilar la
Francia. Los efectos de la peste de Lóndres en 1666 desaparecieron completamente á los 15 ó 20 años. Es dudoso si esta plaga que asoló periódi-
camente la Turquía y el Egipto disminuyó mucho la poblacion. Y si esta es
algo escasa, es preciso atribuirlo mas bien que á otras causas al gobierno
tiránico y opresor en que viven estos pueblos y á la decadencia de la agricultura. Las huellas de las hambres mas destructoras que han sufrido la China, la India, el Egipto y otros paises, segun las narraciones de muchos testigos, se han borrado en muy poco tiempo. En fin, las grandes convulsio-

nes de la naturaleza, las erupciones volcánicas, los temblores de tierra, á menos que por su frecuencia no dispersen á los habitantes y destruyan su industria, no ejercen en la poblacion sino una disminucion insensible.

Los registros de diferentes paises manifiestan que el progreso de su poblacion ha sido detenido por regresos periódicos, aunque irregulares de pestes y años mal sanos. El doctor Short en sus interesantes investigaciones sobre las tablas de la mortandad presente una de todas las pestes, de contagios y hambres de que ha tenido noticia y nota que estas plagas obran general y constantemente.

Los años de epidemias insertos en estas tablas son 431. En este solo se comprenden los de pestes ó alguna otra epidemia muy destructora, porque los años únicamente mal sanos, no estan contados. En dicho número hay 52 anteriores á la era cristiana; y si se dividen los años de la era por 399 se verá que los regresos periódicos de estas epidemias han tenido lugar en ciertos paises, en intervalos cuyo término medio es próximamente de 4¹/₂ años.

De 254 grandes hambres ó escaseces contadas en la tabla 15 han precedido á la era cristiana, empezando por la que sufrió la Palestina en tiempo de Abraham. Si se quitan dichas 15 y se dividen por el resto los años de nuestra era hasta el momento en que se hace este cálculo, se verá que la relacion media de los intervalos que hay entre las épocas que ha sido el género humano presa de este azote, no pasó de 7¹/₂ años.

Muy difícil seria determinar con precision hasta qué punto el acrecentamiento demasiado rápido de la poblacion ha dado orígen á estas calamidades. Las causas de la mayor parte de las enfermedades estan muchas veces tan ocultas á nuestra vista, que seria una temeridad quererlas reducir á un mismo orígen. Mas no lo seria tanto afirmar que es preciso contar entre ellas el hacinamiento de hombres en sus habitaciones y un alimento malo y escaso ; porque esto es el efecto natural de un acrecentamiento de poblacion mas rápido que el de las habitaciones y subsistencias.

La historia de todas las epidemias confirma bien esta opinion, porque se vé que estas ejercen sus estragos entre las clases ínfimas del pueblo. Las tablas de Short hacen muchas veces mencion de esta circunstancia; manifestando tambien que un gran número de años de epidemias siguieron ó acompañaron á las épocas de escasez y mal alimento. Y este autor, al hablar de las diferentes especies de enfermedades, observa que las que provienen del mal alimento, son tambien las que duran mas.

La constante esperiencia nos manifiesta que las fiebres se originan en las prisiones, en las fábricas, en los numerosos talleres y en las calles estrechas de las ciudades: localidades en donde se reune comunmente la pobreza. No puede menos de atribuirse á estas causas los regresos á veces tan frecuentes de la peste y otras enfermedades contagiosas en toda Europa. Y si estas enfermedades son muy raras ó casi han desaparecido del todo, debe atribuirse esto al mejor género de vida actual.

Como el acrecentamiento de la poblacion es gradual y el hombre no puede vivir, ni aun poco tiempo, sin comer, el principio de la poblacion, no puede producir directamente el hambre, pero la prepara obligando á las clases pobres á contentarse con lo estrictamente necesario; y basta una mala cosecha para reducirlos al último estremo. El doctor Short cuenta en el número de los pronósticos de la escasez uno ó muchos años de abundancia. En efecto, la abundancia, favoreciendo los matrimonios, produce un estado de poblacion escedente para el que no basta un año regular.

Las viruelas que pueden considerarse como la epidemia mas general y destructora de las que afligen la Europa moderna, es quizá una de las mas inesplicables aunque tenga en algunas partes regresos periódicos regulares.

En todos estos casos por poca fuerza que concedamos al principio de la poblacion para producir inmediatamente las enfermedades, no podemos menos de conocer que predisponen para recibir el contagio y para esparcir y agravar el mal.

El doctor Short observa que á una epidemia mortal sigue generalmente un periodo de gran salubridad, lo que atribuye á que la enfermedad ha arrebatado á todos los de una constitucion delicada. Muy probable es que á esta causa se una otra á saber: que hay mas sitios y alimentos para los que quedan y por consiguiente mejora el estado de las clases inferiores.

Los registros de varias partes de Europa ofrecen muchos ejemplos de un rápido acrecentamiento de poblacion interrumpido por enfermedades mortales. Puede, pues, concluirse que los paises en los que las subsistencias crecen bastante para animar la poblacion, mas no para satisfacer todas sus demandas deben estar mas sujetos á epidemas periódicas, que aquellos en que el acrecentamiento de la poblacion lleva la ventaja de ser proporcional al producto medio.

No es menos cierto lo contrario. En los paises sujetos á epidemias periódicas, el acrecentamiento de la poblacion ó el esceso de los nacimientos sobre las muertes; es mayor en los intervalos libres de pestes que en los paises que están menos espuestos á ellas. Si durante el último siglo la Turquía y el Egipto han estado casi estacionarias en su poblacion media, es preciso que en los intervalos que han tenido lugar entre sus pestes periódicas, los nacimientos hayan escedido á los muertos en una relacion mayor que en Francia é Inglaterra.

Por eso son tan inciertos todos los cálculos que pueden hacerse de la poblacion futura, segun el acrecentamiento actual. Sir W. Petty calculaba que en 1800 la ciudad de Londres contendria 5.359,000 habitantes: y no contiene la quinta parte. Al contrário, M. Eaton ha presagiado últimamente la estincion total de la poblacion del imperio turco, para el fin del siglo XIX : prediccion que no se cumplirá. Si la América continua creciendo en poblacion, en la misma relacion que hasta aquí y por un espacio de 150 años: su poblacion escederá á la de la China. Mas aunque sea peligrosa toda profecia, me atrevo á asegurar que no se verificará semejante acrecentamiento en tan corto espacio de tiempo, aunque puedé muy bien suceder que se realice en un intervalo mas largo como seria el de 500 ó 600 años.

Es un hecho indudable que la Europa estaba en otro tiempo mas sujeta á las epidemias y á las pestes destructoras que en la actualidad. Esta circunstancia esplica por qué antiguamente la relacion de los nacimientos con las muertes, de que hacen mencion muchos autores, era mayor que en nuestros dias; pues generalmente siempre se trataban de graduar estas relaciones segun algunos periodos muy cortos, y de apartar como accidentales los años de la peste.

La mayor relacion media de los nacimientos con las muertes en Inglaterra, es casi de 12 á 10 ó de 120 á 100. En Francia por diez años terminados en 1780, esta relacion ha sido de 115 á 100. No es dudoso que estas relaciones hayan variado en diferentes épocas, durante el último siglo: sin embargo, estos cambios no han sido al parecer muy considerables. Resulta que en Francia é Inglaterra la poblacion se ha aproximado mas que en otras partes al nivel del producto medio. La influencia del obstáculo privativo, las guerras, la destruccion lenta, pero segura de la vida humana, causada por habitaciones muy estrechas, y por el alimento insuficiente del pobre, impiden que en estos paises la poblacion no se eleve sobre el nivel de las subsistencias. Estas causas evitan, si puede usarse de esta espresion, la necesidad de las epidemias, para reducir la poblacion á sus justos limites. Si la peste arrebatase en Inglaterra 2.000,000 de álmas y en Francia 6.000,000 ; cuando los habitantes

empezasen á reparar sus pérdidas, es claro que se veria subir la relacion
de los nacimientos con las muertes, en estos dos paises, mucho mas allá
de la relacion media que se ha observado durante el siglo XVIII.

En todo tiempo la pasion que une á los dos sexos ha sido la misma,
con tan poca variacion, que puede considerársela, para servirme de una
espresion algebráica, como una cantidad dada. La suprema ley de la
necesidad que impide á la poblacion crecer mas allá del límite en que
la tierra puede bastar á su alimento, es tan fácil de reconocer, que no
puede dejarnos duda. Los medios que la naturaleza emplea para mantener este equilibrio son, es verdad, menos evidentes, y se presentan bajo
diversas formas; mas no por eso es menos cierto el resultado final. Si
en cualquier parte la relacion de los nacimientos con las muertes indica
un acrecentamiento de poblacion que escede mucho al de los medios de
subsistencia, podemos afirmar, sin recelo, que sino hay una emigracion,
bien pronto las muertes escederian á los nacimientos, y que la relacion
observada anteriormente no puede ser constante. Si el obstáculo privativo que impide el acrecentamiento escesivo de la poblacion cesase, ó
mitigára su accion, y si se suprimieran las demas causas destructivas,
veriamos á todas las comarcas del universo asoladas por las pestes ó por
las hambres.

La única señal cierta de un acrecentamiento real y permanente de la
poblacion, es pues, el aumento de los medios de subsistencia: aunque
está sujeta á ligeras variaciones, á la verdad bien manifiestas. Paises
hay en que la poblacion está comprimida y el pueblo se acostumbra á
alimentarse con menos del alimento necesario para su manutencion. Esta costumbre se ha ido contrayendo poco á poco, y sin duda en los periodos en que la poblacion crecia insensiblemente sin que aumentasen
las subsistencias. La China, la India, los paises habitados por los árabes
beduinos, nos ofrecen, como se ha visto, un ejemplo de este estado de
la poblacion. El producto medio de estas comarcas, al parecer, basta
exactamente al sostenimiento de sus habitantes; y la menor disminucion
que produzca una mala cosecha, tiene los resultados mas funestos. Estas naciones no pueden menos de esperimentar de tiempo en tiempo los
rigores del hambre.

En los Estados-Unidos de América, donde el trabajo está tan bien pagado y las clases infimas pueden economizar algo de su consumo habitual
en los años de carestía, parece imposible un hambre. Llegará un tiempo
en que los obreros se resentirán del aumento de la poblacion, y no estarán pagados con tanta liberalidad, porque los medios de subsistencia

no seguirán la relacion de a multiplicacion de los habitantes.

En Europa hay variedad de costumbres. Se observa en Inglaterra que los obreros en la parte meridional de la isla, estan acostumbrados á comer buen pan de trigo, y antes moririan de hambre que reducirlo al alimento de los aldeanos escoceses. Quizá con el tiempo aprendan á vivir con un alimento tan ruin como los de los pobres chinos, entonces con la misma cantidad de subsistencias el pais alimentará mas habitantes; mas la humanidad tendrá que llorar; y es de esperar que no se pueda realizar semejante acrecentamiento.

Hemos visto que puede suceder en ciertos casos que la poblacion crezca de una manera permanente, sin que aumenten nada las subsistencias; pero tambien hemos visto que semejante acrecentamiento en todo pais está contenido en límites muy estrechos. Para que la poblacion no decrezca, es preciso que los hombres que trabajan tengan bastantes medios de subsistencia.

Por otra parte puede decirse que los diversos paises estan poblados en proporcion de la cantidad de alimentos que producen ó pueden proporcionarse; y que el bien estar depende de la liberalidad que reina en la reparticion de estos alimentos que puede comprar el obrero por su jornal. Los paises abundantes en trigo son mas populosos que los destinados á pastos, y los de arroz mas que los de trigo. Pero la felicidad de estas diversas comarcas no depende del número de sus habitantes, ni de sus riquezas, ni de su ancianidad, sino de la relacion del número de habitantes con la cantidad de los alimentos, la cual generalmente es muy favorable en las nuevas colonias, en las cuales las luces y la industria de un pueblo antiguo se aplican á multitud de tierras nuevas. En otros casos no importa que un pueblo sea antiguo ó nuevo. Es probable que en la Gran Bretaña el alimento esté en el dia repartido mas liberalmente que hace dos, tres ó cuatro mil años; y en cuanto al número de habitantes hemos tenido ya ocasion de notar que los cantones casi desiertos de la Alta-Escocia estan mas cargados de poblacion que las comarcas mas populosas de Europa.

Supongamos un pueblo al abrigo de las invasiones y conquistas estrangeras y abandonado á los progresos naturales de la civilizacion. Desde que el producto de su suelo puede considerarse como una unidad, hasta que este producto aparece como un millon, durante un intervalo de muchos miles de años, no se encontrará un solo periodo en el que la masa del pueblo pueda considerarse como libre de toda traba respecto de su alimento. En todos los estados de Europa, en todo lo que podamos alcanzar en su historia, encontraremos que esta causa ha impedido el nacimiento é causado la muerte de muchos miles de criaturas, sin que se haya esperimentado quizá en dichos estados una verdadera hambre.

Así examinando la historia del género humano, el observador puede asegurar que en todos tiempos y en todas las situaciones en que ha vivido el hombre, pueden admitirse como indudables las proposiciones siguientes:

El acrecentamiento de la poblacion está limitado necesariamente por los medios de subsistencia.

La poblacion crece con los medios de subsistencia á menos que no lo impidan obstáculos particulares, fáciles de conocer.

Estos obstáculos, y todos los que contienen la poblacion bajo el nivel de las subsistencias, son la repugnancia moral, el vicio y la miseria.

Comparado el estado de la sociedad, que ha sido el objeto de este segundo libro, con el que hemos considerado en el primero, se ve á mi parecer bastante claramente que en la Europa moderna los obstáculos destructivos influyen poco para detener la poblacion, y que al contrario los obstáculos privativos obran mas que en otro tiempo en esta parte del mundo, y con mas fuerza que en los pueblos atrasados en la civilizacion.

La guerra, causa principal de despoblacion entre los pueblos salvages, es en el dia menos destructora, aun comprendiendo las desgraciadas guerras revolucionarias. Desde que la propiedad se ha hecho mas general: desde que las ciudades estan mejor construidas y las calles son mas anchas: y desde que una economía política mejor entendida permite una distribucion mas equitativa de los productos de la tierra, las pestes, las enfermedades violentas y las hambres, son menos frecuentes y funestas.

En cuanto á los obstáculos privativos ó las causas que impiden el acrecentamiento de la poblacion, es preciso convenir que la que hemos designado con el nombre de repugnancia moral (1), no tiene en el estado actual de la sociedad mucha influencia sobre los hombres, sin embargo de que estoy persuadido que obra mas eficazmente entre las naciones civilizadas de Europa, que entre los pueblos salvages. Y mucho menos puede dudarse que el número de mugeres que egercen esta vir-

---

(1) El lector recordará el sentido limitado que doy á esta palabra.
(Nota del autor.)

tud no sea muy superior en la actualidad en esta parte del mundo, de lo que era en otro tiempo y es aun en los paises menos civilizados. De cualquier modo que sea; si se le considera de una manera general é independientemente de las consecuencias morales, el freno que se impone con respecto al matrimonio y comprendiendo esencialmente todos los casos en que impiden los matrimonios por el temor de cargarse de familia, puede decirse con seguridad que este obstáculo es el que en la Europa moderna obra con mas fuerza para mantener la poblacion al nivel de los medios de subsistencia.

LIBRO TERCERO.

DE LOS DIFERENTES SISTEMAS Ó MEDIOS QUE HAN SIDO PRO-
PUESTOS Ó SE HAN HECHO CÉLEBRES EN LA SOCIEDAD, Y QUE
INFLUYEN EN LOS MALES PRODUCIDOS POR EL PRINCIPIO DE LA
POBLACION.

CAPÍTULO I.

Sistemas de igualdad : Wallace-Condorcet.

Habiendo considerado el estado pasado y presente del género humano bajo un punto de vista conveniente á nuestro asunto, no puede menos de sorprendernos que los escritores que han tratado de la perfectibilidad del hombre ó del estado social, y que han tomado en cuenta la
fuerza del principio de la poblacion, solo hayan prestado á sus efectos
una ligera atencion y convenido en considerar como muy lejanos los males que puede producir. Al mismo M. Wallace que cree suficiente para
destruir su sistema de igualdad el argumento deducido de estos males,
opina que únicamente tendria esto lugar cuando toda la tierra estuviese
cultivada como un jardin, y fuese por lo tanto imposible añadir algo á sus
productos. Si tal fuera el estado de las cosas y si por otras razones se
pudiera realizar un buen sistema de igualdad, me parece que la perspectiva de una dificultad tan lejana, no debe resfriar nuestro celo en la
egecucion de un plan ventajoso, pues se podria sin temeridad, confiar
á los cuidados de la Providencia el remedio de unos males que tan lejos
estan aun de nosotros. Pero el hecho es, si es cierto lo que anteriormente
hemos dicho, que el peligro de que tratamos, no está tan apartado sino
que al contrario está cercano y es eminente. En cualquier época, mientras que el cultivo hace ó hará progresos desde el momento presente

hasta el tiempo en que la tierra se convierta en un vasto jardin, si está establecida la igualdad, la falta de alimento no dejará de sentirse entre los hombres. En vano cada año aumentarán les productos: la poblacion crecerá en una progresion mucho mas rápida, y será necesario que este esceso se reprima por la accion constante ó periódica, de la repugnancia moral, el vicio ó la miseria.

La obra de Condorcet, titulada *Bosquejo de un cuadro histórico de los progresos del espíritu humano*, la escribió en la proscripcion donde concluyó sus dias. Si este escritor no estuvo animado de la esperanza de ver su obra conocida y publicada durante su vida, sino se lisonjeaba interesar por ella la Francia en su favor, es un ejemplo bien notable del apego que puede tener un hombre á principios desmentidos diariamente por la esperiencia, y de los que él mismo es víctima.

Esta obra póstuma solo es el plan de otra mas grande que deseaba el autor que se emprendiera. Sin embargo, aunque no esté deslindada enteramente su teoría, con pocas observaciones puede manifestarse su falsedad.

En la última parte de su obra trata Condorcet de los progresos futuros del hombre hácia la perfeccion y dice, que comparando en las diferentes naciones civilizadas de Europa la poblacion con la estension de su territorio; y considerando en ellas su cultura y su industria, la division del trabajo y los medios de subsistencia se asegura que será imposible conservar estos mismos medios de subsistencia y por consiguiente la misma poblacion sin un gran número dé individuos que solo tengan su industria para atender á sus necesidades.

Reconoce, pues, la necesidad de esta clase de hombres y luego considerando cuán precaria es su suerte, dice con razon: existe, pues, una causa necesaria de desigualdad, de dependencia y aun de miseria, que sin cesar amenaza á la cláse mas numerosa y mas activa de las sociedades. La dificultad es cierta y está bien presentada; mas la manera con que la resuelve el autor, creo parecerá poco satisfactoria.

Aplicando á este caso los cálculos sobre la probabilidad de vida y sobre el interés del dinero, propone establecer un fondo que asegure á los viejos una asistencia dimanada en parte de sus propios ahorros, y en parte de los que han suministrado los individuos muertos antes de haber podido recoger el fruto de sus sacrificios. El mismo fondo ú otro análogo se destinará á la asistencia de las viudas y de los huérfanos: y á suministrar un capital á estos últimos, cuando esten en edad de establecer una nueva familia, de suerte que los ponga en estado de desarrollar sus talentos y de ejercitar su indústria. Estos establecimientos, dice, deben estar constituidos y bajo la proteccion de la sociedad. Aun va mas lejos, y sostiene que por una justa aplicacion de los cálculos conocidos, se podria encontrar el medio de mantener una igualdad mas completa, haciendo de manera que el crédito no fuese un privilegio esclusivo de la fortuna, dándole sin embargo, una base igualmente sólida y haciendo los progresos de la indústria y de la actividad del comercio menos dependientes de los grandes capitalistas.

Mucho se puede esperar de tales establecimientos y de tales cálculos si se consideran en abstracto, pero aplicados á la vida real se convierten en vanos y pueriles. Condorcet conviene en que es indispensable que en todo estado haya algunos hombres que solo vivan de su trabajo: ¿qué razon le persuade y obliga á esta confesion? Una sola puede imaginarse. Conocia que para proporcionar sus medios de vivir á una poblacion numerosa era menester una cantidad de trabajo que nada podia obligar á emprender sino el aguijon de la necesidad. Mas si establecimientos de la clase que propone quitan este aguijon, si los perezosos y negligentes gozan del mismo crédito y de la misma seguridad relativamente al sustento de sus familias que los hombres laboriosos y vigilantes ¿se debe esperar ver á cada individuo desplegar para la mejora de su situacion aquella infatigable actividad que es el resorte principal de la prosperidad de los estados? Si se trata de establecer un tribunal de informacion para el exámen de los derechos que haga valer cada individuo y decidir si ha hecho ó no todos los esfuerzos para vivir de su trabajo á fin de concederle ó negarle por consiguiente las existencias pedidas, esto seria casi admitir bajo una nueva y mas estensa forma el sistema de las leyes inglesas sobre los pobres y hollar con los pies los verdaderos principios de la libertad y de la igualdad.

Mas independientemente de esta grande objecion contra el establecimiento propuesto, y suponiendo por un momento que no perjudiquen á la produccion, quedaria aun por resolver la principal dificultad. Si todo hombre tuviera seguridad de encontrar con que mantener convenientemente una familia, bien pronto casi todos los hombres fundarian una: y si la generacion naciente estuviese al abrigo de los males que engendra la miseria, la poblacion creceria con una rapidez sin ejemplo. No dejó de conocerlo Condorcet, porque hé aqui como se esplica despues de haber hablado de algunas otras mejoras: «Pero en este progreso de indústria y bienestar, del que resulta una proporcion muy favorable, entre las facultades del hombre y sus necesidades, cada generacion, ya por sus progresos, ya por la conservacion de una industria anterior, está llamada á goces aun mas estensos; y fuera de esto, por la tendencia de la constitucion física de la especie humana á un acrecentamiento del número de individuos, no podrá llegar entonces un término en donde estas leyes tan necesarias vengan á contrariarse? ¿donde el aumento del número de hombres, escediendo al de sus medios de subsistencia, produzca necesariamente si no una disminucion continua del bienestar y de la poblacion una marcha verdaderamente retrógrada, ó al menos una especie de oscilacion entre el bien y el mal? ¿Esta mutacion en las sociedades que han llegado á este término, no será siempre en algunos periodos una causa subsistente de miseria? ¿No señalará el límite donde toda mejora es imposible y á la perfectibilidad de la especie humana, el término á que puede llegar en la inmensidad de los siglos sin poder nunca traspasarle?»

. Despues añade: «nadie duda que este tiempo está aun muy distante de nosotros; pero algun dia hemos de llegar á él: es igualmente imposible decidirse en pro ó en contra de la realizacion futura de un suceso que tendrá efecto en una época en que la especie humana habrá adquirido conocimientos de los que apenas podemos formarnos una idea.»

El cuadro que ha trazado Condorcet sobre los efectos que puede producir el aumento de hombres en la época en que su número vendria á esceder al de los medios de subsistencia está presentado con mucha verdad. La oscilacion de que habla debe necesariamente tener lugar en casós iguales, y ser sin duda un manantial perenne de miseria periódica. Unicamente difiero de Condorcet en la consideracion de la época á que puede aplicarse este cuadro; pues aunque no cree imposible que llegue este tiempo en la serie de los siglos, no espera tenga lugar sino en tiempos aun muy lejanos. Si la relacion de los habitantes con las subsistencias es como yo la he establecido, y cual la presenta la sociedad en todos los periodos de su existencia, se puede decir por el contrario que la época en cuestion hace ya tiempo que ha llegado; que la oscilacion inevitable que deben producir los regresos periódicos de miseria, han tenido lugar desde los primeros tiempos á que se remonta la historia, y que en el momento mismo en que hablamos continúa en diversos lugares; en donde hace sentir sus estragos.

Todavia continúa Condorcet y dice que si alguna vez esta época, que le parece estar tan lejana, llegase á oprimir á la raza humana, los defensores del sistema de perfectibilidad no por esto deben alarmarse, pues propone una solucion á esta dificultad. Y es tal que debo confesar que de ningun modo he podido comprenderla: nota desde luego que en la época citada las ridículas preocupaciones de la superstricion habrán cesado de corromper la moral por una austeridad que deshonra nuestra naturaleza: despues hace alusion á un remedio para el mal que teme; y consiste al parecer en una especie de concubinato ó mezcla de los sexos libre de toda traba que evitaria la fecundidad; ó no sé qué otro medio para obtener el mismo fin, igualmente contrario á todo lo que nos prescribe la naturaleza. Pretender resolver la dificultad por tales medios, es renunciar á la virtud y á la pureza de costumbres que los defensores de la igualdad y de la perfectibilidad hacen profesion de considerar como el objeto de sus miras.

La última cuestion que discute Condorcet es la perfectibilidad orgánica del hombre. Si los argumentos arriba presentados, dice, y que adquirirán mas fuerza desarrollándolos, bastan para establecer la perfectibilidad indefinida del hombre, aun suponiendo que sus facultades y su organizacion actual no cambien, ¿cuál será la certeza y la estension de nuestras esperanzas si esta organizacion y estas facultades naturales son tambien susceptibles de mejora? Los progresos de la medicina, alimentos y habitaciones mas saludables, un método de vida propio para desenvolver las fuerzas por el ejercicio, sin dañarlas por el esceso, la supresion de las dos grandes causas de degradacion entre los hombres, la estrema miseria y las escesivas riquezas: la destruccion gradual de las enfermedades hereditarias y contagiosas, por los progresos de las luces, que harán mas eficaces los de la razon y del órden social, todas estas consideraciones le hacen sentar la conclusion, que el hombre sin llegar á ser absolutamente inmortal gozará de una vida natural cuyo término se prolongará incesantemente, y que podrá quizá ser llamado propiamente *indefinido*, palabra que esplica y por la que entiende una constante disposicion á una duracion ilimitada sin alcanzarla jamás, ó un acrecentamiento de vida que se estiende por la inmensidad de los siglos hasta un número mayor que ninguna cantidad asignable.

Mas seguramente la aplicacion de esta espresion (en cualquier sentido que se tome) á la duracion de la vida humana, es enteramente contraria á los principios de una sana filosofía, y nada puede justificarla en las leyes de la naturaleza. Las variaciones producidas por diferentes causas son esencialmente distintas de un acrecentamiento regular y constantemente progresivo. La duracion media de la vida del hombre variará sin duda hasta cierto punto por la influencia del clima, de los alimentos mas ó menos saludables: de las buenas ó malas costumbres ó por otras causas; mas se puede con razon dudar que desde la época en que la historia nos ha transmitido documentos auténticos en este punto no hay ningun progreso, ningun acrecentamiento en la vida natural del hombre. Las preocupaciones de todos los siglos han establecido la doctrina inversa, y sin darlas mucho crédito quizá se encuentre que tienen cierta tendencia á probar que no ha habido progresos marcados en sentido contrario. Se dirá, tal vez, que el mundo es jóven de tal modo que aun en la infancia misma no puede esperarse en el momento semejante diferencia.

Si esto fuera asi toda la ciencia humana ha perecido, han acabado todos los razonamientos de los efectos á las causas, y es necesario apartar la vista del libro de la naturaleza, porque su lectura es desde entónces inútil.

La constancia de las leyes de la naturaleza, y la relacion de los efectos con las causas, son el fundamento de todos los conocimientos humanos. Si no teniendo algun indicio prévio de mudanza podemos afirmar que se verificará un cambio, no hay proposicion que no pueda sostenerse, y no tenemos mas derecho para negar que la luna se pondrá en contacto con la tierra, que afirmar la próxima salida del sol.

En cuanto á la duracion de la vida humana no creo haya habido la menor señal ó el mas leve indicio permanente de un acrecentamiento. Los efectos del clima, de las costumbres, del régimen y otras causas en la prolongacion de la vida, han servido de pretesto para atribuirla una duracion indefinida; tal es el frágil fundamento en que descansa el argumento en favor de esta duracion. De que el límite de la vida humana no esté fijado rigorosamente, de que no se pueda señalar el término preciso ni decir hasta donde irá, se cree poder inferir que su duracion crecerá sin fin y que será llamada indefinida ó ilimitada. Mas para manifestar el sofisma y hacer patente el absurdo, basta examinar ligeramente lo que Condorcet llama perfectibilidad orgánica de las plantas y los animales, y que considera como una ley general de la naturaleza.

En este punto se limita la doctrina de Condorcet á no conocer límite en los progresos de las plantas y los animales, que á la verdad si son susceptibles de mejora, como no puede dudarse, no por eso ha de decirse que no tenga límite alguno: puede rebatirse esta opinion con ejemplos tomados de la misma naturaleza, y decirse con mucha razon que nunca podrá llevarse la mejora hasta el punto de asegurar que sea ilimitada; pues por muchos progresos que un jardinero hiciese en un clavel, nunca podrá hacerle criar tan grande como una col.

Las causas de la mortalidad de las plantas aun nos son desconocidas: nadie puede decir por qué tal planta es anual, por qué la otra dura dos años, mientras hay algunas que viven muchos siglos. En las plantas, en los animales y en la raza humana nada se conoce sino por la esperiencia: si digo que el hombre es mortal, es porque la esperiencia invariable de todos los tiempos ha probado la mortandad de la sustancia organizada de que se compone su cuerpo visible. No podemos razonar sino por lo que conocemos.

Una sana filosofía no me permite adoptar la opinion de la mortalidad del hombre en la tierra, aun cuando se me pruebe claramente que la especie humana ha hecho y hará todavia progresos hácia una duracion ilimitada de la vida.

No puede dudarse la capacidad de mejorarse tanto los animales como las plantas. Se está verificando un progreso decidido y manifiesto, y con todo creo que está bastante probado que seria un absurdo decir que este progreso no reconoce ninguna valla. En cuanto á la vida humana hay motivos para dudar que á pesar de las grandes variaciones á que está sujeta por diversas causas se haya verificado desde que el mundo existe mejora alguna orgánica en la constitucion de nuestro cuerpo. Asi la base en que se fundan los argumentos en favor de la perfectibilidad orgánica es muy débil, y se reduce á simples conjeturas. Sin embargo, no se puede decir que sea imposible obtener cuidando de la formacion de las razas alguna mejora análoga á la que se observa entre los animales. Puede dudarse que las facultades intelectuales puedan propagarse asi; pero quizá la estatura, belleza, color y aun la longevidad sean hasta cierto punto hereditarias. El error no consiste en suponer posible una pequeña mejora, sino en confundir este pequeño grado de perfectibilidad cuyo límite no puede determinarse esactamente con una realmente ilimitada. Por lo demas, como no podrá mejorarse por este medio la raza humana, sin condenar al celibato á los individuos menos perfectos, es probable que este medio de formar buenas no llegue á generalizarse.

Creo que no es necesario para demostrar la improbabilidad de ver jamás al hombre acercarse á la inmortalidad en la tierra hacer notar que el peso de este aumento de vida añadiria á nuestro razonamiento sobre la poblacion. El libro de Condorcet reune no solo el bosquejo de las opiniones de un hombre célebre, sino la de muchos hombres instruidos de

Francia en la época de la revolucion. Bajo este punto da vista, aunque no sea mas que un simple bosquejo, es digno de atencion.

Muchos, no lo dudo, creerán que tomarse el trabajo de refutar una paradoja tan absurda como la de la inmortalidad del hombre ó de su perfectibilidad y la de la sociedad es gastar tiempo y palabras, y que el silencio es la mejor respuesta á estas conjeturas desnudas de toda especie de fundamento: pero yo no sigo esta opinion cuando tales paradojas se presentan por hombres hábiles é ingeniosos, pues entonces el silencio no tiende á convencerles de su error. Envanecidos con su sistema que consideran como una prueba de la alta capacidad de su inteligencia y de la estension de sus miras, considerando el silencio de sus contemporáneos como un indicio de un espíritu pobre y de una concepcion limitada, é infieren solo que el mundo no está aun preparado para recibir las sublimes verdades que les han puesto de manifiesto.

Por el contrario una investigacion hecha con sinceridad, unida á un deseo de adoptar todo sistema fundado en los principios de una sana filosofia puede convencer á los autores de estas paradojas, de que forjando hipótesis improbables y desnudas de fundamento, lejos de estender el dominio de la ciencia, estrechan su círculo: lejos de favorecer los progresos del espíritu humano los contrarian y nos hacen retroceder á la infancia del arte y conmueven los fundamentos de esta filosofia, bajo cuyos auspicios ha crecido tan rápidamente la ciencia. La pasion que se ha manifestado en estos últimos tiempos hácia especulaciones libres de todo freno, ha tenido al parecer el caracter de una especie de embriaguez, y quizá deba su origen á esa multitud de descubrimientos tan grandes como inesperados que se han hecho en los diversos ramos de la ciencia. A los ojos de hombres animados y como aturdidos por tales sucesos nada ha parecido superior á las fuerzas humanas, y bajo el imperio de esta ilusion han confundido los asuntos en que ningun progreso se habia probado con aquellos en que estos eran incontestables. Si se les pudiera obligar á razonar con mas calma y sabiduria reconocerian que la causa de la verdad y de la sana filosofia no puede menos de padecer por la sustitucion de estos ímpetus de la imaginacion y de las temerarias aserciones á una detenida investigacion y á sólidos argumentos.

CAPITULO II.

Sistemas de igualdad: Godwin.

Al leer la obra ingeniosa de M. Godwin sobre la justicia política, no podemos menos de admirarnos de la viveza y energía de su estilo, de la fuerza y precision de alguno de sus razonamientos, del calor con que los presenta, y sobre todo del tono de persuasion que en ella reina y que le da una gran apariencia de verdad.

El sistema de igualdad que propone M. Godwin es á primera vista el mas hermoso y seductor que se ha conocido: una mejora de la sociedad debida solo á la razon y á la conviccion que dimana de ella, promete mas constancia y estabilidad que todo lo que se podria obtener por la fuerza. El ejercicio ilimitado de la razon individual es una doctrina imponente que logra mucho sobre aquellos que sujetan al individuo á servir al público como un esclavo. El principio de beneficencia empleado como resorte principal de todas las instituciones sociales, y sustituido al egoismo y al interés personal, parece á primera vista una perfeccion á la que deben dirigirse nuestros votos. Es imposible, en una palabra, contemplar el conjunto de este magnífico cuadro sin esperimentar emociones de admiracion y de placer, sin concebir el deseo de llevarlas á cabo. Pero ay! que esto nunca se realizará. Porque todos estos cálculos de felicidad, solo pueden considerarse como un sueño ó un fantasma brillante, producto de la imaginacion. Esta mansion de felicidad, este convenio de homenages á la verdad y á la virtud, desaparecen á la luz del dia, y dan lugar al espectáculo de las penas reales de la vida, ó mas bien á esa mezcla de bienes y de males de que siempre se ha compuesto.

M. Godwin, hácia el fin del tercer capítulo de su libro 8.°, dice hablando de la poblacion: «hay en la sociedad humana un principio por el que la poblacion se mantiene constantemente al nivel de los medios de subsistencia. Asi entre las tribus errantes del Asia y América, no se ha visto en ningun tiempo durante la série de los siglos, que la poblacion haya crecido hasta el punto de hacer indispensable el cultivo de la tierra.» Este principio ó esta fuerza de que habla M. Godwin como de una causa oculta y misteriosa, cuya naturaleza ignora, no es otra cosa despues de lo que nos suministran nuestras observaciones que la dura ley de la necesidad, la miseria y el temor de la miseria.

El gran error de M. Godwin, y que domina en toda su obra, es el atribuir á las instituciones humanas todos los vicios y calamidades que aflígen á la sociedad. Considera tanto las leyes políticas como las que tienen relacion con la propiedad, como los manantiales de todos los males y de todos los crímenes: sin tener en cuenta que los males de las instituciones humanas son ligeros y superficiales en comparacion de los que dimanan de la naturaleza y de las pasiones de los hombres.

En un capítulo destinado á hacer patentes las grandes ventajas de un sistema de igualdad, M. Godwin se espresa asi: «La inclinacion á la opresion, la inclinacion á la servidumbre, y la inclinacion al fraude son los frutos de las leyes sobre la propiedad. Estas disposiciones son todas igualmente contrarias á la perfeccion de la inteligencia y engendran ademas otros vicios como la envidia, la malicia y la venganza. En un estado social en el que todos los hombres vivirian en la abundancia, en el que todos participarian igualmente de los beneficios de la naturaleza, estos sentimientos depravados se ahogarian necesariamente. El principio de un egoismo puro desapareceria, no viéndose ninguno en la precision de guardar cuidadosamente su corta porcion de bienes ó á proveer á sus necesidades con ansiedad, perderia de vista el interés individual para ocuparse del bien comun; nadie seria enemigo de su vecino porque no habria motivos de disputa, y por consiguiente bien pronto el amor de los hombres recobraria el imperio que la razon le asigna. El espíritu, desprendido de los cuidados del cuerpo, se entregaria libremente á los mas sublimes pensamientos y volveria á tomar sus hábitos naturales; dándose prisa todos en ayudar á los otros en sus investigaciones.»

Hé aqui la imágen de la felicidad; pero este es solo un cuadro imaginario y no creo que haya necesidad de insistir mucho en ello para que lo conozcamos. Los hombres no pueden vivir en el seno de la abundancia; es imposible que los favores de la naturaleza se repartan igualmente. Si no hubiese leyes sobre la propiedad, cada hombre se veria obligado á guardar por la fuerza su escasa porcion de bienes: dominaria el egoismo, y los motivos de disputa se renovarian sin cesar. Cada uno no cuidaria sino de su cuerpo, y no habria nadie que dedicara su espíritu á los mas altos pensamientos.

Para juzgar cuan poco M. Godwin ha estudiado el estado verdadero de la sociedad, basta ver cómo resuelve la dificultad nacida del acrecentamiento ilimitado de la poblacion. «La respuesta á este argumento, dice, es vedaderamente raciocinar sobre lo venidero, es prever dificultades colocadas á una gran distancia. Las tres cuartas partes del mundo

habitable estan todavia incultas, y las que estan cultivadas son susceptibles de mejoras sin fin: la poblacion podria crecer durante siglos y siglos sin que cese la tierra de proporcionar á sus habitantes la subsistencia.»

Ya he manifestado que es un error el imaginarse que la poblacion
escesiva no puede causar la miseria y la afliccion mientras la tierra no
rehuse aumentar sus produotos; pero convengamos algunos instan-
tes con M. Godwin en el pensamiento que su sistema de igualdad podria ser plenamente realizado, y veamos si la dificultad que él se en-
vanece de allanar no se haria sentir en un estado de sociedad tan perfecto. Una teoría que no pudiese sufrir ninguna aplicacion debiera sin
duda desecharse.

Supongamos que en la Gran Bretaña cesan de pronto las causas de
vicio y de desgracia. El buen alimento, las ocupaciones saludables y
los placeres inocentes y toda especie de virtudes reinan generalmente.
Al matrimonio, considerado por M. Godwin como un fraude y un monopolio (4), sustituye la mas perfecta libertad. Un comercio esento de
todo freno no inspiraria temores y daria lugar á formar con gusto uniones de esta naturaleza. Y como no se tendrá que pensar en el alimento de los hijos, es bien seguro que de cien personas del sexo femenino
no habrá una que á la edad de 23 años no haya llegado á ser madre
de familia.

Tales estímulos á la poblacion, unidos á la falta de todas las grandes causas de despoblacion en virtud de los supuestos precedentes, harian crecer el número de habitantes con una rapidez sin ejemplo. En
los establecimientos del interior de América dobla la poblacion en 15
años; en Inglaterra, que es un pais mas sano, deberia duplicar en menos
tiempo, pero sin embargo supongamos que doble en 25 años. Por dificil
que sea lograr que el producto doble en dicho periodo, concedamos que
asi suceda. Al fin de este periodo el alimento aunque casi enteramente
vegetal, bastará al menos para mantener en un estado saludable la doble poblacion que habrá llegado á ser de 22.000,000. Mas en el periodo
siguiente ¿se encontrará alimento para satisfacer las importunas demandas de un número de habitantes siempre en aumento? ¿á dónde se irán
á buscar nuevas tierras que roturar? ¿de dónde se tomarán los abonos
necesarios para mejorar las que se cultivan? Ciertamente entre los que

(4) Justicia política, cap. 8.

tienen algun conocimiento en esto, no habrá uno que crea posible que acrezca el producto en este segundo periodo en una cantidad igual á la que ha tenido lugar durante el primero. Sin embargo, por improbable que sea, admitiremos aun esta ley de acrecentamiento. La fuerza del argumento que presento es tal, que permite hacer concesiones casi limitadas: mas despues de esto permanecerian aun al concluir el segundo periodo 44.000,000 de individuos desprovistos de todo recurso; pues una cantidad de productos suficiente para alimentar con sobriedad á 33.000,000 deberia en esta época repartirse entre 44.000,000.

Hé aqui en qué viene á parar este cuadro en que me pintan á los hombres viviendo en el seno de la abundancia, sin que ninguno de ellos tenga necesidad de ocuparse con ansia de sus medios de subsistencia, estraños á todo principio de egoismo, entregados á ejercitar su inteligencia sin necesidad de cuidar del cuerpo; esta brillante obra de la imaginacion desaparece ante la antorcha de la verdad. El espíritu de beneficencia que la abundancia produce y alimenta, se comprime por el sentimiento de la necesidad; retoñan las pasiones bajas, el instinto que en cada individuo vela por su propia conservacion ahoga las emociones mas nobles y mas dulces: las tentaciones son demasiado fuertes para vencerlas: el trigo es cogido antes de madurar, amasando secretamente mas de la porcion legítima: bien pronto todos los vicios que engendra la falsedad nacen y marchan tras él: las subsistencias no van por sí mismas á buscar á las madres cargadas de una numerosa familia: los niños sufren por la falta de alimento: á los vivos colores de la salud sigue una lívida palidez, en vano la filantropia derrama aun algunos moribundos resplandores: el amor de sí mismo y el interés personal sofoca todo otro principio, y ejerce en el mundo un poder absoluto.

Si aun no estamos convencidos pasemos al tercer periodo de veinte y cinco años y nos encontraremos con 44.000,000 de individuos sin tener con qué subsistir. Al fin del primer siglo la poblacion subirá á 176.000,000, mientras solo habrá alimento para 55.000,000, careciendo por lo tanto de subsistencia 121.000,000. En esta época se sentirá en todas partes la necesidad, dominando la rapiña y el asesinato; y sin embargo nosotros hemos supuesto tal acrecentamiento del producto anual, que ni aun el especulador mas confiado se atreveria á esperar.

Este aspecto, bajo el que se nos ofrece la dificultad nacida del principio de la poblacion, es bien diferente del que presenta M. Godwin al decir que la poblacion puede crecer siglos y siglos sin que deje la tierra de proporcionar subsistencias á los habitantes.»

Yo sé muy bien que jamás hubieran existido los millones escedentes de que acabo de hablar, pues es una observacion muy justa de M. Godwin «que hay en la sociedad humana un principio por el que la poblacion está perpétuamente mantenida al nivel de los medios de subsistencia.» La única cuestion que resta resolver es esta: ¿Cuál es este principio? ¿es una causa desconocida? ¿es una intervencion misteriosa del cielo que en ciertas épocas uniformes hace á los hombres impotentes y estériles á las mugeres? ¿ó es una causa que está á nuestro alcance, abierta á nuestras investigaciones, que obra constantemente á nuestra vista, aunque con diversos grados de fuerza, en todas las situaciones en que se encuentra el hombre? ¿no es la miseria, ó el temor de ella, resultados inevitables de las leyes de la naturaleza, que lejos de agravar tratan de templar las instituciones humanas aunque no hayan podido evitarlo?

No puede menos de ser interesante el observar que como en el caso que acabamos de suponer, algunas de las principales leyes que han regido hasta aqui la sociedad, tendrán que ser absolutamente dictadas por la mas absoluta necesidad. El hombre, segun M. Godwin, es el producto de las impresiones que esperimenta, el aguijon de la necesidad no se hará sentir largo tiempo sin que resulten algunas violaciones de los fondos reservados ya al público, ya á los particulares. Cuando estas violencias se multipliquen y lleguen por su objeto á ser considerables, los espíritus mas activos é inteligentes, no dejarán de conocer que con un acrecentamiento rápido de poblacion, el producto anual empezaria bien pronto á disminuir. La urgencia del caso haria necesario tomar sin pérdida de momento algunas medidas de seguridad. Se convocaria una asamblea en dónde se manifestarian los peligros de la situacion actual; mientras hemos vivido en la abundancia, se diria importaba poco que algunos trabajasen menos que otros, que las partes no fuesen todas exactamente iguales, porque cada uno de nosotros estaba dispuesto á socorrer las necesidades de su vecino; en la actualidad no se trata de saber si cada uno está pronto á dar lo que le es inútil, sino lo que le es necesario para vivir. Las necesidades añadíria, sobrepujan en mucho á los medios de satisfacerlas, haciéndose sentir de un modo tan ejecutivo á causa de la insuficiencia del producto que dan lugar á graves violaciones de la justicia, que han detenido el acrecentamiento de subsistencias; y sino se pone pronto remedio, perturbaran la sociedad. Por consiguiente una imperiosa necesidad nos obliga á acrecentar á toda costa los productos anuales, siendo por lo tanto inevitable hacer una division mas completa de las tierras y protejer por medio de las penas severas nuestras propiedades contra las violencias sucesivas.

Se objetará quizá á este discurso que el acrecentamiento de fertilidad en algunos terrenos y otras causas podrian por mucho tiempo hacer á algunas porciones mas que suficientes para el sustento del propietario; y que si el dominio del amor propio ó el del interés personal se llegaba á establecer alguna vez, estos ricos no querrian ceder á sus hermanos sino por via de cambio lo que les era superfluo: se les responderia, lamentando esta consecuencia inevitable del nuevo orden de cosas; pero se les haria observar que es preferible semejante mal á los que produce la falta de seguridad en las propiedades. La cantidad de alimento que un hombre puede consumir, se les diria está limitada necesariamente por la estrecha capacidad del estómago, no habiendo motivo para creer que despues de haber satisfecho su necesidad arroje sin hacer ningun uso lo que le es superfluo; pues puede cambiarle con el trabajo de los otros miembros de la sociedad, porque tal compra es preferible á sucumbir á la necesidad.

Es probable que se llegarian á establecer leyes sobre la propiedad bastante parecidas á las que han sido adoptadas por todos los pueblos civilizados: y se las consideraria como un medio insuficiente, sin duda, pero que es el mejor que está á nuestro alcance para remediar los males de la sociedad.

Concluida esta discusion nacerá otra que le está ligada íntimamente y es la del comercio de los dos sexos. Los que habrian reconocido la verdadera causa de la miseria general, harian presente que la certeza que tienen los padres de familia de ver á todos sus hijos mantenidos por la beneficencia social hacia absolutamente imposible que la tierra produjera lo necesario para alimentar á esta poblacion creciente. Aunque toda la atencion, todo el trabajo de que son capaces los individuos de la sociedad se dirigieran á este solo objeto, aunque la propiedad sobrepujara toda esperanza, aunque por este medio y por todos los estímulos imaginables se lograse obtener el mayor producto anual á que se puede aspirar razonablemente, todavia el acrecentamiento de los medios de subsistencia, no llegarian al de la poblacion que es infinitamente mas rápido: siendo, pues, absolutamente necesario oponer un obstáculo á la poblacion. El mas sencillo y mas natural de todos parece ser el de obligar á cada padre alimente sus hijos: esta ley serviria de regla y de freno á la poblacion, porque en fin, se debe creer que ningun hombre querrá engendrar seres desgraciados á quienes no puede alimentar, mas si se encuentra quien cometa tal falta, justo es que sobrelleve individualmente los males que de ella han dimanado y á los que se ha espuesto voluntariamente. La institucion del matrimonio ó al menos la obligacion espresa ó tácita de alimentar á sus hijos, deberá ser el resultado natural de esta discusión en el seno de una sociedad oprimida por el sentimiento de la necesidad.

Así se establecieron en el mundo las dos leyes fundamentales de la sociedad, la conservacion de la propiedad y la institucion del matrimonio, y desde entonces nació la desigualdad de condiciones. Los que vinieron al mundo despues del repartimiento de las propiedades, encontraron la tierra ocupada: si sus padres cargados de familia rehusaran proveer á su manutencion ¿de quién podrian esperar recursos? Ya se han probado los inconvenientes de la igualdad, la que daba á cada hombre derecho para pedir su parte en los productos de la tierra. Los miembros de una familia numerosa no podrian, pues, lisonjearse de obtener como un derecho alguna porcion superabundante de estos productos, las leyes de la naturaleza humana condenarian de este modo á algunos individuos á sentir la necesidad, y pronto su número se multiplicaria hasta el punto que no bastara el esceso de los productos.

Hé aqui, pues, á todos los hombres víctimas de la necesidad, obligados á ofrecer su trabajo en cambio de su alimento. Los capitales destinados á activar el trabajo son, pues, la cantidad de alimento que poseen los propietarios territoriales, y que es mas que suficiente para su consumo. Cuando las demandas hechas á este capital sean grandes y repetidas, se subdividirán naturalmente en muy pequeñas porciones; el trabajo estará mal pagado y ofrecido por lo mas estrictamente necesario y el acrecentamiento de las familias se interrumpirá por las enfermedades y la miseria. Si por el contrario, los fondos crecen rápidamente y son considerables en comparacion de las demandas, serán mayores las partes en que se divide: nadie consentiria en trabajar sino se le remunera con una gran provision de alimento; vivirán los jornaleros con comodidad, encontrándose en disposicion de criar muchos hijos robustos. Este es principalmente el estado de este capital del que en la actualidad dependen en todas partes la dicha y felicidad del pueblo; y de esto último el estado progresivo, estacionario ó retrógrado de la poblacion.

Hé aqui como una sociedad establecida bajo el plan mas hermoso que puede concebirse, animada por el principio de filantropía y no por el del egoismo, en la cual todas las costumbres viciosas se corrigen por la razon, no por la fuerza, degenera rápidamente por una consecuencia de leyes inevitables de la naturaleza, y de ningun modo por la malicia primitiva del hombre, ni por efecto de las instituciones humanas; y se transformará en una sociedad poco distinta de las actuales, ofreciendo como estas una clase de obreros y otra de propietarios; y el principal resorte de la gran máquina social, será tanto en una como en otra el amor de sí mismo ó el interés personal.

En lo supuesto anteriormente el acrecentamiento de la poblacion es menor sin duda, y el aumento de los productos incontestablemente mucho mayor que en realidad. Hay motivos para creer que en las circunstancias que hemos descrito, la poblacion crecia mas rápidamente de lo que se puede creer. Si adoptamos por periodo de doble aumento 15 años en vez de 25, y reflexionamos el trabajo necesario, caso que sea posible, para doblar el producto anual en un tiempo tan corto, no titubearemos en decir, que aun suponiendo el sistema de igualdad de M. Godwin establecido y llevado al mas alto grado de perfeccion, se destruiria infaliblemente por el principio de la poblacion en menos de 30 años.

No he contado en esto la emigracion, por una razon muy sencilla: si se estableciesen las sociedades bajo las mismas bases de desigualdad en Europa, es evidente que en todas las comarcas de esta parte del mundo se harian sentir los mismos efectos, y que estando sobrecargadas de poblacion, no podian ofrecer un asilo á nuevos habitantes. Si este grandioso plan solo se realizara en una isla, era necesario que degenerase mucho el establecimiento, ó que la dicha que habia de ser su consecuencia, fuera muy inferior á nuestra esperanza; pero que los que la gozáran consintiesen en renunciar á ella y someterse á los gobiernos imperfectos de lo restante del mundo ó á las dificultades insuperables de un nuevo establecimiento.

CAPITULO III.

Sistemas de igualdad. Owen.

Personas cuyo parecer respeto, me han hecho observar hace años que podria convenir no incluir en una nueva edicion la discusion de los sistemas de igualdad de Wallace, Condorcet y Godwin; porque han perdido ya su interés y no estan estrechamente ligados al objeto principal de este ensayo, que es el de esplicar y aclarar la teoria de la poblacion. Mas independientemente del apego que debo tener y es natural á esta parte de mi obra, que me ha proporcionado desarrollar su objelo principal, creo firmemente que conviene consignar en cualquiera parte una respuesta á esos sistemas de igualdad fundada en los principios de la poblacion; y quizá tenga mas efecto por encontrarse colocada entre las ilustraciones y aplicaciones del principio de la poblacion que en ninguna otra parte.

En todas las sociedades humanas, y sobre todo en aquellas donde la civilizacion ha hecho mas progresos y mejorado su situacion, pueden persuadir las primeras apariencias á los observadores superficiales, que es posible lograrse un cambio favorable por el establecimiento de un sistema de igualdad y de propiedad comun. Ven en una parte la abundancia, la necesidad en otra, y les parece que el remedio natural y manifiesto seria una division igual de los productos. Ven que una cantidad prodigiosa de trabajo se pierde en objetos mezquinos, inútiles y aun dañosos algunas veces, mientrás se podria economizarle enteramente ó emplearle de una manera mas satisfactoria. Ven que se suceden las invenciones en la construccion de máquinas, cuyo efecto será á mi parecer una disminucion considerable de la suma de trabajo, y aun con estos medios aparentes de esparcir por todas partes la abundancia, el descanso y la felicidad. Ven que no disminuyen los trabajos de los hombres que forman la gran masa de la sociedad, y que su suerte ya que no se empeore al menos no mejora sensiblemente.

En tales circunstancias no hay que admirarse que sin cesar se renueven proposiciones que tienden á establecer algun sistema de igualdad. En ciertas épocas á la verdad en las que el asunto se ha discutido á fondo, ó en que la consecuencia de alguna tentativa de este género ha fracasado completamente la cuestion, ha quedado algun tiempo en reposo y que las opiniones de los partidarios del sistema de igualdad se han colocado entre los errores cuya dominacion ha concluido y de los que no se volverá á hablar. Mas es probable que si el mundo dura aun muchos miles de años los sistemas de igualdad pertenezcan al número de aquellos errores de que habla Dugald Stewart, que como las sonatas de un órgano ambulante se reproducen de época en época. Yo opino por estas observaciones, y aun añadiré alguna cosa á lo dicho sobre los sistemas de igualdad en lugar de abandonar la discusion; porque hay en este momento una tendencia á hacer revivir estos sistemas.

Un hombre al que respeto mucho, M. Owen de Lanark, ha publicado últimamente una obra titulada *Nuevo aspecto de la sociedad,* cuyo objeto es preparar al público para la introduccion de un sistema de comunidad de trabajos y de bienes. Se sabe tambien que se ha difundido entre las clases inferiores de la sociedad la opinion que la tierra es la propiedad del pueblo, que la renta que de ella proviene debe repartirse igualmente entre todos, y que por la injusticia y opresion de los propietarios y por la de los administradores de sus bienes, es por lo que el pueblo ha sido despojado de los beneficios á que tenia derecho y eran su herencia legítima.

Despues de lo dicho en los capítulos anteriores sobre los sistemas de igualdad, no creo necesario refutarlos con método: solo quiero presentar un nuevo motivo para consignar por escrito una respuesta fundada sobre el principio de poblacion á estos sistemas, dándola una forma concisa y fácilmente aplicable. Se pueden oponer dos argumentos decisivos á tales sistemas: el uno es que ya sea en teoría, ya en práctica, un estado de igualdad no puede ofrecer motivos de actividad suficientes para vencer la pereza natural del hombre para obligarle á dar á la tierra mejor cultivo, para entregarse al trabajo de las fábricas y producir los diversos objetos de consumo que embellecen su existencia. El otro está fundado sobre la inevitable pobreza en que debe muy pronto terminar todo sistema de igualdad. Este es el resultado necesario de la tendencia de la raza humana á multiplicarse con mas rapidez que sus medios de subsistencia, á menos que no se precava tal acrecentamiento por medios mucho mas crueles que los que nacen del establecimiento de la propiedad y de la obligacion impuesta á todo hombre por las leyes divinas y naturales de alimentar á sus hijos.

El primero de estos argumentos me ha parecido siempre concluyente. Un estado, en que la desigualdad de condiciones ofrece á la buena conducta su recompensa natural é inspira á todos la esperanza de elevarse ó el temor de decaer, es sin contradiccion el mas propio para desarrollar las facultades del hombre y la energía del carácter, para ejercer y perfeccionar su virtud. La historia atestigua que en todos los casos en que se ha establecido la igualdad, la falta de estímulo ha amortiguado y abatido toda especie de carácter y de emulacion social.

El segundo argumento contra los sistemas de igualdad, que se funda en el principio de la poblacion, tiene la ventaja de que no solamente está en general y uniformemente confirmado por la esperiencia de todos los tiempos y todos los lugares, sino que es tan clara en teoría que no puede imaginarse una respuesta que tenga algun viso de verdad, y que por consiguiente deje algun pretesto para emprender una nueva esperiencia. Es un asunto de cálculo muy sencillo aplicado á las cualidades conocidas del terreno y á la poblacion existente: entre los muertos y los nacidos según se observa en varias de las poblaciones: hay muchas aldeas en Inglaterra, donde á pesar de la dificultad de mantener una familia que necesariamente debe tener lugar en un pais muy poblado, la relacion de los nacimientos con los muertos, sin deducir las omisiones de los registros, es de 2 á 1: esta proporcion, combinada con la de 1 por 50 que espresa la mortandad comun del campo, doblaria la poblacion en 11 años si no hubiera emigracion en la aldea. Mas en todo sistema de igualdad, ya en el de Owen, ya en la asociacion parroquial de tierras, ademas de que no habria ningun medio de encontrar recursos fuera de la comunidad, el acrecentamiento en sus primeros tiempos seria mucho mas considerable que el del estado presente de la sociedad. ¿Quién evitaria entonces la disminucion gradual de producto repartida á cada individuo? ¿Quién impediria que esta disminucion se llevase hasta el último estremo de necesidad y de indigencia?

Esta cuestion es sencilla y de fácil inteligencia. Nadie debe, pues, proponer ó apoyar un sistema de igualdad si no se encuentra en estado de contestar á esto razonablemente, cuando menos en teoría: mas ni aun asi he sido jamás nunca dar una contestacion ni cosa que lo parezca. Se ha hecho sobre esto una observacion muy superficial. Se dice que hay contradiccion en contar con la eficacidad de la repugnancia moral en una sociedad culta y progresiva, sometida al actual sistema, y no contar con ella en un sistema de igualdad, siendo asi que este último supone la instruccion mas generalmente propagada y el mayor progreso del espíritu humano. Los que razonan asi no ven que los estímulos para poner en práctica el freno moral se destruyen en un sistema de igualdad y de comunion de bienes.

Supongamos que en semejante sistema á pesar de los esfuerzos para producir alimento, tienda mucho la poblacion á pasar el límite de las subsistencias, llegando por lo tanto la pobreza á ser universal. Es evidente que en tales circunstancias para evitar el hambre mas cruel es necesario que disminuya la cantidad de acrecentamiento de la poblacion. ¿Mas quiénes son los que ejercerán la virtud prescrita en este caso y retardarán la época del matrimonio ó no se casarán? No parece que sea una consécuencia necesaria del establecimiento de un sistema de igualdad el que de repente se amortigüen todas las pasiones humanas. Pero si deben subsistir las personas que tienen deseo de casarse encontrarán muy duro ser del número de las que resisten á sus inclinaciones. Siendo todos iguales y colocados en circunstancias semejantes, no hay motivo para que un individuo se crea obligado á la práctica de un deber que otros desdeñan observar. Será menester por lo tanto que se haga bajo la pena general mas cruel sufrimiento. En el estado de igualdad, semejante sujecion no se puede lograr sino por una ley; ¿pero quién la hará observar? ¿y cómo se castigará su violacion? ¿Se impondrá una mancha señalando con el dedo á todo hombre que contraiga un matrimonio precoz? ¿Se le impondrá la pena de azotes? ¿Se le condenará á muchos años de prision? ¿Se espondrán á sus hijos? Todos los castigos que se puedan inventar por un delito de esta especie, ¿no son irritantes y contrarios á la naturaleza? Y sin embargo, es absolutamente necesario para evitar la mas espantosa miseria; reprimir de algun modo la tendencia á los matrimonios precoces cuando el pais solo pueda sostener una poblacion lenta en sus progresos; la imaginacion mas fecunda puede concebir un medio mas natural, mas justo, mas conforme á las leyes divinas y humanas redactadas por los hombres mas esclarecidos, que hacer á cada individuo responsable del sustento de sus hijos; es decir, hacer de modo que esté sujeto á todos los inconvenientes, á todas las dificultades que naturalmente resultan de su facilidad en seguir sus apetitos, sin verse espuesto jamás por este motivo á sufrir la pena de las debilidades de otros?

Es de todo punto indudable que el sentimiento de la dificultad de criar una numerosa familia, tenga en todas las clases mucha influencia para evitar los matrimonios precoces en el seno de una sociedad civilizada; y que esta razon sea aun mayor en las clases ínfimas, á medida que crecen en prudencia y en ilustracion. Mas este obstáculo natural depende esclusivamente de la existencia de las leyes de la propiedad y de las sucesiones. En un estado de igualdad y de comunion de bienes, no podia reemplazarse sino por un reglamento artificial de otra especie, y contrario á la naturaleza. Esto es lo que ha conocido bien M. Owen y lo que le ha hecho apurar todo su ingenio para evitar las dificultades que deben nacer del progreso de la poblacion en el estado social á que aspira. La imposibilidad absoluta en que se ha visto de presentar alguno que no fuese contrario á la naturaleza inmoral ó cruel en el mas alto grado unido á los que entre los antiguos y modernos han fracasado igualmente en estas investigaciones, prueba bastante que el segundo argumento contra todo sistema de igualdad, y que se funda en el principio de poblacion, no admite respuesta plausible ni aun en teoría.

CAPITULO IV.

De la emigracion.

Aunque en el plan imaginario que acabamos de discutir no sea practicable la emigracion, conviene examinar los recursos que puede ofrecer en el estado real. No es probable que la industria se esparza con perfecta igualdad por toda la superficie de la tierra. Si pues en los paises bien cultivados llega á haber un esceso de poblacion, parece que la naturaleza ofrece á este mal un remedio muy sencillo, abriendo el camino de la emigracion á estos pueblos sobrecargados, é invitándolos en cierto modo á trasladarse á los lugares desiertos ó poco habitados. Y como estos paises son de una estension inmensa, este recurso es inagotable y muy suficiente para calmar toda especie de inquietud en este punto ó al menos para considerarla muy lejana. Pero si consultamos la esperiencia y tendemos la vista sobre los puntos del globo en donde no ha penetrado la civilizacion; este pretendido remedio solo parecerá un débil paliativo.

Las narraciones mas exactas de los establecimientos formados en las nuevas comarcas nos presentan estas tentativas acompañadas de peligros y dificultades mayores que los que hubieran tenido que sufrir en su antigua patria, los que han tomado la empresa de abandonarla. A pesar del deseo de librarse de la miseria que resulta en Europa de la dificultad de poder sostener una familia, hubiera permanecido mucho tiempo desierta la América; si pasiones mas activas, como la sed del oro, el espíritu aventurero y el entusiasmo religioso no hubieran arrojado allí nuevos colonos y hécholes superar los obstáculos de toda especie que se oponian á su establecimiento. Sin embargo, estas mismas espediciones fueron acompañadas de circunstancias, que al recordarlas, se estremece la humanidad y que estaban en oposicion directa con el fin á que debe tender la emigracion.

Las partes de América donde se establecieron los ingleses, como poco pobladas, parecian mas á propósito para el establecimiento de nuevas colonias, aunque no por esto dejaron de esperimentar grandes dificultades. Las tres primeras colonias que se establecieron en la Virginia perecieron enteramente en manos de los salvajes. La cuarta de 500 personas que la componian, se vió reducida en el espacio de seis meses por el hambre y las enfermedades á 60 y volvia á Inglaterra en el estado mas deplorable, cuando en la entrada de la bahia de Chesapeak la encontró lord Delaware que llevaba consigo provisiones y toda especie de medios de socorro y de defensa. La mitad de los primeros colonos puritanos que se establecieron en la Nueva-Inglaterra, perecieron victimas del rigor del clima, de la falta de subsistencias y de las enfermedades, necesitando de toda la exaltacion del fanatismo religioso para conseguir establecerse en aquella nueva patria.

Las tentativas de los franceses en 1663 para hacer en la Guayana un poderoso establecimiento, tuvieron los mismos fatales resultados. Doce mil hombres desembarcaron en la estacion lluviosa, y se les colocó bajo tiendas. Allí en la inaccion y en la miseria, entregados á todos los estragos del contagio y á todos los desórdenes que trae consigo la pereza, perecieron casi todos en la desesperacion. Dos mil entre ellos que por su constitucion robusta pudieron resistir á tantos males, regresaron á Francia; y los 26.000,000 que se habian dedicado á esta espedicion, se perdieron sin resultado alguno (1).

El establecimiento reciente de Port-Jackson en la N. Holanda, ha presentado por muchos años, segun M. Collins, un aspecto muy triste, teniendo que luchar esta colonia con toda especie de dificultades hasta alcanzar la época en que sus productos han bastado para su manutencion.

Aun es mas dificil lograr semejantes empresas en los paises poco poblados de Europa y Asia; porque el caracter guerrero de los habitantes y su poder, hacen necesario el empleo de una gran fuerza militar, para poner á la colonia al abrigo de una completa y pronta destruccion. Los mas poderosos imperios apenas pueden cubrir sus fronteras y defender al cultivador de los ataques de algunos vecinos turbulentos. La emperatriz de Rusia, Catalina II, tuvo que proteger con fortalezas regulares las colonias que habia establecido junto al Volga.

Las dificultades que presenta un nuevo establecimiento dependientes del terreno, del clima, de la privacion de todas las comodidades habituales de la vida, son en estas comarcas casi las mismas que en América. M. Eton en su descripcion del imperio otomano, cuenta que 75,000 cristianos se vieron obligados por el gobierno ruso á emigrar de Crimea para ir á habitar el pais abandonado por los tártaros noguais. Habiendo sobrevenido el invierno antes que estuviesen concluidas las casas, un gran número de ellos no tuvieron otro abrigo contra el frio que meterse en hoyos hechos en la tierra, cubiertos con todo lo

(1) Raynal, historia de las Indias.

que podian encontrar á propósito para esto. La mayor parte perecieron; pocos años despues no quedaban mas que 7,000. El mismo autor menciona que otra colonia que vino desde Italia á las márgenes del Boristhene no tuvo mejor suerte, por la falta de los comisionados encargados de atender á sus necesidades.

Es inútil multiplicar ejemplos, porque son iguales todas las narraciones de los nuevos establecimientos y ofrecen por todas partes el cuadro de las mismas dificultades. Un corresponsal del doctor Francklin nota con razon que una de las causas que han hecho naufragar tantas empresas de colonias, hechas con grandes gastos del público y de los particulares de las diversas naciones poderosas de Europa, es que los hábitos tánto morales como mecánicos que convienen á la madre patria no son muchas veces á propósito en los nuevos establecimientos, ni en las circunstancias imprevistas en qué se encuentran colocados. Añade que jamás ninguna colonia inglesa ha llegado á un cierto grado de prosperidad, sin haber antes adquirido las costumbres del pais á que habia sido transportada. Pallas insiste en este punto con respecto á las colonias rusas; y observa que no tienen las costumbres que convienen á su situacion y que es una de las causas que han impedido hacer los progresos que debian esperarse.

Es necesario añadir á esto que el primer establecimiento de una colonia nueva presenta el ejemplo de un pais mucho mas poblado de lo que puede sostener su producto anual. La consecuencia natural de este estado de cosas, es que la colonia, á menos que no reciba provisiones de la metrópoli, debe disminuir rápidamente hasta ponerse al nivel de los débiles medios de subsistencia que estan á su alcance, sin poder empezar á aumentarse de una manera permanente hasta la época en la cual los que quedan han cultivado lo bastante el terreno para producir mas alimento del necesario, y tener asi un esceso que poder repartir entre sus hijos. La caida tán frecuente de nuevos establecimientos de colonias, es á propósito para hacer ver que es necesario que los medios de subsistencia precedan á la póblacion.

Despues de haber reconocido la dificultad de que estas empresas tengan feliz éxito, es necesario todavia que la parte del pueblo que en el antiguo pais es la que mas ha sufrido el esceso de la poblacion, no puede por sus propios medios formar en algun tiempo colonias nuevas. Estos hombres privados de todo recurso, no pueden espatriarse de otra manera que poniéndose bajo la proteccion de un gefe de una clase mas elevada á quien estimule la ambicion, ó el espíritu aventurero disgustos políticos ó religiosos ó que el mismo gobierno les dispense socorros y proteccion, careciendo por otro lado de medios en su antigua patria, se encuentran en la impotencia absoluta de tomar posesion de los paises incultos que ocupan una parte tan considerable de la superficie del globo.

Cuando las colonias se hallan establecidas y en un estado de seguridad, la dificultad de emigrar, trasladándose á ellas, se disminuye mucho. Sin embargo, aun se necesitan entonces algunos medios para equipar los buques para el viage, socorrer las necesidades de los emigrados procurando que puedan sostenerse á sí mismos y encontrar ocupacion en su patria adoptiva. ¿Hasta qué punto está obligado el gobierno á suplir los recursos que pueden faltarles? Esta es una cuestion que no está aun decidida: mas cualquiera que sea su deber en cuanto á esto, no pueden esperarse grandes socorros de parte del gobierno, á menos que no tenga algunas ventajas particulares en las relaciones del estado con sus colonias.

Es verdad que frecuentemente los medios de transporte y de subsistencia se han proporcionado á los emigrados por particulares ó por compañías privadas. Durante muchos años antes de la guerra de América y algunos despues, hubo mucha facilidad de emigrar al Nuevo mundo que por otra parte ofrecia en perspectiva ventajas considerables á los emigrados. No cabe duda que es una circunstancia muy feliz para un pais, sea cual fuere, tener tan buen asilo abierto á su poblacion escedente. ¿Pero aun durante estos años de emigracion ha cesado en Inglaterra de ser el pueblo presa de la necesidad, ha podido todo hombre casarse en plena seguridad con la esperanza de poder alimentar una numerosa familia sin recurrir á la asistencia de su parroquia? Siento decir que la respuesta no seria afirmativa.

Quizá se dirá que la falta es de aquellos que teniendo ocasion de emigrar prefieren vivir en la miseria y en el celibato. ¿Es una injusticia amar el suelo que nos vió nacer, nuestros padres, nuestros amigos y á los compañeros de nuestra infancia? ¿De que no se rompan estos lazos, se puede deducir que no se esperimenten grandes sufrimientos? Semejante separacion está alguna vez determinada en las grandes miras de la Providencia; pero no deja de ser dolorosa: aunque constituye el bien grneral, produce, sin embargo, un mal individual. Por otra parte, un establecimiento estraño presenta siempre sobre todos los hombres de las clases ínfimas una apariencia de dificultad é incertidumbre; desconfiando sobre todo lo que se les dice del alto precio del trabajo y del bajo de las tierras, y temen ponerse á merced de empresarios interesados. El mar que es necesario atravesar, parece oponer una barrera inespugnable á su regreso, porque no creen encontrar gentes solícitas á mantenerlos: si el espíritu de empresa no se une á las angustias de la miseria, preferirán mejor sufrir en donde están, que buscar en otra parte males desconocidos.

Otra cosa seria si un nuevo terreno estuviese unido al de Inglaterra, por ejemplo, que estuviese dividido en pequeñas granjas. Se veria bien pronto subir el precio del trabajo, y quejarse los ricos como sucede, segun se dice, en América.

Mas en esta misma suposicion ó en cualquiera otra que fuera tambien favorable al sistema de emigracion, los beneficios que se pudieran sacar de esta práctica serian de muy corta duracion: apenas habria un pais en Europa si se esceptúa la Rusia en donde los habitantes no tratasen muchas veces de mejorar su suerte, estableciéndose fuera de su pais. Pero estos, teniendo á lo que parece mas bien sobra que falta de habitantes en proporcion de su producto, no pueden ofrecerse mútuamente el recurso de la emigracion. Supongamos por un momento que en esta parte del globo, que es la mas ilustrada, la economía interior de cada estado esté tan admirablemente ordenada que la poblacion no esperimente ningun obstáculo, y que los gobiernos faciliten la emigracion. Admitamos que la poblacion de Europa, sin la Rusia, suba á 100.000,000. Concedamos aun que el acrecentamiento del producto sea en todas partes mucho mas considerable de lo que realmenne puede ser: admitidas todas estas suposiciones, el escoso de la poblacion de esta gran madre patria seria al fin de un siglo de 1,100.000,000 de habitantes. Este número, añadido al aumento natural de las colonias durante el mismo especio de tiempo, dobla la poblacion actual de todo el mundo.

¿Se puede creer que en las partes incultas del Asia, de Africa ó de América, los esfuerzos mejor dirigidos deben bastar en tan corto periodo para mejorar y preparar tantas tierras como las que requiere el sustento de tal poblacion? Si alguno concibiese esta esperanza le rogaria añadiese á esos 100 años 25 ó 30 mas, y no creo que se encontrarán sobre esto dos opiniones.

El creerse todavia que la emigracion puede servir de remedio á la poblacion superabundante, consiste en que la repugnancia que tienen todos los hombres de abandonar su país natal, unida á la dificultad de desmontar y mejorar una tierra nueva, lo que no ha permitido nunca adoptar esta medida de una manera general. Si este remedio fuera eficaz y pudiera adoptarse algun alivio á los males que el vicio y la desgracia producen en nuestros estados, si se pudiera de algun modo rejuvenecerlos y colocarlos en la situacion en que se encuentran las colonias, ya hace tiempo que se hubiera agotado este medio saludable, que despues de haber proporcionado alivio en las épocas en que empezaron á sentirse estos males, se hubiera visto cerrar para siempre este manantial de dichas y de esperanzas.

Es, pues, cierto que *la emigracion es de todo punto insuficiente para dar cabida á una poblacion que crece sin límites*. Pero considerada *como un medio parcial* y á tiempo, propio á estender la civilizacion y la cultura por la superficie de la tierra, *la emigracion es útil y conveniente*. Si por una parte no se puede demostrar que los gobiernos estan obligados á fomentarla con actividad, por otro lado seria por su parte no solo una injusticia, sino una medida muy impolítica prohibirla ó evitarla. Ningun temor menos fundado que el de la despoblacion causada por emigrar. La fuerza de inercia que fija la masa del pueblo en el lugar donde ha nacido; los lazos de afeccion que unen á los hombres con sus hogares tienen tanta fuerza y poder que es bien seguro que no pensarian en emigrar á no ser por los trastornos políticos ó porque la mas dura pobreza les hace tomar este partido estremo: en este caso su separacion es útil á su misma patria. Mas de todas las quejas que proporciona la emigracion, la menos justa es la que la reprueba porque hace subir el precio de los salarios; pues si este es tal en cualquier pais que coloca las clases bajas en disposicion de vivir sin angustias, podemos estar seguros que los que las componen no trataran de emigrar. Mas si el precio no es suficiente es injusto y cruel oponerse á la emigracion.

CAPITULO V.

Leyes sobre los pobres (1).

El efecto que las leyes sobre los pobres han producido en Inglaterra, no puede sorprender á los que conozcan un poco los principios mas

---

(1) Convencidos de que las leyes de pobres, tales como las examina Malthus, no pueden ofrecer mucho interés en la actualidad: nuestros lectores agradecerán que les presentemos este tratado estractando solo las ideas mas culminantes, con el objeto de no fatigar su atencion inutilmente. (*Nota de los traductores.*)

claros de la economía política: trataban de remediar un mal dando leyes que le fomentaban, y nunca llegaron á conseguirlo porque caminaban en dirección opuesta.

Se ha creído que si el obrero por medio de una suscricion de personas ricas recibia 5 schelines diarios por su trabajo, en vez de 2 que ahora recibe, podria vivir con desahogo y aun comer carne. Pero no es asi: por este solo acto no se aumentaria la carne del pais, y sucederia que la concurrencia de los compradores elevaria su precio de tal modo, que si ahora cuesta solo medio schelin costaria entonces dos ó tres; y la carne del pais se dividiria entre el mismo número de compradores que en la actualidad. Inútil es proponer medios en semejante caso: y es bien seguro que mientras continúe la misma relacion de las subsistencias con la poblacion, una parte de los habitantes escasamente podrá alimentar á sus familias. Y por estraño que parezca á primera vista el que con dinero no pueda mejorarse su suerte, no lo será cuando consideremos que el dinero solo le da un título para adquirir las mercancías necesarias, y por lo tanto ha de privar de su porcion á algunos, lo cual produciria una subida universal en el precio de las subsistencias, y esto lo confirma la escasez que sufrió la Inglaterra en los años 1800 y 1801.

En el estado actual de la ciencia económica es inútil rebatir opiniones como la de que el precio subido no disminuye el consumo, y ya nadie puede creer que dependa de los jueces de paz ó de la soberania del parlamento, cuando la demanda de víveres es mayor que la oferta, hacer que esta se iguale con aquella por medio de un decreto.

Creciendo la poblacion sin aumentar proporcionalmente el precio de las subsistencias, las ganancias del obrero es indispensable que disminuyan; porque el pais tiene que dividir su alimento entre mayor número de personas, y por consiguiente el trabajo de un dia no puede comprar tanto como el de otro tiempo y necesariamente ha de subir el precio de los víveres. Pero esta subida no depende solo de esta causa, tambien puede provenir de un cambio en la distribucion del dinero entre los miembros de la comunidad.

Estas dos causas han hecho que las leyes de pobres en Inglaterra hayan empeorado la suerte del obrero, y sus efectos han sido muy perniciosos. Han aumentado la poblacion sin aumentar las subsistencias: han estimulado á casarse á personas que solo contaban con las dádivas de la parroquia; y el resultado ha sido que cada vez crecia mas el número de pobres; porque consideraban esta asistencia como un motivo para gastarlo todo en el dia que lo ganaban, asi es que á la caida de una manufactura era inmenso el número de los que recurrian á las dádivas parroquiales. El hombre que va tranquilo á la taberna porque sabe que si muere ó enferma la parroquia mantendrá á su familia, tal vez variaria de conducta si supiera que habia de morir de hambre ó no tener mas que algunas limosnas accidentales.

Uno de los males inseparables de las leyes de pobres ha sido tambien las pesquisas que hacen las parroquias á los que temen que lleguen á ser carga suya; especialmente las que se dirigen contra las mugeres en cinta son odiosas en estremo. Por último los inspectores de estos establecimientos nunca satisfacen las exigencias de los pobres, porque el mal no depende de ellos sino de la institucion.

Si examinamos algunos estatutos ingleses relativos á este objeto, y los comparamos con las consecuencias inevitables del principio de la poblacion, veremos que prescriben cosas absolutamente imposibles, y no debemos admirarnos por consiguiente que no hayan correspondido á su objeto. Tal es, entre ellos, el famoso estatuto del año 43 del reinado de Isabel, que está concebido en estos términos: «Los inspectores de pobres tomarán las medidas necesarias, en union con los jueces de paz, para hacer trabajar á todos los niños á quienes sus padres no pueden criar, así como á todas las personas casadas ó solteras que no tienen con qué ganar su vida. Exigirán semanalmente, ó de otro modo, una contribucion á los habitantes y propietarios de su parroquia suficiente para procurar el lino, cáñamo, lana, hilo, hierro y los artículos de manufacturas necesarios para hacer trabajar á los pobres.»

Inútil es insistir mas en este punto: es lo mismo que decir que los fondos destinados al trabajo pueden aumentarse voluntariamente por medio de una órden del gobierno, ó por una contribucion del inspector: y aunque se diga que este reglamento no ha sido físicamente imposible, porque ha estado dos años en vigor, yo diré terminántemente que no se ha ejecutado aunque está escrito en la coleccion de decretos.

Por último, los socorros insuficientes que se dan á los desgraciados, la manera insultante y caprichosa con que se distribuyen, el justo sentimiento de orgullo que aun subsiste entre los aldeanos ingleses, han sido suficientes para alejar del matrimonio á personas que necesariamente tenian que ser mantenidas por la parroquia; en cuyo caso sus hijos tenian tambien que entrar en sus talleres y privar de jornal á obreros independientes; pues nunca se aumentará la demanda porque los géneros se fabriquen por pobres de la parroquia ó por obreros independientes. Y aunque se diga que el mismo razonamiento puede aplicarse á un capital de cualquiera especie ó fábrica, varía mucho en este caso; pues aquí la concurrencia se hace en términos equitativos y depende de su trabajo y habilidad.

Nó es mi objeto oponerme á toda especie de empleo del trabajo de los pobres; si he hecho estas reflexiones ha sido para manifestar que el sistema de leyes de pobres descansa en un error; y que son inútiles todas las declamaciones que sobre este punto se hagan, porque contradicen los principios mas sencillos de la oferta y la demanda, y encierran esta proposicion implícitamente, que un territorio limitado puede sostener una poblacion ilimitada.

Los efectos de las leyes de pobres confirmados por la esperiencia han sido: 1.° no cumplir el pais la promesa que hizo de proporcionar ocupacion á los que no tuviesen con qué mantener á sus familias: 2.° que á pesar de los grandes impuestos parroquiales y de las dádivas generosas, el pais no ha podido encontrar trabajo para tantos como se presentaban. Si bien es preciso asegurar que si estas promesas no se han verificado, ha sido porque eran imposibles de cumplir, escusa que podria considerarse legítima si no fuera porque nunca deben prometerse imposibles. Pero tambien no puedo menos de conocer que los esfuerzos hechos para aliviar las desgracias presentes han sido ocasionados por los medios mas loables, y han hecho un gran bien ó al menos evitado un gran mal: su mal éxito depende solo de que su ejecucion era impracticable.

Las principales causas del acrecentamiento de la pobreza, aparte de las crisis presentes, son: 1.ª el aumento general del sistema manufacturero y las variaciones inevitables de trabajo que de ello dimanan: 2.° la costumbre de algunas provincias de Inglaterra, que ya es bastante general en todo el reino, de pagar por la asistencia parroquial una parte muy considerable de lo que se tendria que dar naturalmente á título de jornal. Así cuando con motivo de la guerra la demanda de trabajo era grande y creciente esta costumbre, era el único medio de impedir que los salarios siguiesen subiendo con los objetos de primera necesidad á cualquier precio que estos suban por efecto de la contribucion: como en realidad ha sucedido donde se ha arraigado esta costumbre, por ejemplo Escocia y algunos otros puntos del norte de Inglaterra.

Uno de los cargos que sobre este punto se me hacen es el haber propuesto una ley que impida casarse á los pobres. Y bien léjos de esto he dicho siempre que aun cuando un hombre se casase sin poder mantener á su familia, debia tener plena libertad para hacerlo: lo mismo que he reprobado toda ley positiva que limite la edad del matrimonio como injusta é inmoral. Pero en su lugar he propuesto una medida muy distinta, que es la abolicion gradual y muy gradual de las leyes sobre pobres, porque estoy íntimamente convencido de que estas leyes han hecho bajar los salarios y empeorado la suerte de las clases obreras; pues la asistencia que estas clases obtienen para el sosten de sus familias en compensacion de sus salarios es muy pequeña. Para remediar esto los artesanos en las ciudades, se han visto obligados á asociarse con el objeto de mantener el precio de los salarios é impedir que los operarios trabajen mas de cierta cuota. Pero estas asociaciones no solo son ilegales, sino ineficaces y faltas de razon.

Por último restaba ahora hablar de las máximas que se han predicado á los obreros sobre los medios de mejorar su suerte, y del origen que muchos atribuyen á este mal; pero estas declamaciones son tan conocidas, puesto que no hacen mas que presentarlas bajo diversas formas, que nuestros lectores no echarán de menos esta parte del capítulo.

CAPITULO VI.

Del sistema agrícola.

Como es natural en la agricultura producir subsistencias para un número de familias mayor que el que necesita el cultivo, es de creer que una nacion dedicada al sistema agrícola, tendrá siempre mas alimentos de los necesarios para sus habitantes, y que nunca detendrá á su poblacion la falta de medios de subsistencias.

Es incontestable que el acrecentamiento del número de individuos en semejante pais, no puede detenerse inmediatamente ni por la falta de fertilidad, ni aun por el déficit del producto actual de su suelo comparado con la poblacion. Mas si consideramos de cerca el estado de las clases obreras, veremos que los salarios reales de su trabajo son tales que detienen y arreglan su acrecentamiento, porque tambien detienen y arreglan su poder de proporcionarse los medios de subsistencia.

En el sistema agrícola se encuentran ejemplos de un estado tan bueno como pueda desearse, y de la suerte mas triste que se ha conocido. Donde hay abundancia de buenas tierras, donde nada se opone á la compra y distribucion que se quiere hacer de ellas, donde ademas hay fáciles salidas para el producto bruto, debe suceder que el interés de los capitales y el precio del trabajo esten muy subidos. Este interés y estos salarios, si reinan generalmente hábitos de economía, no pueden menos de proporcionar los medios de acumulacion rápida de los capitales unida á una demanda grande y continua de trabajo, mientras que el rápido acrecentamiento de la población que es su consecuencia, mantiene al mismo punto la demanda del producto é impide la baja de los intereses. Si el territorio es vasto en comparacion de su poblacion, pueden escasear á las tierras por cierto espacio de tiempo brazos y capitales. En semejantes circunstancias se puede con el trabajo adquirir mayor porcion de cosas necesarias para la vida que en ninguna otra situacion, mejorando asi la condicion de las clases ínfimas. La única deduccion que hay que hacer de sus riquezas en semejantes circunstancias, es la que resulta del corto valor relativo del producto bruto.

Si una parte considerable de las manufacturas que se emplean en semejante pais, se pagan con el producto bruto que esporta, es preciso que el valor relativo de este sea mas bajo, y el de las manufacturas mas alto que en el pais con quien se verifica este comercio. Porque allí donde una porcion dada de producto bruto no compra tantas manufacturas y mercancías estrangeras como puede comprar en otras partes, la condicion del obrero no se debe medir por la cantidad que le corresponde del producto bruto. Si por ejemplo, la ganancia anual de un obrero en cierto pais sube á una suma equivalente á 15 cuarters (1) de trigo, mientras en otras no llega á 9, no seria esacto deducir que su condicion relativa y sus goces, estan en la misma relacion, porque la totalidad de ganancias de un obrero no se emplea solo en alimento. Si lo que no importa para este objeto, en el pais en que la ganancia sube á 15 cuarters no basta con mucho para comprar vestidos y otras mercancias útiles y sí en el pais donde solo se gana 9, puede ser que en este pais la situacion del obrero sea mucho mas favorable que en el primero.

No olvidamos, sin embargo, que la *cantidad* tiende siempre mucho á contrabalancear toda inferioridad de valor. El obrero que gana mayor cantidad de trigo, puede siempre comprar á la vez mas objetos de necesidad y de simple utilidad, pero no basta el punto que indica la relacion de los salarios en producto bruto.

Los Estados-Unidos de América proporcionan un ejemplo práctico del sistema agrícola en las circunstancias mas favorables á la suerte de las clases obreras. La naturaleza del pais tolera la aplicacion de una

---

(1) Medida inglesa equivalente á 5 fanegas. (*Nota de los traductores.*)

parte considerable de sus capitales á la agricultura, de donde resulta
un rápido acrecentamiento de capitales, y una demanda continua
de trabajo. Por consiguiente las clases obreras estan bien pagadas: estan
en estado de comprar una cantidad de objetos de primera necesidad muy
superior á la que se ve en otras partes; y los progresos de su poblacion
se han acelerado estraordinariamente. Como hasta la última guerra los
Estados-Unidos importaban de Inglaterra la mayor parte de las manufacturas, mientras que la Inglaterra importaba de los Estados-Unidos la harina y el trigo, no puede dudarse que en los Estados-Unidos el valor del
alimento, comparado con el de las manufacturas, haya sido menor que
en Inglaterra. Y no se verifica esto solo por las mercaderías importadas,
sino tambien por los productos de las fábricas del pais, por las que los
Estados-Unidos no gozaban de ninguna ventaja particular. En la agricultura la abundancia de buenas tierras basta para contrabalancear los
salarios subidos y el alto interés de los capitales, y á mantener los granos á un precio moderado, á pesar de la gran carestía de estos dos elementos del precio. Mas en la produccion de las manufacturas esta carestia ha de sentirse necesariamente sin que ninguna ventaja la compense, y no puede menos de subir el precio de las obras fabricadas en
el pais asi como las de fuera en comparacion del precio de las materias
alimenticias.

En estas circunstancias la suerte de las clases obreras no puede estar
al alcance de objetos de comodidad y de goces relativamente á la de los
obreros de otros paises, como pareceria indicar la cantidad de alimento que
su ganancia puede obtener. Este resultado está suficientemente confirmado por la esperiencia. Un viajero francés muy inteligente, M. Sismond,
que ha pasado 20 años en los Estados-Unidos, ha recorrido tambien
recientemente la Inglaterra. En su memoria escrita en 1810 y 1811, manifiesta la admiracion que le causó la comodidad y felicidad que disfrutan
los aldeanos de estas islas y la limpieza que reina en sus vestidos. Vió
en algunas partes cabañas tan bien cuidadas, tan buenos vestidos y tan
poca apariencia de miseria, que no podia menos de preguntarse con
admiracion dónde se ocultaban los pobres de Inglaterra, y dónde estaban sus casas. Estas observaciones hechas por persona inteligente, exacta, y segun las apariencias, muy imparcial, que llegaba de América y
visitaba la Inglaterra por primera vez, son curiosas é instructivas: los
hechos que refiere, aunque pueden resentirse de la impresion producida
por algunas diferencias en las costumbres y modo de vivir en los dos
paises, deben depender en gran parte de las causas que acabo de indicar.

La Irlanda ofrece un ejemplo manifiesto de los falsos efectos que el bajo precio relativo de los géneros alimenticios, tiene sobre la suerte de los pobres. Los capitales destinados á pagar el trabajo se han aumentado tan rápidamente durante el último siglo, y se ha dedicado á este empleo una porcion tan considerable del alimento principal de las clases ínfimas del pueblo, que el acrecentamiento de la poblacion ha sido mas rápido que casi en ninguna parte, si se esceptúa los Estados-Unidos. El obrero irlandés, pagado con patatas ha ganado quizá en medios de subsistencias con que alimentar el duplo de personas que podria el obrero inglés pagado en trigo; y el acrecentamiento de la poblacion en los dos paises ha estado casi en relacion con la cantidad relativa del alimento dado en cada uno de ellos al obrero conformándose con sus costumbres, pero es dudoso que en los objetos de comodidad y de goces su suerte haya seguido la misma relacion. La gran cantidad de alimento que produce la tierra, cuando se la emplea en el cultivo de las patatas, y por consiguiente el bajo precio del trabajo que este género mantiene, tienden á subir la renta del terreno mas bien que á hacerla bajar; de suerte que en todo lo que de ella depende, mantiene el precio de las manufacturas y demas especies de producto bruto, escepto las patatas. Asi que hay una gran desventaja en las materias en bruto que emplean las manufacturas del pais, y aun mas en los productos estrangeros, tanto en bruto como fabricados. El valor en cambio de alimento que el obrero irlandés gana ademas de lo que él y su familia consumen, no puede ir mucho mas allá de lo que necesita para alojarse, vestirse y procurarse algunos objetos de comodidad. De aqui resulta que bajo estas últimas relaciones su condicion es muy miserable, aunque sus medios de subsistencia sean comparativamente abundantes.

En Irlanda el precio del trabajo en dinero, no es mas de la mitad del de Inglaterra. La cantidad de alimento ganada por semejante salario, no compensa de ningun modo lo que le falta en valor: y la parte que el obrero irlandés tenga demas, el cuarto ó quinto quizá, no le permitirá estender mucho sus compras de manufacturas y mercaderías que vengan de fuera. Al contrario en los Estados-Unidos, el precio del trabajo aun en dinero, es casi doble del de Inglaterra. El obrero americano es verdad que no puede comprar con el alimento que gana, tantas manufacturas y mercaderías estrangeras como el obrero inglés, mas la cantidad mayor de alimento compensa su menor valor. Su suerte comparada con la del inglés no es tan superior como lo indicaria la relacion de sus medios de subsistencia, mas con todo, es preferible. Y en general puede decirse que los Estados-Unidos ofrecen el ejemplo de un sistema agríco- la , en el que la suerte de las clases obreras es mejor que en ningun otro pais conocido.

Muy frecuentemente se encuentran ejemplos de paises donde bajo el sistema agrícola estan las clases ínfimas en una situacion muy misera- ble: Cuando se detiene la acumulacion de la capital, por cualquiera cau- sa , la poblacion tarda en detenerse, y crece siempre hasta que llega al último límite de los medios de subsistencia, segun lo permiten las costumbres de las clases inferiores de la sociedad: en otros térmi- nos los salarios bajan, hasta que por último se reducen á lo que basta estrictamente para mantener la poblacion en el estado estacionario. Si esto, como sucede muchas veces, se verifica cuando las tierras abundan aun y escasea el capital, el interés de este será muy elevado; mas el trigo estará barato por la abundancia de las tierras, por su fertilidad y el estado estacionario de la demanda que se hace, y este bajo precio se mantendrá asi á pesar del alto interés de los capitales; y entre tanto estos, unidos á la falta de habilidad y á la imperfeccion de la division del trabajo, que son la consecuencia inevitable de la falta de capitales, ha- rán que esten caras comparativamente todas las manufacturas. Este es- tado de cosas será desfavorable al desarrollo de los hábitos de prudencia del freno moral, que son muchas veces el fruto de la comodidad y de la costumbre establecida de gozar de un bienestar duradero; y es de es- perar que la poblacion crezca sin detenerse, hasta que en fin los salarios aun graduados en alimentos estan estremadamente bajos. Mas en un pais donde los salarios calculados en alimentos estan bajos y donde este alimento tiene un valor relativo muy inferior al de las manufacturas, ya estrangeras, ya nacionales, la suerte de las clases obreras debe ser muy desgraciada. Ejemplos de esta clase nos ofrece la Polonia y algunas par- tes de la Rusia, la Siberia y la Turquía de Europa.

Para hacer justicia al sistema agrícola es preciso observar que el obs- táculo prematuro que se opone al acrecentamiento del capital y á la de- manda del trabajo, y que se hace sentir en algunas comarcas de Europa, donde la tierra sigue produciendo con abundancia, no es debido á la di- reccion particular de su industria, sino á los vicios del gobierno y á la forma del establecimiento social que detiene el desarrollo pleno y natu- ral de esta industria en su direccion.

Sin cesar se cita á la Polonia como un ejemplo de deplorables efec- tos del sistema agrícola; pero no puede alegarse con justicia esta prue- ba. La miseria de la Polonia no proviene de que dirija su industria á la agricultura; proviene del poco estimulo que se da á todo género de industria, en razon del estado de la propiedad y de la condicion servil del pueblo.

Pero estos obstáculos debidos á los restos de feudalidad esencialmente nocivos al cultivo, no han animado en proporcion los otros ramos de la industria. El comercio y las fábricas son necesarias á la agricultura, mas la agricultura es aun mas necesaria al comercio y á las fábricas. Será siempre una verdad incontestable que el esceso del producto obtenido por los cultivadores, tomado en un sentido ámplio, mide y limita el acrecentamiento de la parte de la sociedad que no trabaja en la tierra. En todas partes el número de fabricantes, comerciantes, propietarios y los que egercen empleos civiles y militares, debe proporcionarse exactamente á este esceso de producto; y por la naturaleza misma de las cosas no puede aumentarse mas allá. Si la tierra hubiera sido avara de los productos hasta el punto de obligar á los habitantes á trabajar para obtenerlos, no hubieran existido ociosos ni fabricantes. Mas en sus primeras relaciones con el hombre le dió dones gratuitos, limitados es verdad, pero suficientes como fondos de subsistencia para proporcionarse otros mayores. Y esta facultad de procurárselos dimana de la propiedad que tiene la tierra de ser susceptible de producir con el cultivo mas alimentos y materias propias al vestido y vivienda que las necesarias para alimentar, vestir y alojar á los que la cultivan. Esta cualidad es la baja del esceso del producto que distingue de una manera particular el trabajo de la tierra. En proporcion del trabajo y de la inteligencia que se han aplicado, ha aumentado el esceso del producto, y un gran número de personas han podido ocuparse en las diversas invenciones que embellecen la vida civilizada; y al mismo tiempo el deseo de aprovechar estas invenciones no ha cesado de estimular á los cultivadores y de obligarles á aumentar el esceso de sus productos. Este deseo es necesario para dar al sobrante del producto todo su valor y para estimular á acrecentarle, porque antes que el fabricante concluya su obra, es preciso que se le adelanten los fondos necesarios para su subsistencia: de suerte que no puede darse un paso en ninguna especie de industria, sin que los cultivadores obtengan del terreno lo necesário para su consumo.

Cuando se dice que el trabajo de la tierra es estraordinariamente productivo, si no se considera mas que la renta neta en dinero que tienen cierto número de propietarios, se considerará el asunto bajo un punto de vista muy reducido. Verdad es que esta renta en una época avanzada de la sociedad, constituye la porcion mas evidente y considerable del esceso del producto en cuestion. Mas este esceso puede igualmente existir bajo la forma de altos salarios ó intereses en los primeros periodos del cultivo donde hay poco terreno. El obrero que gana un valor equivalente á quince cuarters de trigo por año, puede no tener sino tres ó cuatro hijos y consumir en especie solo cinco ó seis. El propietario de los capitales agrícolas, pues que dan grandes intereses, puede tambien no consumir en alimento y en materias brutas sino una parte muy poco considerable de estos intereses. Todo lo demas, bajo la forma de salarios, de intereses ó de renta, puede considerarse como un esceso del producto del terreno que proporciona los víveres y primeras materias de vestido y habitaciones á un cierto número de personas segun su estension: de suerte que de estas, las unas pueden vivir sin el trabajo de sus manos, y las otras se ocupan en modificar las materias brutas obtenidas de la tierra, dándoles las formas mas propias para satisfacer los gustos y necesidades del hombre.

El derecho que tiene un pais á ser ó no caracterizado como agrícola, depende de la conveniencia que encuentra en cambiar su esceso de producto con mercaderías estrangeras. Este cambio de producto bruto por obras hechas ó por ciertos productos estraugeros, puede convenir por bastante tiempo á un estado que no se pareciese á la Polonia sino en lo que esportase de trigo.

Puede, pues, decirse que *los paises en los que la industria de sus habitantes se dirige principalmente hácia la agricultura*, y donde hay una constante esportacion de granos, *pueden gozar de una gran abundancia ó esperimentar mucha escasez*, segun las diversas circunstancias en que se encuentren colocados. En general estarán poco espuestos á los males pasageros de las escaseces causadas por los malos años, mas la cantidad de alimento adjudicada al obrero de una manera permanente quizá no permita aumentar la poblacion; y su estado progresivo, estacionario ó retrógrado, no dependerá del hábito que han adquirido de dirigir principalmente su atencion á la agricultura.

CAPITULO VII.

Del sistema comercial.

Un pais que sobresale en el comercio y las manufacturas puede comprar trigo en otros muchos paises; y siguiendo este sistema podemos suponer que podria aumentar contínuamente sus compras y mantener su poblacion en un estado rápidamente progresivo, hasta el momento en que todas las tierras de las naciones con que comercia estuviesen enteramente cultivadas. Como este término está muy distante, podria creerse que la poblacion de semejante pais no se detendria por la dificultad de procurarse víveres, sino despues de un intérvalo de muchos siglos.

Pero hay causas muy activas que deben hacerle esperimentar esta dificultad mucho tiempo antes del término en cuestion, y en una época en que en los paises circunvecinos sean todavia muy abundantes los medios de aumentar la produccion del alimento.

En primer lugar las ventajas que dependen esclusivamente del capital y de la habilidad, lo mismo que la posesion de los canales particulares del comercio, no pueden por su naturaleza ser permanentes. Sabido es cuan dificil es reunir en un solo lugar las máquinas mas perfectas: que el objeto constante, tanto de los individuos como de las naciones, es aumentar su capital: y en fin, se sabe por la historia de los estados comerciantes que los canales de comercio varian de direccion. No es, pues, razonable suponer que un pais, cualquiera que sea, solo por la fuerza de su capital y habilidad permanezca en posesion de los mercados sin interrupcion de los paises estrangeros. Mas cuando acaece una poderosa concurrencia estrangera, las mercaderías esportables del pais en cuestion deben estar á un precio que reduzcan esencialmente las ganancias, y esta baja no puede menos de disminuir los medios y el deseo de ahorrar. En estas circunstancias aparece lenta la acumulacion del capital, y la demanda del trabajo se resiente tambien en proporcion, hasta que por fin se detiene mientras los nuevos competidores, ó por poseer las materias brutas, ó por cualquiera otra ventaja, harán quizá aumentar rápidamente sus capitales y su poblacion.

En segundo lugar, aun cuando fuese posible escluir por un tiempo considerable toda concurrencia estrangera que fuese temible, solo la concurrencia doméstica produce casi inevitablemente los mismos efectos. Si en un pais se inventa una máquina por la que un hombre hace el trabajo de diez, los que la posean harán sin duda grandes ganancias. Pero al momento en que se generaliza esta invencion, se aplica á un empleo tan lucrativo tantos brazos y capitales que los productos esceden en mucho á la demanda segun los antiguos precios tanto estrangeros como nacionales. Por consiguiente estos últimos precios deben bajar hasta que los capitales y el trabajo empleados en esta direccion cesen de dar ganancias inusitadas. Así, aunque al principio de esta fabricacion el producto del trabajo del hombre en un dia pudiese cambiarse por una cantidad de alimento para cuarenta ó cincuenta; en una época subsiguiente puede qu no bastase para diez. En el comercio y fabricacion del algodon en Inglaterra, que ha tomado tanta estension en estos últimos 25 años, la concurrencia estrangera ha tenido hasta aquí poca influencia (1816). La gran baja del precio de los vestidos de algodon, se ha debido casi toda á la concurrencia nacional; y estan de tal modo sobrecargados los mercados dentro y fuera, que los capitales empleados actualmente en esta fabricacion, á pesar de la ventaja particular que les da la economía del trabajo, han dejado de tener algun provecho en cuanto á las ganancias. A pesar de las admirables máquinas empleadas para hilar el algodon, que un niño ó una niña pueden hacer tanta obra como un adulto antiguamente, ni los salarios del obrero ni las ganancias del maestro son mayores que en los empleos de capitales donde no se hace uso de las máquinas y donde el trabajo no está tan ingeniosamente economizado.

El pais, sin embargo, ha sacado mucho provecho de esta economía. No solo los que le habitan han tenido para vestirs mejores vestidos con menos gasto, lo cual es una ventaja muy grande y permanente, sino que las inmensas ganancias temporales de esta fabricacion han ocasionado una gran acumulacion de capital, y por consiguiente una gran demanda de trabajo; al mismo tiempo que la estension que han recibido los mercados esteriores y los valores añadidos en el mercado interior han creado una demanda de productos de toda clase de industria, agrícola y colonial, comercial y manufacturera, suficiente para impedir la baja de los productos.

La Inglaterra, por la estension de sus tierras y por sus ricas posesiones coloniales, tiene un vasto campo para el empleo de su capital creciente, y la cantidad general de estos productos no se reduce fácilmente por la acumulacion. Mas un país tal como nosotros lo consideramos, ocupado principalmente en sus manufacturas, é incapaz de dirigir su industria hácia tan gran variedad de objeos, se veria muy pronto decrecer sus ganancias por el acrecentamiento de su capital. Ninguna invencion de máquinas, niugun talento superior á este objeto podria impedir al cabo de cierto tiempo bajar los salarios y las ganancias, y por una consecuencia natural detenerse la poblacion.

En tercer lugar, un pais que está obligado á comprar á las naciones estrangeras las primeras materias para sus manufacturas y los medios de subsistencia para su poblacion, depende casi enteramente en el acrecentamiento de su riqueza y de su poblacion del acrecentamiento de riqueza y de las demandas de los paises con quienes comercia.

Se ha dicho varias veces que un pais manufacturero no es mas dependiente del que le proporciona el alimento y las primeras materias que un pais agrícola del que las fabrica para él: mas esto es un abuso de palabras. Un pais que tiene grandes recursos en sus tierras puede encontrar una gran ventaja en emplear la parte principal de su capital en el cultivo, é importar las obras de manufactura que necesite. Este es muchas veces un medio de emplear su industria de la manera mas productiva y aumentar su capital mas rápidamente. Mas si la lentitud de sus vecinos en fabricar, ú otra causa cualquiera, opone un gran obstáculo á la importacion de las manufacturas ó la detiene notablemente, un pais lleno de alimento y de primeras materias no puede padecer mucho tiempo. En un principio es verdad que no será mucho el esceso del producto de las fábricas, pero subirá bien pronto el de los obreros y artesanos que adquieran poco á poco una habilidad regular (1). A la verdad que con estas circunstancias el capital crecerá muy rápidamente, pero aun podrá crecer mas y por un tiempo al que no se le puede asignar límites. Al contrario si se rehusa el alimento y las primeras materias á una nacion manufacturera, es evidente que no podrá existir.

Nadie podrá negar que el bajo precio de las mercaderías manufacturadas, que es debido en algun pais á la habilidad de los obreros y á la perfeccion de las máquinas, sirve para animar en los otros el acrecentamiento del producto en bruto. Pero sabemos al mismo tiempo que las ganancias grandes pueden sostenerse por mucho tiempo en un estado mal gobernado y entregado á la indolencia, sin producir ningun acrecentamiento de riqueza. Porque si este acrecentamiento y el de demanda no tiene lugar entre las naciones circunvecinas, el aumento de trabajo y de habilidad de un estado manufacturero y comerciante seria una verdadera pérdida por la baja continua de los precios. No solo se vería este estado obligado á medida que creciese su habilidad y su capital á dar mayor cantidad del producto de sus manufacturas por el producto en bruto que se le ofrece en cambio, sino que podria serle imposible aun con el atractivo de una reduccion en los precios, hacer compras que le pusiesen en estado de acrecentar su importacion de alimento y de primeras materias; porque sin semejante acrecentamiento de importacion, es claro que la poblacion debe permanecer estacionaria.

En cuanto al efecto no hay diferencia en que la imposibilidad de ob-

_____

(1) En la actualidad (1816) ofrece de esto un ejemplo la América. (*Nota del autor.*)

tener una cantidad creciente de alimento provenga de la subida del precio monetario del trigo ó de la baja del precio monetario de las manufacturas. Por lo demas puede verificarse de una ú otra manera (por la concurrencia y acumulacion entre la nacion manufacturera, y por la falta de estos dos resortes en la nacion agrícola) mucho tiempo antes de que haya encontrado ninguna dificultad esencial en la produccion del trigo.

En cuarto lugar. Una nacion que se ve obligada á comprar á otras casi todas sus primeras materias y sus medios de subsistencia, no solo depende enteramente de las demandas de las naciones que tratan con ella, segun que se entregan al trabajo ó la indolencia, ó segun sus caprichos, sino que tambien está sujeta á una disminucion de demanda necesaria, inevitable por el progreso de estas naciones en habilidad ó en capital, hasta el punto en que razonablemente puede suponerse que podrán llegar en cierto espacio de tiempo. En general la division del trabajo que constituye un pueblo manufacturero y comisionista para el servicio de los demas no es natural y permanente, sino temporal y accidental. En tanto que en las naciones que abundan en tierras las ganancias de la agricultura se sostienen á un precio elevado. Y puede muy bien suceder que les convenga pagar á otras por fabricar y conducir. Mas cuando decaen las ganancias de la tierra, á los términos á que puede llegar, no animan mucho á colocar así el capital que acumulan; los que poseen este capital lo destinan á otros usos que les ofrecen el comercio y las manufacturas; y (conforme al justo razonamiento de Adam Smith y de los economistas) encontrando cerca de sí las primeras materias de las manufacturas, los medios de subsistencia y la facultad de seguir directamente su comercio, podrán probablemente fabricar y conducir por su propia cuenta con menos gastos que si continuasen entregando este trabajo á manos estrangeras. Mientras que las naciones agrícolas continúen aplicando su capital creciente á la tierra, sacarán de este acrecentamiento mayor ventaja las naciones manufactureras y comerciantes. Mas desde que los labradores dediquen su atencion á las manufacturas y el comercio, el acrecentamiento de su capital es una señal de decadencia y destruccion para las manufacturas y el comercio estrangero que antes alimentaban.

En la distribucion de la riqueza durante el progreso de mejora, los intereses de una nacion son esencialmente distintos de los de una provincia. Si el capital agrícola crece en Sussex y disminuyen sus ganancias, los fondos superabundantes irán á Lóndres, á Manchester, á Liverpool ó á cualquiera otra parte donde encuentren probablemente un empleo mas ventajoso que en la provincia que los ha producido. Mas esto no podria verificarse si Sussex fuese un reino independiente: el trigo que en la actualidad se envia á Lóndres serviria para alimentar á los fabricantes y comerciantes del territorio. Asi, suponiendo que la Inglaterra continuase dividida eñ los siete reinos, Lóndres no hubiera podido llegar á ser lo que es en la actualidad. La distribucion de la riqueza y de la poblacion actual, que podemos presumir ventajosa al reino en totalidad, hubiera sido esencialmente distinta si el objeto hubiera sido acumular una gran masa de riqueza y poblacion en ciertos distritos. particulares en vez de esparcirla por toda la isla. Mas en todos tiempos desea cada estado independiente acumular en su territorio la mayor riqueza posible. Por consiguiente el interés de un estado independiente con relacion á los paises con quienes comercia, rara vez puede ser el mismo que el de una provincia con el imperio á que pertenece: y la acumulacion del capital que en uno de estos casos detendria la asportacion de granos, en el otro la dejaria enteramente libre.

Si por la influencia de una ó muchas causas que ya hemos enumerado, la importacion del trigo en un pais manufacturero y comerciante esperimentase grandes obstáculos, si llegaba á disminuir ó á no aumentar, es evidente que en la misma proporcion se disminuiria la poblacion de este pais.

Venecia presenta un ejemplo bien claro de un estado comercial detenido de repente en su progreso de riqueza y de poblacion por la concurrencia estrangera. El descubrimiento de los portuguéses de un pasage á las Indias por el cabo de Buena esperanza, cambió completamente la ruta del comercio de la India. No solo se disminuyeron de repente las grandes ganancias de los venecianos que habian sido el fundamento de su riqueza creciente y de su preponderancia estraordinaria como poder naval y comercial, sino que el comercio mismo que habia proporcionado estos grandes intereses se hundió de repente, y el poder y riqueza de los venecianos se encerraron bien pronto en los límites que sus recursos naturales les asignaban.

Puede observarse en general que si por una ó muchas causas los capitales destinados en un pais á mantener el trabajo cesan de ser progresivos, tambien lo dejará de ser la demanda del trabajo; y los salarios se reducirán á la suma que segun los precios de los víveres y las costumbres del pueblo basten rigorosamente á mantener la poblacion en el estado estacionario. Un pueblo colocado en semejante situacion está en la imposibilidad moral de aumentarse, cualquiera que sea la abundancia del trigo y por elevados que puedan estar en otras comarcas los intereses de los capitales. En verdad puede en la época subsiguiente, y á favor de otras circunstancias, empezar de nuevo á crecer. Si por alguna feliz invencion mecánica, por el descubrimiento de un nuevo ramo de comercio, ó por un aumento imprevisto de riqueza y de poblacion agrícola entre las naciones circunvecinas, sus artículos de esportacion, cualquiera que puedan ser, son el objeto de una demanda estraordinaria, podria importar de nuevo una cantidad creciente de trigo y aumentar su poblacion. Pero luego que deje de estar en disposicion de añadir cada año alguna cosa á sus importaciones de alimentos, no podráatender á las necesidades de una poblacion creciente; pues esperimentará necesariamente esta incapacidad de importacion, cuando por consecuencia del estado á que se hallen reducidos sus lazos mercantiles, los capitales destinados á mantener el trabajo aparezcan estacionarios ó empiecen á declinar.

CAPITULO VIII.

Combinacion de ambos sistemas.

Por mas que un pais se dedique esclusivamente á la agricultura, siempre fabrica algunos productos groseros para el uso interior. Y en el pais mas comerciante, á menos que no esté rigorosamente comprendido en el recinto de una sola ciudad, hay siempre alguna parte de su territorio, por pequeño que se le suponga, en donde sus habitantes crian ganado, ó en general alguna especie de alimento. Mas hablando de los sistemas combinados de agricultura y comercio, tenemos á la vista un grado de combinacion que va mucho mas allá del que es estrictamente inevitable. Se trata de aquellos paises en los que los recursos que ofrece la tierra y los que dependen de los capitales aplicados al comercio y las manufacturas son unos y otros considerables y se contrabalancean de modo que mútuamente no se esceden mucho.

Un pais de esta manera constituido posee las ventajas de los dos sistemas á la vez, sin estar espuesto á los males de cada uno de ellos en particular.

La prosperidad de las manufacturas y el comercio supone que está libre de las nocivas instituciones del sistema feudal, prueban que la gran masa del pueblo no está en la esclavitud: que sus individuos pueden y quieren hacer economias; que el capital que se acumula encuentra empleos seguros, y por consiguiente que el gobierno quiere proteger la propiedad. En estas circunstancias es casi imposible que un país esperimente esta estancacion prematura en la demanda del trabajo y en los productos del terreno, que en ciertas épocas se observa en la historia de casi todas las naciones de Europa. En un país donde florecen el comercio y las manufacturas, el producto del suelo encuentra siempre en el interior una fácil salida; y este mercado es particularmente favorable al acrecentamiento progresivo del capital. Mas este acrecentamiento y los capitales destinados á mantener el trabajo son la gran causa de la demanda de este y de los altos salarios en trigo: en tanto que el alto precio relativo del trigo, ocasionado por la perfeccion de las máquinas y por la estension del capital aplicado á las manufacturas y al comercio, unido á la prosperidad del comercio esterior, permite al obrero cambiar cierta porcion de la ganancia que tiene en trigo con una parte considerable de objetos de comodidad y de lujo fabricados dentro ó fuera del país. Cuando la demanda efectiva del trabajo empiece á bajar, y los salarios en trigo esperimenten alguna reduccion, el alto precio relativo del trigo sube comparativamente con la condicion de las clases obreras: y aunque se detenga su acrecentamiento, muchos de los individuos que la componen pueden estar bien alojados y vestidos, y tener los goces de comodidad y de lujo que proporcionan los productos de la industria estrangera. No pueden nunca estar reducidos á la miserable condicion de los pobres de ciertos países, donde desde que la demanda del trabajo aparece estacionaria, el valor del trigo comparado con el de las manufacturas y mercaderías estrangeras es estremadamente bajo.

Todas las desventajas de un país puramente agrícola se encuentran, pues, evitadas por el establecimiento y la prosperidad de las manufacturas y del comercio; y las inseparables de los estados puramente manufactureros y comerciantes, por la adjuncion de los recursos sacados de la agricultura.

Un país que se alimenta con subsistencias propias no puede verse reducido de repente por la concurrencia estrangera á una decadencia inevitable. Si las esportaciones de un país puramente comercial esperimentan una disminucion importante por la concurrencia estrangera, este país puede perder en muy poco tiempo la posibilidad de mantener á sus habitantes. Mas si se verifica la misma disminucion de esportaciones en un país que tiene recursos en su suelo, solo perderá algunos objetos de comodidad y de lujo que le proporciona el comercio estrangero, y el comercio interior entre las ciudades y las campiñas, que es el mas interesante de todos no se turbará al menos comparativamente. Por cierto tiempo sin duda que el país esperimentará algun retardo en sus progresos, porque no tendrá el mismo estímulo, pero no hay razon alguna para que retroceda; y es indudable que el capital refluyente del comercio estrangero encontrará empleo. Se abrirá un nuevo canal que seguirá útilmente, aunque con menos provecho que los que se habian cerrado: y aun mantendrá algun acrecentamiento de poblacion, aunque inferior al que tenia bajo la influencia de un comercio esterior floreciente. Tambien serian muy distintos los efectos de la concurrencia interior.

En un estado puramente manufacturero y comerciante, la concurrencia interior y la abundancia del capital pueden reducir de tal modo el precio de las manufacturas en comparacion del de las primeras materias que el capital creciente empleado en aquellas, no produzca en cambio una cantidad creciente de alimento. Esto no puede suceder en un pais donde la tierra ofrece algunos recursos. Y aunque en virtud de la perfeccion de las máquinas y de la menor fertilidad de las tierras puestas nuevamente en cultivo, se dan mas obras hechas por una misma cantidad del producto en bruto: los productos de las manufacturas, considerados en masa, no pueden nunca perder su valor, porque la concurrencia de los capitales en esta especie de industria, no vá acompañada de una concurrencia correspondiente de capitales sobre las tierras.

Es preciso observar tambien que en un estado cuya renta se compone toda de ganancias y salarios, la disminucion de estos reduce mucho la parte de esta renta disponible. Hay casos en que puede suceder que el acrecentamiento del capital y del número de obreros no baste para compensar la disminucion de la cuota de las ganancias y los salarios. Mas donde las ganancias de un pais consisten tanto en rentas como en ganancias y salarios, una gran parte de lo que se pierde en estos últimos se gana en renta, y la parte de esta disponible, permanece comparativamente intacta.

Otra ventaja muy grande debe tener una nacion que es tan rica en tierras como en establecimientos de comercio y de manufacturas, á saber: que sus progresos en riqueza y poblacion dependen muy poco del estado y progresos de los demas paises. Una nacion cuya riqueza depende esclusivamente de las manufacturas y el comercio, no puede acrecentarse sin que haya un acrecentamiento de producto en bruto en los paises con quienes tiene relaciones, ó sin atraer á ella una porcion de lo que estos paises tienen costumbre de consumir y rara vez quieren desechar: de suerte que la ignorancia é industria de los demas puede ser no solo perjudicial, sino tambien muy fatal á sus progresos.

Nunca está espuesto á este peligro un pais que cuenta con algunas tierras. Si su actividad, su genio inventivo y su economía hacen progresos, su riqueza y poblacion tambien los harán, cualquiera que sea la situacion y conducta de las naciones con quienes comercia. Cuando superabunda su capital manufacturero y las obras elaboradas estan á bajo precio, no es menester esperar el acrecentamiento del producto en bruto de sus vecinos. Transportando este capital superabundante á sus propias tierras obtendrá nuevos productos con los que podrá cambiar los de sus fábricas y sostendrá el precio de aquellos por una doble operacion, disminuyendo la oferta y aumentando la demanda. Una operacion análoga, en la época en que el producto en bruto fuese muy abundante, restablecería el nivel entre las ganancias de agricultura y de las fábricas. Sobre el mismo principio, los capitales del pais se distribuirian en las diversas provincias, aun en las mas lejanas, segun las ventajas que cada situacion ofreciese para emplearlos en las fábricas ó en la agricultura.

La cuarta ventaja que resulta de la union de la agricultura y de las fábricas, sobre todo cuando estas dos industrias se contrabalancean casi mútuamente es que el capital y la poblacion de este pais no pueden nunca hacer un movimiento retrógrado, por el solo efecto del progreso natural de los demas paises y su tendencia continua á la mejora.

Segun todos los principios generales, debe finalmente convenir á la mayor parte de las naciones ricas en tierras, tener manufacturas para su propio uso y hacer por sí mismas el comercio. Que se esporten de América los algodones en bruto para transportarse algunos millares de leguas, que se desembarquen en el pais en que han sido transportados para manufacturarse allí, y despues embarcados de nuevo para el mercado americano, es cosa que no puede durar mucho. Estoy muy lejos de insinuar que no se debe aprovechar una ventaja solo porque no es duradera. Pero si esta ventaja es precaria por naturaleza, es muy prudente pensar y aprovecharla de manera, que cuando cese, no haya en suma producido mas males que bienes.

Si en consecuencia de algunas ventajas pasageras de este género, diese un pais á su comercio y manufacturas una preponderancia tal, que una parte de sus habitantes tuviese que recurrir al trigo estrangero, puede asegurarse que despues de cierto tiempo el progreso de las naciones estrangeras en las manufacturas y el comercio, produciria para este pais un período de pobreza y de movimientos retrógrados tanto en capital como en poblacion, que haria mas que contrabalancear los beneficios temporales de que antes habia gozado. Al contrario una nacion comercial y manufacturera que se alimentase con productos de su agricultura, puede recibir por alguna circunstancia pasagera un fuerte impulso en uno y otro ramo de industria, sin esponerse á grandes males si llegasen á cesar estas circunstancias. Los paises que gozan tambien de grandes recursos rurales y de un estado próspero de comercio y de fábricas, y en los que la parte comercial de la poblacion no escede nunca á la parte agrícola, son los que menos espuestos estan á trastornos repentinos. Su fortuna creciente no puede temer los sucesos comúnes: y no hay razon para decir que no crecerán en riqueza y poblacion por espacio de muchos siglos. No es de creer tampoco que este progreso no tenga límite alguno : le tiene efectivamente aunque esté muy lejano, y ninguna nacion grande y rica en tierras haya llegado á él.

Ya hemos visto que el límite marcado á la poblacion de las naciones comerciales, será la época en que por el estado de las mercaderías estrangeras, no puedan importar con regularidad una cantidad creciente de alimento. El limite de la poblacion para una nacion que se mantiene los productos de su territorio, es el momento en que la tierra ha estado tan completamente trabajada y ocupada, que el empleo de un nuevo cultivador no puede, por un término medio, producir una cantidad adicional de alimento suficiente para alimentar una familia y el número de hijos necesario para que aumente la poblacion.

Sin embargo, aun este limite está lejos de ser el de la capacidad de producir que tendria la tierra, si todos los habitantes del pais la cultivasen, escepto solo los productores de otros objetos de primera necesidad, es decir: si los soldados marinos, criados, y todos los obreros de lujo se constituyesen en agricultores. En este caso cada uno de ellos no produciria con que proveer á la manutencion de una familia, ni aun á la suya propia; pero hasta que la tierra cesase absolutamente de producir, añadirian todos algo al fondo ó reunion general; y creciendo así los medios de subsistencia, proporcionarian el de mantener una poblacion creciente. Un pais entero podria ocuparse así, en la produccion de objetos de primera necesidad, y no tener ningun momento de descanso para entregarse á otros trabajos. Mas esto no podria obtenerse sino obligando á la industria nacional á seguir, por la accion de la autoridad pública, la direccion del único camino que se le dejaria abierto. Y esto nunca podria ejecutarse, segun el principio de la propiedad privada, principio que razonablemente siempre puede suponerse establecido. Es del interés in-

dividual del propietario y del arrendador, no emplear nunca un jornalero en la tierra, sino produce esta mas que el valor del jornal, porque si
esto no basta para la manutencion de una muger y otros tantos niños como son necesarios para que dos lleguen á la edad del matrimonio, es
evidente que la poblacion y el producto deben detenerse recíprocamente.
Por lo tanto el último límite práctico de la poblacion, debe ser tal que
los últimos obreros que la trabajen, ganen cada uno con que mantener
cuatro personas.

Es muy importante observar que siempre que hacemos mencion de los
límetes reales y verdaderamente prácticos de la poblacion, estamos muy
lejos de hablar de los de la capacidad de la tierra para producir el alimento.

No lo es menos recordar que mucho antes que llegue este límite práctico en cualquier pais, disminuye gradualmente la cuota del acrecentamiento de la poblacion. Cuando el capital de un pais permanece estacionario por causa de la pereza ó prodigalidad de un mal gobierno ó por un
golpe repentino causado al comercio, es muy posible que la poblacion se
detenga repentinamente en su marcha, aunque entonces no pueda esto
verificarse sin una violenta convulsion. Mas cuando deja de crecer el capital de un pais por efecto de una acumulacion progresiva y de la esterilidad del terreno, los intereses de los capitales y los salarios del trabajo
deben, pasado algun tiempo, haber disminuido gradualmente para llegar
al punto de no ofrecer estímulo al acrecentamiento de los capitales, ni
medios de mantener una poblacion creciente. Si pudiera suponerse que
el capital empleado en las tierras fuese al mismo tiempo tan grande como
pudiera serlo el mismo interés, y que no se disminuia el trabajo por ninguna mejora agrícola, es claro que á medida que progresase la acumulacion, los intereses y los salarios irian bajando con regularidad, y la disminucion que sufriera la cantidad de acrecentamiento de la poblacion,
seguiria tambien una marcha regular. Pero esto no puede nunca suceder.
Varias causas naturales y artificiales concurren á turbar esta regularidad
y ocasionan en diversos tiempos grandes variaciones en la suma del acrecentamiento de la poblacion en tanto que avanza progresivamente hácia
su último límite.

En primer lugar la falta de capital. En la práctica la tierra casi
siempre le necesita. Esto proviene en parte de la naturaleza de los arrendamientos que desaniman la aplicacion á las tierras del capital comercial y manufacturero, dejando solo á las tierras el cuidado de producir
el capital que las fecunda: en parte resulta tambien que en casi todos

los paises, una misma porcion considerable de la tierra, que frecuentemente produce poco con un pequeño capital, podria producir mucho con un gran capital empleado en desecarla ó aplicarla abonos naturales y artificiales en cantidad suficiente; y en parte de qué segun cada baja que esperimenten, los intereses y los salarios, hay lugar al empleo en la tierra de muchos mas capitales de los que piden los arrendatarios únicos que pueden emplearlos.

En segundo lugar las mejoras en la agricultura. Si se inventan nuevos medios de cultivo superiores á los antiguos, por medio de los cuales la tierra no solo esté mejor trabajada, sino que necesite menos brazos, fácilmente se comprende que las tierras de calidad inferior pueden dar á los que las cultivan mayores ganancias de lo que anteriormente producian las tierras mas ricas. Un sistema de cultivo mas perfecto, unido á mejores instrumentos, puede por una larga serie de años hacer mas que contrabalancear la tendencia que tiene un cultivo estenso y un gran acrecentamiento de capital para hacer bajar el valor proporcional de la renta.

En tercer lugar la perfeccion de las máquinas. Cuando por un aumento de habilidad y por la invencion de máquinas mas y mas perfectas en los talleres de los fabricantes, un hombre puede hacer tanta obra como podian hacer antes ocho ó diez, es sabido que por la concurrencia interior y el acrecentamiento de cantidad producida que resulta, el precio de las obras fabricadas de este modo bajan mucho. Cuando estos precios se aplican á los objetos de necesidad y comodidad, á que estan acostumbrados los obreros y arrendadores, tienden á disminuir esta porcion del valor de la totalidad del producto que se consume necesariamente en el pais, y dejan por lo tanto un gran residuo. De este residuo superior del producto dimanará alguna subida en la cuota de las ganancias, no obstante el acrecentamiento del capital y la estension del cultivo.

En cuatro lugar la prosperidad del comercio esterior. Si por el estado próspero del comercio con el estrangero, nuestro trabajo y las mercancías del pais suben mucho de precio, en tanto que en comparacion fuera suben poco, como sucede muchas veces, el arrendatario y el obrero compraran el thé, el algodon, el lienzo, el cuero, la manteca, la madera de construccion etc. por una cantidad de granos ó de trabajo menor que antes. Esta facilidad para proveerse de mercaderías estrangeras, tendrá precisamente el mismo efecto que la perfeccion de las máquinas, y proporcionará el medio de estender el cultivo sin hacer bajar las ganancias.

Quinto: un acrecentamiento temporal en el precio relativo del producto en bruto, que provenga de un aumento de demanda. Aun cuando se concediese (lo que ciertamente no es) que una subida en el bajo precio de las primeras materias produce, despues de cierto tiempo, una subida proporcionada en el precio del trabajo y de todas las mercancias, al menos durante el tiempo en que el precio del producto empiece á bajar, puede proporcionar alguna subida en las ganancias del cultivo, allí donde sea mas estenso ó el capital no cese de acumularse. Tales intervalos son de mucha importancia para una nacion agrícola en su progreso hácia la riqueza, sobre todo relativamente á las causas de falta de capital empleado en la tierra de que estamos hablando. Si es la misma tierra quien produce la mayor parte del nuevo capital empleado en estender el cultivo, y si el empleo de un capital considerable sostenido por cierto tiempo pone á veces á la tierra en tan buen estado que en seguida puede cultivarse con menos gastos, un periodo de grandes provechos en la agricultura, aun cuando no durase sino ocho ó diez años, puede muchas veces bastar para dar á un pais el equivalente de una nueva cantidad de tierras.

Asi, aunque sea incontestable y necesariamente cierto que la tendencia de un capital continuamente en aumento, y de una estension creciente de cultivo, sea ocasionar una baja progresiva de las ganancias y salarios, con todo las causas que acabamos de enumerar son muy suficientes para esplicar las grandes y largas irregularidades de esta marcha.

Vemos por consiguiente en todos los estados de Europa grandes variaciones, en diferentes épocas, en los progresos de su capital y su poblacion. Despues de haber estado como adormecidos por muchos años en un estado casi estacionario, algunos paises han tomado vuelo de repente y han empezado á aumentar en proporciones semejantes á las que siguen las colonias nuevas. Ejemplos de este género nos ofrecen la Rusia y algunas partes de la Prusia, y han continuado avanzando aun despues de muchos años empleados en acumular capitales y estender el cultivo con una gran rapidez.

Las mismas causas han producido en Inglaterra variaciones análogas. A mediados del último siglo, el interés del dinero era el tres por ciento, y puede decirse que los intereses de los capitales eran proporcionados á esta cuota. En este tiempo, segun puede deducirse de las muertes y matrimonios, la poblacion crecia bastante lentamente. Desde 1720 á 1750, periodo de 30 años, se calcula que el acrecentamiento no fue sino de 990,000 almas sobre una poblacion de 5.565,000. Desde esta época no puede dudarse que el capital del pais no se aumentara prodigiosamente y se estendiese el cultivo. Y aun durante los últimos veinte años se ha visto el interés del dinero ser mas de un cinco por ciento, y en proporcion las ganancias: y desde 1800 á 1801 hubo un aumento de poblacion de 1.200,000 almas sobre 9.287,000: suma de acrecentamiento dos ó tres veces mayor que la del periodo anterior.

Mas á pesar de estas causas de irregularidad en el progreso del capital y la poblacion, es cierto que no pueden llegar á su limite necesario sino por una marcha muy graduada. Antes que la acúmulacion del capital se detenga *necesariamente*, es preciso que los intereses de los capitales hayan estado bastante tiempo bajos para no ofrecer ningun estímulo á hacer economías en sus gastos; y antes que cesen los progresos de la poblacion es preciso que disminuyan los salarios reales gradualmente hasta que no puedan mantener las familias, segun las costumbres recibidas, teniendo el número de hijos que basta precisamente para conservar la poblacion estacionaria.

Puede, pues, concluirse *que la reunion de los sistemas agrícola y comercial, y no uno ú otro separado, es lo mas propio para mayor prosperidad nacional:* que un pais cuyo territorio es grande y rico, cuyo cultivo está estimulado por las mejoras en la agricultura, las manufacturas y el comercio esterior, tiene recursos tan variados y abundantes, que es muy dificil decir cuando llegará á su limite; mas suponiendo que el capital y la poblacion y el capital del pais continuan creciendo, hay sin embargo un limite al que estos recursos deben en fin llegar sin poder avanzar mas; y que este limite, segun el principio de la propiedad privada, está muy lejos de ser el de la capacidad de la tierra para producir alimentos.

CAPITULO IX.

Leyes de cereales.——Primas á la esportacion.

Se ha observado que algunos paises abundantes en recursos territoriales y que pueden evidentemente sostener una poblacion siempre creciente por medio de los productos de su suelo, tienen aun la costumbre de importar una gran cantidad de granos estrangeros y se han convertido en dependientes de otros estados con respecto á una parte considerable de este género de provision.

Para evitar esto se ha ideado un sistema de leyes sobre cereales, cuyo objeto es disminuir por impuestos y probibiciones la importacion de granos estrangeros y fomentar con premios, la esportacion de los cereales ingleses.

Este sistema se completó en Inglaterra en 1668, y ha sido tratado con bastante estension por Adam Smith.

De cualquiera manera que en último resultado se decida la cuestion, todos los que reconocen la fuerza del gran principio de la oferta y la demanda, deben convenir en que es esencialmente erróneo el argumento empleado contra este sistema por el autor de la *Riqueza de las naciones*. Establecer desde luego que cualquiera que sea la estension que las primas den al mercado estrangero, se pagan todos los años á costa del mercado interior; porque cada fanega de trigo que se esporta por causa de las primas, hubiera sin ellas permanecido en el pais aumentado el consumo y hecho bajar el precio de este género (1).

La palabra mercado no está bien aplicada en esta observacion. Fácil es sin duda vender mas de una mercancía si se baja su precio, pero no se sigue que esto dé mas estension al mercado. La supresion de los dos impuestos que dice Adam Smith se pagan por causa de estos premios, aumentaria ciertamente para las clases inferiores la facultad de comprar, pero cada año no puede el comercio dejar de ser limitado por la poblacion, y el acrecentamiento de aquel, producido por la supresion de los dos impuestos no bastaria de modo alguno á dar el mismo fomento á la agricultura que la adicion de una demanda estrangera. Si el precio del trigo en la Gran Bretaña se eleva en el interior en virtud de las primas antes que haya podido crecer el precio de la produccion (como el mismo Adam Smith lo reconoce) es una prueba sin réplica de que la gratificacion estiende la demanda real de trigo inglés, y que la disminucion de la demanda interior, cualquiera que sea, se encuentra mas que compensada por el aumento de su demanda esterior.

Continuando su raciocinio dice Adam Smith que los dos tributos pagados por el pueblo á causa de estas primas (á saber, uno al gobierno para pagarla y otro comprando el trigo mas caro) deben reducir el alimento del obrero pobre ó producir una subida en los salarios en dinero proporcionada á la del precio de su alimento. Disminuyendo el alimento de los artesanos laboriosos, se retraen de criar hijos y perjudican al aumento de poblacion. Produciendo la subida de los jornales, no pueden ya los que dan trabajo á los pobres emplear tantos como an-

(1) A. Smith. De la riqueza de las naciones, lib. 4, cap. 8.

es, y se disminuye por lo mismo la actividad industrial del pais.

Es cierto que el impuesto ocasionado por las primas tiene uno ú otro de los efectos mencionados, pero no puede tener ambos á la vez. Se pretende que el tributo impuesto á la masa del pueblo es muy oneroso y que procura pocas ventajas á los que lo reciben. Pero en esto hay contradiccion: si el precio del trabajo sube en proporcion del trigo, como dice el autor, ¿por qué tendrá menos facilidad el obrero de proveer al sustento de su familia? Si el precio del trabajo no aumenta á la par del trigo ¿por qué no podrán los propietarios y los arrendadores aumentar el número de los operarios que emplean? Sin embargo han seguido al autor en esta contradiccion escritores muy apreciables. Algunos que opinan que el trigo arregla el precio del trabajo y el de todas las mercaderías, insisten en el perjuicio que ocasiona á las clases obreras una subida en el precio del trigo, y la ventaja que su baja les proporcionaria.

Pero el principal argumento de Adam Smith, es que el precio en metálico del trigo arregla el de todas las mercancias producidas y fabricadas en el pais, y por consiguiente es solo aparente la ventaja del propietario territorial en una subida del precio en numerario del trigo, pues lo que gana en la renta lo pierde en la compra.

Este aserto, verdadero hasta cierto punto, no lo es en cuanto al efecto de impedir el cambio de los capitales de un uso á otro, de las fábricas á las tierras ó viceversa, y este es precisamente el punto en cuestion; el precio del trigo en dinero en cualquier pais es sin contradiccion la circunstancia que mas contribuye para arreglar el precio del trabajo y de todas las otras mercancias. Mas para justificar el argumento de Adam Smith no basta establecer que esta circunstancia tiene mucha influencia, sino que es menester probar que permaneciendo del mismo modo las otras circunstancias, el precio de todas las cosas vendibles subirá ó bajará precisamente en proporcion del precio del trigo y si importa mucho que las cosas vayan asi. El mismo Adam Smith esceptúa todas las mercaderías estrangeras, pues si se considera la suma de las importaciones de Inglaterra y la cantidad de mercancias estrangeras que emplean sus manufacturas, se verá que esta escepcion es de mucha importancia. La lana y las pieles, dos primeras materias, producto del pais y de un valor considerable, no dependen de ningun modo segun Adam Smith del precio del trigo y de la renta de la tierra. Los precios de la cera, sebo y cuero dependen en gran parte de la cantidad que de ellos se importa. Mas las telas de lana, de algodon, el lienzo, el cuero, el jabon, las velas, las bugías, el thé, el azúcar etc., que todo se encuentra comprendido en la escepcion anterior, forman en casi su totalidad los artículos de vestido y los objetos de lujo que usan las clases industriosas de la sociedad.

Es necesario tambien tener presente que en todo pais en que la indústria recibe mucha ayuda de un capital fijo, la parte del precio de los productos fabricados que paga los intereses de dicho capital no debe subir necesariamente por el aumento del precio del trigo, á no ser que el capital requiera una renovacion gradual, pues el beneficio que proporcionan las máquinas construidas antes que haya subido el precio del trabajo debe durar naturalmente algunos años.

Tambien el caso en que se hubieran puesto grandes y numerosas contribuciones sobre consumos una alza ó baja en el precio del trigo afectaria la parte de salario que se convierte en alimento, mas no lo que paga el impuesto.

No se deberá, pues, admitir como tesis general que el precio en numerario del trigo en un pais sea una medida esacta del valor real del dinero. Pero todas estas consideraciones, aunque de gran peso para el propietario territorial, no pueden influir en el arrendador mas allá del tiempo de su actual arriendo. En la época en que espira, se le acaba toda la ventaja de que ha gozado por la relacion favorable entre el precio del trigo y el del trabajo, y toda la desventaja de la proporcion desfavorable se le compensa por el propietario. La única causa que determina entonces la relacion entre el capital empleado en las empresas agrícolas y el capital total del pais, es la estension de la demanda efectiva de trigo. Si, pues, las primas han estendido realmente esta demanda, como ha debido suceder, es imposible que no haya resultado una gran masa de capital aplicado á empresas agrícolas.

Cuando dice Ádam Smith que la naturaleza de las cosas ha impreso al trigo un valor real que no puede alterarse cambiando su precio en metálico, y que ningun premio á la esportacion, ningun monopolio concedido al mercado interior puede hacer subir su precio ni hacerle bajar la mas libre concurrencia, es evidente que varía el estado de la cuestion, pasando de los beneficios del productor del trigo ó del propietario territorial al valor físico y absoluto del mismo trigo. Yo no digo ciertamente que las primas cambien el valor físico del trigo y hagan que una fanega alimente mayor número de obreros que antes. Lo que concibo es que dándolos al cultivador británico aumenta realmente en el estado actual de cosas la demanda de trigo y estimula á sembrar mas de lo que sin esto se hubiera hecho, y por consiguiente le pone en disposicion de emplear un mayor número de obreros.

Si fuese cierta la teoria de Adam Smith y el precio del trigo inmutable, muy desgraciada seria la situacion de la agricultura: Se encontraria repentinamente escluida de la influencia del principio tan perfectamente espuesto en la *Riqueza de las naciones*, y en virtud del cual el capital pasa de un empleo á otro segun las necesidades de la sociedad, necesidades variables y sometidas á frecuentes oscilaciones. Pero ciertamente es indudable que deje de variar el precio real del trigo aunque no sea tanto como el de las otras mercancías; y en esto se fundan las traslaciones de los capitales de unas industrias á otras.

La mira de la nacion en el establecimiento de las primas á la esportacion, no es acrecentar las ganancias de los arrendadores, y de los propietarios territoriales, sino determinar á que una gran parte del capital nacional se esparza sobre la tierra y aumente de este modo la oferta de estos productos. Considerando la subida del precio de los cereales producida por el aumento de la demanda, resulta que la alza de los jornales y de la renta, y la baja del valor del dinero, complican y oscurecen el asunto, pero no se puede dejar de conocer que el precio del trigo varía durante periodos bastante largos para determinar el empleo de los capitales; sino nos veriamos obligados por un simple dilema á declarar que ningun aumento de demanda puede fomentar el cultivo de los cereales.

Debemos convenir en que el argumento particular deducido de la naturaleza del trigo que Adam Smith ha presentado con motivo de las primas, no puede sostenerse; que un premio concedido á la esportacion de trigo deba aumentar su demanda y fomentar la produccion sino en el mismo grado, al menos del mismo modo que una prima otorgada á la esportacion de cualquiera otra mercancía escita á producirla.

Pero se dice ademas que la produccion de trigo aumentada de este modo debe hacer bajar el precio de una manera permanente, y se presentan como prueba los 64 primeros años del último siglo, durante los cuales tuvieron las primas en Inglaterra su pleno y cumplido efecto. Mas de la consecuencia que se deduce de este ejemplo se puede suponer razonablemente que se ha tomado como un efecto permanente lo que por su naturaleza, aunque de larga duracion, es sin embargo temporal.

Segun la teoria de la oferta y la demanda se debe esperar que las primas obren del modo siguiente. Se dice repetidas veces en la Rique-

za de las naciones que á una gran demanda sigue un gran abastecimiento, á la abundancia la escasez, y á la carestía la baratura. Una demanda indefinida produce generalmente un abastecimiento mayor que lo necesario y acarrea naturalmente la baja de precios, que á su vez detiene la produccion del género, y este obstáculo que segun el mismo principio obra mas tiempo de lo que se necesita hace que se vuelva á la carestía.

Así deben influir las primas otorgadas á la esportacion del trigo, si han sido concedidas en circunstancias favorables á su accion, y así ha sucedido en el único caso en que se ha hecho la conveniente esperiencia.

Sin pretender negar el concurso de algunas otras circunstancias, ni dejar de apreciar la influencia relativa de los premios, se comprende fácilmente que (no siendo el precio del trigo segun Adam Smith de 28 schelines por cuarter el precio del mercado en Inglaterra era tan bajo como en el continente) un premio de cinco schelines por cada cuarter que se esporte, debe ocasionar una subida real del precio y fomentar el cultivo de los granos.

Durante los veinticinco primeros años del establecimiento de las primas en Inglaterra el precio del trigo subió á dos ó tres schelines por *cuarter*; pero entonces por causa de las guerras, malas cosechas y escasez del metálico acudieron muy lentamente á la tierra los capitales y no hubo un gran esceso de producto. Despues de la paz de Utrecht fué cuando el capital del pais empezó á crecer de una manera notable, y es imposible que las primas no hayan dirigido á la agricultura una gran parte de esta acumulacion, que sin ellas hubiera seguido otro rumbo. Un esceso de producto y una baja de precio durante treinta ó cuarenta años, fueron la consecuencia de este órden de cosas.

Se dirá que este periodo en que estuvo bajo el precio fue demasiado largo para que se pueda atribuir á las primas aun despues de la teoría que acabamos de esponer. Esto puede ser cierto, y segun todas las probabilidades el periodo hubiera sido mas corto si solamente hubieran influido las primas, pero en el caso en que hablamos otras causas muy activas desplegaron tambien su influencia.

La baja de precio que sufrieron los cereales ingleses fué proporcionada á los del continente. Cualesquiera que fueren las causas generales que produgeron este efecto en los paises estrangeros es probable que no dejaron de tener alguna influencia en Inglaterra. Sin embargo, nada debió producir su baja de precio mas eficazmente y retardar el regreso á los precios altos que un escedente de producto que las otras naciones recibian con repugnancia, y que solo se aceptaban á causa de su baratura. Cuando se hubo obtenido dicho escedente, fué necesario algun tiempo para que su bajo precio le destruyese, y hé aqui como las primas han continuado obrando aun largo tiempo despues que han empezado á bajar los precios. Si á estas causas se añade una baja marcada en la suma de intereses que tuvo lugar por entonces, se verá que habia una gran abundancia de capitales, y por consiguiente mucha dificultad de darles un empleo ventajoso.

Es menester convenir (como es debido y como creo segun todos los principios generales) que las primas concedidas en circunstancias favorables tienen por objeto producir despues de un largo periodo de carestía un cierto escedente y el bajo precio que se prometen sus defensores, pero tambien en conformidad con estos mismos principios generales este escedente y estos bajos precios á la vez no pueden como obstáculo al producto y estimulo á la poblacion sostenerse muy largo tiempo.

La objecion á los premios concedidos á los cereales independientemente de las que pueden hacerse contra todos los premios en general, es que aun en las circunstancias mas favorables no puede hacer bajar su precio de un modo permanente. Y si se establece en circunstancias desfavorables, es decir, si se trata de forzar la esportacion por una gratificacion suficiente, en un tiempo en que el pais no produce lo que consume, no solamente el impuesto es muy gravoso, sino perjudicial á la poblacion; y el esceso de producto que puede obtenerse se compra á costa de un sacrificio muy superior en valor á todo este esceso.

Sin embargo, á pesar de las grandes objeciones que pueden ponerse á las primas segun los principios generales, y á pesar de la imposibilidad de hacer uso de ellos, en ciertos casos raros debemos reconocer que mientras ejercen su influencia (esto es en tanto que producen una esportacion que sin ellas no hubiera tenido lugar) no puede dudarse que fomentan un acrecentamiento de produccion de trigo en los paises en que se establecen, ó que mantienen esta produccion hasta un punto que sin ellas no era de esperar se sostuviese.

Pero aun suponiendo que á favor de las primas combinadas con los precios mas favorables en los otros paises, un estado particular pueda mantener constantemente un esceso medio de producto para la esportacion, no se debe imaginar que la poblacion deje de ser detenida por la dificultad de proporcionarse medios de subsistencia. Estará ciertamente menos espuesta al impedimento particular que producen los años de escasez, pero bajo otros conceptos se verá sometida á los mismos obstáculos, á las mismas fuerzas represivas que hemos descrito en los anteriores capítulos. Sea que haya o no una esportacion habitual, la poblacion se adaptará siempre á los salarios efectivos, y se detendrá cuando los objetos de primera necesidad que pueden comprar estos jornales no basten en el estado actual de los hábitos del pueblo para estimular un acrecentamiento en el número de individuos de que se compone.

CAPITULO X.

Leyes de cereales.—Trabas á la importacion.

Aunque bajo varios aspectos puedan ser atacadas las leyes que prohiben la importacion de granos estrangeros, no dan lugar á las mismas objeciones que las que hemos examinado en el capítulo anterior, y es preciso confesar que son muy propias para conseguir su objeto, á saber la conservacion de un alimento independiente. Un pais al que la tierra ofrece abundantes recursos, y que toma la resolucion de no importar trigo sino en el momento en que su precio anuncia una próxima escasez, proveerá necesariamente á sus necesidades en los años medios. Razonablemente puede objetarse contra las trabas á la importacion del trigo estrangero, que tienden á impedir que el capital y la industria de la nacion se dediquen al empleo mas provechoso, y en que detienen la poblacion y desaniman la esportacion de las fábricas nacionales. Pero por otra parte no puede negarse que estimulan la produccion del trigo en el pais y procuran mantener una subsistencia independiente. Como se acaba de ver, para llenar su objeto un premio á la esportacion y proporcionar un esceso de producto, exigiria en muchos casos una contribucion directa muy costosa, y estaria en tan gran relacion con el precio total del trigo, que llegaria á ser en muchos paises casi impracticable. Las trabas á la importacion no imponen ningun tributo directo al pueblo.

Se ha visto que en un pais en que la tierra ofrece grandes recursos, puede suceder, por causas particulares, que la poblacion comercial predomine hasta el punto de producir los males á que está espuesto un estado puramente comercial y manufacturero con una gran fluctuacion en el precio del trigo. Y es fácil, evitando la importacion del trigo estrangero, mantener la balanza entre las clases agrícola y comercial.

Una de las mas fuertes objeciones á la doctrina que establece la utilidad de las trabas á la importacion, es que no puede darse como una regla general que todo estado deba producir el trigo que consume. Hay algunos colocados en tales circunstancias que no puede aplicárseles esta regla.

En primer lugar se ve en la historia que muchas naciones cuyo territorio era estraordinariamente reducido en comparacion de su poblacion, se componian con sus vecinos compensando por el trabajo, el talento y los capitales la importante ventaja de que estaban privados. Estos esfuerzos han producido resultados brillantes en algunos de estos estados, cuya memoria se ha conservado: mas no han sido menos manifiestos que su prosperidad los trastornos que han sufrido.

En segundo lugar las trabas á la importacion del trigo estrangero no son aplicables en un pais en el cual su suelo y su clima producen grandes variaciones en la cosecha de alimentos. Un pais colocado en semejantes circunstancias aumenta ciertamente la fortuna que puede tener de un alimento fijo, abriendo á la esportacion é importacion tantos mercados como pueda: y este aserto se verificará probablemente aun cuando otros paises prohibiesen la salida de sus granos ó pusiesen trabas á la esportacion. El mal particular que esperimenta este pais no puede remediarse sino estimulando el comercio esterior de los trigos y asegurando la mas plena libertad.

En tercer lugar las trabas á la importacion no son aplicables á un pais cuyo territorio, tal vez muy estenso, no sea fértil. Las tentativas que se hiciesen para cultivarle dirigiendo á él los capitales por medios forzados, no tendrian probablemente ningun éxito en cualquiera circunstancia que se hiciesen. El producto actual obtenido de esta manera seria comprado con sacrificios tales que quizá no bastasen el capital y la industria de la nacion.

En todos estos casos no puede dudarse que seria una medida muy impolítica esforzarse en mantener entre las clases agrícola y comercial, este justo equilibrio al que naturalmente no puede llegar.

Pero tambien es cierto que en circunstancias distintas y aun opuestas puede ser tambien impolítica. Cuando una nacion posee un territorio estenso cuyo terreno es de mediana calidad, sin dificultad puede alimentar con los productos de su suelo á una poblacion suficiente para mantener su rango, tanto en poder como en riqueza, entre aquellas con quienes tiene que sostener relaciones de comercio ó guerra. En general los territorios de cierta estension deben alimentar á su poblacion. A medida que un pais acostumbrado á esportar trigo se acerca al término de acrecentamiento en riqueza y poblacion, retira del comercio general el trigo que distribuia á sus vecinos mas ocupados que él en el comercio y fábricas, y les deja para subsistir sus propios productos. Los productos particulares propios de cada terreno y de cada clima, son objetos de este comercio esterior que en ningun caso puede debilitarse. Mas el alimento no es un producto particular, y segun las leyes que regulan el progreso de la poblacion, puede hacerse que el pais que produce mas, no tenga que reservar para los otros. Si se esceptuan los movimientos ocasionados por la influencia de las cosechas, puede decirse que un comercio esterior en trigos que ha tomado una estension considerable, es mas por su naturaleza temporal y ocasional que permanente, depende en gran parte de los grados de mejoras que han esperimentado los diferentes paises: y los motivos que la animan no son los mismos en la época en que la sociedad ha hecho muchos progresos.

Si, pués, un pais tiene tanta estension que puede razonablemente suponerse basta para alimentar su propia poblacion: si la poblacion asi mantenida puede ponerse en estado de conservar su rango y su poder entre las demas naciones, y si hay otros motivos justos para conocer que no solo la falta del trigo estrangero, sino que el gran predominio de las fábricas no produce males inmediatos, ni insalubridad, turbulencias y fluctuacion entre el precio del trigo y el del trabajo no parecerá impolitico mantener artificialmente un justo equilibrio entre las clases agricola y comercial, poniendo algunas trabas á la importacion de granos y colocando á la agricultura en estado de marchar al mismo paso que las manufacturas.

En cuarto lugar, si un pais tiene un terreno y un clima tales que las variaciones de su producto anual en trigo sean menores que en la mayor parte de los demas paises, hay una razon mas para considerar algunas trabas á la importacion como una medida política. Las comarcas difieren mucho en las variaciones que esperimentan relativamente á sus provisiones anuales. Si bajo este aspec o todas fuesen semejantes, y si el comercio de granos fuese *realmente* libre, la constancia del precio en un estado particular seria tanto mas segura cuanto mayor fuese el número de naciones con que comerciaba en granos. Mas no puede aplicarse este principio al caso en que fuesen distintas las suposiciones en que se funda: es decir, cuando algunas de las comarcas comprendidas en el círculo del comercio estuviesen sujetas á mudanzas en sus provisiones de trigo, y cuando esta desventaja se agravase por falta de una libertad real del comercio de trigo con los paises estrangeros.

Supongamos, por ejemplo, que las variaciones estremas, superiores ó inferiores á la cantidad media del producto en trigo, fuesen en
Inglaterra ¹/₄ y en Francia ¹/₆, un comercio libre entre los dos países aumentaria probablemente las variaciones en los mercados ingleses. En
Bengala, segun la relacion de Jorge Colebrook, el arroz es en algunas épocas cuatro veces mas caro un año que otro, sin que haya
un hambre ó escasez; y á pesar de la frecuencia de abundantes cosechas, sobrevienen á veces déficits tales que hacen perecer mucha parte
de la poblacion. Supongamos que reuniendo á Bengala se le compren-
diese en el círculo comercial de Inglaterra y Francia, no es dudoso que
en estos dos últimos paises se esperimentarian mas variaciones que antes de esta union.

En quinto lugar, si una nacion posee un territorio no solo suficientemente estenso para mantener con su cultivo actual una poblacion propia
de un estado de primera categoría, sino que es ademas de una fertilidad
tal, que permite á esta poblacion aspirar á un acrecentamiento mayor,
es aun mas aplicable á este pais la medida de imponer algun estorvo á la
introduccion del trigo estrangero.

Se dirá que admitiendo la posibilidad de alimentar de su propio suelo una poblacion grande y aun creciente, no es menos cierto que abriendo
sus puertas al trigo estrangero, se podia dar á la poblacion un desarrollo mayor y mas rápido, no pudiendo justificarse una medida que tienda
á detenerla, saliendo del sendero trazado y rechazado la riqueza y la
multiplicacion de los habitantes que nos ofrece la naturaleza.

Este es sin duda un argumento muy fuerte. Y si se conceden las
premisas (que aun dan lugar á alguna duda) no puede responderse solo
por los principios de economía política. Yo diria sin embargo, que si estaba bien probado que el acrecentamiento de riqueza y de poblacion asi
adquirido, debe someter la sociedad á mas incertidumbre en sus provisiones de trigo, á mayores fluctuaciones en los salarios, á mas insalubridad é inmortalidad (en razon de la mayor parte proporcional de la poblacion empleado en las manufacturas) y en fin, á mayor cambio de movimientos retrógrados (que produce el progreso natural del pais á donde
se importa el trigo) consideraria esta riqueza y esta poblacion compra-
das á precio muy caro. La felicidad de un pueblo, es ante todo el ob-
eto legítimo que han de tener hasta la riqueza, el poderío y la poblacion
que busca.

Dice Adam Smith, «que el capital que adquiere un pais por el comercio y manufacturas, es de una posesion incierta y precaria, hasta que

una parte se ha asegurado y realizado en el cultivo y mejora de sus tierras.» Y en otra parte observa que el monopolio del comercio colonial, subiendo la cuota de los provechos mercantiles, desanima la mejora del terreno y retarda el acrecentamiento de la gran fuente primitiva de la riqueza, que es la renta de la tierra.

En ninguna época las manufacturas y el comercio, y en particular el de las colonias, han podido absorver en Inglaterra tanto capital como en los últimos veinte años hasta 1814. Desde 1764 hasta la paz de Amiens, el comercio y las manufacturas del pais hicieron progresos mas rápidos que su agricultura, y la Inglaterra necesitaba cada vez mas de trigo estrangero para su subsistencia. Despues de la paz de Amiens, el estado de su monopolio colonial y de sus manufacturas, ha sido tal que ha llamado á sí, una masa de capital estraordinario; y si las circunstancias particulares de la guerra siguiente, los fletes y seguros á altos precios y los decretos de Bonaparte no hubiese hecho la importacion del trigo estrangero muy dificil y dispendiosa, la Inglaterra en la actualidad, tendria, segun todos los principios generales, la costumbre de mantener con este alimento importado una parte de la poblacion mas considerable que en otro tiempo. Y el cultivo estaria en un estado muy distinto al que ha llegado.

Ciertamente, las trabas que en la práctica han impedido durante la guerra la importación del trigo estrangero en Inglaterra, han obligado á las máquinas de vapor y al monopolio colonial á cultivar las tierras: de suerte, que las mismas causas que segun Adam Smith, tienden á trasportar á la agricultura sus capitales (y que indudablemente los hubi ran transportado si la Inglaterra hubiera podido comprar los trigos estrangeros al precio del mercado de Francia y Holanda) han servido para estimular la agricultura inglesa; de tal modo que no solo ha hecho frente al comercio y manufacturas en sus rapidos progresos, sino que ha vuelto á ganar la distancia que habia perdido en los años anteriores y ahora marcha á la par de sus rivales.

Asi es como las trabas del trigo en un pais que tiene grandes recursos agricolas, tienden á esparcir por su suelo las ventajas que saca del comercio y de las manufacturas: y por lo mismo para emplear el lenguage de Adam Smith, para asegurarlas y realizarlas. Pero ademas procuran evitar estas grandes oscilaciones en los progresos de la agricultura y del comercio, que rara vez dejan de producir males.

Es necesario recordar, y esto es muy importante, que el daño que han esperimentado casi todas las clases de la sociedad por la caida repentina de los precios, escepto el gravámen de la moneda, ha sido producido por causas naturales y de ningun modo artificiales.

Hay en los progresos de la agricultura y de las manufacturas una tendencia á los flujos y reflujos que se esperimentan en los progresos del alimento y de la poblacion. En los periodos no interrumpidos de paz y de comercio, estas oscilaciones, aunque de ningun modo favorables á la felicidad y tranquilidad, no pueden causar males esenciales. Mas si sobreviene una guerra infunde esta á tales oscilaciones un grado de fuerza y de rapidez que produce inevitablemente en el estado de la propiedad una violenta sacudida ó una especie de convulsion.

Por otra parte, un pais que de este modo estorba las importaciones del trigo estrangero, que en general y por un cálculo medio produce lo que basta para sus provisiones, y no recurre á la importacion sino en los casos de escasez, no solo tiene la certidumbre de difundir por sus tierras el beneficio de las invenciones manufactureras y todas las ventajas que le procuran sus colonias y su comercio general, de fijarlas, de ponerlas al abrigo de todos los accidentes, sino que necesariamente está esento de esas violentas y crueles convulsiones de la propiedad que son el efecto casi inevitable de la coincidencia de la guerra y de una provision insuficiente de trigo indigena.

La principal objecion á que estan espuestas las trabas á la importacion del trigo, es el esceso de abundancia que produce una buena cosecha y á la que no puede dar salida la esportacion. Considerando la parte del asunto que tiene relacion con las fluctuaciones de los precios, es preciso dar mucho peso á este argumento: pero bajo este aspecto se ha exagerado mucho la influencia de esta causa. Una superabundancia que pusiese en la afliccion á los arrendadores de un pais pobre, podrian fácilmente soportarla los de un pais rico. En efecto, es dificil persuadirse que una nacion que posee un gran capital, y que no está bajo la influencia de un violento choque en su crédito comercial (como lo fué la Inglaterra en 1815), tenga mucha dificultad en reservar el esceso de un año para suplir el déficit del siguiente ó de algunos despues.

Pero suponiendo que la baja de los precios por una ú otra de estas causas no difiere esencialmente; como es seguro que en los años de escasez general la subida es menor en las naciones acostumbradas á producir sus provisiones, no puede negarse que la variacion seria menor bajo un sistema de trabas que permitiendo la importacion cuando suben los precios, garantiza en los años comunes una produccion indigena igual al consumo.

Aun queda otra objecion que discutir. Las trabas son eminentemen-
te anti–sociales. Por interés de un estado particular, creo que las trabas á la importacion del trigo estrangero pueden tener á veces alguna
ventaja, pero aun estoy mas convencido que para los intereses de la Europa en general, la libertad mas completa del comercio de trigo y de
toda otra mercancía, séria sin duda lo más ventajoso. A esta libertad
infaliblemente seguiria una distribucion del capital mas libre y mas igual:
y para la Europa entera resultaria un aumento de progreso y de felicidad. Pero tambien indudablemente este órden de cosas haria á álgunos
pueblos mas pobres y menos populosos que lo son en la actualidad, y
no es probable que algunos estados individuales consintiesen en sacrificar la fortuna de que gozan en el recinto de sus fonteras á la riqueza del universo.

Una perfecta libertad de comercio es, pues, una ilusion, una perspectiva ideal que nadie se lisonjeará de ver realizada; pero es preciso
tenerla á la vista para acercarse á ella todo lo posible. Se la debe considerar como la gran regla general; y los que traten de apartarse de
ella estan obligados á presentar claramente los motivos en que fundan
su escepcion.

CAPITULO XI.

De qué modo influye el acrecentamiento de la riqueza en la suerte del pobre.

El principal objeto de las *Investigaciones* de Adam Smith es determinar la naturaleza y las causas de la riqueza de los pueblos. Mezcla á veces observaciones que pertenecen á un objeto todavia mas interesante: quiero decir, la investigacion de las causas que influyen en
la felicidad de las clases ínfimas de la sociedad, que componen la parte
mas numerosa de las naciones. Estos dos asuntos tienen una union inti-
ma, y puede decirse en general que las causas que aumentan la riqueza
nacional tienden á aumentar la felicidad de las clases ínfimas del pueblo.
Quizá Adam Smith haya considerado estos dos géneros de investigaciones como diferentes de lo que realmente son. Al menos no ha hecho
notar el caso en que la riqueza de la sociedad pueda crecer (dando á
la palabra riqueza el sentido que determina su definicion) sin que resulte ningun aumento de felicidad para la clase laboriosa de la sociedad.

No trato de entregarme aqui á una discusion filosófica sobre la felicidad y los verdaderos elementos que la componen. Me limitaré solo
á considerar dos que son reconocidos universalmente por tales; el uno

la facultad de procurarse las cosas necesarias para la vida, el otro la salud.

El bienestar del obrero depende de los capitales destinados á activar el trabajo, y debe por consiguiente ser proporcional á la rapidez con que aumenten estos fondos. La demanda de trabajo que produce este acrecentamiento no puede menos de subir el precio. Así hasta que por consecuencia se haya aumentado el número de obreros, se aprovechan de esto los que se encuentran en actividad. Se reparte entre ellos una masa mayor de capitales y pueden vivir todos mas cómodamente. El error de Adam Smith consiste en considerar toda especie de acrecentamiento de la renta ó del fondo social como un acrecentamiento del capital ó fondo destinado al sostenimiento del trabajo. A la verdad semejante esceso es siempre considerado por el individuo que le posee como un capital adicional con el que puede activar mas el trabajo: mas con relacion á todo el pais no puede considerarse como causa de un nuevo trabajo, sino cuando una parte consista en un esceso de alimentos propios para hacer subsistir mayor número de obreros. Porque esto no tiene lugar sino cuando el acrecentamiento de los capitales provenga solo del trabajo y del producto de la tierra. Es preciso tambien distinguir aqui el número de brazos que puede emplear el capital que pertenece á la sociedad del número que puede alimentar el terreno que posee.

Adam Smith define la riqueza de un estado el producto anual de su terreno y de su trabajo. Esta definicion comprende evidentemente tanto el producto de las manufacturas como el de la tierra. Supongamos ahora que una nacion, por una serie de años, haga economias en su renta anual añadiéndolas al capital destinado á las manufacturas, sin añadir nada al destinado á las subsistencias: ¿cuál será el resultado? que será mas rica segun la definicion anterior, sin poder alimentar mayor número de obreros y sin que resulte ningun aumento en los capitales destinados al trabajo: que se aumentaria la demanda de trabajo, aunque tambien creceria en la misma proporcion la demanda de los géneros; y por último que en este cambio la cantidad de subsistencias quedaria la misma:—Veamos ahora hasta qué punto este aumento de riqueza puede mejorar la suerte del pobre; y con solo considerar que todo aumento en el precio del trabajo sin que cambie la cantidad de subsistencias es solo nominal, porque sube á su vez el precio de estas, nos convenceremos de que esta situacion no puede ser favorable al obrero.

Quizá se dirá aun que el capital adicional que una nacion posee puede al menos ponerla en estado de comprar fuera las subsistencias y de importarlas á su pais para alimentar á los que pueden aumentar sus capitales. Pero esto solo puede hacerlo un pais pequeño que posea grandes flotas y tenga muchas comunicaciones interiores: mas no una nacion, por ejemplo Inglaterra, donde si un año de escasez necesitaba doble trigo no solo subiria el precio en Inglaterra, sino en todos los puertos de Europa.

Hemos dicho que no debe considerarse todo acrecentamiento de capitales ó de renta de una nacion como un aumento de los capitales destinados al trabajo; y que por consiguiente no todo acrecentamiento de riqueza nacional tiene la misma influencia sobre la suerte del pobre. Esto se ve bien claramente al considerar la situacion de la China.

Sin embargo, será evidente que dos naciones podrian ver crecer precisamente con la misma rapidez el valor en cambio del producto anual de su suelo y de su trabajo y no ofrecer al obrero los mismos recursos; porque si la una se dedicaba principalmente á la agricultura, y la otra al comercio, el capital destinado á activar el trabajo aumentaria de un modo muy distinto en el uno que en el otro, y por consiguiente el efecto de la riqueza creciente no seria el mismo. En la nacion que se dedicase á la agricultura, el pobre viviria con mas comodidad y la poblacion creceria rápidamente. En la que se dedicase al comercio los pobres mejorarian poco su suerte, y por consiguiente la poblacion quedaria estacionaria ó creceria muy lentamente.

La suerte del obrero pobre, suponiendo que no cambien sus costumbres, no puede mejorarse en realidad sino pudiendo procurarse mas géneros alimenticios. Mas esta ventaja por su naturaleza es temporal y precaria, y realmente tiene para él menos importancia que un cambio de sus costumbres constantes. Las manufacturas, inspirando el gusto del bienestar y de algunos goces, produce en las costumbres de los obreros un cambio favorable á la felicidad. Quizá este efecto compense los inconvenientes que producen. Los que componen las clases laboriosas de la sociedad, en las naciones puramente agricolas, son aun mas pobres que en las naciones manufactureras, pero tambien estan menos espuestas á las variaciones que se verifican entre ellas, y que las hacen sufrir la mayor miseria. Por lo demas las consideraciones relativas á un cambio de costumbres en la clase de los pobres, pertenecen con mas propiedad á la otra parte de esta obra.

CAPITULO XII.

Observaciones generales.

Es un hecho positivo que muchas naciones en el mayor periodo de su poblacion han vivido en la abundancia y han pedido importar granos, mientras que en otras épocas en que su poblacion era escasa han sufrido necesidades y se han visto reducidas á vivir del trigo importado del estrangero. Se han citado como ejemplos el Egipto, la Palestina, Roma, la Sicilia y la España, y se ha inferido que el acrecentamiento de la poblacion en un pais que no está tan cultivado como pudiera estarlo, tiende mas bien á aumentar la abundancia relativa que á disminuirla: que un pais, como dice lord Kaimes, nunca puede estar muy poblado con relacion á la agricultura; y que esta tiene la propiedad verdaderamente singular de producir el alimento en proporcion de los consumidores.

No pueden rechazarse los hechos generales de donde se han sacado estas observaciones; pero las consecuencias no dimanan de las premisas. J. Stewart observa que en Inglaterra á mediados del siglo XVII, en una época en que era muy considerable la esportacion del trigo, la poblacion estaba bastante detenida por la falta de alimentos. En tales circunstancias, á la verdad, la medida precisa de la poblacion de un pais no es la cantidad de alimento que produce, puesto que esporta una parte, sino la cantidad de ocupacion ó de empleo que puede ofrecer á la actividad laboriosa. Esta cantidad es la que regula el precio del trabajo, de donde depende para las clases ínfimas la facultad de proporcionarse alimentos. Segun que la cantidad de empleo crece lenta ó rápidamente, asi los salarios impiden ó animan los matrimonios precoces, y permiten al obrero criar solo dos ó tres hijos ó criar cuatro ó cinco.

Aqui, como en los demas casos ó sistemas que hemos considerado, decimos *que los salarios reales son el principal regulador de la poblacion y su limite mas justo:* pero hay que hacer una observacion. En la práctica sucede que los salarios corrientes graduados en objetos de primera necesidad, no siempre representan la cantidad de estos objetos que las clases ínfimas pueden consumir: el error es unas veces por esceso, otras por defecto.

Cuando sube el precio del trigo y de las demas mercancias, no siempre suben proporcionalmente los salarios en dinero; mas esta pérdida

aparente está á veces mas que compensada por la abundante oferta de
trabajo, por la cantidad de obras, y por la facilidad que tienen las mugeres y los niños de aumentar mucho la ganancia de sus familias. En
este caso la facultad de comprar los objetos de primera necesidad es
mucho mayor para las clases obreras que si los salarios estuviesen á
su precio ordinario, y por consiguiente produce mayor efecto sobre la
poblacion.

Por otro lado, cuando bajan generalmente los precios, sucede muchas veces que la cuota corriente de los salarios no baja en proporcion:
mas esta ventaja está mas que compensada por la escasez de la obra y
por la imposibilidad de encontrar empleo para toda una familia. En este caso el poder de comprar los objetos de primera necesidad será menor para las clases obreras que cuando eran proporcionados los salarios.
Del mismo modo la asistencia de las parroquias, la costumbre de trabajar á destajo, el empleo frecuente de las mugeres y los niños afectan la poblacion como una subida real de salarios. Y recíprocamente el
uso de pagar diariamente los trabajos, de no emplear á los niños ni las
mugeres, la costumbre de los obreros que por pereza ó por otra causa
no trabajan sino cuatro ó cinco dias á la semana afectan la poblacion como una baja en el precio del trabajo.

En todos estos casos, las ganancias reales de la clase obrera, durante un año, graduados en alimento, son distintas de los salarios aparentes. Porque de las ganancias medias de las familias en el año, y no del
precio del jornal, graduado en alimento, depende el estímulo al matrimonio y la facultad de criar hijos.

Atendiendo á esta observacion tan esencial se comprenderá por qué
muchas veces el progreso de la poblacion no está regulado por lo que
comunmente se llama salarios reales, y porque este progreso puede á veces ser considerable cuando la cantidad de trigo que compra el precio
de un jornal es inferior á la relacion media que cuando es superior. Un
ejemplo de esto nos ha ofrecido la Inglaterra.

La cantidad de empleo ofrecida á la actividad de un pais no varia
de un año á otro como puede variar la cantidad de productos á consecuencia de las buenas ó malas cosechas. De aqui se sigue que el obstáculo que opone á la poblacion la falta de empleo obra de un modo
mucho mas constante, y por lo mismo mas favorable á las clases ínfimas que el obstáculo que proviene de falta de alimento. El primero
obra como obstáculo privativo, el segundo es un obstáculo destructivo.
Cuando la demanda de trabajo se estaciona ó crece muy lentamente,

los obreros no ven ningun empleo de actividad que pueda ponerles en estado de sostener la carga de una familia, ó viendo que los jornales del trabajo son insuficientes para semejante gasto, se abstienen de casarse. Mas si la demanda de trabajo crece con rapidez y de una manera constante, aunque las cosechas variables y la dependencia del estrangero hagan inciertas las provisiones de alimento, la poblacion crecerá siempre hasta que se destruya por el hambre y por las enfermedades que ésta produce.

Puede suceder, pues, que la escasez y la miseria acompañen ó no al aumento de la poblacion: esto depende de varias circunstancias. Cuando la poblacion decrece, estos azotes son tambien sensibles: hé aqui la razon: no se ha visto, y probablemente no se verá jamás, decrecer constantemente la poblacion por otra causa que por la falta de alimento. Si se buscan las causas que han despoblado los estados en los numerosos ejemplos que nos presenta la historia, se encontrará siempre que la primera á la que es preciso imputar este efecto es la falta de actividad ó la mala direccion del trabajo por la violencia, las faltas del gobierno, la ignorancia, etc. Cuando Roma adoptó la costumbre de importar todo su trigo y convertir la Italia entera en pastos, su poblacion bien pronto empezó á decaer. Ya he hecho observar las causas que han despoblado el Egipto y la Turquía. En cuanto á la España no fué ciertamente la pérdida numérica de hombres ocasionada por la espulsion de los moros lo que perjudicó tanto á su poblacion, sino mas bien el golpe que sufrió su industria y sus capitales. Cuando causas violentas han despoblado un país, si ha estado sometido á un mal gobierno y por consiguiente su propiedad mal asegurada, como ha sucedido en los paises que en el dia estan menos poblados que en otro tiempo, ni el alimento ni la poblacion pueden recobrar su antiguo estado y los habitantes estan casi inevitablemente condenados á vivir en la mas penosa indigencia. Al contrario, cuando la despoblacion es solo accidental en un pais antes bien poblado, industrioso, acostumbrado á producir trigo para la esportacion, si sus habitantes pueden y quieren desplegar su industria y dirigirla como antiguamente, será muy estraño que no puedan producir trigo en abundancia, sobre todo cuando siendo menos en número pueden contentarse con cultivar las partes mas fértiles de su terreno y que no estan reducidos, como lo estarian en una gran poblacion, á emplear sus trabajos en terrenos ingratos. Es claro que en estas circunstancias una nacion no tiene menos probabilidad de recobrar su antigua poblacion que lo que podia esperar primitivamente. Y en verdad si era necesario una gran poblacion absoluta para obtener una abundancia relativa como han supuesto algunos escritores que han tratado de la agricultura, seria imposible que una colonia nueva se aumentase con la rapidez que un estado antiguo.

Los tratadistas sobre la poblacion han cometido un error enteramente igual al que los antiguos tenian sobre el oro y la plata; pues asi como estos creian que una nacion era tanto mas rica cuanto mas metales poseia; asi tambien se ha creido que la poblacion era el fundamento de la prosperidad de los pueblos, siendo asi que solo es su efecto en vez de ser su causa.

Y es preciso convenir tambien que el nivel al que las leyes humanas no pueden hacer subir la poblacion, es un límite mas fijo é inviolable que el de la acumulacion de los metales: porque aunque sea imposible que se pase, sin embargo puede concebirse; mas cuando la poblacion llega al punto que todos los productos estan repartidos y cada uno no tiene mas alimentos que los necesarios, quedando el mismo el producto, el número de personas no puede crecer por ningun medio humano concebible.

Un acrecentamiento de poblacion cuando es consecuencia del estado natural de las cosas, es sin duda un bien: y es tambien una condicion necesaria para que el producto se aumente despues. Mas es muy importante conocer bien el órden natural de este doble acrecentamiento. J. Stewart que ha tratado este asunto con claridad, ha cometido un error en este punto. Cree que la multiplicacion es la causa productiva de la agricultura, y no la agricultura la causa de la multiplicacion. Mas aunque el primer cultivo debiese nacer de la insuficiencia del producto natural para una poblacion creciente: aunque aun en el dia el deseo de mantener su familia y de vivir de una manera honrosa obrase constantemente para animar los trabajos del cultivador no es menos cierto que los productos de la agricultura en su estado actual deben ser mayores que los estrictamente necesarios á la poblacion existente, antes que esta poblacion crezca de un modo constante y proporcione un esceso de habitantes que la tierra pueda alimentar. Sabemos que en muchos casos ha habido una multiplicacion de nacimientos sin que resulte ninguna ventaja para la agricultura, ni mas efecto que un aumento de enfermedades. Al contrario, nunca se ha visto á la agricultura hacer progresos permanentes, sin que haya resultado de una manera ó de otra un acrecentamiento permanente de poblacion. Asi es mas esacto decir que la agricultura es la causa productiva de la poblacion, que no llamar á la población la causa de la agricultura, aunque no puede negarse que vuelven á obrar una sobre otra, y que se favorecen mútuamente. Esta observacion es muy importante é interesa al fondo de la cuestion. Se han presentado falsas ideas sobre el órden de este doble progreso, y todas las preocupaciones relativas á la poblacion tienen quizá su origen de este desprecio.

Lo que acabo de decir sobre el órden en el que la agricultura y la poblacion deben seguirse ó precederse, de ningun modo contradice lo que se ha dicho en la primera parte de esta obra de la tendencia á oscilar ó alternar que tienen en su progreso natural la poblacion y el alimento. Nada es mas comun, en el caso de estos progresos, que ver la poblacion en ciertos periodos crecer con mas rapidez que el alimento: este hecho es un resultado necesario del principio general, y cuando la baja de los salarios pecuniarios proviene del empleo en las manufacturas de la poblacion creciente, la subida del precio del trigo que es el efecto de una concurrencia crecida, es el aguijon mas frecuente y natural del cultivador. Mas es preciso no olvidar que un acrecentamiento relativo de poblacion supone que en un momento cualquiera ha habido un aumento previo de alimento mayor que lo que basta á la manutencion del pueblo.

Generalmente cuando la poblacion de un pais está mas ó menos tiempo estacionaria, por el bajo precio real de los salarios (lo que es muy frecuente) un acrecentamiento prévio de alimento, ó al menos del alimento del obrero, es ciertamente la única circunstancia que puede hacer progresiva la poblacion.

Lo mismo que si se trata de mejorar esencialmente la suerte del obrero (lo que solo puede hacerse dándole mejores y mas abundantes medios de subsistencia) partiendo del punto mas bajo, es preciso absolutamente que el aumento del alimento preceda al de la poblacion y que le esceda. Asi, rigurosamente hablando, como el hombre no puede vivir sin comer, nadie duda que el alimento debe precederle.

Es tambien digno de observarse que la accion de un estímulo en la agricultura es mas fácil cuando por efecto de una violencia moral ó por otra causa el obrero está bien pagado, porque en este caso una subida en el precio del trigo, ocasionada ó por un aumento de poblacion ó por las demandas del estrangero, no podria menos de aumentar por algun tiempo los productos del arrendador, y podrá muchas veces hacer mejoras permanentes; en tanto que si el obrero está tan mal pagado que la menor baja de los salarios obligan á la poblacion á retrógradar, el acrecentamiento del cultivo y el de la poblacion producirá en el primer momento una baja en los productos. El efecto del obstáculo privativo cuando prevalece, y el de los buenos jornales medios, son favorecer mas bien que impedir el aumento y la disminucion ocasionales de estos salarios; lo que al parecer es un estímulo favorable al acrecentamiento tanto del alimento como de la poblacion.

Entre las preocupaciones mas comunes sobre la poblacion, es preciso contar la opinion de los que creen que un pais que tolera las disipaciones de los ricos, ó las tierras sin cultivo, no tiene derecho á quejarse de la falta de alimento, ó debe atribuir á la prodigalidad de los unos y á la negligencia de los otros la miseria que sufren los pobres. Las dos causas que se citan aqui no producen mas efecto que encerrar la poblacion en límites mas estrechos: no influyen, ó influyen muy poco en el estado de comodidad ó angustia de las últimas clases de la sociedad. Si nuestros antepasados hubiesen contraido y nos hubieran trasmitido costumbres de frugalidad y de actividad tales que las clases superiores no consumiesen nada superfluo, que no se mantuviese ningun caballo de lujo, ni hubiera ninguna tierra inculta, habria sin duda entre el estado que nos imaginamos y el estado actual una gran diferencia en cuanto á la poblacion absoluta, pero probablemente ninguna en la situacion de las clases inferiores: ni el precio del trabajo ni la facilidad de alimentar una familia hubieran cambiado. Las disipaciones de los ricos y los caballos de lujo han producido casi el mismo efecto que los destiladeros de granos de que hablé al tratar de la China. Si el alimento superfluo que se consume puede en tiempos de carestía dedicarse á otros usos, es un recurso de que se aprovecha el pobre, son graneros abundantes que se abren precisamente en el momento de la necesidad, y bajo este aspecto las clases ínfimas tienen alguna ventaja.

En cuanto á las tierras incultas *no hacen al pobre ni daño ni provecho*. Si de repente se cultivan la suerte del pobre mejorará algun tiempo: lo mismo que si se abandonan las que ya estan cultivadas padecerá tambien por cierto tiempo; pero cuando nada se muda bajo este aspecto, las tierras incultas para las clases inferiores tienen el efecto de disminuir la estension del territorio. No es indiferente al pobre que el pais que habita esporte ó importe trigo, mas esta costumbre no está unida necesariamente con el cultivo completo ó incompleto del terreno: depende de la relacion que hay entre el esceso del producto y el número de los que este esceso debe alimentar. Porque esta relacion es, en general mayor en los paises que no han cultivado aun todo su territorio. Si en el pais que habitamos cada palmo de tierra estuviese perféctamente cultivado, esto solo no nos daria esperenzas de poder esportar trigo. La facilidad de esportar dependeria enteramente de la relacion entre el esceso de nuestro producto y de nuestra poblacion comercial: y esta relacion dependeria á su vez de la direccion del capital nacional hácia la agricultura ó hácia el comercio. Muchas veces conviene mas bien emplear los abonos y los trabajos en tierras de primera calidad que no dedicarse á cultivar infructuosamente las estériles.

Otra cosa seria en un pequeño territorio cargado de poblacion y que viviese del producto de un terreno estraño. En este caso hay abundancia de abonos y pocas tierras donde escoger: de suerte que conviene cultivar aun las peores. Mas para esto no basta tener una gran poblacion, es preciso tambien que su industria la proporcione el medio de obtener el producto de las otras comarcas mientras trabaja para mejorar la suya, sin lo que pronto se reducirá al número que pueda alimentar: su propio terreno poco á poco dejaria de mejorarse, ó lo haria muy lentamente; de suerte que su poblacion regulándose esactamente por este débil aumento de producto no podria nunca elevarse mucho.

No hay terreno, por estéril que sea, que no llegue á ser fértil por estos medios ó por la concentracion de la poblacion en una ciudad de manufacturas. Mas esto no prueba que en el órden natural la poblacion deba preceder á la produccion del alimento; porque esta poblacion concentrada no ha podido existir sino por medio de una cantidad de alimento suficiente á sus necesidades, que le ha sido proporcionada ademas del esceso del producto de algun otro distrito.

No ignoran los franceses el error que han cometido cultivando muchas tierras malas. Conocen que han empleado asi trabajo y abonos que les hubiera producido mejores resultados si los hubieran dedicado á tierras buenas. Aun en la China, en ese pais tan cultivado y poblado, se encuentran distritos que contienen matorrales: prueba que este pueblo tan inquieto por su subsistencia conoce que es inútil abonar tales terrenos. Es preciso unir á este que cuando se cultiva una gran estension de tierras malas, no puede menos de perderse mucha cantidad de granos para la siembra.

Aun cuando se concediese que el producto de la tierra es absolutamente ilimitado, nada se quitaria al peso del argumento, porque descansa únicamente sobre la diferente progresion que siguen en sus acrecentamientos la poblacion y el alimento. Todo lo que pueden los gobier-

nos revistiéndose de luces, y los esfuerzos de la industria obedecien-
do á las direcciones mas sábias, es hacer que los obstáculos inevitables que detienen la poblacion obren de una manera igual, y que no
hagan mas mal que el indispensable.

LIBRO CUARTO.

DE LA ESPERANZA QUE PUEDE CONCEBIRSE DE CURAR Ó ALIVIAR EN ADELANTE LOS MALES QUE PRODUCE EL PRINCIPIO DE LA POBLACION.

CAPITULO I.

De la repugnancia moral, y de la obligacion que tenemos de practicar esta virtud.

Puesto que hemos visto en el estado actual de todas las sociedades,
su acrecentamiento natural está constante y eficazmente detenido por
algunos obstáculos represivos; y no habiendo nada que pueda impedir
el aumento permanente de estos obstáculos, que bajo una forma y bajo
otra contienen la poblacion en ciertos límites, se sigue que este órden
es una *ley de la naturaleza*, *á la que es preciso someterse:* y la única
circunstancia que está á nuestra eleccion es la determinacion del obstáculo menos perjudicial á la virtud y á la felicidad. Todos los obstáculos que hemos reconocido han sido tres: la repugnancia moral, el vicio y la miseria. Si este punto de vista es esacto no puede ser dudosa nuestra eleccion.

Puesto que es preciso que la poblacion se contenga por algun obstáculo, es preferible que sea por la prudente prevision de las dificultades que trae consigo la carga de una familia que por la necesidad y
los vicios. Esta idea que voy á esplanar, sin duda que parecerá conforme á la razon y á la naturaleza. Y si se han acogido algunas opiniones contrarias, han nacido en siglos de barbarie; y en esta época
se han sostenido y propagado solo porque algunos han tenido interés
en defenderlas.

Los males físicos y morales son al parecer los instrumentos empleados por la Divinidad para que evitemos en nuestra conducta lo que no es conforme á nuestra naturaleza, y lo que podria perjudicar á nuestra felicidad. La intemperancia en el alimento produce enfermedades: si nos domina la cólera es fácil que nos conduzca á acciones que luego nos arrepentiriamos de haber cometido; y si dejamos crecer la poblacion con demasiada rapidez, moriremos miserablemente presa de la pobreza y de las enfermedades contagiosas. En todos estos casos las leyes de la naturaleza son semejantes y uniformes.

En la historia de las epidemias se observa que, casi sin escepcion alguna, el mayor número de víctimas se encuentra en las clases ínfimas del pueblo que se alimentan mal y viven en habitaciones sucias y estrechas. ¿Cómo podrá la naturaleza hablarnos con mas claridad para enseñarnos que violamos una de sus leyes cuando poblamos mas allá de los límites que nos asignan nuestros medios de subsistencia? Ha proclamado esta ley asi como la que prohibe la intemperancia, manifestándonos las desgracias á que estamos espuestos cuando sin reserva nos entregamos á nuestras inclinaciones. Si es una ley de la naturaleza comer y beber, tambien nos es perjudicial su esceso; y lo mismo sucede con la poblacion.

Si nos abandonamos á todos los impulsos de las pasiones naturales, caeremos en los mas estraños y funestos estravios. Sin embargo, tenemos razones muy fuertes para creer que estas pasiones nos son necesarias, y que no podrian suprimirse sin perjudicar esencialmente á nuestra felicidad. La mas irresistible y universal de nuestras necesidades es alimentarse y vestirse, tener una habitacion y en general todo lo que puede preservarnos de los sufrimientos que ocasionan el hambre y el frio. Generalmente el deseo de procurarnos estos medios de existencia es la causa principal que pone en juego la actividad humana, esta actividad á la que es preciso atribuir los progresos y ventajas sin número de la civilizacion. El deseo de estos bienes, la facultad de alcanzarlos y de atender á nuestras primeras necesidades, forman la parte principal de la felicidad de la mitad del género humano, antes y despues de la civilizacion: y para la otra mitad son al menos condiciones necesarias para que pueda gozar de los placeres menos groseros á que aspira. No hay nadie que no conozca las ventajas que tiene el deseo de satisfacer tales necesidades cuando está bien dirigido. Pero en el caso contrario, es sabido que es un origen de males, y que la sociedad tiene que castigar directamente y con severidad á los que para satisfacer este fuerte deseo emplean medios ilegítimos. Y sin embargo en uno y otro caso el deseo es igualmente natural y virtuoso.

Si el placer que se encuentra en satisfacer estos apetitos ó estas inclinaciones naturales llegase á disminuir y á perder su intensidad, sin duda que se veria disminuir en proporcion el número de acciones cometidas en violacion de la propiedad; pero esta ventaja estaria mas que compensada por la disminucion de los medios de gozar. Se verian las producciones destinadas á satisfacer nuestros deseos, disminuir con mas rapidez que el número de hurtos: de suerte que la pérdida de felicidad que resultaria para la generalidad de los hombres, seria mucho mayor que la ganancia de felicidad que se verificase bajo otro aspecto. Cuando comtemplamos los trabajos penosos y asíduos de la mayor parte de los hombres, naturalmente se nos ocurre el pensamiento que la felicidad de los hombres seria muy corta, si la esperanza de una buena mesa, de una buena habitacion y de un buen fuego, no bastase para derramar sobre los trabajos y privaciones, el contento y la alegria.

Despues del deseo del alimento, la pasion mas general y mas imperiosa es la del amor, dando á esta palabra el sentido mas estenso. El amor virtuoso y ennoblecido por la amistad ofrece esta justa union de los placeres puros y sensibles que convienen á las necesidades del corazon, anima las pasiones simpáticas y dá á la vida mas interés y encanto.

Un detenido exámen de los efectos próximos y remotos de las pasiones humanas y de todas las leyes de la naturaleza nos hace creer que en la actualidad hay muy pocos casos, quizá ninguno en que esta accion pueda debilitarse, sin que resulte una privacion de bienes, mas engañosa que la disminucion de males que ocasiona. Y la razon es muy evidente. Las pasiones son el objeto de nuestros placeres y de nuestros padecimientos: los elementos de que se compone nuestra felicidad y nuestra miseria; nuestras virtudes y nuestros vicios. Es preciso, pues, regularlas y no destruirlas ó debilitarlas.

La fecundidad de la especie humana, es bajo cierto aspecto independiente de la pasion, y ofrece consideraciones de otra naturaleza, y depende mas bien de la constitucion natural de las mugeres que las hace tener mas ó menos hijos. Mas la ley á que bajo este aspecto está sometido el hombre, no es diferente de las otras que le dominan. La pasion es fuerte y general y es muy probable que fuese insuficiente si llegase á estinguirse. Los males que produce, son efecto necesario de esta generalidad y energía, y por último estos males son susceptibles de minorarse y aun de aparecer ligeros por la fuerza y la virtud que se les opone. Todo nos hace creer que la intencion del Criador ha sido poblar la tierra; pero parece que este objeto no podia conseguirse sino dando á la poblacion un acrecentamiento mas rápido que á las subsistencias. Y puesto que la ley de acrecentamiento que hemos reconocido no ha esparcido á los hombres muy rápidamente por la faz del globo, es bastante evidente que no ha sido desproporcionada á su objeto. La necesidad de las subsistencias no sería bastante apremiante, ni desenvolveria las facultades del hombre, si no aumentase en intensidad la tendencia que tiene la poblacion á aumentar rápidamente. Si estas dos cantidades, la poblacion y las subsistencias crecian en la misma relacion; no hubiera habido estímulo alguno para vencer la pereza natural del hombre y obligarle á estender su cultivo. La poblacion del territorio mas vasto y mas fértil se detendria lo mismo por quinientos hombres que por cinco mil, ó cinco millones ó cincuenta. Esta relacion, pues, no podia corresponder al objeto del Criador. Y desde el momento que se tratara de fijar el grado preciso á que debiera llegar, para que se cumpla el objeto, con el menos mal posible, reconoceriamos nuestra incompetencia para formar semejante juicio. En la actualidad tenemos que dirigir una fuerza inmensa capaz de poblar en pocos años una region desierta; pero susceptible al mismo tiempo de contenerse, por la fuerza superior de la virtud, en límites tan estrechos como queramos, por medio de un mal ligero en comparacion de las ventajas que deben resultar de esta sábia economia. La analogia entre esta y las demas leyes de la naturaleza, se rompería manifiestamente si en este único caso no se hubieran previsto á los accidentes, á los vicios y males parciales que pueden resultar aqui de alguna otra ley general. Para que pueda cumplirse el objeto de la ley sin que acarree ningun mal, seria preciso que la ley de acrecentamiento estuviese sujeta á cambios perpétuos y se presentase á las variaciones de circunstancias de los diversos paises. Es muy conforme á la analogia fundada en las otras partes de la naturaleza, y parece tambien muy útil para nosotros y muy conveniente á nuestra perfeccion, que la ley sea uniforme; y que los males que produce por efecto de las circunstancias, se abandonen á la prudencia humana, para que trabaje en apartarlos ó disminuirlos. Asi el hombre debe acostumbrarse á ser vigilante y á prever las consecuencias de sus acciones. Sus facultades se desarrollan y perfeccionan por este ejercicio mejor que si la ley doblegandose á las circunstancias, le eximiese de los males y de la atencion necesaria para evitarlos.

Si las pasiones fácilmente pudiesen subyugarse, ó si por la facilidad de satisfacerlas de una manera ilícita fuese indiferente á los hombres vivir en el celibato, los fines de la naturaleza que tienden á poblar la tierra probablemente se frustrarian. Es muy importante para la felicidad del género humano que la poblacion no crezca con mucha rapidez; mas por otra parte, para que se llene el objeto de propagar la especie humana, parece que el deseo del matrimonio debe subsistir cual está. El deber de todo hombre es no pensar en el matrimonio sino cuando tiene con que mantener á su descendencia: y con todo es preciso que el deseo del matrimonio conserve toda su fuerza, que mantenga la actividad y obligue al célibe á adquirir con su trabajo el grado de comodidad que le falta.

Asi que, *debemos dedicarnos á dirigir y regular el principio de la poblacion, y no á debilitarle ó alterarle.* Y si la repugnancia moral es el único medio legítimo de evitar los males que produce, no estaremos menos obligados á la práctica de esta virtud, que á la de todas las demas cuya utilidad general nos prescribe la esperiencia.

CAPITULO II.

Del único medio que está á nuestro alcance para mejorar la suerte del pobre.

El que publica un código de moral ó un sistema de nuestros deberes convencido que es de obligacion inviolable someter todos los hombres á sus leyes, no puede concebir la loca esperanza de verlas universal ó al menos generalmente practicadas. Sin embargo, nadie criticará la publicacion de semejante código. Porque si asi fuera, siendo siempre aplicable tal objeccion, ninguna regla de conducta podria publicarse, y á todos los vicios á que nos espone la tentacion, se añadirian los que son fruto de la ignorancia.

Partiendo simplemente de la razon natural, si por un lado estamos bien convencidos de los males que produce una poblacion escesiva, y por otro de la desgracia que es consecuencia de la prostitucion, sobre todo para una mitad del género humano, no veo como un hombre que funda la moral en el principio de la utilidad puede escapar de esta conclusion, que hasta que podemos mantener una familia, el freno moral es un deber para nosotros. Si en seguida tomamos por regla la revelacion, encontraremos este deber plenamente consagrado. A pesar de esto no creo que muchos de mis lectores piensen conmigo ver á los hombres cambiar generalmente de conducta bajo este aspecto.

Podemos, pues, decir que los males que nacen del principio de poblacion no son de naturaleza distinta de los demas: que nuestra ignorancia é indolencia agrava estos males, y que la ilustracion y la virtud pueden remediarlos: que si los hombres cumpliesen esactamente sus deberes, desaparecerian casi del todo estas calamidades: que esta inmensa ventaja se verificaria sin disminuir por otra parte la suma de placeres que pueden procurarnos pasiones bien dirigidas, las que bajo esta forma se han considerado con razon como el elemento principal de felicidad.

No me parece que se pueda tachar á un escritor de iluso por entregarse á tales suposiciones, á menos que no pretenda que para dar á su sistema alguna utilidad práctica, es indispensable obtener una obediencia universal, ó solo general, á las reglas que prescribe, en vez de contentarse con este grado de mejora media y parcial, que es todo lo que razonablemente puede esperarse del conocimiento y esposicion mas plena de nuestros deberes.

Por irresistible que parezca el imperio de las pasiones, se observa que hasta cierto punto estan siempre bajo la influencia de la razon: y no creo que pueda tacharse de visionario al hombre que dice que una esplicacion clara de la causa verdadera y permanente de la pobreza, apoyada en ejemplos propios para hacerla sensible, tendria efecto, y aun quizá una influencia considerable en la conducta del pueblo. Al menos bueno es ensayarlo; lo que aun no se ha intentado. Casi todo lo que hasta aqui se ha hecho para aliviar la suerte de los pobres, no ha producido mas que arrojar un velo de obscuridad sobre este asunto, y ocultar á estos desgraciados la verdadera causa de su miseria. Mientras que el salario del trabajo apenas es suficiente para alimentar á dos niños, se casa un jornalero y tiene cinco ó seis. Por consiguiente sufre la miseria mas cruel. Se queja del precio del trabajo que le parece insuficiente para alimentar una familia: acusa á su parroquia porque tarda en socorrerle: acusa la avaricia de los ricos que le rehusan su sobrante: acusa las instituciones sociales que encuentra parciales é injustas; y aun quizá acusa los decretos de la Providencia que le han asignado un lugar tan dependiente que en todas partes encuentra necesidad y miseria. Buscando por donde quiera motivos de queja y acusacion, no piensa en dirigir su vista hácia donde tiene el mal que le aqueja. Al último que quizá acuse será á él mismo, y solo él es digno de vituperio. Su única escusa es tal vez haber sido engañado por la opinion que han propagado las clases superiores. Muy bien puede suceder que sienta haberse casado al ver el peso que le oprime; pero no creerá que casándose ha cometido una accion vituperable. Al con-

trario; siempre se ha dicho que era una cosa meritoria dar súbditos
á su rey y á su pais: se ha conformado con esta máxima, y sin embargo sufre, y naturalmente cree que sufre por la buena causa. No puede menos de considerar como una injusticia, como una verdadera crueldad, de parte de su rey y de su pais que le dejen en la mayor miseria en cambio del don que les ha hecho segun las doctrinas propa-
gadas por ellos.

Hasta que se hayan rectificado estas ideas erróneas y se haya en-
tendido generalmente el lenguage de la naturaleza y de la razon, en
lo relativo á este asunto remplazando al del error y la preocupacion,
no se podrá decir que se ha tratado de iluminar la razon del pueblo.
Para acusarle con derecho, es preciso instruirle antes. Podremos que-
jarnos de su imprevision y de su pereza, si continúa obrando como hasta
aqui, despues que se le haya demostrado que él mismo es la causa de
su pobreza: que el remedio depende de él y solo de él: que la sociedad y el gobierno que la dirige nada puede hacer: que cualquiera que
sean los deseos de una y otro para aliviarle, y cualquiera que sean los
esfuerzos que pueda hacer, realmente son incapaces de satisfacer sus
deseos bienhechores y sus imprudentes promesas: que cuando el salario del obrero no es suficiente para la manutencion de una familia, es
señal evidente que su rey y su pais no necesitan mas súbditos, ó que
al menos no pueden mantenerles: que en este estado, si el hombre pobre se casa, lejos de cumplir un deber con la sociedad, la carga con
un peso inútil haciéndose miserable: que esto es obrar directamente contra la ley de Dios, y atraerse voluntariamente sufrimientos y enfermedades, de los que la mayor parte, si no todos, pueden evitarse pres-
tando oidos á las repetidas advertencias de la Divinidad.

Los que quieren mejorar eficazmente la condicion de las clases ínfimas de la sociedad, deben buscar los medios de elevar la relacion del
precio del trabajo con el de las subsistencias, para que el obrero pueda
comprar mayor cantidad de cosas necesarias para la vida y propias para
aumentar su bienestar. Hasta ahora, para conseguir este objeto, se ha
escitado á los pobres á casarse, y por consiguiente á aumentar el número de obreros y á cargar el mercado con esta mercancía cuyo precio dicen que quieren subir. Sin mucha penetracion se puede prever el
efecto de este modo de obrar. Sin embargo de nada puede convencernos hoy la esperiencia, porque en diversos paises y por muchos siglos
el resultado ha sido cual debiera presumirse. Ya es tiempo, pues, de
ensayar el medio contrario, esto disminuirá su número,

En los estados antiguos y bien poblados, este medio es el único del que podemos esperar razonablemente alguna mejora importante y permanente en la suerte de las clases ínfimas.

Para elevar la cantidad de las subsistencias al nivel del número de consumidores, debemos dirigir nuestra atencion sobre los medios de aumentarlas; pero bien pronto veriamos que este aumento no haria mas que multiplicar los consumidores, de suerte que el paso que creiamos haber dado, no nos acercaria á nuestro objeto. Seria preciso renunciar á seguir este camino por proponer á una tortuga en persecucion de una liebre corriendo. Seguros ahora que las leyes de la naturaleza se oponen á nuestro objeto, y que jamás podrémos subir las subsistencias al nivel de la poblacion, intentaremos sin duda el método contrario; esto es, bajar la poblacion al nivel de las subsistencias. Si pudiésemos distraer ó dormir á la liebre que corre, no hay duda que al fin la alcanzaria la tortuga.

No debemos, pues, disminuir la actividad por aumentar la cantidad de subsistencias; pero es preciso unir un esfuerzo constante para mantener la poblacion bajo el nivel de las subsistencias. Asi obtendremos á la vez los dos fines que nos proponemos: una gran poblacion y un estado de sociedad en que esten desterradas la pobreza y la dependencia servil, tanto como lo permita la naturaleza de las cosas: dos fines que nada tienen de contradictorios.

Si tratamos sinceramente de mejorar de un modo constante la suerte del pobre, lo mejor que podemos hacer es esponerles con verdad la situacion en que se encuentran: hacerles comprender que el único medio de subir realmente el precio del trabajo, es disminuir el número de obreros, y que como ellos los proporcionan al mercado ellos solos pueden impedir su multiplicacion. Este medio de disminuir la pobreza me parece tan claro en teoria, tan confirmado por la semejanza de este caso con cualquiera otra mercaderia, que nada puede justificar el que no se ponga en ejecucion, á menos que no se pruebe que este medio produce mayores males que los que podría evitar.

CAPITULO III.

Exámen de algunas objeciones.

Quizá se objetará el plan que acabo de proponer, lo que principalmente constituye su mérito, esto es, que tiende á disminuir la concurrencia de obreros. Este efecto tendrá sin duda lugar hasta cierto punto, pero no perjudicará á la riqueza y prosperidad nacional. El sistema seguido por los ingleses y el enorme acrecentamiento del precio de las subsistencias de que se ven amenazados; darán mas facilidad que no el plan propuesto á los que quieran suplantarlos en los mercados de Europa. Si la poblacion estuviera mas proporcionada á la cantidad de subsistencias, el precio nominal del trabajo pudiera ser mas bajo que en la actualidad, y sin embargo ser suficiente para la manutencion de una muger y seis hijos. Pero sea lo que fuere, es positivo que si los ricos rehusan sufrir los lijeros inconvenientes anejos al gran bien que dicen desean, habrá motivos para dudar de la sinceridad de su buena voluntad en este asunto. Desear que se mejore la condicion del pobre que se encuentre en estado de obtener por su trabajo una gran cantidad de cosas necesarias para la vida y para sus goces, y quejarse en seguida del alto precio de los salarios, es imitar á los niños que con una mano dan los dulces y con la otra quieren volverlos á tomar y se echan á llorar si en seguida no se les devuelven. Un mercado sobrecargado de obreros y con grandes salarios cada uno de ellos, son dos cosas enteramente incompatibles. Jamás en los anales del universo han existido entrambas cosas á la vez, y reunirlas aun en la imaginacion descubre una ignorancia total de todos los principios mas sencillos de economía política.

La segunda objecion á nuestro plan es la disminacion de poblacion que podrá traer consigo. Pero es necesario considerar que esta disminucion es puramente relativa; cuando una vez se haya efectuado, la misma causa que contiene la poblacion durante algun tiempo en un estado estacionario mientras aumentan las subsistencias, la pondrá en disposicion de hacer nuevos progresos y continuar asi de edad en edad siguiendo á los de las subsistencias. Mientras los resortes de la industria conserven su fuerza y sea su accion suficientemente dirigida hácia la agricultura no debemos temer que falte la poblacion. El medio mas seguro de esparcir entre los pobres el amor al trabajo y el espíritu de economía será quizá convencerles de que su felicidad depende principalmente de ellos mismos; que si escuchan la voz de sus pasiones en lugar de ser dóciles á la de la razon, si antes de casarse no son frugales y laboriosos para acumular los medios para proveer á las necesidades de su familia futura, deben esperar todos los males con que la Providencia castiga á los que desobedecen sus mandatos.

Se puede todavia oponer una tercera objecion, y es la única que á mi parecer tiene algo de plausible, á saber: que adoptándose el deber de la repugnancia moral corremos riesgo de multiplicar las faltas contrarias á la castidad. Sentiria decir alguna cosa que directa ó indirectamente pudiera interpretarse en un sentido desfavorable á esta virtud. Pero no creo que las faltas de que se trata deben en las cuestiones morales considerarse solas ni que sean las mas graves que se pueden concebir. Nunca ó raras veces dejan de producir desgracias, y por esta razon deben reprimirse eficazmente, pero hay otros vicios de efectos mas perniciosos y situaciones que todavia deben dar mas cuidado. La estrema pobreza espone aun á mayores tentaciones. Gran número de individuos de uno y otro sexo hán pasado honradamente fuera del matrimonio una vida casta y virtuosa; y no creo se encuentren muchos que sometidos á la prueba de última miseria ó de una vida continuamente llena de dificultades, no hayan perdido nada de su delicadeza, ni degradado insensiblemente su carácter.

Al número de indigentes y al cuidado que nos tomamos de fomentar la imprudencia y la imprevision es á lo que debe atribuirse la mayor parte de los atentados contra la propiedad y otros muchos crímenes atroces que nos obligan á recurrir frecuentemente al horroroso remedio de las ejecuciones.

Aunque la indigencia no produzca crímenes paraliza las virtudes. Las tentaciones frecuentes pueden ocasionar algunas violaciones de los deberes de la castidad sin degradar enteramente el carácter y sin quitarle bajo otros aspectos su sensibilidad y su elevacion. Pero las tentaciones que asedian al pobre juntamente con el sentimiento de injusticia que conserva en él la ignorancia en que está de la verdadera causa de su estado conspiran á corromperle de diferentes modos. Su húmor se exaspera, sin razon se endurece y el sentimiento moral se extingue poco á poco. Frecuentemente se incapacita para levantarse de su abatimiento y muere para la virtud.

Si se atiende á los solos deberes de la castidad se verá que no siempre es el matrimonio un medio seguro de que se respeten. Las clases superiores ofrecen de esto muchos ejemplos y no hay menos en las ínfimas aunque no se hable tanto de ellos. Añádase que la extrema pobreza si se une á la ociosidad es de todos los estados el menos favorable á la castidad. No enfrena entonces á las pasiones el respeto de sí mismo ni el sentimiento de moralidad.

Pero en fin, si no se hace caso de estos argumentos, si el temor de fomentar el vicio nos retrae de inspirar al pueblo la prudencia, y escitarle hácia la virtud que hemos designado con el nombre de repugnancia moral; si estamos persuadidos de que para hacer feliz y virtuoso á un pueblo es necesario trabajar con todas nuestras fuerzas para facilitar la frecuencia de los matrimonios, examinemos al menos antes de entregarnos á este sistema cuales son los medios porque hemos de llegar al fin que nos hemos propuesto.

CAPITULO IV.

Consecuencias de un sistema contrario al nuestro.

Es evidente que cualquiera que sea el acrecentamiento de las subsistencias como el de la poblacion no puede alcanzarle, á no ser que los alimentos se encuentren repartidos en porciones tan pequeñas, que sean lo extrictamente preciso para vivir. Todos lo niños que nazcan mas allá del número necesario para mantener la poblacion en este estado deben perecer necesariamente á menos que no ocupen el lugar de los adultos muertos. Se ha visto en todo el curso de esta obra que en los estados ya largo tiempo constituidos, los matrimonios y los nacimientos dependen principalmente de las defunciones, y que para obligar á casarse jóvenes el mejor estímulo es una gran mortalidad. Para ser consecuentes será necesario, que lejos de contrariar á la naturaleza favorezcamos la mortalidad que ella produce. Y si nos atemoriza el hambre tendremos el recurso de evitarla con otros medios de destruccion. En vez de encargar á los pobres la limpieza les propondremos costumbres contrarias. Procuraremos que en las ciudades sean las calles estrechas, hacinaremos los hombres en las casas y tanto haremos que al fin vendrá á visitarnos la peste. Cuidaremos en el campo de colocar las habitaciones junto las aguas corrompidas y en los parajes mal sanos y pantanosos evitando sobre todo los perservativos que algunos hombres benéficos oponen á ciertos contagios. Si con esta conducta podemos llegar á hacer subir la mortalidad desde la relacion actual de 1 por 36 ó 40 hasta la de 1 por 18 ó 20 es casi probable que todo individuo podrá casarse en llegando á la pubertad y que habrá pocas personas que se vean en la precision de morirse de hambre.

Pero si queremos que haya casamientos prematuros y al mismo tiempo oponernos á las operaciones destructivas de la naturaleza estemos seguros de que no lo lograremos: la naturaleza ni quiere ni puede ser dominada y la mortalidad que exige la poblacion tendrá lugar de un modo ó de otro. La estirpacion de una enfermedad será la señal de la invasion de otra mas funesta. La naturaleza llama sin cesar nuestra atencion con motivo de los castigos que nos impone, proporcionados al olvido de los deberes que nos ha prescrito. Es menester pues que en Inglaterra no tengan efecto estos avisos. El obstáculo privativo cuyo efecto es evitar la poblacion obra aqui con fuerza y esta es la razon porque los castigos son moderados. Pero si prevaleciera la costumbre de casarse á la edad de la pubertad bien pronto se agravarian. Los males politicos se unirian á los físicos. Un pueblo aguijoneado por el sufrimiento constante de su miseria y visitado frecuentemente por el hambre solo podrá ser sujetado por el mas duro despotismo. Vendriamos á parar al estado en que se encuentran los pueblos del Egipto y Abisinia. Ahora pregunto ¿ se cree que seremos entonces mas virtuosos ?

Si por una parte tememos predicando la virtud y la violencia moral favorecer á ciertos vicios y si por otra el espectáculo de todos los males que trae consigo una poblacion excesiva nos hace temblar de estimular los matrimonios y por consecuencia pensamos que lo mejor es no entrometernos á dirigir las conciencias en este punto sino dejar que cada hombre siga libremente su eleccion haciéndole responsable ante Dios del bien ó mal que haga, esto es lo que yo pido y sentiria obtener mas.

En las clases inferiores en donde este punto de moral es de la mayor importancia, las leyes relativas á los pobres son un estimulo al matrimonio que obra constante y sistemáticamente porque quitan á cada individuo la carga de la responsabilidad que la naturaleza impone á todo padre. La beneficencia destruye la misma tendencia y facilita el sustento de una familia é iguala en cuanto es posible las cargas del matrimonio con las del celibato.

En las clases superiores se escita al matrimonio por los miramientos que se tienen á las mugeres casadas y por la mucha consideracion que se les dispensa y la poca que se manifiesta á las que viven en el celibato. Sucediendo por esto que hombres que nada tienen de agradable ni en su genio ni en su figura y están en una edad avanzada encuentran fácilmente esposas jóvenes, mientras la naturaleza parece indicar que estos hombres habian de unirse con personas proporcionadas á su edad. Es indudable que muchas mugeres solo se casan por evitar el nombre de solteronas. Demasiado alarmadas de la especie de ridículo que una preocupacion necia y absurda ha unido á ellas se determinan á casarse con hombres en los que si no aborrecen por lo menos tienen hácia ellos una completa indiferencia. Tales matrimonios son una prostitucion legal á la vista de los que tienen alguna delicadeza y muchas veces sobrecargan al pais de hijos sin que se compense este mal por algun aumento de bienestar y de virtud de los que les han dado el ser.

En todos los rangos de la sociedad reina la opinion de que el matrimonio es una especie de deber. Un hombre que se figura no haber pagado su deuda á la sociedad sino deja tras él hijos que le representen no se atreverá á escuchar los consejos de la prudencia y creerá casándose temerariamente tener derecho á descansar en los cuidados de la Providencia.

A la verdad, en un pais civilizado en que se conocen los goces que el bienestar procura, tal preocupacion no puede extinguir enteramente las luces naturales, pero tiende á oscurecerlas. Hasta que esta oscuridad se disipe y conozca el pobre la causa de sus padecimientos y sepa que se los debe imputar á sí mismo, no se deberá decir que se deje á cada hombre la libre y propia eleccion en la cuestion de casamiento.

CAPITULO V.

Como influye el conocimiento de la principal causa de la pobreza en la libertad civil.

De lo que acabamos de decir se deduce que el pueblo debe considerarse á sí mismo como la principal causa de sus padecimientos. Quizá al primer golpe de vista parezca esta doctrina poco favorable á la libertad. Se dirá que esto es proporcionar á los gobiernos un pretesto para oprimir á sus subordinados sin que estos tengan el derecho de quejarse y autorizarlos á que atribuyan á las leyes de la naturaleza ó á la imprudencia del pobre las funestas consecuencias de sus vejaciones. Pero no debemos juzgar por impresiones momentáneas. Estoy persuadido que considerando este asunto de cerca, se verá que el conocimiento pleno y generalmente difundido de la principal causa de la pobreza es el medio mas seguro de establecer sobre sólidos fundamentos una libertad sábia y razonable y que el obstáculo principal que se opone á ello, resulta de la ignorancia de la causa de que hablo y de las consecuencias que tal ignorancia trae consigo.

La angustia á que se ven reducidas las clases inferiores y la custumbre que tienen de atribuir este estado á los que gobiernan me parece que son los verdaderos muros del despotismo. Tal estado de cosas proporciona al que abusa de la autoridad un motivo aparente para hacerlo con escusa de contener á los sediciosos. Esta es la verdadera razon porque un gobierno libre tiende sin cesar á su destruccion por la tolerancia de los que están encargados de sostenerle. Tal es la causa que ha hecho fracasar los mas generosos esfuerzos y en el curso de las revoluciones morir á libertad nacionté. Mientras pueda un hombre revoltoso y dotado de algun talento agitar al pueblo y persuadirle que los males que dependen de él debe imputarlos al gobierno, no hay duda que habrá siempre nuevos medios de fomentar el descontento y sembrar los gérmenes de la revolucion. Despues de derribado el gobierno establecido, el pueblo siempre presa de la miseria, vuelve su resentimiento contra los que han sucedido á sus priméros dueños. Apeñas han sido inmoladas nuevas víctimas, cuando pide otras sin que se prevea un término á los trastornos suscitados por una causa siempre en actividad. ¿Nos admiraremos de que en medio de estas borrascas la mayor parte de los hombres de bien recurran al poder absoluto? Si han esperimentado que un gobierno contenido en sábios límites es insuficiente para reprimir el espíritu revolucionario, si están hartos de trastornos cuyo fin no se puede preveer, desesperan de sus esfuerzos y buscan un protector contra los furores de la anarquía.

La multitud que hace los motines es el producto de una poblacion escedente. Se encuentra agoviada por los padecimientos que son muy positivos, pero cuya causa ignora. Esta multitud estraviada es un formidable enemigo de la libertad que fomenta ó produce la tirania. Si algunas veces en sus furores parece que quiere destruirla no es sino para restablecerla bajo nueva forma.

Se cree y es muy probable que la lectura de los derechos del hombre por Payne ha causado gran mal en las clases medias é inferiores y esto es probable. No porque el hombre no tenga derechos ó porque no deba conocerlos sino porque M. Payne incurre en grandes errores sobre los principios de gobierno y conoce mal la naturaleza de los lazos sociales. M. Payne dice con razon que cualquiera que sea la causa aparente de una conmocion, la causa real es siempre la desgracia del pueblo. Pero cuando añade que esto es un indicio seguro de algun vicio en el gobierno cuando indica que este perjudicó á la felicidad pública de quien deberia ser defensor, comete un error demasiado comun á la verdad que consiste en atribuir al gobierno toda especie de desgracia pública. Fácilmente se ve que esta puede existir y causar trastornos en el pueblo que desconoce su origen sin que tenga la menor culpa el gobierno. La poblacion superabundante de un estado antiguo es una causa perene de infelicidad. Si se quiere remediar esto distribuyendo cantidades á las clases pobres segun el plan propuesto por M. Payne, se empeorará mucho el mal y al muy poco tiempo será absolutamente imposible que la sociedad pueda seguir recaudando sumas destinadas para este uso.

Nada evitaria mas eficazmente los malos efectos producidos por las ideas de M. Payne que el conocimiento universalmente esparcido de los verdaderos derechos del hombre. No es mi obligacion enumerarlos aquí, pero no quiero dejar de hablar del pretendido derecho de ser alimentado cuando el trabajo no proporciona los medios para ello. En verdad las leyes inglesas sostienen que el hombre tiene este derecho y obligan á la sociedad á proporcionar ocupacion y alimentos á los que no pueden comprarlos por su trabajo, siguiendo los caminos ordinarios y regulares de la compra y venta. Pero tales sanciones están en oposicion con las leyes de la naturaleza. Se debe por consiguiente esperar no solo verlas fracasar en esta empresa sino ver aumentar los padecimientos del pobre por el medio destinado á aliviarlos y que en realidad solo sirve para seducirle con falaces esperanzas.

Si las grandes verdades relativas á este asunto estuvieran mas generalmente difundidas, si las clases inferiores se convencieran que la propiedad es necesaria para obtener un gran producto; que admitiendo la propiedad ningun hombre puede reclamar como un derecho los alimentos cuando no está en disposicion de comprarlos ó proporcionárselos con su trabajo, si el pueblo sabe en fin que aquellas son leyes sancionadas por la naturaleza y de todo punto independientes de las instituciones humanas, casi todas las declamaciones tan peligrosas y funestas sobre la injusticia de las leyes que rigen en la sociedad no tendrian resultado y serian apenas escuchadas. Los pobres no son visionarios, sus males son siempre reales aunque se engañen acerca de la causa que los produce. Si pues se les esplicara claramente la causa sobre que se engañan y si les hiciera conocer cuan corta es la parte que tiene el gobierno en sus padecimientos y al contrario la influencia de ellas en estas causas se manifestaria menos el descontento é irritacion en las clases inferiores. Se verian frustrarse los esfuerzos de los espíritus turbulentos que nacidos en las clases medias tratan de agitar al pueblo. Se les podria despreciar sin riesgo tan luego como los proletarios estuviesen bastante instruidos acerca de sus verdaderos intereses para desdeñar las peligrosas seducciones; cuando supieran que apoyando los proyectos de reforma general en el órden social solo servirán á las miras ambiciosas de algunos gefes sin el menor provecho ó ventaja propia.

Una verdad que me lisongeo haber establecido suficientemente en el curso de esta obra es que bajo el gobierno mas perfecto confiado á los:

hombres mas distinguidos por sus talentos é integridad pueden difundirse la desgracia y la estrema miseria y llegar á ser hasta cierto punto
universales en un pueblo que no acostumbra á oponer á la poblacion las
reglas de prudencia que pueden evitar su acrecentamiento. Pues como
hasta ahora no se ha comprendido la naturaleza y accion de esta causa,
como los esfuerzos de la sociedad han tendido á aumentar en vez de disminuir su intensidad tenemos fuertes razones para creer que en todos
los gobiernos conocidos se debe precisamente atribuir á esta causa la
mayor parte de los males que sufren las clases inferiores

Asi la consecuencia que M. Payne y otros han sacado de estos males
contra los gobiernos es manifiestamente falsa. Antes de dar importancia
á tales acusaciones debemos en obsequio de la verdad y la justicia examinar cual es la parte de los sufrimientos del pueblo que hay que atribuir al principio de la poblacion y cual la que es necesario imputar al
gobierno. Cuando se haya hecho esta distincion de un modo equitativo y
desechado todas las acusaciones vagas mal definidas ó falsas, es justo que
el gobierno sea responsable de lo restante y esta responsabilidad es aun
muy grande. El gobierno tiene poco poder para consolar la pobreza por
medios directos é inmediatos pero tiene sobre el bienestar y la prosperidad del pueblo una grande é incontestable influencia. Por un lado todos
sus esfuerzos no pueden dar á las subsistencias un acrecentamiento igual
al de la poblacion exento de todo obstáculo, y por otro no puede dirigir
la accion de diversos obstáculos que bajo diferentes formas deben necesariamente detenerlos.

Para que un pueblo adquiera hábitos de prudencia la primer cosa que
se requiere es que esté perfectamente asegurada la prepiedad. La segunda es quizá cierto grado de consideracion á las clases inferiores nacida de leyes iguales para todos y en cuya formacion que todos hayan tenido parte. Tanto mas perfecto es el gobierno cuanto mas favorece estos
hábitos de prudencia y esta elevacion de sentimientos que en el estado
actual de las sociedades son los únicos medios de desterrar la miseria.

Se dice frecuentemente que la única razon por la cual conviene dar al
pueblo alguna parte del gobierno es que una representacion nacional
tiende á proporcionar buenas leyes iguales para todos y que si el mismo
objeto se consiguiera con el despotismo resultaria la misma ventaja para
la comunidad. Pero si el gobierno representativo asegurando á las clases
inferiores un tratamiento por parte de sus superiores mas liberal y mas
próximo á la igualdad da á cada individuo mayor responsabilidad personal y mayor temor de degradacion, es evidente que esta forma de gobier-

no cooperará poderosamente con la seguridad personal á animar los esfuerzos de la industria y á crear hábitos de prudencia; tendiendo por lo mismo mas eficazmente á acrecentar la riqueza y prosperidad en las clases inferiores que si las mismas leyes se hubieran dado bajo la influencia del despotismo.

Pero aunque una constitucion libre y un buen gobierno procuren disminuir la pobreza, su influencia en este asunto es indirecta y lenta. Es muy diferente en sus efectos de esta especie de alivio pronto y directo que las clases inferiores están dispuestas á esperar despues de una revolucion. Esta esperanza loca y el despecho de verla frustrada dan una falsa direccion á los esfuerzos del pueblo en favor de la libertad ó impiden asi las reformas graduales y lentas mejoras, que hubieran podido probarse con favorable éxito.

Es pues de la mayor importancia tener una idea distinta de lo que puede hacer el gobierno y de lo que está fuera de sus facultades. Si se me pregunta cuál es la verdadera causa que retarda el progreso de la libertad diré que en mi opinion, es la ignorancia de la desgracia y descontento del pueblo y la facilidad que ella da al gobierno de mantener y acrecentar su poder. Seria muy útil que generalmente se supiera que la principal causa de las necesidades y de los sufrimientos del pueblo solo depende indirectamente del gobierno que es imposible que este la combata de frente y que dimana de la propia conducta de los proletarios. Lejos de favorecer los abusos, estas máximas bien conocidas servirán para evitarlos, apartarán los peligros que no son mas que un pretesto para mantenerlos y serán tambien los mas firmes apoyos de una sábia libertad.

CAPÍTULO VI.

Como influye el conocimiento de la principal causa de la pobreza en la libertad civil.
(Continuacion) (1).

Los argumentos contenidos en el capítulo anterior se han confirmado de un modo sorprendente por los acontecimientos de estos dos ó tres últimos años. En ninguna época quizá se ha visto á las clases inferiores concebir designios mas equivocados de los efectos que deben esperar de las reformas del gobierno; jamás estas miras han estado mas inmediatamente fundadas en la ignorancia absoluta de la principal causa

---

(1) Escrito en 1817.

de la pobreza, y nunca han conducido mas directamente á resultados desfavorables á la libertad.

. Una de las causas de las quejas generales contra el gobierno, era que un gran número de jornaleros, pudiendo y queriendo trabajar, estaban sin ocupacion, y por lo mismo sin poder proveer á sus necesidades.

Tal estado de cosas es sin duda uno de los acontecimientos mas deplorables que se pueden ofrecer en la vida civilizada. Un sentimiento comun de humanidad basta para considerar esta situacion para las clases inferiores como un objeto de descontento natural y escusable, y para que las clases superiores empleen todos sus esfuerzos para mitigar su rigor. Pero tal estado de cosas puede existir bajo el gobierno mejor dirigido y mas rigorosamente económico. Esto es muy cierto, como lo es tambien que un gobierno no tiene poder para mandar á los recursos del pais que sean progresivos cuando por la naturaleza de las cosas son estacionarios ó retrógrados.

Hemos supuesto hasta aqui que el gobierno no tiene parte alguna en los males de que nos quejamos, claramente se verifica tal suposicion. Pues en verdad pudiendo el gobierno producir muchas desgracias por la guerra y las contribuciones se necesita alguna habilidad para distinguir los males que dimanan de esto, de los que dependen de las causas antes enunciadas. En cuanto á Inglaterra es innegable que ambas causas han concurrido, pero las independientes del gobierno han tenido mas influencia. La guerra y los impuestos tienden directa y simplemente á destruir ó retardar los progresos de los capitales de los productos y de la poblacion, pero durante la última guerra estos obstáculos de la prosperidad han estado mucho mas que contrabalanceados por una combinacion de circunstancias que han dado á la poblacion un fomento estraordinario. No puede decirse que se deban al gobierno las ventajas que han compensado la accion de las causas destructivas. El gobierno durante estos veinticinco años no ha dado pruebas de un grande amor á la paz y á la libertad, ni de una economía escrupulosa en el empleo de los recursos nacionales. Ha seguido adelante gastando enormes sumas para sostener la guerra y levantando fuertes impuestos para atender á sus gastos. Es indudable que ha contribuido por su parte á la dilapidacion de la fortuna pública. Y sin embargo los hechos mas evidentes prueban al observador imparcial que al concluirse la guerra en 1814 no se habian agotado los recursos nacionales; que la riqueza y la poblacion del pais eran no solo mucho mayores que antes de la guerra, sino que habian aumentado de una época á otra en una progresion mas rápida que en ningun periodo anterior.

Quizá sea este uno de los hechos mas notables que nos presenta la historia, y prueba incontestablemente que los sufrimientos que el pais ha sobrellevado despues de la paz no han sido causados tanto por los efectos ordinarios y que debian esperarse de la guerra y las contribuciones, como por haber cesado repentinamente los estímulos estraordinarios dados á la poblacion. Los males producidos por esta causa, aunque mayores por el peso de las contribuciones, no se derivan esencialmente de estas y no pueden por consiguiente recibir de su supresion un alivio directo é inmediato.

Que las clases obreras escuchen con mas gusto á los que les aseguran un alivio inmediato que á los que no les ofrecen sino verdades poco agradables, no hay por qué admirarse. Pero es preciso convenir que los oradores y escritores populares se han aprovechado sin ningun recato de la crisis que ha puesto en sus manos el poder. Parte por ignorancia, y parte por malicia, han separado de su vista ó reprobado altamente todo lo que hubiera podido servir para ilustrar á las clases obreras sobre su verdadera situacion, y todo lo que hubiera podido inducirlas á soportar con paciencia los males inevitables, poniéndoles de manifiesto lo que puede tender á engañar, agravar y fomentar su descontento, á escitar á una loca esperanza de alivio á la ayuda de simples reformas. Si en tales circunstancias se hubieran ejecutado las reformas propuestas, hubiera resultado inevitablemente que el pueblo hubiera visto frustrarse cruelmente sus esperanzas para caer despues de varias esperiencias bajo el yugo del despotismo militar.

Estas consideraciones han debido naturalmente paralizar los esfuerzos de los verdaderos amigos de la libertad, y así que las reformas saludables reconocidas necesarias para reparar las brechas que son obra del tiempo y dar al edificio político toda la perfeccion de que es susceptible, se han hecho mucho mas dificiles y por lo mismo mucho mas improbables.

Es necesario convenir que la época actual suministra una aplicacion sorprendente de nuestra teoría y confirma bien esta verdad, que la ignorancia de la principal causa de la pobreza es muy desfavorable á la libertad, y que el conocimiento de esta causa debe tener un efecto directamente opuesto.

CAPITULO VII.

Plan para abolir gradualmente las leyes sobre los pobres.

Si son fundados los principios anteriormente establecidos, si se reconoce la obligacion en que estamos de conformar con ellos nuestra conducta, solo falta examinar lo que debemos hacer para realizar este proyecto. El primero y mayor obstáculo que se presenta en Inglaterra, es el sistema de leyes adoptado con respecto á los pobres. Con razon se ha representado este sistema como mas perjudicial y oneroso que la misma deuda nacional. La rapidez con que se ha aumentado el impuesto para los pobres durante estos últimos años, presenta un número proporcional de pobres asistidos tan estraordinario, que apenas es creible pueda encontrarse en medio de una nacion floreciente y bien gobernada.

He reflexionado mucho acerca de las leyes inglesas relativas á los pobres, y por consiguiente espero que se escusará me atreva á proponer un plan de abolicion gradual al cual no creo pueda hacerse ninguna objecion importante. Estoy casi seguro que si se llega á comprender que las leyes de que hablo son á la vez un manantial de vejaciones y una causa perene de degradacion, de pereza y de desgracia, que si por consiguiente se quiere trabajar eficazmente en secar este manantial emponzoñado, de donde mana incesantemente la miseria, un sentimiento de justicia hará adoptar, si no el plan que propongo, al menos el principio que le sirve de base.

A este efecto propondria que se publicase una ley que mandara que la asistencia de las parroquias se rebuse á los hijos nacidos de matrimonios contraidos un año despues de la promulgacion de esta ley, y todos los ilegítimos nacidos dos años despues. Para que esta ley fuese conocida universalmente, y para grabarla mas y mas en el espiritu del pueblo, deberia invitarse á los ministros de la religion á leer inmediatamente despues de la publicacion de los bandos una corta instruccion, en la que se estableceria concisamente la estrecha obligacion impuesta á todo hombre de alimentar á sus hijos, la temeridad é inmoralidad de los que se casan sin tener esperanzas de llenar un deber tan santo, los males que han agravado á los mismos pobres á consecuencia de la vana tentativa de suplir á costa de los establecimientos públicos las obligaciones que la naturaleza ha impuesto con respecto á esto á los padres y á las madres; en fin la necesidad que ha habido de abandonar esta empresa por producir efectos directamente opuestos á las miras de los que la habian formado.

Cuando hubiera sido publicada la ley y adquirido el pueblo un pleno conocimiento de ella, cuando por consiguiente el sistema de leyes sobre los pobres haya sido abolido para la generacion naciente, si alguno juzga á propósito casarse sin tener esperanza de poder alimentar á su familia, creo que debe ser abandonado á sí mismo y gozar respecto á esto de la mas compléta libertad. Aunque á mi parecer semejante matrimonio sea una accion inmoral, no está incluida en el número de las que debe encargarse la sociedad de castigar ó de precaver directamente. La razon es que la pena con que la sancionan las leyes naturales cae inmediatamente sobre el culpable, y dicho castigo es por sí bastante fuerte. No es decir esto que indirectamente no sufra la sociedad por un tal acto de imprevision, pues no deja de afectarla aunque remotamente. Cuando la naturaleza se encarga de gobernar y de castigar, seria una ambicion muy necia pretender colocarnos en su lugar tomando sobre nosotros todo lo odioso de la ejecucion. Entreguemos, pues, á este hombre culpable al castigo impuesto por la naturaleza. Ha obrado contra la voz de la razon que se le ha manifestado claramente, no puede, pues, acusar á nadie, y solo debe achacárselo á sí mismo si la accion que ha cometido tiene para él fatales consecuencias. No puede ya acudir á la asistencia parroquial, y si la caridad privada les proporciona algunos socorros, el interés de la humanidad requiere imperiosamente que no sean demasiado abundantes. Es preciso que sepa que las leyes naturales, esto es, las leyes de Dios, le han condenado á vivir penosamente para castigarle por haberlas violado que no puede usar de ningun derecho contra la sociedad para obtener de ella la mas escasa porcion de alimento sino la que puede comprar con su trabajo; que si él y su familia se encuentran á cubierto de los horrores del hambre, deben considerarse deudores de la piedad de algunas almas benéficas que tienen por ello derecho á todo su reconocimiento.

En cuanto á los niños nacidos de un comercio ilegítimo, despues de haber hecho todas las advertencias convenientes, no se les admitiria á la asistencia en las parroquias, quedando enteramente confiados á la caridad de los particulares. Al abandonar los padres á sus hijos cometen un crímen de que deben ser responsables. Con respecto á la sociedad un niño puede reemplazarse fácilmente; si tiene tan grande estimacion es porque es el objeto de una de las pasiones mas dulces del corazon humano, pasion muy conocida bajo el nombre de amor paternal.

Si los que la deben esperimentar descoaocen el valor del don que han recibido de la naturaleza, no debo llamarse á la sociedad á que ocupe su puesto. Su oficio es en esta ocasion castigar el crimen de los padres que hollando los mas santos deberes abandonan los hijos confiados á su cuidado, ó que con objeto premeditado les hacen sufrir un trato cruel.

En la actualidad el hijo ilegítimo es puesto bajo la proteccion de la parroquia y muere generalmente dentro del año, al menos en Lóndres. La sociedad sufre la misma pérdida, mas el horror del crímen se debilita á causa del número de los que le cometen. La muerte de estas desgraciadas criaturas pasa por un simple mandato de la Providencia, sin tener en cuenta que debe considerarse como consecuencia necesaria de la conducta de los padres desnaturalizados que deben ser responsables de ello ante Dios y los hombres.

Es sin embargo raro que un hijo sea abandonado á la vez por su padre y por su madre. Cuando un obrero ó un criado tiene un hijo, nacido de un trato ilegítimo, casi siempre sucede que se oculta ó huye. No es tampoco raro ver á un hombre que tiene muger é hijos retirarse á cualquier punto lejano y dejar su familia á cargo de la parroquia.

La sencilla narracion de estas fugas podria dar á los estrangeros una idea deplorable del carácter inglés; pero examinándolo mas de cerca, un juez imparcial hará recaer el crimen sobre las instituciones que lo han provocado.

Las leyes naturales confian los hijos al cuidado directo y esclusivo de sus padres. Por las leyes naturales la madre de un hijo está confiada al hombre que es su padre. Si no se alteran estos lazos, si la naturaleza obra por sí misma, y si todo hombre está al propio tiempo convencido que de él solo depende la existencia de su hijo; no sé si habrá algunos bastante desnaturalizados para abandonar á entrambos, y si en toda la especie humana habria diez padres capaces de un crimen tan atroz. Pero las leyes inglesas contradicen abiertamente las leyes naturales al anunciar que si los padres abandonan á sus hijos deben encargarse otras personas de cuidar de ellos en su lugar; que si es abandonada una muger por su marido encontrará en otros proteccion; de modo que se han tomado todas las medidas propias para debilitar ó borrar los sentimientos naturales, y acusan en seguida á la naturaleza cuyas leyes han violado. Lo cierto es que la sociedad reunida en cuerpo político, es la única culpable de esta violacion. Ella ha hecho las leyes que la prescriben, ha propuesto recompensas á los que atropellan los sentimientos mas útiles y mas respetables.

La obligacion impuesta á todo hombre de proveer al sustento de sus hijos, sean legítimos ó ilegítimos, es tan evidente y tan imperiosa, que seria justo armar á la sociedad del poder necesario para darla una nueva fuerza, escogiendo los medios mas apropósito para producir este dichoso efecto. Pero á mi entender no hay o ro medio coercitivo al alcance del poder civil que pueda ser eficaz respecto á esto, que un simple aviso esparcido universalmente diciendo que en lo sucesivo los hijos solo serán alimentados por sus padres; y que si estos protectores naturales los abandonan, no deben esperar que sus cuidados sean reemplazados sino por los socorros casuales de la caridad privada.

Quizá parezca muy cruel que la madre y los hijos sin tener culpa alguna esten obligados á ser victimas de la mala conducta del gefe de la familia. Pero esto es una ley inmutable de la naturaleza y debe pensarse mucho antes de pretender contrariarlo *sistemáticamente*.

Si se adoptara el plan que he propuesto, se veria disminuir en pocos años rápidamente la contribucion de los pobres y quedar por último reducida á una suma bastante corta. Ninguno podria creerse engañado ni perjudicado, y por lo tanto no habria motivos de queja.

CAPITULO VIII.

De qué medios debémos valernos para corregir las opiniones erróneas sobre la poblacion que han cundido en el mundo.

No basta abolir todas las instituciones que fomentan la poblacion; sino que es menester al mismo tiempo corregir las opiniones dominantes que producen el mismo efecto y aun algunas veces obran con mas fuerza; Pero esto solo puede ser obra del tiempo, y el único medio para conseguirlo es el esparcir, ya en los escritos, ya en la conversacion, doctrinas sanas acerca de esta materia. Sobre todo conviene insistir en la importante verdad de que el deber del hombre no es trabajar por la propagacion de la especie, sino contribuir con todas sus fuerzas á difundir la dicha y la virtud, y que si no tiene una legítima esperanza de lograr este último objeto, no le obliga la naturaleza á proporcionarse sucesores.

El mejor medio de llegar á nuestro objeto seria probablemente establecer un sistema de educacion parroquial bajo un plan semejante al que ha sido propuesto por Adam Smith. Ademas de los asuntos ordinarios de instruccion y los que este autor añade, quisiera que se esplicase frecuentemente en las escuelas el estado de las clases inferiores con respecto al principio de la poblacion y la influencia que ellas tienen en este asunto sobre su propia felicidad. No quiero decir que en estas esplicaciones se desprecie de ninguna manera el matrimonio ni que se le presente bajo un aspecto menos apetecible de lo que es en realidad, sino al contrario, como un estado muy proporcionado á la naturaleza del hombre, propio para asegurar su bienestar y preservarle de las tentaciones del vicio. Pero se cuidará de hacerles entender que las ventajas del matrimonio, asi como la de los bienes de fortuna y de otros muchos no estan á nuestro alcance sino bajo ciertas condiciones. La firme conviccion de que el matrimonio es un estado apetecible, aunque para llegar á él es una condicion indispensable estar en disposicion de mantener una familia, debe ser para un jóven uno de los motivos mas poderosos para dedicarse al trabajo y vivir con una sabia economía antes de la época en que llegue á establecerse. Nada podrá obligarle con mas eficacia á reservar el corto esceso que un obrero soltero posee siempre, y emplearle asi razonablemente para su dicha futura en lugar de disiparlo en la pereza y en los escesos.

Si es adelanto se pudiese en estas escuelas unir á los diversos objetos de la enseñanza algunos de los principios mas sencillos de economía politica, resultaria de ello una gran ventaja para la sociedad.

Las razones que se alegan para no ilustrar al pueblo me parecen no solo poco liberales sino muy débiles, mientras que para privar al pueblo de un medio de mejorar su estado, se necesitarian razones muy fuertes y fundadas sobre la mas evidente necesidad. Los que no quieren escuchar la refutacion de estos argumentos por el sencillo razonamiento, no pueden á mi entender recusar el testimonio de la esperiencia. Pregunto, pues, si la ventaja que de parte de la instruccion tiene el pueblo en Escocia, parece haberlo predispuesto á la sedicion ó al descontento. Advirtiéndose que en esta comarca la necesidad se deja sentir mas constantemente; las escaseces son mas frecuentes, y las privaciones mas duras que en Inglaterra á causa de la inferioridad del terreno y del clima. Los conocimientos difundidos en las clases inferiores de Escocia no llegan á mejorar mucho su estado, porque no bastan para inspirarles hábitos de prudencia y prevision, pero al menos producen el efecto de inducirles á soportar con paciencia muchos males, considerando que las revueltas sirven solo para agravarlo. Comparando las costumbres pacificas de los aldeanos escoceses que todos tienen alguna instruccion con la turbulencia de los aldeanos ignorantes de Irlanda, todo hombre imparcial no puede desconocer enteramente la dichosa influencia de las luces y de la educacion del pueblo.

El principal argumento contra el proyecto de establecer en Inglaterra un sistema de educacion nacional, es que pondria al pueblo en estado de leer obras como las de Payne, lo cual podria tener consecuencias fatales para el gobierno. En este punto pienso enteramente como Adam Smith y creo que un pueblo ilustrado seria mucho menos susceptible que otro de ser seducido por escritos incendiarios y sabria discernir y apreciar mucho mejor segun su valor las vanas declamaciones de algunos demagogos á quienes anima la ambicion ó el interés. Para escitar la sedicion en una aldea bastan solo uno ó dos lectores que si están vendidos al partido democrático podrán hacer mayor mal escogiendo los pasages y los momentos favorables á sus designios, que si cada indíviduo hubiese estado en disposicion de leer la obra entera con la calma y tiempo necesario para pesar los argumentos contrarios de los que regularmente no se descuidaria instruirle.

Mas independientemente de estas consideraciones creo que la observacion de Adam Smith adquiriria mayor importancia si las escuelas cuyo establecimiento aconseja sirvieran para instruir al pueblo de su verdadera situacion y se le enseñara que su estado no puede mejorarse esencialmente, por un cambio de gobierno pues que esta mejora depende de su propio trabajo y de su prudencia; que á la verdad se podrian evitar algunas de sus calamidades pero que por lo respectivo al sostenimiento de su familia poco ó ningun alivio deben esperar los que componen la masa del pueblo; que si tuviera lugar una revolucion no cambiaria favorablemente la relacion de la oferta y la demanda ó la de los alimentos con el número de consumidores; que si la oferta de trabajo era mayor que la demanda y la demanda de alimento mayor que la oferta, sufririan las penalidades que produce la necesidad aun bajo el gobierno mas libre y mas perfecto.

El conocimiento de estas verdades tiende evidentemente á mantener la paz y la tranquilidad, á debilitar el efecto de los escritos incendiarios y á precaver toda oposicion inconsiderada á las autoridades constituidas á quienes debe culparse de la ignorancia por algunas miras interesadas.

No solo las escuelas parroquiales servirian esplicando la situacion real de las clases inferiores para hacer ver que de ellas mismas depende su felicidad ó su miseria; sino podrian aun por una educacion empezada en buena edad y por recompensas sabiamente distribuidas dirigir la generacion naciente hácia los hábitos de sobriedad, trabajo, independencia y prudencia y adiestrarla en la práctica de los deberes prescritos por la religion.

Este seria el verdadero medio de elevar la parte inferior del pueblo, sacarla de su estado de abatimiento y acercarla á las clases medias cuyas costumbres son mucho mejores.

En la mayor parte de los paises hay en la clase infima del pueblo un límite de miseria bajo del cual nadie puede casarse y propagar la especie. Este límite de última miseria varía en los diferentes paises y depende de diversas circunstancias tales como el terreno, el clima, el gobierno, los progresos de las luces, la civilizacion etc. Las principales circunstancias que elevan el límite ó que disminuyen la miseria de la parte del pueblo mas desprovista de recursos, son la libertad y la seguridad de la propiedad, el modo de difundir los conocimientos entre el pueblo, el gusto de las ventajas y de los diversos goces que proporciona la comodidad, y las que contribuyen á bajar el límite son el despotismo y la ignorancia.

En todas las tentativas que pueden hacerse con el objeto de mejorar el estado de las clases inferiores se debe proponer como objeto esencial elevar todo lo que sea posible este límite, ó de otra manera hacer de modo que la miseria que en el pais pasa por la mas lastimosa sea fácil de sobrellevar. Y se conseguirá esto cultivando entre el pueblo el deseo de una situacion independiente, cierto noble orgullo y el gusto de la limpieza y comodidad. Ya he hecho observar otras veces cual es la influencia de un buen gobierno para producir en el pueblo hábitos de prudencia para enseñar aun á los de las mas ínfimas clases á respetarse y evitar su envilecimiento. Pero esta influencia será siempre insuficiente sin el socorro de un buen sistema de educacion.

No puede ni de mucho llamarse perfecto un gobierno que no atiende á la instruccion del pueblo. Los beneficios de una buena educacion pueden ser gozados universalmente, y como depende del gobierno ponerlos al alcance de todos, tiene sin disputa un deber en hacerlo.

CAPITULO IX.

Direccion de nuestra caridad.

Nos falta examinar de qué modo podemos dirigir nuestra caridad para que sin perjudicar á aquellos con quien se ejerce se evite el esceso de poblacion que en seguida que pasa del nivel de las subsistencias pesa gravemente sobre las últimas clases del pueblo.

Este movimiento de sensibilidad que nos impele á consolar á nuestros semejantes cuando sufren, se asemeja á todas las otras pasiones que nos agitan; pues es algunas veces ciego é irreflexivo. El fin evi-

dente del instinto de la benevolencia que la naturaleza ha colocado
en el corazon humano es el de reunir á los hombres y sobre todo á
los que forman parte de una misma nacion ó familia y enlazarlos entre
sí por una afeccion fraternal. Interesando á los hombres en la dicha ó
desgracia de sus semejantes, este instinto de beneficencia los induce á
remediar en cuanto les es posible los males parciales que arrastran las leyes generales y tiende por lo mismo á aumentar la suma de felicidad
dispensada á nuestra especie. Pero si esta beneficencia no hace distincio-
nes, si el grado de desgracia aparente es la única medida de nuestra liberalidad, es claro que solo se ejercerá en los mendigos de profesion
mientras que el mérito modesto y desgraciado luchando contra dificultades inevitables, pero amando aun en la miseria la limpieza y procurando
conservar las formas decentes, será abandonado. Socorreremos á los menos dignos; fomentaremos la holgazanería, dejando perecer al hombre
activo y laborioso. En una palabra, iremos directamente contra las miras
de la naturaleza y disminuiremos la suma de bienestar.

Uno de los efectos mas útiles de la caridad es el que ella produce en
el hombre que la ejerce. Es mas dulce dar que recibir. Admitamos si se
quiere que la beneficencia no es útil para aquellos con quienes se ejerce, sin embargo jamás podremos aprobar los esfuerzos que se hagan para
quitar de nuestro corazon el sentimiento que nos impele á ejercerla. Este
sentimiento tiende á purificar y elevar el alma. Pero aplicando aqui la
regla de utilidad se observará con satisfaccion que el modo de ejercer la
benevolencia con mas ventajas para los pobres es precisamente el mas
propio para perfeccionar el carácter del que socorre.

Se puede decir de la caridad como de la piedad que no tiene nada de
violento que se esparce sobre la tierra como un dulce rocío. Es un error
honrar con el nombre de caridad las inmensas sumas que se reparten en
Inglaterra en virtud del impuesto, pues les falta el carácter distintivo de
la verdadera beneficencia. Y cómo es de esperar forzando las acciones que deben ser esencialmente libres, esta profusion tiende á de-
pravar tanto á aquellos á quienes se exige como á los que se destina.
En lugar de un alivio verdadero solo resulta una agravacion y multiplicacion de miseria por una parte, y por otra en vez de las sensaciones deli-
ciosas que produce el egercicio de la verdadera caridad, un descontento y
una irritacion permanente.

Se notará si se tiene cuidado aun en las limosnas que se hacen á los
mendigos de profesion que se cede muchas veces mas bien por deseo de
desembarazarnos de sus importunidades y de separar la vista de un ob-

jeto desagradable que por el placer de consolar los sufrimientos de los desgraciados. Lejos de felicitarnos por haber hallado una ocasion de socorrer á nuestro prógimo prefeririamos muchas veces no haber encontrado tales objetos de compasion. La vista de su miseria escita en nosotros una emocion penosa porque conocemos que la corta limosna que podemos hacerles no basta para aliviarles, pues sabemos mu y bien que no es proporcionada á sus necesidades. Ademas ignoramos si al volver la esquina oiremos repetir igual súplica y nos espondremos por otra parte á culpables imposturas. Nos apresuramos á evitarlas y frecuentemente cerramos los oidos á solicitaciones importunas. No damos al que nos arranca por decirlo asi un sentimiento involuntario. Hay en ello una especie de violencia que nos hacemos á nosotros mismos y esta caridad forzada no deja en nuestra alma ningun dulce recuerdo ni impresion propia para perfeccionar el corazon.

No sucede lo mismo con esa caridad voluntaria y activa que conoce particularmente á aquellos cuyas penas alivia que siente los lazos estrechos que unen al rico con el pobre y se honra con esta alianza, que visita al infortunio en su morada y no solo se informa de sus necesidades sino de sus hábitos y disposiciones morales. Esta caridad impone silencio al mendigo descarado que no tiene mas recomendacion que los andrajos de que afectadamente se cubre, estimula por el contrario sostiene, consuela y asiste con liberalidad al que sufre en silencio inmerecidos males. Este modo de ejercer la caridad presenta en comparacion de cualquiera de los demas, un medio muy á propósito para dar á conocer su precio. No puedo manifestar mejor estas ventajas y hacer notar el contraste entre esta forma de asistencia y la que se usa en las parroquias, que citando lo que dice M. Townsend al fin de su admirable disertacion sobre las leyes relativas á los pobres. «No se puede imaginar cosa alguna mas desagradable que la mesa en que se hace el pago en la parroquia. Se ve allí frecuentemente reunido en una misma persona todo lo que tiende á hacer repugnante la miseria, es decir, el tabaco, los andrajos, la porquería, la insolencia y el insulto. No se puede al contrario imaginar cosa mas noble ni mas sensible que la caridad que visita la humilde choza del pobre para animarle al trabajo y á la virtud y en donde la mano bienhechora alimenta al hambriento, viste al desnudo y mitiga la suerte de la viuda y del huérfano. Nada mas hermoso ni mas patético que las dulces lágrimas del reconocimiento, los ojos brillantes de pura alegria: las manos levantadas al cielo espresion natural de los sentimientos que hacen esperimentar los beneficios inesperados y distribuidos con discer-

.nimiento. Frecuentemente habrá testigos de estas escenas afectuosas si se deja á los hombres que gocen del derecho de disponer de lo que les pertenece en el egercicio de la beneficencia.»

Creo que es imposible ser actor en estas escenas sin hacer diariamente progresos en la virtud. No hay ocasiones como estas en que tomando vuelo nuestros afectos contribuyan mas eficazmente á purificar el corazon y á inspirar sentimientos elevados. Esta es verdaderamente la única caridad de la que se puede decir que contribuye á la felicidad del que la práctica y de aquel con quien se ejerce. Dificilmente se encontrará otro modo de distribuir sumas considerables sin que haya peligro de que produzca mas mal que bien.

Este poder absoluto, esencial de la caridad voluntaria, le da gran facilidad para escoger objetos dignos de sus favores sin que pueda resultar de ello ninguna fatal consecuencia. Esta forma de asistencia tiene por otra parte la ventaja de presentar siempre una especie de incertidumbre en los beneficios que desea distribuir. Es muy importante para el pobre que nadie pueda considerar la limosna como un fondo sobre el que puede contar. El pobre debe dedicarse á ejercitar sus propias fuerzas, desplegar toda su energía y toda su prevision, y considerar sus virtudes como su único recurso, considerando que si llegan á faltarle, los otros medios de socorro no son mas que un objeto de esperanza. Y es preciso tambien que ésta misma esperanza le parezca fundada en su buena conducta y en el pensamiento de que no ha caido en la miseria por imprevision ni por indolencia.

Es una verdad indudable que en la distribucion de nuestras limosnas debemos inculcar estas máximas á los pobres. Si todos pudieran ser aliviados y fuera desterrada la pobreza, aunque costara el sacrificio de las tres cuartas partes de la fortuna de los ricos, yo seria el último que pronunciaria una palabra para oponerme á este proyecto, y me guardaria bien de sostener que es necesario tener moderacion en nuestras dádivas. Pero como la esperiencia sin escepcion ha probado que la desgracia y la miseria guardan siempre proporcion con la cantidad de limosnas que se distribuyen sin eleccion, tenemos fundamento para inferir de ello raciocinando como se suele hacer acerca de las leyes naturales, que esta forma no es la que caracteriza la verdadera beneficencia y que debe llevar el nombre de virtud.

Las leyes de la naturaleza nos dicen con San Pablo «no es digno de comer el hombre que no quiere trabajar;» y aun añade que no se debe fiar temerariamente de la Providencia. Nos enseñan que el que

26

se casa sin tener con qué proveer á las necesidades de su familia, debe esperar la miseria. Estos son avisos que nuestra naturaleza hace necesarios y que manifiestamente tienen una tendencia útil y bienhechora. Si por la direccion que demos á nuestras limosnas, bien públicas ó privadas, declaramos que el hombre que no quiere trabajar no dejará de ser considerado digno de comer y que no perecerá el que se case sin medio alguno para sostener su familia, claro está que contrariamos por un ataque regular y sistemático las miras benéficas porque se han establecido dichas leyes.

Durante los acontecimientos de la vida humana, aun cuando se presentan bajo el aspecto mas favorable, se ven muchas veces frustrarse justas esperanzas, el trabajo, la prudencia y la virtud privadas de la recompensa que les es debida, y arrastrando tras si calamidades imprevistas. Los que sufren de este modo á pesar de sus generosos esfuerzos, los que sucumben sin haberlo merecido pueden ser considerados como los verdaderos objetos de la caridad. Aliviando sus males llenamos el mas santo deber de la beneficencia, que no es otro sino dulcificar los males parciales que provienen de leyes generales. Dando á nuestra caridad esta direccion, no debemos temer sus consecuencias. Estos desgraciados tan dignos de piedad deben ser socorridos con liberalidad por todos los medios que esten á nuestro alcance de modo que les basten para hacer frente á las necesidades que se les presenten, asi como debemos abandonar á su mala suerte á aquellos que la han merecido y que son indignos de toda especie de estimacion.

Despues de haber llenado este primer deber de la beneficencia, podemos dirigir una mirada compasiva al hombre perezoso é imprudente, bien que aun entonces la humanidad exige que distribuyamos con parsimonia nuestras dádivas. Podemos aliviar con prudencia el castigo que impone la naturaleza al que ha violado sus leyes, pero debemos guardarnos de hacerlo de modo que se desconozca enteramente el castigo. Justo es que el que le sufre se encuentre postergado en el último rango del órden social. Si pretendemos sacarle de aqui y colocarle en una situacion mas elevada faltamos al fin de la beneficencia y cometemos una injusticia con los que estan sobre él, pues conviene que en ningun caso tenga en la distribucion de las cosas necesarias para la vida una parte igual á la del simple jornalero.

Estos razonamientos no se aplican al caso de una urgente necesidad producida por cualquier accidente que no ha provenido de la indolencia ó imprevision del que la sufre. Si un hombre se rompe un brazo ó una pierna, nuestro deber es socorrerle y no informarnos de su mérito, y esto está conforme con las reglas de utilidad. Dando sin eleccion de este modo generosos socorros, no hay que temer escitemos á los hombres para aprovecharse de ellos á romperse los brazos y las piernas. Segun este principio invariable de utilidad, la aprobacion dada por Jesucristo á la conducta del Samaritano no contradice de modo alguno esta máxima de San Pablo: «no es digno de comer el que no quiere trabajar.

Sin embargo, en ningun caso debemos dejar de hacer bien por la duda de que quizá habrá otros objetos mas dignos de nuestras limosnas. En todos los casos dudosos debemos seguir los impulsos benéficos. Mas cuando podemos llenar el deber que nos impone la razon de pesar con cuidado la consecuencia de nuestras acciones, si nuestra esperiencia y la de otros nos han hecho ver que hay un modo perjudicial de ejercer la beneficencia y otro que produce los mejores efectos, estamos ciertamente obligados como agentes morales á reprimir nuestro ímpetu cuando toman la primera de estas direcciones y dejarles correr en la otra, á fin de adquirir el hábito de practicar lo que conocemos que es útil ó ventajoso para nosotros y para nuestros semejantes.

CAPITULO X.

Examen de los diversos planes que se han propuesto para mejorar la suerte de los pobres.

Es preciso considerar con atencion la regla siguiente. En la distribucion de nuestros socorros y en los esfuerzos que hagamos para mejorar la suerte de las clases ínfimas del pueblo: Ningun motivo debe obligarnos á hacer en esto solo que sea con el objeto de animar directamente el matrimonio ó de trabajar de un modo regular y sistemático para que desaparezca la diferencia que hay entre el hombre casado y el célibe con respecto á la facilidad de vivir. Esta diferencia debe conocerse siempre. Es un punto en el que los escritores que por otro lado han comprendido mejor la influencia del principio de poblacion, á mi parecer han cometido mas graves errores.

Sir James Stewart, que ha conocido muy bien los inconvenientes de lo que él llama una procreacion viciosa, asi como los males que son consecuencia de un esceso de poblacion, recomienda el establecimiento de casas de niños espósitos: cree conveniente en algunas circunstancias recoger á sus padres los niños para educarlos á costa del estado, y deplora la diferencia que hay entre la suerte del hombre casado y el hombre célibe, diferencia que hace sus medios de subsistencia tan desproporcionados á sus necesidades. Al esplicarse asi, olvida que si la poblacion superabunda aun sin ningun estímulo, es una prueba clara que los fondos destinados á alimentar el trabajo no pueden sostener una gran poblacion. Cuando sin las casas de niños espósitos, sin establecimientos públicos para la manutencion de niños nacidos en el matrimonio, en fin á pesar del desaliento que debe producir la disminucion de conveniencias que trae consigo el matrimonio, la poblacion se eleva hasta el quele que los pobres no pueden atender á la manutencion de sus hijos, sin duda que la sociedad no tiene capitales para poner mas brazos en actividad. Si, pues, se dan nuevos estímulos á la multiplicacion de la especie, si se hacen desaparecer los obstáculos que podrian ponerla límites, deberá necesariamente de un modo ó de otro sobrevenir un aumento de esta procreacion viciosa, que él mismo con razon quiere evitar.

M. Towsend que en su disertacion sobre las leyes de pobres ha tratado este asunto con tanta claridad como solidez, concluye con una proposicion, á mi entender contradictoria con los principios que ha espuesto. Quiere que las sociedades de beneficencia establecidas en las parroquias libre y voluntariamente fuesen forzosas y obligatorias. Propone establecer un reglamento en virtud del cual todo célibe pagase una cuarta parte de sus ganancias ó salarios, y un casado con cuatro hijos no pagasen sino la treintena parte.

En el momento que se convirtiesen las suscriciones libres en forzosas, producirian el mismo efecto que una contribucion sobre el trabajo. Porque semejante impuesto pesa siempre sobre el consumidor, como lo ha probado Adam Smith. Por consiguiente nada ganarian con este plan los propietarios de las tierras. Pagarian lo mismo que en el dia, con la diferencia que en vez de entregar este dinero á su parroquia en forma de contribucion de pobres, lo harian por la subida del precio del trabajo y de las mercancías. Asi una contribucion forzada de esta naturaleza produciria casi los mismos efectos deplorables que el sistema actual de asistencias: y aunque variase en el nombre, el espíritu de la institucion seria el mismo.

El dean Tucker en sus observaciones sobre un plan de la misma naturaleza propuesto por M. Pew, dice que despues de haber meditado mucho sobre este asunto, se decide en último resultado por una suscricion voluntaria, y que no se la debe convertir en forzosa. Una suscricion voluntaria es semejante á un impuesto sobre el lujo y no produce el efecto de una subida en el precio del trabajo.

Es preciso observar tambien que en una suscricion voluntaria, teniendo cada uno de los suscritores un derecho natural de inspeccion, puede exigir que se cumplan las condiciones de la asociacion, y si no se hace esto tiene libertad para retirarse de la sociedad. Mas si se diese á la suscricion la forma de una contribucion universal y forzosa, como aparecería entonces como un negocio nacional, no habria ninguna garantía para la ejecucion de las condiciones primitivas de esta institucion; y cuando llegasen á faltar fondos, lo que necesariamente tenia que suceder, pues que todos los holgazanes y disipadores serian carga de la fundacion, se exigiria sin duda una contribucion mas grande, y nadie podria librarse de ella. Asi el mal iria siempre en aumento precisamente, como crece en la actualidad la cuota de los pobres. Verdad es que si la asistencia dada por esta fundacion estaba esactamente fijada sin poderse aumentar bajo ningun pretesto, como sucede en las asociaciones voluntarias de la actualidad, seria una gran ventaja. Pero tambien podria obtenerse esto, adoptando el mismo principio en la distribucion de las sumas recogidas en cada parroquia por el impuesto de los pobres. Por consiguiente hacer forzosas las suscriciones voluntarias no se diferencia esencialmente de la simple continuacion del impuesto actual: y toda clase de distribucion que se adoptase segun uno de estos planes tambien podria adoptarse segun el otro.

Hacer pagar á los célibes la cuarta parte de sus ganancias semanales, y á los hombres cargados de familia solo una treintena parte, seria imponer á los célibes una fuerte multa y dar una gratificacion por la procreacion de los hijos. Nada mas opuesto á los designios de M. Townsend al escribir su escelente obra, donde establecí como un principio general que un sistema de leyes en favor de los pobres no puede ser bueno si no arregla la poblacion á la demanda del trabajo. Castiga la prudencia del joven que no se ha casado, cuando quizá era tan pequeña la demanda del trabajo que su ganancia no bastaba para mantener á su familia. A mi parecer debe desecharse todo sistema de contribucion forzosa para los pobres. Mas si se exigiese que los célibes hiciesen un adelanto para tener derecho á ser socorridos cuando se casasen, seria muy justo que los recibiesen en proporcion de las sumas que hubiesen adelantado. El que por un año hubiese contribuido solo con la cuarta parte de su ganancia, no deberia igualarse al que hubiese hecho lo mismo por diez años consecutivos.

M. Arthur Young, que en la mayor parte de sus obras manifiesta comprender perfectamente el principio de la poblacion y tener una idea esacta de los males que arrastra la multiplicacion de los hombres cuando va mas allá de los límites que la asignan la demanda del trabajo y los medios de subsistencia, dice en un escrito mas moderno: que el medio mejor para evitar el hambre tan angustiosa para el pobre seria asegurar á todo obrero padre de tres hijos ó mas, la propiedad de un acre (1) de patatas, y pastos suficientes para mantener dos ó tres vacas. Si cada uno tenia su campo bastante estenso de patatas y una vaca, no se cuidarian tanto del precio del trigo como en la actualidad.

«Todo el mundo, añade, sabe que el sistema es bueno, pero se trata de saber por qué medios se podria poner en vigor.»

Yo ignoraba á la verdad que la bondad del sistema fuese generalmente reconocida. En cuanto á mí, protesto para que mi nombre no se comprenda en esa espresion colectiva *todo el mundo;* porque si este sistema llegara á adoptarse, seria á mi entender el golpe mas fatal que pudiera sufrir el bienestar de la clase ínfima del pueblo.

«La grandeza del objeto, continúa M. Young, debe obligarnos á vencer, para obtenerle, todas las dificultades que no son del todo insuperables. Es probable que se pudiese conseguir por un reglamento análogo al que voy á proponer.

«1.º En todos los lugares donde hubiere pastos comunes, todo obrero padre de..... hijos tendrá derecho á una parte de terreno proporcionada á su familia, que se le asignará por los oficiales de su parroquia etc., y se le comprará una vaca. Este obrero poseerá el uno y la otra hasta su muerte, pagando anualmente 40 schelines hasta satisfacer el precio de la vaca etc. A su muerte esta propiedad se trasmitirá al obrero cargado de mas familia para disfrutarla hasta su muerte, pagando á la viuda de su predecesor.... schelines por semana.

«2.º Los obreros que se presenten á recibir porciones de terreno y vacas, segun la familia que mantengan, las recibirán hasta el momento en que las cesiones hechas sobre las comunidades suban á.... parte de su totalidad.

«3.º En las parroquias que no posean bienes comunes ó en que la calidad del terreno permita la ejecucion del reglamento, cada colono

(1) Medida inglesa equivalente á 361,92 estadales cuadrados.
(*Nota de los traductores.*)

que al cabo de cierto tiempo no posea bastante tierra para mantener una vaca y tener un acre de patatas (segun un cálculo razonable y sujeto á la apelacion en las sesiones) tendrá derecho para pedir á su parroquia.... schelines por semana, quedando encargados los propietarios y arrendadores de proveer á los medios de hacerlo y dejando á las parroquias el cuidado de comprar las vacas y reembolsarse de sus adelantos por una retribucion anual.

«El gran objeto de todo esto es por medio de leche y patatas obligar á los pobres del campo á no consumir trigo: sustituir á este alimento otras sustancias no menos saludables y alimenticias y tan independientes de toda especie de escasez natural ó artificial como puede permitirle el órden establecido por el Criador.»

¿Este plan no produciria directamente el mismo efecto que un estímulo al matrimonio, y una gratificacion por la procreacion de los hijos, disposiciones tan justamente censuradas por M. Young en su *viaje á Francia?* ¿Cree formalmente este escritor que sea de desear alimentar á los habitantes del campo con leche y patatas y hacerlos casi independientes del precio del trigo y de la demanda del trabajo como sus hermanos los irlandeses?

La causa particular de desgracia y de pobreza que abate las clases ínfimas del pueblo en Francia é Irlanda, es que en el primero de estos paises la estrema subdivision de las propiedades agrícolas, y en el segundo la facilidad de tener una cabaña y patatas, producen una poblacion superior al estado actual de los capitales y de los diversos empleos de actividad. La consecuencia inevitable de semejante ley seria hacer bajar el precio del trabajo por la gran concurrencia de trabajadores, de donde no podria menos de resultar la indigencia absoluta de los que quedasen sin empleo, y los medios incompletos de subsistencia para los que pudiesen trabajar.

Esta es la situacion á que reduciria al pueblo este plan; que tiene por base el estímulo al matrimonio y la introduccion de un alimento independiente del precio del trigo, y por consiguiente independiente de la demanda del trabajo.

M. Young supone que si el pueblo se alimentase con leche y patatas, estaria menos espuesto á escaseces que en la actualidad. No puedo comprender cuál sea el fundamento de esta opinion. Sin duda los que viven con patatas no pueden sufrir la escasez del trigo. ¿Pero hay cosa mas absurda que suponer que la cosecha de patatas no llegue á faltar? Me parece que generalmente se conviene en que esta raiz está mas espuesta á perderse en el invierno que el grano. Como un campo de patatas produce mas sustancia alimenticia que otra especie de cultivo, si esta raiz fuese de repente el alimento general del pueblo, sucederia que en el primer momento produciria mas de lo necesario para satisfacer la demanda, y por consiguiente en un principio abundaria mucho.

Cuando estuviesen divididas todas las tierras comunes y se empezase á encontrar dificil procurar á los que pidiesen porciones de terreno para cultivar patatas, la costumbre establecida de casarse pronto ocasionaria un estado de afliccion penoso y complicado. Cuando por el aumento de la poblacion y la disminucion de los manantiales que pueden proporcionar víveres, el producto medio de las patatas no suba mas que el consumo medio, una escasez de ellas será bajo todos conceptos tan probable como lo puede ser en la actualidad una escasez de trigo. Y en este caso seria incomparablemente mucho mas temible.

En donde el pueblo bajo vive principalmente de las clases de granos muy caros, como en Inglaterra, donde el principal alimento es el trigo, en tiempo de escasez hay recursos considerables. La cebada, la avena, el arroz, las sopas económicas y las patatas son los alimentos mas baratos y saludables que se presentan. Mas cuando el alimento ordinario del pueblo es el que se vende al precio mas bajo, no hay otro recurso en tiempo de escasez que comer cortezas de árboles, como los pobres de Suecia.

Los salarios del trabajo se regulan siempre por la relacion de la oferta y la demanda. Porque en el sistema de las patatas habria bien pronto mas ofertas de brazos que las necesarias para satisfacer la demanda : y el trabajo continuaria ofreciéndose constantemente á precio muy bajo, á causa tambien del bajo precio del alimento que le sostiene. Bien pronto al precio comun del trabajo se regularia principalmente por el precio de las patatas, en vez de regularse por el precio del trigo como sucede actualmente. Esto traeria consigo los andrajos y miserables chozas de la Irlanda.

Como es bien sabido que *el uso de alimentarse de la leche y de las patatas, ó sopas económicas, produciria una baja en el precio del trabajo*; algun político inhumano trataria de proponer la adopcion de este sistema; llevado del pensamiento de que la Inglaterra pudiese ofrecer en los mercados de Europa sus artículos de manufacturas á un precio tan bajo que nadie podria hacerle concurrencia. No podria nunca simpatizar con el sentimiento que podria sugerir tales designios. Y en verdad que me es imposible imaginar nada mas odioso que condenar á sabiendas á los obreros de su pais , á los andrajos y miserables chozas de Irlanda , solo por el placer de vender mas cantidad de paños y telas de algodon. El poder y riquezas de una nacion , nada valen cuando ante todo no contribuyen á la felicidad de los individuos que la componen. Bajo este aspecto estoy muy lejos de querer despreciarlas : al contrario las considero como medios absolutamente necesarios en general para conseguir este fin. Mas si se presentase un caso particular en que los medios y el fin estuviesen en directa oposicion , la razon ae permite dudar el partido que habria que tomar.

Felizmente aqui no hay esa oposicion , y aun adoptando los principios de la política limitada que refuto , se deberia rechazar el plan propuesto. En general los que principalmente trabajan en sus tierras, tiénen pereza y repugnancia para trabajar en las de otros. Y debe necesariamente llegar por el uso general de un alimento á un precio muy bajo , un momento en que su poblacion se encuentre aumentada mas allá del término que le asigna la demanda del trabajo. En esta época se habrán engendrado en el pueblo hábitos de pereza y turbulencia muy desfavorables á la prosperidad de las manufacturas. Aunque en Irlanda esté el trabajo á un precio muy bajo, hay en este pais pocos productos de manufacturas que puedan trasportarse á los mercados estrangeros á un precio tan bajo como los productos de las manufacturas de Inglaterra. Esto proviene en gran parte de que aun no se han contraido hábitos de trabajo ó industria, que solo se hallan en lugares donde tienen los obreros ocupaciones regulares y un empleo constante de actividad.

De todos los planes hasta el dia propuestos me parece que el que mejor llena nuestro objeto, es el de las *cajas de ahorros* : establecimientos que si se difundiesen por todas partes , podria esperarse con alguna probabilidad , una mejora permanente en las clases inferiores de la sociedad. Dejando á cada individuo el beneficio entero y completo de su prudencia y actividad laboriosa dan mas fuerza á las lecciones de la Providencia. Un jóven que desde la edad de 14 ó 15 años hubiese hecho economías con la esperanza de casarse á los 24 ó 25, probablemente consentiria en diferirlo dos ó tres años si así lo requerian circunstancias desfavorables , si el trigo estaba caro, los salarios bajos , ó si la suma economizada segun su esperiencia no podia ofrecerle suficiente garantía contra la necesidad. Casi siempre el hábito contraido de economizar sus ganancias para sus necesidades venideras se une con hábitos de prudencia y prevision, y si la facilidad que estos establecimientos bienhechores ofreciesen á cada individuo de asegurar sus economías, hiciera general semejante costumbre, podria esperarse razonablemente que en medio de las variaciones que esperimentan los recursos del pais, la poblacion se arreglaria á la demanda actual del trabajo, con una disminucion de sufrimiento y de pobreza. Por consiguiente este remedio ataca al parecer el origen del mal.

El gran objeto de las cajas de ahorros es impedir la miseria y la dependencia de los pobres, haciéndoles atender por sí mismos á las necesidades que crean circunstancias nuevas. En el estado natural de la sociedad, semejantes instituciones secundadas por una caridad bien dirigida ofrecerian probablemente medios de obtener mejoras practicables. Pero donde existe una masa de pobres tan considerable como en Inglaterra, que depende habitualmente de los fondos públicos, no pueden considerarse las cajas de ahorros como establecimientos sustituidos á la cuota de los pobres. El problema arriba enunciado: *Como mantener á los pobres, sin aumentar continuamente la relacion de su número con toda la poblacion?* aun está por resolver. Si se adoptase ahora un plan para la abolicion y reduccion gradual del impuesto de los pobres y limitar el producto, las cajas de ahorros concurrian esencialmente á secundarle: y recíprocamente recibirian un impulso muy activo.

En la actualidad han tenido que luchar con circunstancias muy desfavorables, pues que han aparecido en el momento de una escasez general y de una asistencia parroquial muy estensa. A pesar de esto el éxito que han obtenido, manifiesta claramente que en tiempos de prosperidad y de grandes jornales, y con la perspectiva de una disminucion de asistencias parroquiales hubieran debido difundirse ejerciendo mucha influencia en las costumbres.

CAPITULO XI.

De la necesidad de establecer principios generales en la materia de que nos ocupamos.

Observa Hume que entre todas las ciencias la política es en la que son mas engañosas las apariencias: lo cual es muy verdadero sobre todo en la parte de la ciencia que tiene por objeto mejorar la suerte de las clases inferiores del pueblo.

Estamos hartos de oir las vanas declamaciones contra las teorías, y contra los que las proponen; considerándose los que asi declaman como partidarios de la práctica y de la experiencia.

Existe una sociedad cuyo objeto es procurar á los pobres cierto bienestar y mejorar su estado. El principio fundamental que ha adoptado sin duda es escelente; poner en movimiento el deseo de mejorar su situacion (deseo que debe considerarse como el gran resorte de la industria) es el único medio de procurar el bienestar á las clases inferiores. Se debe conceder á M. Bernard lo que afirma en uno de sus interesantes prefacios , al decir que todo lo que anima y favorece los hábitos de trabajo, prudencia, prevision, virtud y limpieza entre los pobres es útil para ellos y para su pais, y viceversa todo lo que disminuye los alicientes para estas buenas disposiciones es tan perjudicial á la sociedad como al individuo. La esperiencia prueba , dice este autor, que el mejor modo de socorrer á los pobres es asistirles en sus casas y separar á los hijos de sus padres lo mas pronto posible , para ponerles en aprendizage , ó en general para darles ocupacion : esta es la forma de asistencia mas conveniente para repartir con eleccion los socorros que exigen las circunstancias. Pero fácilmente se conoce que exige mucha prudencia , y que no puede hacerse un principio general de lo que no puede ser universalmente practicado.

Independientemente de la asistencia hecha con eleccion de que he hablado en el capítulo anterior, y donde he reconocido sus felices resultados , noté que podia hacerse mucho bien estableciendo un sistema de educacion mejor y mas general : insistí sobre este punto y no me cansaré de establecer sólidamente esta verdad. Todo lo que se hace con este objeto produce una gran ventaja. La educacion es uno de los bienes de que todos podemos participar no solo sin perjudicar á los otros sino proporcionándoles nuevos medios de progreso. Supongamos que un hombre en virtud de la buena educacion que ha recibido haya contraido esta especie de noble orgullo este modo de pensar, justo y honesto que le impide gravar la sociedad con la carga de una familia , cuando se ve privado de medios para sostenerla: su conducta servirá de ejemplo á sus compañeros de trabajo y contribuirá todo lo que puede esperarse de un modelo individual á mejorar su estado ; así como le empeoraria una conducta contraria sugerida por la mala educacion ó por la ignorancia.

Se observa generalmente que el estado medio de la sociedad es el mas favorable á la virtud, á la industria, y al talento. Pero es evidente que todos los hombres no pueden componer las clases medias; las superiores y las inferiores no solo son inevitables sino hasta útiles. Si se apartase de la sociedad la esperanza de elevarse y el temor de decaer; si el trabajo no llevase consigo su recompensa ; y la indolencia su castigo, no se veria en ninguna parte esta actividad, este ardor, con el que cada uno trabaja para mejorar su estado y es el principal instrumento para la prosperidad pública. Pero dirigiendo nuestras miradas á los diversos estados de Europa se observa una diferencia considerable en las proporciones relativas de las clases superiores, medias é inferiores de que se componen. Y si juzgamos por los efectos que producen estas diferencias convendremos en que aumentando la clase media, aumentamos tambien la felicidad. Si las clases inferiores adquiriesen la costumbre de proporcionar la cantidad de trabajo con la demanda que se les hace cuando el precio del trabajo es estacionario ó decreciente, sin que resultase como en la actualidad un acrecentamiento de mortandad y de miseria, se podria tener la esperanza de que en algun periodo futuro en que los procedimientos por los que se abrevia el trabajo, y que han hecho tan rápidos progresos, podrian ser suficientes á todas las necesidades de la sociedad mas opulenta con menos trabajo personal que el que se necesita en nuestros dias para llenar el mismo objeto; y si el obrero entonces no estuviese en parte aliviado de la penosa tarea á que en la actualidad está sujeto, al menos se disminuiria el número de aquellos á quienes la sociedad impone un trabajo tan pesado. Si las clases inferiores fuesen reemplazadas asi por la clase media, cada obrero podria razonablemente concebir la esperanza de mejorar su estado por sus esfuerzos y diligencia. Se recompensaria mas el trabajo y la virtud, y en la gran loteria de la sociedad habria mas suertes y menos billetes en blanco. En una palabra se aumentaria la suma de felicidad.

Si en algun periodo futuro, usase el hombre de prudencia en el matrimonio, único medio de mejorar su suerte de un modo general y permanente, no creo que los politicos mas sensatos se alarmasen al pensar en el alto precio del trabajo, que podria poner á nuestros rivales en estado de fabricar mas barato y de escluirnos de los mercados estrangeros. Cuatro circunstancias impedirian ó al menos contrabalancearian este efecto: 1.ª el precio de las subsistencias, que seria mas bajo y mejor regulado, porque rara vez sucederia que la demanda fuese mayor que la oferta: 2.ª la abolicion de la cuota de los pobres aliviaria á la agricultura de una carga pesada, y quitaria una adicion gratuita al precio de los salarios: 3.ª la sociedad economizaria las sumas inmensas que consume en los niños que mueren prematuramente por la miseria: 4.ª en fin, siendo general el hábito del trabajo y de la economia, sobre todo entre los celibes, impediria la pereza, la embriaguez, la disipacion, que muchas veces son la consecuencia de la subida de los jornales.

CAPITULO XII.

Esperanzas que razonablemente pueden concebirse acerca de una mejora en el estado social.

Al dirigir una rápida ojeada sobre el porvenir y al considerar nuestras esperanzas relativas á la disminucion de males que arrastra el principio de la poblacion nos ocurre la siguiente reflexion : aunque el acrecentamiento de la poblacion en razon geométrica sea un principio incontestable, aunque el periodo de doble aumento que resulta de este acrecentamiento cuando ningun obstáculo le detiene, se halla fijado en esta obra con mucha moderacion, es preciso observar que este progreso de la poblacion se ha detenido por el de la civilizacion. Las ciudades y manufacturas se multiplican, y es poco probable que muden de naturaleza estos establecimientos. Sin duda que es deber nuestro impedir todo lo posible que abrevien la duracion de la vida, pero todos nuestros esfuerzos no conseguirán que estas moradas y estos trabajos igualen en salubridad á la morada y á los trabajos del campo; obrando como medio de destruccion, estos establecimientos harán por lo mismo menos necesarios los obstáculos que tienden á impedir el acrecentamiento de la poblacion.

En todos los estados antiguos se observa que muchos adultos pasan algunos años en el celibato : y aunque sea reconocida la obligacion de estar en este tiempo sometido á las leyes de la moral, en la práctica á veces no se ha observado. La parte del deber de la violencia moral que ha sido el principal objeto de nuestros razonamientos, no es la que tiene relacion con nuestra conducta en el celibato : la que hemos discutido es la que se refiere á la duracion del celibato, y hemos insistido en la necesidad de prolongar dicho estado hasta que podamos mantener una familia. No hay derecho para tratarnos de visionarios, si bajo este aspecto concebimos alguna esperanza de mejora en la sociedad humana : porque la experiencia demuestra que la prudencia que recomendamos bajo el nombre de violencia moral, se ha observado mas ó menos en diferentes paises, y ha variado segun los tiempos y lugares.

En general la práctica de los hombres con respecto al matrimonio ha sido muy superior á sus teorías. Aunque ha habido muchas declamaciones en favor del pretendido deber de casarse, aunque se ha considerado la costumbre de contraer matrimonio jóvenes como á propósito para impedir el vicio y por lo mismo como muy útil, sin embargo cada uno ha juzgado conveniente en la práctica, examinar antes de dar este importante paso qué medios tendria para mantener á su familia.

La fuerza vital que anima y mantiene sano el cuerpo del estado, quiero decir, el deseo de mejorar su suerte ó el temor de empeorarla, ha dirigido siempre á los hombres en el recto camino que la naturaleza les ha trazado, á pesar de las vanas declamaciones que trataban de apartarle de él. Este principio poderoso de fuerza y salud política, que no es mas que el sentimiento irresistible de las leyes de la naturaleza, y el presentimiento de las consecuencias que acarrea su violacion, ha dado en toda la Europa mucha influencia á los motivos que la prudencia pudo oponer al matrimonio. No sin razon puede creerse que esta influencia pudo crecer y estenderse. Si en efecto crece sin que los vicios contrarios á la castidad sean mas dominantes, resultará un aumento de felicidad. Y en cuanto al peligro de ver crecer estos mismos vicios, hay el consuelo de creer que los paises de Europa en que los matrimonios son menos frecuentes no son aquellos donde hay peores costumbres. La experiencia nos enseña que es posible que causas fisicas y morales contrabalanceen el efecto desgraciado que naturalmente seria de esperar en la accion de los obstáculos que la prudencia opone al matrimonio. Pero aun admitiendo que tenga lugar este efecto desgraciado, como es probable que suceda, la disminucion de los vicios que provienen de la pobreza será una compensacion suficiente al mal que tiene derecho de evitar; desde entonces la ventaja de una mortalidad menor, y de una mayor comodidad (consecuencia infalible de la accion creciente del obstáculo privativo) será una ganancia en felicidad y en virtud.

El objeto de esta obra, mas bien que proponer planes de mejora, es manifestar la necesidad de contentarse con el medio de mejora que la naturaleza nos ha prescrito, y no poner obstáculos á los progresos que debe producir si nadie le contraría.

Muy útil seria que todas nuestras instituciones, y nuestra conducta para con los pobres, pudiesen servir para confirmar las lecciones de la prudencia que el curso ordinario de los sucesos da á cada uno de nosotros. Por consiguiente si por un lado tratamos de aminorar los castigos que la naturaleza impone á la imprudencia, deberemos por otro para igualar la balanza, aumentar las recompensas que concede á los que tienen una conducta opuesta. Pero esto seria ya mas que cambiar gradualmente las instituciones que estimulan al matrimonio, y cesar de propagar opiniones, é inculcar doctrinas que están en oposicion abierta con las lecciones de la naturaleza.

Dirigiendo la vista sobre el estado de la sociedad en los periodos pasados, puedo decir con seguridad que *los males que resultan del principio de la poblacion han disminuido mas bien que aumentado.* Si tenemos la esperanza de ver disiparse esta ignorancia de la causa de estos males no es estraño que tambien esperemos ver disminuirlos mas y mas. El acrecentamiento de poblacion que ocasionaria esta mejora del estado social, no tendria mucha influencia para retardar este progreso, porque la relacion entre la poblacion y las subsistencias es la que tiene esta influencia, y de ningun modo el número absoluto de individuos de la especie humana. Ya hemos tenido ocasion de notar en la primera parte de esta obra, *que muchas veces los paises menos poblados son los que mas han sufrido los males del principio de la poblacion.* Es muy cierto que en todo el último siglo la Europa ha esperimentado menos hambres y enfermedades producidas por la miseria y la necesidad que en los siglos anteriores.

Por último, si la perspectiva que nos ofrece el porvenir con respecto á los males producidos por el principio de la poblacion no es tan brillante como pudiéramos desear, no es tan triste y desconsoladora que nos quite tener la esperanza de algunas mejoras lentas y graduales. A las leyes sobre la propiedad y á las que regulan el matrimonio, al principio del amor de sí mismo, tan pequeño en apariencia, se deben los esfuerzos que cada uno hace para mejorar su suerte, todos los trabajos nobles del espíritu humano y todo lo que distingue la civilizacion del estado salvage. Un análisis esacto del principio de la poblacion nos conduce á deducir que jamás podremos pasar de estos escalones por los que hemos llegado á un puesto tan elevado: pero esto no prueba que estos mismos medios no puedan aun conducirnos mas arriba. Es muy probable que no se cambie la estructura general del edificio social: creemos que siempre habrá propietarios y obreros. Mas la suerte de unos y otros y sus relaciones pueden modificarse y aumentar mucho la armonía y belleza de todo. Cosa bien triste seria que mientras la física ensancha diariamente los límites de su dominio, la filosofia moral y política se encerrase en un estrecho horizonte, ó no se diese á esta ciencia mas que una débil influencia incapaz de luchar contra los obstáculos que una causa única opone á la felicidad del género humano. Por temibles que sean estos obstáculos, cuya influencia no he negado, no creo que el resultado de nuestras investigaciones haya de ser abandonar sin esperanza todo objeto de mejora. El bien parcial que podemos lisonjearnos de obtener, es digno de nuestros esfuerzos, bastando para

animarnos y obligarnos á darles una mas útil direccion. Sin duda no po
demos lisonjearnos que los progresos de la felicidad y la virtud siga
una marcha tan rápida como estas ciencias cuyos descubrimientos s
multiplican cada dia mas. Pero si no desmayamos, podremos lisonjear
nos de ver á estas ciencias progresivas esparcir sobre las otras sus lu
ces, y ausiliar los medios de mejora que son el objeto de nuestros votos

FIN.

no po-
l sigan
ttos se
njear-
us la-
rotos